35€

EXPÉRIENCE ET RAISON

LES FONDEMENTS DE LA MORALE SELON LOCKE

BIBLIOTHÈQUE D'HISTOIRE DE LA PHILOSOPHIE
NOUVELLE SÉRIE

Fondateur : Henri GOUHIER   Directeur : Jean-François COURTINE

EXPÉRIENCE ET RAISON

LES FONDEMENTS DE LA MORALE SELON LOCKE

par

Jean-Michel VIENNE

PARIS
LIBRAIRIE PHILOSOPHIQUE J. VRIN
6, Place de la Sorbonne, Ve
—
1991

Printed in France
ISBN 2-7116-1075-6

« Nothing truer that it is not the idea, that makes us certain, without reason, or without the understanding : but it is as true, that it is not reason, it is not the understanding, that makes us certain without ideas. It is not the sun, makes me certain it is day, without my eyes ; nor it is not my sight makes me certain it is day, without the sun ; but the one imployed about the other. »

(John Locke, *Lettre à l'évêque de Worcester, Works*, Londres, 1759, t.1, p. 374).

Penser, c'est penser contre; qui n'a été amené à penser, par l'obstacle que représentaient pour lui telle forme de vie, telle conception de l'existence, tel système? Même si l'esprit devient par la suite moins *réactif*, les commencements sont critiques. Contre la tyrannie de ce qui est établi, contre l'empire du trop évident, la critique inaugurale revêt la forme d'une exigence de pureté primitive; elle se représente la construction future comme devant se fonder sur des bases saines. L'acte premier de la pensée consciente d'elle même est un retour à l'origine pour en éprouver la fiabilité, «une enquête sur l'origine, la certitude et l'étendue de la connaissance humaine»[1].

Mais à quel titre privilégier ainsi l'origine, et à quel titre convertir ensuite l'origine en source de certitude? Ce privilège que la pensée critique accorde à l'origine est lui-même à critiquer. On peut certes supposer que toute l'énergie nécessaire à un mouvement soit enveloppée dans la seule origine, comme lorsque le dynamisme nécessaire, tel un ressort bandé, est enfermé dans le mobile; ainsi, la sensation, l'expérience, l'idée ou la monade enfermerait en elle d'emblée la totalité du savoir qui en sortira. A l'improbabilité de ce présupposé s'ajoute une difficulté propre à son application au champ de la connaissance : chercher dans l'origine la certitude et ses limites, n'est-ce pas faire dépendre du fait ce qui ne devrait relever que de la norme et du droit?

La question se pose particulièrement en morale. La morale est, plus que d'autres phénomènes culturels, pétrie d'éducation et de traditions; elle est, pour le sens commun, lieu d'évidences et donc,

1. Locke, *E.* 1.1.2 (on notera ainsi les références à l'*Essay concerning Human Understanding*, en donnant successivement livre, chapitre et paragraphe (suivis pour les paragraphes longs de la ligne dans l'édition de référence procurée par Nidditch, Oxford University Press, 1975); dans le texte, on parlera couramment de l'*Essai* pour désigner cet ouvrage, à ne pas confondre avec les *Essays on the Law of Nature*, dont le titre sera donné in extenso).

pour le philosophe, lieu privilégié d'examen; s'y joue souvent, sinon toujours, la décision initiale de penser contre ce qui semble fidélité naïve aux traditions; et de cette décision initiale de mesurer l'obligation morale suit l'interrogation philosophique. Locke est un penseur qui s'est étonné de l'immédiateté prétendue des principes moraux, de l'intolérance et du dogmatisme qui en découlent; un penseur qui s'est inquiété des limites de la connaissance morale et religieuse, et qui a par ce biais abordé l'ensemble du champ philosophique pour en élaborer un savoir critique et fondé. Il a voulu remonter à l'origine du savoir pour déterminer la validité des discours moraux et les distinguer des discours scientifiques, trop souvent incertains. Bref, il a prétendu résoudre la question de la morale par l'examen *de l'origine, de la certitude et des limites* de l'ensemble *de la connaissance humaine*.

L'ouvrage qui va suivre examine cette prétention. Elle peut en effet surprendre puisqu'elle s'oppose à deux thèses de l'interprétation traditionnelle de Locke. On considère, d'une part, que l'*Essai sur l'entendement humain* n'a pas cette orientation pratique; d'autre part, que la psychologie empiriste qu'on y trouve ne parvient pas à fonder, mais seulement à décrire. Premièrement, même si l'on ne dit pas explicitement que la finalité de l'*Essai* est la réflexion sur la science plutôt que sur la pratique, l'importance donnée à l'épistémologie scientifique est significative : malgré une heureuse inversion récente des tendances[1], les études de la pensée morale de Locke sont rares, en comparaison des multiples raffinements exégétiques sur sa théorie de la science. En outre, plutôt que dans l'*Essai*, la réflexion lockienne sur la pratique est cherchée dans les œuvres publiées anonymement, et le rapport de ces œuvres à l'*Essai* est montré comme problématique.

L'autre thèse de l'interprétation traditionnelle est plus souvent explicitée; Locke critique l'appel à l'idée innée; mais il n'offrirait qu'une argumentation mal menée et naïve, qui manquerait son objectif faute d'avoir compris la part de la raison en toute connaissance spéculative. La suite de l'ouvrage persévèrerait dans la même erreur

1. En France, plus qu'en milieu anglophone, l'intérêt pour la finalité éthique de la pensée de Locke a été ravivé par l'ouvrage de R. Polin, *La politique Morale de John Locke*, Paris, P.U.F., 1960 ; lui ont succédé récemment *John Locke et la Raison raisonnable*, de S. Goyard-Fabre (Paris, Vrin, 1986, notamment p. 87-106), le recueil de textes *John Locke : Morale et Loi Naturelle* (Paris, Vrin, 1990) présenté par J. F. Spitz, ainsi que les traductions diverses proposées par le Centre de Philosophie Politique et Juridique de l'Université de Caen; mais il n'existe pas encore à ma connaissance d'étude de la théorie de la connaissance de Locke faite à partir de la priorité éthique de l'auteur.

principielle, en n'offrant en lieu et place de fondement de la connaissance, qu'une description de sa genèse. Leibniz reprochait déjà à Locke de confondre origine objective du savoir et histoire de sa découverte psychologique individuelle; critiquant par exemple la conception lockienne du langage, Leibniz affirmait : « Cet ordre ne donne pas l'origine des notions, mais pour ainsi dire, l'histoire de nos découvertes »[1]. De façon analogue, Husserl reproche à Locke de manquer justement le point critique et transcendantal : l'empirisme ne serait jamais qu'un psychologisme, et la structure objective et logique de la connaissance serait toujours hors d'atteinte pour des penseurs de son espèce, préoccupés par la description psychologique individuelle de l'origine d'un savoir plus que par le fondement que seul révèle l'analyse de la constitution des concepts :

> L'empirisme anglais, c'est-à-dire une théorie psychologique de la connaissance dans le style de Locke, continua à proliférer... En sorte que la philosophie transcendantale, avec ses problématiques entièrement nouvelles, dut continuer toujours à combattre contre ce psychologisme-là aussi. [Et ce psychologisme se définit, toujours selon Husserl, comme la théorie selon laquelle]... la psychologie et plus précisément la psychologie de la connaissance fournit... le fondement théorique nécessaire à la constitution d'une technologie logique[2].

Ce que Husserl dénonce à propos de la théorie de la connaissance, Rousseau le dénonçait déjà à propos de la théorie politique : « il n'est pas venu dans l'esprit de la plupart des nôtres de douter que l'Etat de Nature eût existé. »[3]; la genèse de l'état politique à partir de l'Etat de Nature, présentée par Locke comme événement historique, serait l'équivalent politique de la genèse psychologique des lois logiques dans l'*Essai*.

Ainsi dès le départ, Locke manquerait l'interrogation proprement philosophique : en cherchant la nécessité, l'universalité, dans l'expérience où elles ne peuvent être, Locke remplacerait le métaphysique par le psychologique, l'élaboration du principe par le récit des débuts, et plus rien ne fonderait alors la science. Ainsi, dans la mesure où il traite essentiellement de savoir théorique, Locke pêcherait par naïveté : son empirisme mépriserait la raison et la nécessité a priori qui lui appartient. Même ceux qui ne méprisent pas cet empirisme ne font

1. *Nouveaux Essais*, 3.1.5.

2. Husserl, *Recherches Logiques*, 1, Paris, P.U.F., 1969, ch. 1, § 18, p. 57 et *La Crise des Sciences Européennes*, Paris, N.R.F., 1976, p. 235.

3. *Discours sur l'inégalité*, Paris, Garnier, 1954, p. 40.

qu'inverser le signe de l'analyse précédente : Locke aurait eu le mérite d'avoir le premier montré que la certitude universelle naît de la seule expérience factuelle, il aurait le premier remplacé l'intuition des essences par l'auto-développement de l'empirique en la conscience humaine ; il aurait ouvert les voies de la réduction du métaphysique au positif.

Or cette lecture est partielle sinon fausse. Pour deux raisons, l'une qui tient au sens donné aux termes d'origine et de fondement, l'autre qui tient aux rapports entre la connaissance théorique et de la réflexion morale chez Locke.

Même si Locke utilise effectivement le vocabulaire du fondement pour désigner l'origine sensible, même s'il dit que l'expérience est l'origine, le fondement de la connaissance [1], sa pensée ne se réduit pas à une telle affirmation interprétée selon le sens contemporain des termes. Au moment où il critique pourtant ce qu'il nomme la *dérivation physiologique* des concepts par Locke, Kant reconnaît lui-même [2] que l'activité de l'entendement est, déjà chez Locke, la forme qui confère à l'expérience sa validité. L'activité de l'entendement informe un donné sensible sans forme, donné qui ne peut donc être fondement au sens où la critique nietzschéenne prend ce terme, donné qui ne peut être la seule origine dont surgirait l'universalité et la nécessité de la connaissance.

Le sensible est, dans le texte de Locke, *fondement*, mais en un sens précis qui reste à éclaircir, et qui n'est pas le sens contemporain du terme. Ce que refuse le plus vigoureusement Locke, c'est précisément la thèse qu'on lui attribue à tort : la connaissance et l'opinion ne peuvent être à ses yeux fondées sur un donné qui contiendrait déjà en lui la totalité des relations que l'esprit n'aurait qu'à enregistrer passivement. Il n'y a pas de vérités éternelles universelles toutes constituées, et il n'y a pas non plus de sens moral, d'intuition des essences, d'intuition du Vrai ni du Bien. Il y a au contraire une œuvre à accomplir, et l'entendement est chargé de cette œuvre ; seule cette activité donne l'assurance et la certitude. Pour clarifier ce point, on pourrait utiliser deux termes différents et opposer le *fondement* déjà constitué, l'énoncé pré-existant et fondateur, ou en termes contemporains, l'axiome, à *l'assurance* que produit l'acte de l'entendement liant des idées, puis énonçant un jugement. On dira donc qu'il n'y a pas

1. *E.* 2.1.2 ; 2.12.1.

2. *Critique de la Raison Pure*, Déduction des concepts Purs de l'Entendement, 1e section, éd. Treymesaygues et Pacaud, Paris, P.U.F., 1944 (1967), p. 101.

chez Locke de fondement au premier sens, que Locke dénonce au contraire, avant Nietzsche, tout fondement, mais qu'il instaure en lieu et place une assurance, conférée par la constitution, par la mise en forme opérée par l'entendement, de propositions singulières.

L'*empirisme* de Locke, s'il faut user de telles classifications, est donc spécifique ; il associe la référence nécessaire de tout énoncé à son origine (ou fondement) sensible dégagée par analyse, et la construction synthétique artificielle de cet énoncé par la raison. L'empirisme de Locke associe, en une formule qu'il va falloir examiner, le donné sensible qui sert d'origine à un exercice de la raison qui construit sur cette origine. Reste le plus ardu : comprendre le rapport entre l'origine et la constitution, entre l'expérience et l'entendement, entre la matière et la forme.

Dès lors, une lecture de l'*Essai* qui voit dans le livre I une critique de la conscience naïve et paresseuse projetant en fondement ce qu'elle croit être son début ; une lecture aussi qui décèle dans la partie centrale de l'ouvrage la *synthèse* par l'entendement de nos idées morales, puis la justification de la Loi Naturelle ; une lecture enfin qui découvre que l'*Essai* s'achève et s'accomplit par la détermination des limites de la connaissance humaine au bénéfice de l'exercice du jugement pratique seulement probable, cette lecture permet de mettre en rapport les diverses parties du texte protéiforme qu'est l'*Essai* ; elle permet aussi de rendre compte des vingt années de réflexion, de pratiques médicale, scientifique, politique, qui ont préparé l'ouvrage.

La critique de l'inné au livre I ne peut être séparée des multiples critiques contre les diverses formes d'immédiateté éparpillées dans l'ouvrage : immédiateté prétendue de l'idée générale, du mot, de la maxime et du principe utilisés dans le syllogisme scolastique[1] ; chaque livre contient sa critique de l'immédiateté. Ce qui est mis en cause dans l'immédiat, c'est que, sous couvert de naturel (en latin ou en anglais, *innatus, innate* a plus évidemment rapport avec *nature*[2]), on prétende exclure l'entendement. Lui seul pourtant est proprement humain ; et rien ne peut être *origine* d'un état proprement humain, qui exclurait l'œuvre de l'entendement. Dès lors que Dieu n'est plus donné, dès que la pensée fonctionne *etsi Deus non daretur*, sans fondement immédiat, dès que l'on pense, comme Locke veut le faire, dans l'univers des

1. Position justement soulignée par Gibson, *Locke's Theory of Knowledge and its Historical Relations*, Cambridge University Press, 1917 (1931), p. 42.

2. G. Rodis-Lewis a montré qu'avec Locke le terme avait acquis une fonction nouvelle qu'on ne peut trouver chez Descartes (*Idées et Vérités éternelles chez Descartes et ses successeurs*, Paris, Vrin, 1985)

causes secondes, seule une généalogie (une synthèse) sous contrôle de l'entendement vaut assurance. La critique de l'inné n'est donc chez Locke qu'une des formes de la critique de tout ce qui ne donne pas sa place à l'entendement. Et les trois autres livres, du même geste, écartent l'immédiat et mettent à l'œuvre l'entendement.

Mais avant d'entrer dans le détail de l'analyse, il faut relever l'autre erreur de lecture, liée à la première. S'il n'est pas de fondement stable, de *principe* pour le savoir, s'il n'est, du fait-même, pas de *connaissance*, en matière de *physique*[1], à plus forte raison ne peut-il y avoir de *connaissance* morale qui soit fondée sur des principes pratiques immédiatement évidents (*maximes*). Plus encore que dans le domaine spéculatif, l'immédiat tend pourtant à s'imposer dans la pratique : agir sans examen, se fier aux maximes, c'est satisfaire aussi bien la paresse des uns que le besoin de pouvoir des autres. La critique de l'immédiat a chez Locke une portée pratique évidente. Mais la réflexion sur la morale n'est pas seulement conséquence annexe de l'épistémologie; il faut aller jusqu'à reconnaître que le rapport est inverse : c'est, initialement, pour résoudre des questions pratiques (et religieuses) que Locke en est venu à étudier la portée de l'acte d'entendement sous toutes ses formes, à distinguer la connaissance (certaine par définition) de l'opinion (seulement probable), ce qui est du domaine de la connaissance en morale de ce qui relève du jugement. Et ce qu'indique l'histoire des écrits se confirme par la structure de l'œuvre : le parallélisme est constant dans l'*Essai*, passant du savoir de la nature au savoir de la morale, des substances aux modes mixtes, des principes innés aux maximes innées. Même si les réflexions épistémologiques dominent apparemment, l'utilisation éthique est toujours présente. Comprendre l'*Essai* comme une réflexion épistémologique au service d'une pratique est un présupposé fécond de lecture, présupposé appuyé sur la genèse aussi bien que sur la structure de l'œuvre; ce présupposé est à l'œuvre dans les pages qui suivent.

D'ailleurs, un auteur comme Locke ne peut séparer activité intellectuelle et activité morale; l'agir humain est indissociablement spéculatif et pratique : si la *way of Ideas* place au centre de la morale l'activité de l'entendement, c'est que le sujet est responsable de son salut, qu'il doit le construire jusque dans ses entreprises humaines; et l'immoralité réside dans l'abandon à d'autres de cette validation, sous

1. *E.* 4.21.2 ; *Physique*, c'est-à-dire la connaissance philosophique et non historique (descriptive) de l'essence même des êtres.

couvert de principes innés, de maximes, de langage social. Le premier devoir est de croire pour soi-même, de connaître par soi-même ; la raison est une tâche confiée à l'homme par Dieu dès le *covenant* initial. L'arrière-plan métaphysique, discret, détermine une forme d'empirisme qui se distingue nettement de celle d'autres *empiristes* tels Hobbes, Hume, Condillac...

Deux ambitions dans ce qui va suivre donc ; manifester que l'entendement est création, forme, de l'assurance, à la place de tout fondement immédiatement donné et dans un rapport à l'expérience qui reste à éclaircir ; manifester ensuite que la pensée morale est première en intention, et que s'ordonne autour d'elle l'analyse des autres champs. Mais avant d'aborder la synthèse de la pensée morale, celle qui assure la pensée morale sur l'œuvre de l'entendement, nous emboîterons les pas de Locke pour traiter de la genèse erronée et son analyse : la croyance en un fondement sur l'immédiat. Mettre en évidence les processus de cette critique sera en même temps définir le statut de l'entendement qui opère la critique ; et cette définition constituera l'objet principal de la première partie. A travers la critique des formes de l'immédiateté que sont l'inné du livre I, l'influence sociale des livres II et III, le principe syllogistique ou l'enthousiasme du livre IV, l'entendement se définira progressivement.

Une fois le champ déblayé par la critique, la démonstration de la Loi morale et ses divers avatars, depuis les premières recherches, jusqu'à *Reasonableness of Christianity*, donnent de l'entendement qui raisonne, ou *raison*, une image de plus en plus précise. C'est cette détermination progressive du statut de la raison, et des formes de son exercice en morale, qu'étudie la deuxième partie.

Mais la démonstration systématique de la Loi n'épuise ni la question morale ni la détermination de ce qu'est l'entendement ; il reste à manifester comment intervient l'entendement dans la vie morale effective. Et dans ce *traité des passions* à la façon de Locke, se joue aussi le jeu de l'expérience et de l'entendement : expérience du plaisir, et suspens de l'entendement. La troisième partie est consacrée à l'étude de cette forme de collaboration. Ainsi sous trois aspects différents, ce sera toujours du jeu entre expérience et entendement qu'il sera question.

Le corpus. L'*Essai* est le seul ouvrage que Locke ait totalement reconnu. Il faudra donc le prendre pour texte de base. Nous nous efforcerons de dégager la structure de l'*Essai*, de manifester la place de l'expérience et de l'entendement dans l'empirisme de cet ouvrage, de manifester la finalité pratique de l'œuvre dans les affirmations, exemples, corrections des cinq éditions que Locke a préparées. De la critique de l'inné aux notations polémiques sur les rapports de l'entendement et de la volonté, c'est l'*Essai* qui procurera la structure de l'analyse.

Faut-il pour autant ignorer l'aide offerte par d'autres textes? L'anonymat des *Treatises on Government* a été jalousement gardé par Locke, au prix de l'amitié parfois avec tel ancien collaborateur; on a dit que cet anonymat avait pour fonction de masquer des divergences de méthode et des définitions différentes de l'empirisme. Puisque l'œuvre est incontestablement de Locke, ce sera une excellente occasion de mettre à l'épreuve ces différences et de vérifier si cette hétérogénéité est totale.

Restent les multiples inédits : brouillons préliminaires, correspondance, manuscrits. L'érudition de l'édition et le zèle des bibliothécaires britanniques ont procuré de multiples documents neufs. Par comparaison avec l'*Essai*, ces textes permettent de manifester par quelles voies Locke est parvenu à son texte majeur; les silences, les ratures, les ajouts deviennent par là significatifs. Le texte de l'*Essai* demeure donc central; sa structure et sa fonction demeurent notre question, même si pour en décider nous interprétons son rapport aux autres textes. De même, à plusieurs reprises, il arrivera que la pensée d'auteurs contemporains de Locke soit convoquée; il ne s'agira pas de manifester une influence : j'ignore si la question des influences en matière philosophique peut être décidée; il s'agira plutôt de manifester comment peuvent autrement jouer entre eux des concepts proches, et donc de mieux comprendre encore les choix de Locke dans son ouvrage principal.

Ce texte a été lu et critiqué à plusieurs étapes de sa composition: dès l'origine par Jean Pucelle, dont je tiens à honorer la mémoire; par Mesdames Carrive, et Naert, par Messieurs Michaud, Tricaud, Ulmann; enfin et surtout par Michel Malherbe; je les remercie pour leurs observations, dont j'ai tenté de tenir compte.

* * *

PREMIÈRE PARTIE

L'IMMÉDIAT

Ce qui ne passe pas par la médiation de l'entendement ne peut compter pour origine de la connaissance, et moins encore pour fondement de la morale. Loin d'être immédiatement accessible, l'origine n'est atteinte qu'à travers un processus d'analyse qui est œuvre de l'entendement. Avant de démontrer, il s'agit pour Locke d'analyser; la critique des *connaissances* prétendument immédiates est déjà œuvre de médiation, œuvre de l'entendement. On connaît la première forme de critique de l'immédiat, celle du livre I, dénommée à tort critique des idées innées; mais cette critique n'est pas toujours comprise : sa portée, sa fonction dans l'ensemble de l'ouvrage sont plus importantes qu'on ne le croît. Après avoir ainsi déterminé la place du livre I, il sera plus aisé de situer la fonction de l'immédiat dans les autres livres : immédiat du mot aux livres II et III, immédiat de l'opinion et surtout immédiat de l'intuition au livre IV.

CHAPITRE 1

CRITIQUE DES IDÉES OU CRITIQUE DES PRINCIPES INNÉS

Quel est le penseur que Locke critique au livre I de l'*Essai*? L'examen des « antagonistes » peut aider à comprendre la fonction du livre I et le statut de l'entendement. Il vaut la peine dans cette mesure de s'attarder à l'aspect historique. On a souvent dit que Locke critiquait l'innéisme de Descartes. S'en tenir à cette position, c'est réduire indûment la portée de la critique, c'est la limiter à une critique des idées innées; c'est aussi limiter la critique au champ spéculatif, alors que Locke ne voit là qu'une étape vers la critique des principes moraux innés, ou maximes. C'est enfin manquer l'enseignement essentiel de cette critique : le refus, que Locke partage avec Descartes, des vérités éternelles et la définition de la raison comme *ratiocinatio* ou calcul, plutôt que comme raison intuitive.

1. *L'innéisme cartésien.*

Locke ne précise pas qui est visé par sa critique des principes spéculatifs, et la critique des principes pratiques mentionne un seul nom, étonnant à plusieurs titres, celui d'Herbert of Cherbury. Si l'on distingue comme on le fait habituellement le chapitre qui porte sur le spéculatif du chapitre qui porte sur le pratique, il reste à trouver un défenseur de l'innéité des principes spéculatifs distinct de Cherbury, censé être défenseur des seuls principes innés pratiques; on songe habituellement en premier lieu à Descartes[1] : la troisième *Méditation*

1. Sur les rapports de Descartes et de Locke, voir entre autres : J. Gibson, *Locke's Theory of Knowledge and its Historical Relations*, Cambridge U.P., 1917 (1931), p. 29-44 et 205-232 (l'exposé le plus exact); R. Aaron, *John Locke*, Oxford U.P, 1937; H.A.S. Schankula, 'Locke, Descartes and the Science of Nature', *Journal of the History of Ideas*, 41, 1980, p. 459-477; P.A. Schouls,

(ainsi que ses reprises dans les Réponses) affirme qu'il existe des idées innées distinctes des idées adventices, et l'idée de Dieu est la première des idées innées; or Locke reprend l'opposition entre idées innées et idées adventices[1] et l'idée innée de Dieu est une de ses cibles principales; on en conclut que Locke s'oppose ici à Descartes.

Une argumentation plus élaborée s'appuierait d'une part sur certaines convergences entre les *Regulæ* et telles phrases de l'*Essai*, d'autre part sur les affirmations de Locke et de Lady Masham[2] selon lesquelles la lecture de Descartes a initié Locke à la rigueur philosophique; Locke aurait ainsi repris certains éléments de la méthodologie cartésienne (l'exigence critique, la théorie de la démonstration et de l'intuition, la *way of Ideas* c'est-à-dire la démarche appuyée sur l'*idée*...), et il dénoncerait un seul aspect, l'innéité du point de départ cartésien, afin de mieux se démarquer d'un auteur dont il conserverait, pour le reste et l'essentiel, la méthode.

Mais cette argumentation ignore à la fois la nature du livre I et le statut de la méthode lockienne. Le sens de l'inné critiqué par le livre I de l'*Essai* est tellement différent du sens cartésien que la majeure partie de la critique serait naïve et vaine si elle ne visait que Descartes : Descartes par exemple n'a jamais affirmé la connaissance enfantine des vérités innées, ni basé leur existence sur l'universalité constatée[3]; l'idée cartésienne de Dieu n'a pas la précision psychologique que lui prête Locke, et Locke critique les faits grâce à l'ethnologie comparée, alors que Descartes énonce un argument de droit destiné à justifier l'universalité du savoir. Enfin Descartes parle d'idées innées, alors que Locke traite essentiellement de principes et de maximes innées.

En outre, les *Regulæ* et les réponses aux objections (notamment) manifestent que les thèses de Descartes et de Locke sur l'inné ne sont pas en leur esprit totalement étrangères : Locke admet comme Descartes que ce qui en l'homme est divin se manifeste comme inné. Tous deux affirment en des formules différentes, voire opposées, que

The imposition of Method, Clarendon Press, 1980; M. Ayers, 'Locke's Logical Atomism', *Proceedings of the British Academy*, LXVII, 1981, et 'Are Locke's Ideas images, intentional Objects or Natural Signs?', *Locke Newsletter*, 1987, 17, p. 3-36; G. Rodis-Lewis, 'L'influence de Descartes dans l'évolution de l'empirisme de Hobbes à Locke', reprint in *Idées et vérités éternelles chez Descartes et ses successeurs*, Paris, Vrin, 1985, p. 39-50.

1. *E.* 1.2.5; 1.3.20; 1.4.21.

2. First Letter to Stillingfleet, *Works*, t. 1, p. 486-7 (cf. aussi 3e lettre) et Lettre de Lady Masham à J. Le Clerc, 12 Janv. 1705 in Fox Bourne, *Life of John Locke*, t. I, p. 61-62.

3. Ce que font fréquemment les sermons, et que l'on trouve également dans le *De Veritate* de Cherbury, p. 2.

si la fonction est innée, l'idée (le contenu) ne l'est pas, elle n'est pas déposée à la naissance, toute parée, comme en un récipient : « nous avons seulement en nous la faculté de la produire » [1] disait Descartes ; et Locke affirme que toute la connaissance humaine est atteinte « par le simple usage des facultés naturelles » [2]. Locke pourrait d'ailleurs conclure de l'affirmation cartésienne que Descartes devrait convenir avec lui que toutes les idées sont adventices, puisque produites par l'esprit ; qu'il ne se serve pas de cet argument ajoute à la thèse que ce n'est pas la doctrine cartésienne de l'idée innée comme base de tout savoir spéculatif certain qui intéresse au premier chef Locke.

Enfin et inversement, les méthodes de Descartes et de Locke ne sont pas identiques exception faite de l'origine différente de l'idée, comme le croit la thèse critiquée. D'abord, chronologiquement : Locke n'a pu élaborer sa thèse idéiste par la simple distinction du bon grain (l'idée) de l'ivraie (l'inné) dans les thèses des *Regulæ* : les critiques de l'inné se trouvaient déjà dans les brouillons de l'*Essai* qui datent de 1671, alors que la première occasion qu'aurait pu avoir Locke de consulter les *Regulæ* ne peut être antérieure à 1672. Ensuite, quant au fond : même si déduction et intuition sont pour l'un comme pour l'autre les éléments essentiels de la méthode, Locke pose d'une part en affirmation centrale que la raison n'intervient pas seulement dans la démonstration de la connaissance certaine, mais aussi lorsqu'il s'agit de probabilité (nous sommes loin de la *mathesis universalis* cartésienne) ; d'autre part l'intuition porte pour Locke sur le rapport entre des idées, et non sur les idées mêmes [3].

Même s'il est indéniable que Locke écrive en contexte cartésien, on ne peut donc prétendre que la critique de l'inné dans le livre I soit la réfutation du point de départ cartésien dans l'idée du cogito ou dans l'idée innée de Dieu. Certes, il existe des éléments de la critique, notamment la critique de l'idée innée de Dieu, qui peuvent valoir également contre Descartes ; mais Descartes n'est pas le fil directeur de cette critique : l'idée innée de Dieu n'est critiquée que dans le dernier chapitre du livre I, et elle est introduite non comme fondement du

1. *Réponse aux Troisièmes objections*, Obj. 10. Certes il reste que le *produit* est fondamentalement différent chez Descartes et chez Locke : il est chez Descartes type de toute connaissance, il n'est chez Locke qu'occurence singulière et simple matière d'une abstraction possible ; la critique de Locke portera précisément sur le caractère typique et non point conjoncturel de cette production ; ce sera l'objet du livre IV plus que du livre I.

2. *E*. 1.2.1.

3. Sur l'intuition, voir ci-dessous le chapitre 5 ; sur la démonstration, voir le chapitre 6.

savoir ainsi que chez Descartes, mais comme condition du discours moral[1]. Dans cette critique, l'idée de Dieu n'est qu'un élément secondaire dans un ensemble plus important : ce qui importe à Locke, c'est le *principe* inné, qui sert de fondement à la déduction scolastique, et plus encore au dogmatisme moral et religieux ; l'idée innée elle-même, toute idée innée, n'est qu'un élément à critiquer dans une critique plus vaste des principes ou maximes innés[2].

* * *

2. *Idées innées ou Principes innés ?*

En effet, les idées innées ne sont critiquées que comme éléments de ces prétendues propositions innées que sont les maximes morales et les principes spéculatifs[3]. On objectera que Leibniz déjà parlait à propos de ce livre de critique des idées innées, et non des principes innés ; et par ailleurs les commentaires classiques parlent couramment, eux aussi, de la critique des idées innées[4]. Qu'en est-il ?

D'abord, Leibniz a mieux saisi qu'on ne le pense habituellement les thèses centrales de l'*Essai* ; il mentionne que Locke en veut d'abord aux principes et vérités innés et qu'il ne fait que secondairement, dans la mesure où la vérité suppose des éléments constitutifs, la critique des idées innées. Locke, comme Leibniz et le Descartes des *Regulæ*, songe plus aux *notions communes* des stoïciens qu'aux idées isolées. En fait, seule une part du dernier chapitre du livre I traite des idées innées, et la fonction de ce chapitre est claire : ceux qui soutiennent encore qu'il y a des principes innés après les deux chapitres qui sont consacrés à en prouver l'impossibilité, n'ont qu'à examiner les éléments dont sont faites les propositions ; faute de pouvoir prouver que ces éléments (les idées) sont innés, ils seront contraints de reconnaître que la proposition innée (résultat d'une composition de ces éléments) ne peut exister. Une

1. *E.* 1.4.8.
2. Voir ci-dessous le développement de ce point, chapitre 2 § 1.
3. On a trop oublié que Gibson le notait déjà, il y a trois-quarts de siècle.
4. Coppleston, *A History of Philosophy*, Londres, 1959, t. 5/1, p. 83, et comme lui Bréhier, Rivaud, et de nombreux articles ; d'autres sont plus prudents comme Naert, *Locke*, 1973 ; J. Yolton (*John Locke and the Way of Ideas*, Oxford U.P., 1956) ; Woolhouse (*Locke's Philosophy of Science and Knowledge*, Oxford U.P., 1971) ; Colman (1983) ; Dunn (*Locke*, Oxford U.P., 1984) ; mais à ma connaissance cette prudence ne va pas jusqu'à expliquer le pourquoi de cette différence.

critique en deux temps, et chaque temps, à lui seul, conteste toute possibilité d'une conception cohérente de l'inné :

> Si les *idées* qui sont les éléments de ces vérités [les principes prétendument innés] n'existaient pas [à un moment donné], il serait impossible que les propositions construites à partir d'elles soient innées, ou que la connaissance que nous en avons soit née avec nous. Car si nos idées ne sont pas innées, il y a eu un temps où l'esprit existait sans ces principes... Car là où les idées mêmes n'existent pas, il ne peut y avoir aucune connaissance, aucun assentiment, aucune proposition ni mentale ni verbale [1].

L'insistance première est bien sur la proposition. Quel enseignement tirer de ce fait? Premièrement, une proposition est la somme de ses éléments; avant de percevoir le lien entre deux idées, il faut pour Locke percevoir les idées elles-mêmes, et c'est l'acte de lier deux idées qui constituera en un temps second la proposition ou la maxime. L'innéisme au contraire accepte implicitement que les maximes soient connues intuitivement comme des totalités indivises; les idées sont toujours déjà incluses dans un énoncé, et l'idée n'est dégagée qu'ensuite, comme le *cogito* cartésien précèdant l'analyse du *je* qui pense. Affirmer, comme le fait Locke, que l'idée doit être claire pour que la relation soit absolument évidente [2], c'est inverser l'ordre de connaissance cher aux platonismes, c'est d'emblée se mettre hors de cette conception, c'est rendre impossible l'innéisme. Toute proposition est, pour un *empiriste*, le fruit d'une élaboration, d'une mise en rapport, qui ne peut être innée. La relation est externe aux idées et ne peut être établie que par un esprit, donc être consciente, ou, ce qui revient au même, être œuvre de l'entendement. Ne pas saisir que Locke vise d'abord dans sa critique les maximes et principes innés, c'est perdre de vue cette remontée analytique de la proposition à l'idée, qui établit simultanément que si le départ est dans l'idée, le vrai, lui (et la connaissance avec lui), n'apparaît qu'avec le lien mis entre deux idées dans une proposition construite par l'entendement.

Deuxième temps, deuxième présupposé; il y avait un moment où le principe n'existait pas, faute d'idée. La distinction entre idée et proposition n'est pas une simple distinction logique: elle est aussi une

1. *E.* 1.4.1. Voir G. Rodis Lewis, *Idées et Vérités éternelles chez Descartes et ses successeurs*, Paris, Vrin, 1985. On pourrait citer aussi entre autres 1.2.1 : s'il n'est pas besoin d'idées innées pour acquérir la certitude, à plus forte raison les principes innés sont inutiles.

2. Cf. la controverse avec Stillingfleet : elle doit être claire en ce qui concerne la relation, mais non pas en elle-même, comme Toland le prétend soi-disant en accord avec Locke : Letter to Stillingfleet, *Works*, t. 1, p. 359, 360, 366.)

distinction chronologique. Il reste donc à justifier l'apparition de l'idée. L'innéiste est appelé du fait-même à l'examen qu'il refuse, à l'analyse que sa thèse repousse ; le fondement ne peut être une pure évidence, il doit être établi. Inversement, Locke amorce par cette indication une démarche régressive, qui va constituer l'élément, pour la synthèse qu'est le reste de l'*Essai*.

Du fait même se dévoile une autre fonction du livre I. Par l'analyse qu'il opère, le livre I permet la synthèse effectuée par les trois autres livres [1]. Le livre I part de l'universalité qu'il s'agit de justifier (celle de *la philosophie naturelle ou φυσικη* d'une part, celle de l'*Ethique* d'autre part ou recherche de la Loi Naturelle comme *règle et mesure des actions humaines* [2]), il décompose l'interprétation commune de l'universel, afin que les autres livres puissent tracer sa constitution authentique et juger, ce faisant, de l'assurance qui lui appartient et de ses limites. L'analyse a pour terme l'idée simple, puisqu'on a refusé de passer du champ cognitif et phénoménologique aux considérations *physiques* (on dirait de nos jours physiologiques) et scientifiques. Ou, plus précisément dit Locke, les considérations *historiques* préliminaires sont *toto cœlo* différentes des considérations *philosophiques* (ou scientifiques) [3] auxquelles peuvent se consacrer les maîtres-es-philosophie tels Newton, Sydenham, Huyghens et Boyle, auxquels Locke ne veut servir que d'*underlabourer*, lui qui décrit mais ne déduit pas (sauf, espère-t-il, en morale).

Pour avoir manqué la structure du livre I, on a donc manqué son lien aux autres livres ; on n'a pas vu qu'il en était la nécessaire

1. Ce lien paraîtra plus évident si l'on se réfère à l'introduction du problème dans le *Draft B*, § 4, p. 40-41 : aussitôt son plan annoncé, Locke entame l'exposé en ces termes : « then as to the originall of those ideas which are in the understanding I finde it a generall received opinion that there are in the mindes of men some innate principles, some primae notiones κοινναι εννοιαι some characters... » ; par la juxtaposition, ce qui est présenté comme synonyme de εννοιαι, ce ne sont pas les idées, mais les principes, et les caractères qui reçoivent de ce fait une connotation propositionnelle. Par ailleurs, Locke n'introduit la mention des idées innées dans le *Draft B* qu'au tout dernier paragraphe avec une formule moins développée que dans le paragraphe de l'*Essai*, et pour cette raison plus nette : « That it is hard to conceive how there should be innate principles i.e. affirmations & negations in the mindes of new borne children in whome there is not the least appearance that they have any settled Ideas at all & therefor can but ill have propositions which must be made up of those Ideas. » (§ 16) : les idées innées ne sont étudiées que comme éléments de la prétendue genèse réelle des propositions innées chez le nourrisson.

2. *E.* 4.21.2-3.

3. *E.* 4.21.5. et 1.1.2. L'opposition histoire/philosophie est classique à l'époque : Hobbes par exemple la mentionne en *Leviathan*, ch. IX.

ouverture, qu'il opérait une analyse comparable à celle qu'opérait Galilée sur les problèmes multiples posés par le mouvement, avant d'en opérer la synthèse. Pour Locke de même, le livre I est l'analyse qui réduit le problème de la morale universelle et le problème de la science universelle à leur racine authentique commune et simple, l'idée non-innée. La communauté d'idée avec Boyle pousse vraisemblablement Locke à comprendre plus que ne le faisait Galilée l'élément ultime de l'analyse comme un atome, plus exactement un corpuscule, fût-il mental.

Et de même que Galilée, à partir des mouvements simples, indépendants des résistances et des frottements, recompose progressivement le mouvement expérimenté du boulet de canon et la vitesse de la bille sur le plan incliné, leur trouvant ainsi justification, de même Locke, partant de l'idée simple dégagée à l'issue du livre I, recompose la situation, recompose l'universel, mais avec la claire conscience de ses limites, de ses résistances et de ses frottements. Synthèse qui justifie, qui donne le sens et les limites de l'universel constamment utilisé en morale et en physique; synthèse qui n'est pas pour autant irréelle : elle demeure évidente et descriptive (*plain and historical*), et d'autant plus descriptive que les connaissances limitées de Locke en mathématiques, son intérêt pour l'hypothèse corpusculaire, l'empêchent de passer comme Galilée et Newton du niveau du corpuscule à celui de la pure relation mathématique. C'est donc bien de l'origine de la connaissance, qu'il s'agit, pas de l'inventaire nécessairement multiforme des débuts et tâtonnements qui ont produit la connaissance. Toutes les étapes de la synthèse seront donc *réelles* aux yeux d'un *historien*, mais leur choix, leur ordre, sont fonctions de la réalité à justifier. Le second des *Treatises on Government* est une illustration plus claire encore de cette synthèse justifiant la réalité.

L'expérience de la feuille blanche, faite de façon critique par l'adulte cultivé, est bien une expérience en pensée, pas un récit de ce qu'il faisait quand il était enfant; l'expérience révèle l'origine de chaque connaissance et les conditions de son accès à l'universel, description qui trace les limites de cette connaissance. C'est ainsi qu'il faut comprendre dans le texte de Locke les références à l'origine véritable qu'est l'idée, à la constitution de la connaissance par le biais de l'abstraction de la complexification, de la nomination et enfin de la démonstration. Il ne s'agit pas de la narration exacte de l'acquisition de la culture : les *Lettres sur l'Education*, les notes multiples de Locke sur le travail intellectuel, et surtout les chapitres finaux des trois derniers livres de l'*Essai*, jouent ce rôle, et présentent, on le dira plus loin, d'autres procédures d'acquisition, plus *réelles*. Il s'agit de ce que dégage un regard rétrospectif, un regard qui retient ce qui seul importe. Les livres II à IV de *l'Essai* sont une synthèse de la connaissance à partir de l'origine dégagée par l'analyse réalisée au livre I.

* * *

3. *L'innéisme de Cherbury.*

L'appel aux principes et aux maximes innées n'est pas seulement le fait de philosophies que beaucoup jugent dépassées (la scolastique dont Descartes a souligné l'inefficacité, ou Descartes lui-même) ; il ne se limite pas à la pensée spéculative. La morale, la religion, la politique les plus contemporaines se justifient aussi par l'innéité sans appel du principe ou de la maxime : le moralisme naïf de l'Eglise Etablie, l'enthousiasme révolutionnaire de beaucoup de dissidents ; pire : la théorie morale de philosophes-théologiens éclairés (tels Culverwell ou Cudworth) dont Locke a partagé un temps les vues, ou d'orientation latitudinaire (tel Stillingfleet), qui prétendent défendre la foi et les mœurs par appel à une raison intuitive ; et là encore Descartes n'est qu'au second plan du débat.

L'analyse historique de Yolton[1] a définitivement établi que les thèses religieuses et morales couramment défendues par les sermons et libelles de l'époque étaient les premières visées. C'est d'abord la conscience religieuse naïve qui admet une morale aux principes innés, sous l'influence de prédicateurs trop heureux de pouvoir établir « comme principe des principes, que les principes ne doivent pas être

1. *John Locke and the Way of Ideas*, 1968, Oxford U.P., ch. 2. Voir aussi W. von Leyden, édition de J. Locke, *Essays on the Law of Nature,* Oxford, at the Clarendon Press, 1954 (1970), Introduction § 5 ; G. Wall, 'Locke's Attack on Innate Knowledge', in *Locke on Human Understanding* (ed. I.C. Tipton), Oxford U.P., 1977, p. 19-24 ; G.A.J. Rogers, 'Locke, Newton and the Cambridge Platonists on Innate Ideas', *Jounal of the History of Ideas*, 40, 191-205 ; R. Specht, 'Les idées innées chez Locke', *Archives de Philosophie*, 34, p. 245-264. Suivant les conseils de Von Leyden, on pourra lire Nathaniel Culverwell, *An Elegant and Learned Discourse of the Light of Nature*, 1652, grâce à la belle édition moderne de R.A. Greene et H. MacCallum, University of Toronto Press, 1971 ; voir aussi leur très bonne Introduction, p. XX-XLIX, et notamment l'affirmation, p. XXIII : « The *Discourse of the Light of Nature* is essentially a Protestant blossom on the scholastic tree. » ; affirmation qui vaut aussi pour Hooker et Locke, avec les nuances que j'expliciterai pour le second. Il faudrait d'ailleurs faire pour

questionnés »[1] et d'appuyer ainsi la morale sur un nouveau principe d'autorité. Et c'est au nom de cette évidence prétendue que sont nées dans l'histoire récente l'intolérance et les divisions religieuses ; car les Eglises se sont emparées de cet instrument pour conforter l'adhésion de leurs fidèles ; l'Eglise Établie notamment s'est entendue avec le pouvoir politique pour écarter toute idée de tolérance et apporter une solution au problème classique de l'anglicanisme de l'époque : les *adiaphora*[2]. Pour une bonne part, la naïveté que l'on a reprochée à Locke n'est donc pas d'abord la sienne, mais celle des gens qu'il critique[3]. Pour fonder une loi morale prétendument évidente et immédiate, la syndérèse, la conscience morale, la *lumière-divine-en-nous*, la *droite-raison* sont les arguments simplifiés que les prédicateurs utilisent, les empruntant aux mêmes traditions que les platoniciens (de Cambridge) : des restes de formation scolastique, un retour en force du stoïcisme appuyé sur Cicéron[4], un certain puritanisme, notamment celui qui privilégie la présence de l'Esprit divin, le cartésianisme même. C'est d'ailleurs du *pulpit* que sont venues les premières critiques, comme en témoigne le rapport de Tyrrell, ami de Locke qui avait travaillé ces questions avec lui, et qui devait être heureux de lui transmettre au discours indirect la question qu'il se posait aussi :

> Je trouve les théologiens très choqués de ce qu'une partie si agréable et si facile de leurs sermons – la loi écrite dans le cœur –

Locke le travail de déchiffrage que Gilson et Marion ont mené pour Descartes. Je parlerai plus loin des Platoniciens de Cambridge, mais il ne faut pas oublier qu'il en est d'autres à Oxford et proches de Locke, comme R. Burthogge (voir notamment *Organum Vetus et Novum, or a discourse of Reaon and Truth*, Londres, 1678, (ed. M.W. Landes, *The Philosophical Writings of R.B.* (extraits), Chicago & Londres, The Open Court Publishing Company, 1921), plus proche en tous cas que Norris avec qui Locke aiguisera ses arguments contre une autre forme d'immédiateté : la vision en Dieu malebranchiste (voir Pucelle, édition de Locke, *Examen de la* Vision en Dieu *de Malebranche*, Paris, Vrin, 1978, préface ; ainsi que McCracken, *Malebranche and British Philosophers*, Oxford, at the Clarendon Press, 1984, plutôt que l'ouvrage anecdotique de R. Acworth, *La philosophie de John Norris*, thèse, Paris (Sorbonne), traduction anglaise publiée chez Olms en 1979).

1. *E.* 4.17.

2. *Les choses indifférentes*, notion morale stoïcienne, reprise dans le contexte liturgique et politique de l'anglicanisme.

3. *E.* 1.4.25 : « And since the Arguments which are against them, do, some of them, rise from common received Opinions, I have been forced to take several things for granted… [argumentation] where… there is no farther enquiry of whom it is borrowed nor whom it belongs to… ».

4. Cf. les analyses de J. Lagrée dans son introduction à Cherbury, *La religion du Laïc*, Paris, Vrin, 1989, et son insistance sur l'influence de Juste Lipse dans sa thèse, non publiée, *Religion naturelle et raison*, 1990.

devienne [par vos principes] fausse et inutilisable; mais vous connaissez la mesquinerie de la plupart de leurs principes[1].

Alors que nous avons aujourd'hui tendance à croire fondamentale la dimension épistémologique de la critique de l'inné, les critiques de l'anti-innéisme nous ramènent à une vision moins anachronique : elles vont pleuvoir, non pas à cause de ses conséquences épistémologiques, mais du fait de ses conséquences religieuses[2].

Aussi ne faut-il pas perdre de vue un autre enseignement qu'offrent les précisions historiques de Yolton; pour les prédicateurs, principes spéculatifs innés et principes moraux innés sont liés par un même destin : le Bien et le Vrai sont dotés du même statut objectif; il s'agit des deux côtés de vérités éternelles que l'intuition appuyée sur la pureté morale peut saisir. Pour s'opposer à ceux qui appuient la morale et la religion sur l'innéité des principes spéculatifs, il importe, en détruisant la vision immédiate spéculative, d'ôter toute garantie à la vision immédiate des principes moraux. La religion et la morale étaient importantes par leurs conséquences politiques; elles étaient importantes également par les enjeux théoriques; ou réciproquement, la critique de l'innéisme spéculatif est partie intégrante de la critique de l'innéisme moral. La «déformation» de Locke consistait à chercher à résoudre les questions de pratique par la mise à jour de leur fondement présupposé : l'existence de principes spéculatifs innés en est un pour la religion établie.

C'est pourquoi Herbert of Cherbury peut être le seul auteur cité lors de la critique des principes innés. Herbert de Cherbury présente

1. *The Correspondence of John Locke*, ed. J.S de Beer, Oxford, at the Clarendon Press, 9 vol., (cité désormais *Correspondence*, suivi du n° de la lettre), lettre n° 1248 de Tyrrell à Locke. Comme en témoignent les commentaires de sa traduction de Cumberland (cf. *infra*), Tyrrell qui avait travaillé la question de la Loi Naturelle avec Locke, avait tendance à être moins rigoureux dans le refus de principes immédiats comme la bienveillance; ces notions lui semblaient opportunes pour une déduction rationaliste, et non plus enthousiaste, de la Loi Naturelle. Ce qui gêne Tyrrell, vraisemblablement, c'est l'amalgame par Locke, dans une même critique, du rationalisme et de l'enthousiasme; ce dont nous parlerons par la suite.

2. *Correspondence*, lettres 1024, 1024 A, 1040 (mais Lady Masham se place d'abord comme Locke au niveau épistémologique), 1544, 1248; Shaftesbury (Lettre du 3 Juin 1709 à M. Ainsworth, ed. Rand, *Regimen*, p. 403) : «It was Mr Locke that struck the home blow...' Twas Mr Locke that struck at all fundamentals, threw all order and virtue out of the world, and made the very Ideas of these (which are the same as those of God) unnatural, and without foundation in our Minds.»; outre les références données par Yolton, voir aussi les réactions de Hutcheson citées plus loin. On notera cependant la critique purement théorique du *Draft A* § 43 : l'empirique ne peut fonder la certitude et l'universalité.

une conception significative de l'immédiat, plus structurée que celle de nombreux prédicateurs, mais en accord fondamental avec elle ; en même temps, Cherbury était l'opposant rêvé puisqu'il unissait dans une même innéité principes spéculatifs et principes pratiques ; enfin, il est moins dangereux de combattre les thèses de ce « laïc » que celles de clercs.

Il est vrai que, selon le *Draft B* , l'essentiel de la thèse anti-innéiste était déjà élaboré au moment où Locke découvrit le *De Veritate* de Herbert de Cherbury. Certes, la critique de l'inné sous la forme des transcendantaux d'une part, de la sacralisation des opinions d'autre part, est présente dans le *Draft A* : le lien est déjà fait entre la théorie scolastique de la connaissance et le dogmatisme religieux ; mais la coordination justement des deux formes (théorique et pratique) de l'inné en un tout cohérent et le développement de l'argumentaire sont le fait du seul *Draft B*, le texte qui intègre précisément la référence à Cherbury.

Ce qui frappe d'abord à la comparaison du *De Veritate* de Cherbury[1] avec les écrits de Locke, c'est la parenté superficielle d'intention et la divergence fondamentale de méthode. Locke prend comme contre-exemple typique le livre de Cherbury, qu'on lui avait signalé au moment où il rédigeait l'*Essai* : Cherbury donnait la liste des principes moraux innés, ce qu'aucun innéiste n'avait encore, selon lui, été capable de faire[2] ; si Locke conserve dans les éditions ultérieures cette critique, c'est qu'il a suffisamment de points communs avec Cherbury pour chercher à marquer les différences.

La finalité est la même : comme beaucoup d'auteurs de l'époque, Cherbury fait précéder sa réflexion sur la religion naturelle et la morale par une critique de la connaissance[3] : le *De Veritate* est suivi d'opuscules qui exploitent les cinq principes évidents énoncés à la fin de l'œuvre. L'ouvrage se donne pour tâche de réduire aussi bien le scepticisme absolu que le dogmatisme concernant les fondements ;

1. Edward, Lord Herbert of Cherbury, *De Veritate, prout distinguitur a Revelatione, a Verisimili, a Possibili et a Falso*, Paris, 1624, cité ici d'après l'édition (reprint) : Stuttgart-Bad Cannstatt : Fromann Verlag, 1967 ; cf. J. Lagrée, *Le Salut du Laïc, sur Herbert de Cherbury*, Paris, Vrin, 1989.

2. *Draft B*, § 6.

3. Parmi d'autres écrits, on pourrait citer, Joseph Glanvill, *The Vanity of Dogmatizing*, Londres, 1661, repris sous le titre *Scepsis Scientifica*, Londres, 1665, (reprint des deux : 1970, Hove, The Harvester Press) ; John Wilkins, *Of the Principles and Duties of Natural Religion*, Londres, 1675, (posthume, édité par Tillotson, futur archevêque de Cantorbery et correspondant de Locke) et enfin R. Boyle, tous penseurs apparentés à la Royal Society ce qui induit à lire Locke avec la même orientation de pensée.

scepticisme provoqué par la multiplicité des opinions, par le dogmatisme de la foi qui prétend lui-même écarter le scepticisme grâce à l'adhésion aveugle. Aux yeux de Cherbury, l'appel à la raison plutôt qu'à la foi, la détermination des *provinces* de l'entendement, doivent soumettre la subjectivité à l'universel (ce pourquoi Cherbury passe pour le premier des déistes). Sur ce point, comme sur la volonté de fonder la religion naturelle par une réflexion épistémologique, Cherbury a précédé Locke.

Mais ce qui fonde la connaissance est à l'opposé des conceptions de Locke. Pour Cherbury, le discours (*discursus, deductio, ratiocinatio*) est la forme même de la particularité parce qu'il est artificiel : comme tous les actes humains, il dépend des conditions, de l'expérience disponible et de sa contingence : il ne peut aucunement prétendre à l'universalité, à la certitude, à la nécessité, qui caractérisent le Vrai. Le discours est le type même de la capacité individuelle, subjective, soumise aux passions plutôt qu'au vrai, incapable de déterminer elle-même sa *province*[1]. Alors que les autres êtres vivants possèdent par nature un instinct qui les mène au Vrai, l'homme qui introduit l'artifice du discours succombe à l'indécision et à la contingence[2] : il hésite, se soumet à des religions arbitraires, à des philosophies diverses, toutes fruits de l'artifice humain; il s'asservit à lui-même sous couvert de confiance aux phénomènes[3]. La scolastique est le type même de cette déviation : pour elle « rien n'est dans l'entendement qui ne soit d'abord dans les sens » et, partant de ce principe, elle ne parvient pas à remonter des phénomènes aux vérités éternelles. Les spéculations théologiques infinies, la confiance aveugle accordée au syllogisme, les dogmatismes intolérants, découlent de cette incertitude[4]. Le péché n'est donc pas le fait de mauvaises tendances naturelles, mais de l'artifice humain du discours qui détruit l'œuvre divine naturelle et refuse la clarté des principes.

Plutôt que de construire artificiellement la vérité, il faut la recevoir immédiatement et passivement. Le Vrai existe par soi : il ne s'agit aucunement d'une relation instaurée par l'homme, mais d'une substance indépendante de lui; le Vrai est manifeste et se révèle de lui-

1. Alors que s'il se soumettait à la vérité, « sobrie sapiat igitur Discursus atque intra provinciam suam. » (*De Veritate*, p. 158).

2. *De Veritate*, p. 151 sq.

3. Le monde physique ne nous apparaît que du point de vue de l'accident (la couleur par exemple) et l'on risque de définir l'essence à partir de l'accident; on songe évidemment à l'essence nominale de Locke. Par d'autres côtés, on songe aux idoles baconiennes.

4. *De Religione Laïci*, 1645, Fromann Verlag, Stuttgart, 1966, p. 120.

même; il est universel et s'étend partout; co-éternel aux choses, il est la source de validité de toute sensation et de toute activité de l'entendement; il se réalise sous des formes variées dans les législations, les religions diverses, et celles-ci ne peuvent donc être comprises que par la mise en évidence de leur participation au Vrai-en-soi. Ou plus exactement, c'est en rentrant en soi que l'on découvrira la *summa veritatis norma*, car c'est d'abord dans la pensée que se réalise l'universel.

La capacité humaine qui reçoit le Vrai, ou plutôt qui est conformée à lui (puisque le Vrai est source de toute activité), c'est *l'instinct naturel* , ou comme il dira plus tard[1] *la droite raison*, par qui les vérités éternelles ne sont pas déduites, mais extraites du réel. Dans les *Essays on the Law of Nature,* Locke utilise avec toute la tradition le parallèle de l'instinct animal et de la raison humaine; pourtant il refuse de pousser l'analogie aussi loin que Cherbury ou les Platoniciens, il refuse de faire de la raison une intuition instinctive et immédiate de propositions qui puissent servir d'axiomes d'un système; l'expression *droite raison* est critiquée à la suite de Boyle, dès les *Essays on the Law of Nature*, avant que cette critique ne soit organisée dans divers passages de l'*Essai* ou dans les notes prises pour réfuter Malebranche[2]. La différence, ténue mais fondamentale, entre Locke et ceux qu'il critique porte sur ce point : intuition des principes ou intuition du rapport entre idées.

Aux yeux de Cherbury, le Vrai se communique à l'homme sous forme de *notions communes*[3] qui revêtent les six marques du Vrai-en-soi : priorité[4], indépendance[5], universalité[6], certitude, nécessité et

1. *De Religione Laïci, ibid.*, p. 102.
2. *Examen de la vision en Dieu*, § 52.
3. *De Veritate*, p. 47.
4. Par priorité, il faut entendre le fait que c'est « grâce à elles que notre esprit, comme inspiré (rempli) par le ciel, discerne les objets se déplaçant dans notre théâtre. » (*De Veritate*, p. 27), si bien qu'il n'y a aucune connaissance possible sans ces *principes sacrés*, et ceux-ci ne peuvent être tirés de l'expérience, dont ils sont la condition.
5. Indépendance par rapport à l'expérience (ce qui est répétition du critère précédent) ou indépendance par rapport aux autres (ce qui est manifestement erroné pour les exemples qu'il donne, comme le remarquera Locke).
6. L'illogisme, fréquent chez Cherbury, se manifeste spécialement ici; l'universalité est présentée à la fois comme critère et comme conséquence : conséquence de la priorité, les notions communes sont perçues par l'instinct naturel de façon partout identique; et inversement l'universalité sert à discerner ce qui est notion commune, et donc à discerner (en un acte qui n'est nullement *prioritaire*, mais discursif) dans les affirmations religieuses ce qui appartient à la seule religion véritable, la religion universelle. Il est inutile de souligner parentés et différences

mode spécifique d'appréhension. Ces notions sont éveillées en nous par les objets, « ou par toute chose, parole ou signe, adéquate »[1]. Elles y sont cachées avant qu'elles ne soient *dépliées* (*explicantur*)[2]; l'expérience les révèle, mais ne les produit pas : elles servent au contraire de condition de possibilité de l'expérience. C'est pourquoi les déficients mentaux, les enfants, ne peuvent les découvrir[3], et les esprits partisans les trouvent tronquées. De même les cultures diverses peuvent diversement les habiller, et l'homme devra les dégager de cette couverture qui les masque. Néanmoins l'immédiateté les distinguera toujours de ce qui est le fruit médiat de la déduction.

Enfin ces notions communes sont de deux ordres; soit mathématiques – de là vient la certitude exemplaire de cette discipline –, soit sapientielles – et de là viennent la paix et l'ordre moral. Pour Cherbury donc, les notions communes ne sont pas des concepts comme peuvent l'être les idées innées cartésiennes, mais bien des affirmations, qui servent de fondements cognitifs aussi bien que pratiques : « Les notions communes sont les principes contre lesquels il n'est pas permis de disputer. »[4] : une phrase que Locke reprendra presque littéralement pour critiquer le dogmatisme qu'elle autorise.

* * *

4. Reason *et* Understanding.

Certes, il n'est pas fait mention dans le texte de Cherbury d'idées ou de principes innés; certes, la critique de Locke dépasse souvent la lettre de l'exposé de Cherbury. Mais l'essentiel, à savoir cette capacité de saisir des principes déjà constitués, est bien dans le texte de Cherbury. A lire de telles affirmations, les critiques portées par Locke contre l'innéisme prennent chair, et elles vont nous permettre de

avec Locke, sauf peut-être la plus importante pour la *dernière philosophie* de Locke : la raison comme capacité de discerner dans le réel ce qui est naturel.

1. *De Veritate*, p. 47.

2. Voir ci-dessous (§ 5), le parallèle avec l'intuition cartésienne, et donc l'opposition avec Locke.

3. Argument dont Locke ne tient pas compte; témoignage encore de ce qu'il ne critique pas un auteur spécifique, mais se sert d'auteurs pour dénoncer une attitude non-philosophique.

4. *De Veritate*, p. 42, cf. C. Lagrée, *op. cit.*, p. 35. Locke répond (*E.* 1.4.24) : « it was no small advantage... to make this the Principle of *Principles*, That Principles must not be questionned ».

déterminer le sens que Locke donne aux termes de raison et d'entendement.

Il n'y a pas en l'homme d'instinct naturel (au moins dans le domaine cognitif), ni de droite raison, qui subiraient passivement la marque des vérités éternelles. Si tout doit être inscrit en une capacité cognitive que Dieu a mise en nous, ce n'est pas en une raison-contemplative, forme de raison qui ne peut exister. La raison ou ce que beaucoup appellent *droite raison* (intuition assurée des vérités premières), ce « dont les sectes disputent entre elles si violemment et que chacune revendique pour sa propre opinion »[1], camoufle un sentiment ou un enthousiasme individuels. Il y a bien en l'homme une capacité réceptive, passive, mais c'est l'entendement (*understanding*) individuel et faillible : *entendement* est un quasi synonyme de *mind*, terme qui est souvent utilisé à sa place ; il est une capacité de percevoir[2], qui associe sensation et compréhension[3] au point que leur distinction est parfois de pur principe ; il est passif[4] et reçoit les impressions sensibles isolées, comme la chambre obscure des opticiens recevait des jets de lumière isolés[5] ; rien de commun en ceci avec la *droite raison*.

En outre, contrairement à la *droite raison* qui était la capacité du vrai, c'est-à-dire une capacité intuitive dont l'objet est une proposition, l'entendement a pour objet premier le particulier, le *visible* qu'est l'idée, la relation unique entre deux idées, ou la signification du signe[6].

Parler ainsi, c'est évidemment prendre le contre-pied des thèses de Cherbury, qui voyait dans cette particularité la porte ouverte à tous les

1. *Essays on the Law of Nature*, I, f. 10 ; ed. Von Leyden, p. 110 : « recta ratio vocatur, quam quisquis se hominem putat sibi vindicat ; hoc illud est de quo tam acriter inter se digladiantur variæ hominum sectæ, et quisquis opinioni suæ pretendit. ».

2. *E.* 2.3.1. Cf. Malebranche, *De la Recherche de la Vérité*, 1.1.1 : « j'appelle cette faculté ou cette capacité qu'a l'âme de recevoir toutes ces choses, ENTENDEMENT. D'où il faut conclure, que c'est l'entendement qui apperçoit ou qui connaît, puisqu'il n'y a que lui qui reçoive les idées des objets ; car c'est une même chose à l'âme d'appercevoir l'idée qui la représente. ». On comprend que Locke ait pu trouver en Malebranche une analyse qui le prévenait contre la droite raison ; même si Locke ne distingue pas comme Malebranche idée et sentiment, avec toutes les conséquences qui en découlent (cf. note suivante).

3. *E.* 2.1.23. « *Ideas* in the Understanding are coeval with *Sensation* ».

4. *E.* 2.2.1.

5. *E.* 2.12.17 ; Epistle to the reader (ed.Nidditch, p. 7) ; 1.1.1 ; 2.1.

6. *E.* 2.21.5 ; il faudrait analyser cet inventaire : à côté de la simplicité de la réception de l'idée, Locke mentionne la saisie au second degré de la signification et de l'agrément ; ces relations de signification et d'agrément sont-elles des idées d'idées ? Locke note d'ailleurs lui-même que *comprendre* se dit seulement des deux dernières opérations, ce qui est significatif.

défauts : désaccords, scepticisme, affectation, illusions règnent dans l'humanité, lorsque la raison universelle n'accueille pas elle-même en première instance les données extérieures. Premier désaccord donc entre Cherbury et Locke, et fondamental : l'objet perçu est en chaque cas très différent : proposition, vérité ou relation éternelle entre vérités pour Cherbury; idée individuelle, ou relation présente entre idées pour Locke.

Ce désaccord, cependant, s'appuie sur un accord de vocabulaire : *reason* désigne pour les deux auteurs, comme pour tout locuteur de langue anglaise, une capacité universellement (au moins de façon potentielle) valable de mise en relation[1], alors qu'*understanding* désigne une capacité de saisie appartenant à un homme donné; capacité individuelle, ou par définition identique en chaque homme? Les divergences portent sur le rapport entre les deux capacités : l'entendement est-il condamné à son individualité, ou est-il au contraire ouvert à l'universel de la raison? Locke se sépare de Cherbury, quand il met en relation les deux facultés (Cherbury les oppose) : l'entendement est faillible, parce qu'individuel et soumis à l'opinion; son seul guide est la raison, qui dépasse la particularité des opinions[2], sans être pour autant droite raison.

Mais l'entendement aux yeux de Locke n'est pas seulement une faculté passive; il ne fait pas que recevoir, comme la droite-raison; il est aussi, il est surtout, actif. Après avoir parlé de l'idée simple, pour laquelle l'entendement est passif, Locke traite de l'idée complexe, pour laquelle l'entendement est essentiellement actif[3]. La seconde différence entre la droite raison néo-stoïcienne et l'entendement empiriste réside en effet en ce que seule cette dernière capacité est à la fois passive et active. D'une part, *entendement* est pour Locke le correspondant immédiat du latin scolastique *intellectus*, terme qu'il utilise dans ses brouillons et qui désignait aussi bien la capacité d'abstraire que la capacité d'être impressionné par le vrai; d'autre part, il faut garder à l'esprit que le terme anglais est un gérondif, qui conserve son sens actif, sens perdu par le français qui y voit essentiellement une *faculté* (erreur déjà commise par la scolastique, dit Locke[4]). L'entendement est pour Locke une activité : les idées sont distinguées,

1. *E*. 4.17.2.

2. *E*. 4.16.4. : « For however it [understanding] may often mistake, it can own no other Guide but Reason »; reste à savoir ce que veut dire pour l'entendement de se soumettre à la raison, si la raison est raisonnement, acte de l'entendement.

3. *E*. 2.12.1.

4. *E*. 2.21.6.

abstraites, agrégées, mémorisées... par lui : sans lui le divers des sensations demeurerait sans ordre[1]; ce que Locke résume d'ailleurs en identifiant *understanding* non plus cette fois à *perception*, mais à *thinking*[2]. L'entendement est une activité de tout l'esprit (*mind*)[3], au point que l'entendement subsume l'activité de raisonnement (*ratiocinatio*). Ainsi la raison, parce qu'elle est activité de calcul (selon le sens du terme remis en honneur par Hobbes) dépend de l'entendement[4], autant que l'entendement dépend de la raison qui la guide; l'entendement qui raisonne devient raison, et rejoint par là ce qui est universellement vrai; l'élément central du raisonnement, ce qu'il dénomme ailleurs intuition, la saisie du rapport d'agrément entre deux idées, est le propre de l'entendement. La raison n'est donc pas une faculté spécifique, *νους*, perception des vérités éternelles; elle est la forme supérieure de l'exercice de l'entendement, qui perçoit, mais aussi construit les relations. Ambiguïté de la capacité qui permet de résoudre le problème de la connaissance : l'entendement est à la fois actif et passif, individuel et capable d'universalité. Sa passivité même authentifie le donné atomique (les idées simples) reçues par chacun; sa plus haute activité, l'intuition authentifie l'association du donné atomique en propositions, en connaissances véridiques valables pour tous.

Il est intéressant de noter le parallèle partiel avec les définitions de Malebranche. Avant Locke, Malebranche amalgame l'entendement et la raison : une simple perception, un jugement et un raisonnement, sont trois actes du même entendement. Le raisonnement est à ses yeux une situation où « l'entendement ne fait donc qu'apercevoir les rapports qui sont entre les idées, lesquels rapports, quand ils sont clairs, s'expriment eux-mêmes par des idées claires. »[5]. Mais cette dernière citation laisse entrevoir la divergence qui s'introduit simultanément : l'entendement pour Malebranche n'est que passivité, et corrélativement, le raisonnement ne fait que subir la force de l'évidence qui s'impose et se transcrit d'elle-même en forme d'idée claire, ce que Locke, ici dans son opposition à Cherbury comme plus

1. Distinction des idées simples : *E*. 2.2.1 ; agrégation : 2.12.1. etc. ; cf. le débat : R. Hall, 'Locke and Sensory Experience...', *Locke Newsletter*, 18, 1987, p. 11-31 ; T. Heyd, 'Locke's simple Ideas...' *Ibid*., 20, 1989, p. 17-33 ; et M. Losonsky, 'Locke on the Making of Complex Ideas', *Ibid*., p. 35-46.

2. *E*. 2.6.2.

3. Les deux termes sont souvent utilisés l'un pour l'autre (notamment dans le livre 4), même si l'entendement est en toute rigueur l'esprit dans son activité cognitive, opposée à la volonté, esprit dans son activité appétitive.

4. *E*. 2.6.2.

5. *De la Recherche de la Vérité*, 1.2.1.

tard dans sa lecture critique de Malebranche[1], refuse vigoureusement ; l'idée malebranchiste est transcendante et s'impose à l'entendement et au raisonnement, alors que l'idée lockienne est immanente, se construit autant qu'elle s'impose; la raison de Malebranche est comme celle de Cherbury vision immédiate, alors que l'entendement de Locke est activité, participant à la constitution de la relation entre idées. La conception lockienne de l'entendement et du raisonnement est moins simple que celle de Malebranche, parce que Locke tente la difficile composition de la passivité nécessaire à la vérité et de l'activité de l'entendement nécessaire au mérite et à l'examen; de même, sa conception de l'idée est complexe, car elle additionne les caractères de l'image produite par la chose, et de l'acte de pensée produisant la relation, elle-même idée[2]. Il est vrai que la question n'est pas neuve et que l'intentionalité, même pensée en contexte cartésien par la distinction de la réalité formelle et de la réalité objective de l'idée, n'a jamais reçu de solution simple. Locke veut se sortir de la difficulté en écartant les questions *physiques* de production de l'idée; il retrouve la difficulté dans la détermination du rapport entre activité et passivité de l'entendement. Mais cette tension a chez lui un double avantage : elle lui permet de conjuguer la soumission au réel de l'empiriste et la constitution de l'objet du rationaliste.

Ceci éclaire la divergence fondamentale entre Cherbury et Locke, qui réside dans la capacité humaine source du vrai : pour Locke la raison ne peut être intuition passive du Vrai en soi, ni même des propositions vraies complètes; une vérité, c'est une proposition, et aucune proposition n'est donnée dans l'intuition, avant les idées dont elle est composée.

Cette différence dans la détermination des facultés aptes à connaître le Vrai implique une différence d'objet : le vrai n'a pas la même définition. Pour Locke, le vrai ne peut être une entité préexistante donnée à une intuition; on ne peut parler que de propositions vraies construites. Cette définition différente du vrai explique la critique contre les différentes *notes* des principes moraux innés de Cherbury. Tels qu'ils sont présentés, ils sont totalement vides

1. *An Examination of P. Malebranche's Opinion...* § 15, 45, 52 « But reason is very far from such an intuition [*divine*] it is a laborious and gradual progress in the knowledge of things, by comparing an idea with a second, and a second with a third...to find the relation between the first and the last of these in this train, and in search for such intermediate ideas, as may shew us the relation we desire to know, which sometimes we find, and sometimes not. ».

2. Sur ce point, voir les suggestions de Lorenz Kruger, 'The concept of Experience in John Locke', *John Locke, Symposium Wolfenbüttel 1979*, (ed. R. Brandt), Berlin, de Gruyter, 1981, p. 74-89.

(*trifling*), et leur origine supposée dans une intuition pure et a priori l'explique : faute d'être issus de l'expérience, ils n'ordonnent rien de précis[1]. Si on veut des principes moraux efficaces, ils doivent être déduits à partir de l'expérience, mais ils perdent du fait même leur indépendance (leur caractère a priori et premier)[2]. La priorité et l'indépendance des principes moraux est donc un leurre, de même que leur statut pré-réflexif. Avec l'immédiateté, l'universalité et la certitude sont également évacuées ; ne peut subsister qu'une certitude résiduelle, purement verbale : une vérité immédiate aurait la garantie divine ; une vérité déduite, faute de cette garantie, ne peut être certaine, à moins d'être comme les principes de Cherbury banals et vides : les définitions du bonheur et de la vertu sont, comme le remarquait déjà Aristote, des évidences purement verbales, tant qu'on n'énonce pas ce que l'on entend par bonheur ou par vertu[3]. Locke conserve dans la suite de l'*Essai* cette distinction entre l'apriori moral vide et l'aposteriori contraignant.

Les maximes morales a priori sont des énoncés sans relation signifiante ; il faut choisir entre la certitude de l'immédiat vide et la richesse de sens de l'impératif déduit. L'un des objectifs de Locke sera constamment d'éviter la vacuité, en assurant le lien entre un énoncé construit sur le mode mathématique et d'une part, l'origine empirique des idées morales, d'autre part la motivation effective vécue par l'individu, à travers le jugement de motivation notamment. A tout instant, l'entreprise linguistique est directement liée à l'élaboration morale : c'est dans la recherche d'une correspondance constante entre la sensation (ou réflexion), l'idée, le nom, et la proposition qui les énonce, que se joue la validité du discours moral.

Ainsi, le titre de chacune des deux œuvres est significatif : quand Cherbury pense pouvoir faire un *Traité sur la Vérité*[4], Locke fait un

1. *Draft B*, § 6 ; *E*. 1.3.17.
2. *E*.1.3.4.
3. *Draft B*, p. 55-56.
4. Il est intéressant de noter que dans sa lettre à Mersenne du 16 Octobre 1639, Descartes souligne qu'il y a de fort bonnes analyses métaphysiques dans le livre de Cherbury, mais regrette ceci : « il veut qu'on suive surtout l'instinct naturel, duquel il tire toutes ses notions communes ; pour moi, je distingue deux sortes d'instincts : l'un est en nous en tant qu'hommes et est purement intellectuel ; c'est la lumière naturelle ou *intuitus mentis*, auquel seul je tiens qu'on doit se fier ; l'autre est en nous en tant qu'animaux, et est une certaine impulsion de la nature à la conservation de notre corps... ». Cette mise au point centre la discussion sur ce que Locke ne peut accepter ni dans l'expression ambigüe de Cherbury, ni dans la formulation précise de Descartes : l'*intuitus mentis* est certes condition de certitude, mais elle n'est pas vision de vérités premières, elle n'est pas (à elle seule) lumière naturelle ;

Essai sur l'entendement. Cherbury n'aborde la question de la vérité que pour montrer que la question ne doit pas se poser, car la vérité s'impose, alors que Locke tend à maintenir la question constamment ouverte, pour que l'entendement éprouve sa propre activité, sa liberté, dans l'œuvre qu'il accomplit. La garantie divine est agissante des deux côtés, mais chez l'un elle fonde le point de départ, alors que chez l'autre elle assure le processus. De Dieu qui est Vérité et Bien indissolublement unis, on passe au Dieu sujet souverain qui par décision libre authentifie l'entendement humain dans son labeur qu'est la constitution des biens et des vrais, Dieu qui lie mon entendement à sa raison. Il n'y a pas intuition des vérités éternelles, mais constitution par l'entendement de l'énoncé dans sa forme logique (ou linguistique) à partir de sensations, d'abstractions..., après quoi le même entendement a l'intuition de l'accord entre les idées grâce au raisonnement qu'il a mis en place.

Du point de vue de l'*Essai*, c'est-à-dire non du point de vue de la science mais du point de vue de la critique préliminaire à la science, la morale se fonde sur l'entendement de chacun. L'objectivité doit y surgir de l'individualité : chacun doit éprouver pour lui-même ce passage du singulier à l'universel-nécessaire. La contre-épreuve viendra de ce que personne ne puisse imaginer ou ressentir un autre cheminement que moi (à plusieurs reprises, Locke n'établit l'universalité du processus décrit que sur l'interpellation suivante : s'il en va autrement pour quelqu'un d'autre, qu'il le déclare); quand il s'agit de la genèse subjective des idées, de la prise de conscience de la place et de la validité de l'examen individuel dans la constitution de l'universel, c'est mon entendement seul qui doit être examiné.

Mais une fois définies les formes de certitude, une fois le niveau (*connaissance* ou probabilité) déterminé en chaque cas, dès que sont établis les rapports entre entendement individuel et raison, bref dès que s'achève l'*Essai*, et que s'ouvre le champ (à peine exploré par Locke) de la science (*knowledge*), la situation s'inverse : la validité de la loi ne dépend plus de mon entendement. Quand il s'agit de science physique (si elle existe), quand il s'agit de montrer la supériorité de la loi divine, Locke prend la précaution de dire que la validité objective ne dépend pas de la prise de conscience. Locke nous intéresse actuellement parce qu'il tente justement cet enchaînement d'une description critique préliminaire et d'un exposé *dogmatique,* et qu'il échoue dans cette tâche. Son souhait de conjuguer l'origine subjective

elle est simple acte fini, acte de perception par l'entendement du rapport entre deux idées fournies par les sens (cf. infra, l'étude de l'intuition, § 5).

de la certitude et l'aspect objectif de la rationalité entraîne Locke dans des difficultés que ses contemporains, tels Lowde, souligneront : comment assurer la transition entre ces deux aspects, sans faire intervenir comme Hume l'idée d'une nature humaine, et la relativisation de la raison. C'est pour Locke le prix à payer, si l'on ne veut pas comme Cherbury que l'objectivité s'impose immédiatement à travers l'identité de la raison (des choses et de l'intuition) et de mon entendement. Les difficultés mêmes que Locke rencontre auront l'avantage d'induire la recherche d'un conceptualisation de la question posée : quelle est la place et la fonction de la critique préliminaire à la science ?

* * *

CHAPITRE 2

L'INNÉITÉ DU CONTENU

Si tel est le contexte, ce livre I apparaît sous un autre éclairage, et l'on peut désormais tenter de répondre à la question principale : quelle forme d'innéisme, quelle forme d'immédiateté, Locke veut-il écarter ? A quoi sert cette critique dans l'organisation de la pensée de Locke ?

Il s'agit de défendre l'universalité de la Loi morale. Or, pour un auteur de l'époque, la Loi morale ne peut tenir cette universalité que de Dieu : l'accord se ferait aisément sur le fait que l'expérience individuelle, la coutume, ne peuvent à eux seuls engendrer de l'universel : seul Dieu le peut; Locke malgré son *empirisme* ne déroge pas à cette tradition. Reste à savoir quel est le mode de l'opération divine. Or, pour tous, Locke compris, inné est synonyme de divin; ce qui explique que jamais Locke ne mette en doute cette équivalence [1]. La Loi universelle si elle doit être divine doit donc avoir une certaine forme d'innéité. Toute la question est de savoir ce qui est inné en elle. Est-ce la Loi-même ? Sont-ce les principes qui permettent de la déduire ? Sont-ce les idées qui servent d'éléments à la construction de cette Loi ? Est-ce enfin la capacité même de construire la Loi; et, en ce cas, de quelle forme d'innéité s'agit-il ? Aucune de ces questions n'est résolue précisément par la détermination de l'adversaire désigné par le livre I. Le sens de la solution est pourtant clair : toute solution qui ne confierait pas à l'œuvre (au sens fort de *labeur*, *effort*) de l'entendement l'essentiel de la tâche dans la création de la Loi morale, serait à écarter.

1. Et donc qu'on ne puisse lui reprocher de ne pas dissocier chez ses adversaires cet amalgame, puisqu'il le partage; voir : *E.* 1.3.4 : si un principe était inné, on ne pourrait par définition en demander raison; son origine divine lui conférerait la certitude; cf. aussi 1.4.12 et 22; 1.4.13; voir G. Wall, 'Locke's Attack on Innate Knowledge', *Locke on Human Understanding*, ed. I.C. Tipton, Oxford U.P., 1977, p. 23-24.

Même si pour la résoudre Locke fait appel à l'analogie des autres formes de connaissance universelle (ou prétendument universelle), c'est donc autour de la Loi Naturelle que se joue la question de l'innéité. D'une part, Locke pose envers et contre tout, et du début à la fin de sa production philosophique, l'existence de la Loi Naturelle. Mais d'autre part, le moyen habituel d'introduire la Loi Naturelle, est de la fonder sur l'immédiateté d'un inné. Si, comme l'en ont accusé certains de ses contemporains (et jusqu'à certains de nos contemporains) Locke n'avait pas accordé une place centrale à cette Loi transcendante, l'innéisme aurait pu être écarté d'un simple revers de main : il aurait suffi à Locke de dire qu'il n'est pas nécessaire d'utiliser l'artifice de l'inné pour défendre la cause perdue de l'universalité de la Loi ou son caractère contraignant. Si la critique est nécessaire, c'est à la fois parce que Locke croit en l'existence d'une Loi Naturelle, et parce que la théorie innéiste en présente une version concurrente ; une conception qui offre un fondement possible pour l'universalité de la Loi, pour son autorité, et pour son contenu ; mais cette conception, dangereuse à ses yeux, asservit la Loi Naturelle au relatif : sous couvert d'innéisme, ce sont les passions humaines qui imposent leur loi ; si la réponse est différente, la question posée à *l'instinct naturel* est la même que celle de Descartes[1]. Et si la réfutation est compliquée c'est qu'il est nécessaire de distinguer ce fondement d'un autre, cette *histoire théorique* d'une autre qui a même finalité : dire à quelles conditions est possible la Loi Naturelle.

Il y a aux yeux de Locke deux formes d'innéisme : un innéisme du *contenu* et un innéisme de la *capacité*. Le premier prétend que les principes ou les idées sont données par Dieu, le second s'en tient au don divin d'une capacité de recevoir ou de constituer les principes. Toutes les solutions intermédiaires, et notamment celle de la connaissance présente mais inconsciente, doivent être réduites à l'une de ces deux-là. Carcan trop rigide, que critiquera Leibniz, pour faire droit à plusieurs formes d'innéité du contenu et de la capacité. Il existe d'abord « une infinité de connaissances dont nous ne nous apercevons pas toujours »[2] : l'identification cartésienne de la connaissance et de la conscience empêcherait Locke de reconnaître cette possibilité de petites perceptions inconscientes. Il existe également une « âme (qui) renferme l'être, la substance, l'un, le même, la cause... quantité d'autres notions, que les sens ne sauraient donner »[3], affirme Leibniz,

1. Cf. la critique de Cherbury in lettre à Mersenne du 16 Octobre 1639, citée p. 36.
2. *Nouveaux Essais*, 1.1.5 ; 2.1.19.
3. *Ibidem*, 2.1.19.

en énonçant son *nihil est in intellectu quod non fuerit in sensu, excipe nisi ipse intellectus*. Mais cette critique de Leibniz porte à faux sur les deux points. D'abord si Locke identifie par définition connaissance et conscience, il reconnaît aussi que l'enfant naît avec des notions inconscientes ; pourtant la connaissance n'est pas concernée par ces notions, puisqu'elles sont inconscientes ; elles ne sont donc nullement théoriques, mais sont de simples effets des conditions prénatales (idée de telle chaleur, de telle faim ou de telle soif) dont la cause est connue et nullement transcendante ; en outre, il s'agit de simples notions (c'est-à-dire non susceptibles de vérité ou de fausseté) et non de principes ou de jugements ; ces idées sont peu nombreuses[1]. Deuxièmement, avant même la critique de Leibniz, Locke connaissait cette forme d'innéité de la capacité : Cherbury, Cudworth ou même Descartes la soutenaient en fait plus que l'autre ; et pourtant Locke a explicitement distingué sa thèse de cette forme d'innéité. Il faudra donc examiner à la fois la critique du contenu inné et celle de la capacité innée et comprendre pourquoi il refuse la première et accepte la seconde.

Assurer la Loi Naturelle implique donc que l'on écarte d'abord ce fondement erroné qu'est l'innéisme du contenu, ce que Locke fait en trois temps : manifester la fausse conception de l'universel qui sous-tend l'innéisme, souligner que l'innéisme est un critère qui se contredit lui-même en ce qu'il nie l'appel au critère, et enfin dénoncer l'identification de la sphère du vrai et de celle du bien.

***

1. *Inné et Universel.*

Le premier défaut de l'innéiste est de croire que pour être universelle, la Loi elle-même doit être innée. Les *Tracts on Government* (1660) sont les premières analyses suivies de Locke qui nous soient parvenues, et déjà ils s'attachent à préciser le lien de l'universel et de l'inné. Pourquoi doit-il y avoir un lien entre Loi Naturelle et inné ? Parce que la Loi Naturelle, pour être contraignante et universelle à la fois, doit être produite par Dieu, on le sait. Mais cette loi ne nous est connue qu'indirectement, et par deux voies de transmission différentes : voie religieuse de la Révélation, et voie philosophique de la raison : en ce dernier cas, « elle se fait connaître

1. *E.* 1.4.1-2 ; 2.9.5-7 ; Locke ne précise pas que ces idées sont concrètes ; mais sauf à attribuer au nouveau-né une capacité d'abstraire, c'est la seule interprétation possible.

par la lumière de la raison, qui est naturelle, et qui est implantée [*insito*] chez les mortels.»[1]. Ce texte reprend la distinction traditionnelle des formes de loi (divine, révélée, naturelle); il met surtout en parallèle innéité (sous la forme de l'*insitus*) et origine divine; et enfin, le vocabulaire utilisé laisse supposer que l'innéité dont il s'agit n'est pas celle de l'idée qui naît en même temps que l'homme (*in-natus*), mais celle de la raison qui est disposée dans (*in-situs*) l'être humain comme marque de Dieu. Dès cette époque, donc, la raison est concédée à l'homme comme un don divin; elle joue le rôle de *révélateur*, comme la Bible, et son innéité active (*insitus*) rend inutile l'innéité passive (*innatus*). L'universalité qui appartient à Dieu passe en l'homme par d'autres voies que l'innéité passive imaginée pour l'idée. Ce texte ne va pourtant pas jusqu'à l'analyse du siège de l'innéité.

Cette question de la forme de l'innéité est prise en compte explicitement dans les *Essays on the Law of Nature*, rédigés aux environs de 1663[2]; ce texte lie explicitement les deux questions, l'existence d'une Loi universelle contraignante, et l'innéisme : s'il y a une Loi Naturelle que la raison peut découvrir, comme l'a prouvé le deuxième *Essai*, peut-on déduire que la loi est inscrite dans l'esprit, demande le troisième[3]? Selon les prédicateurs de l'époque, mais aussi pour Locke, la Loi Naturelle doit être éternelle, universelle, contraignante, indépendante des intérêts; or l'inné a pour tous les contemporains de Locke ces caractères. L'innéité de la Loi Naturelle paraît donc évidente. Les arguments que Locke utilise dans ce manuscrit pour réfuter cette identification sont proches de ceux qui seront donnés dans l'*Essai* : incohérence de l'explication, non universalité de fait de la loi (ignorée de certains adultes, des enfants, des fous, de certaines civilisations), et enfin absence de principes innés, en matière spéculative aussi bien que pratique.

Le premier brouillon de l'*Essai* paraît sur ce point en recul, puisqu'il ne discute l'innéité que dans le champ théorique et parle d'idée et non de principe; mais la question est loin d'être abandonnée : et si elle est traitée sous son aspect le plus théorique, l'universalité des idées métaphysiques, ce n'est pas sans lien avec la question de la Loi Naturelle. L'idée d'*étant*, l'une des idées transcendantales de la scolastique, ne peut, selon le *Draft A*, être innée : elle n'est «ni une notion neuve, ni une idée innée, mais une appellation générale de ces idées

1. *Tracts*, p. 194.

2. Pour mettre au point une discussion entre amis, et sans doute aussi le contenu des cours qu'il fait alors? Cf. introduction de Von Leyden aux *Essays on the Law of Nature*, at the Clarendon Press, Oxford, 1954 (1970), p. 7 sq.

3. Voir déjà le deuxième : f° 25-26, *ibid.* p. 124-126.

particulières que nous avons obtenues par observation. »[1]. L'innéité est ici disqualifiée par un nominalisme strict : il n'y a pas d'idée innée car il n'y a pas d'idée abstraite. Le seul intérêt de l'idée innée serait d'être type de toute idée singulière ; or à partir du moment où aucune idée ne peut être type d'une autre, à partir du moment où l'abstrait n'est pas donné, l'inné est vide. Plus explicites encore, d'autres pages du *Draft A* réfuteront l'innéisme par la démonstration de l'inexistence de toute idée générale : l'idée universelle, éternelle, ne peut être innée car tout simplement elle n'existe pas ; elle n'est qu'appellation, elle n'est que l'effet du nom transposé en réalité[2]. De la même manière, la généralisation n'a pas pour origine l'inné, mais la perception constamment renouvelée d'entités individuelles[3], perception qui produit la croyance en l'inné. L'expérience renouvelée de l'image explique à elle seule la croyance à l'universel et rend inutile toute perception immédiate d'un universel. Ainsi l'innéisme est-il nettement associé dès le départ à l'abstraction et au langage, questions reportées aux livres II et III de l'*Essai* définitif même si l'analyse du langage reste encore ici plus qu'élémentaire ; la critique de l'innéisme est une critique de l'abstraction comme perception immédiate d'une vérité transcendante. C'est cette découverte essentielle que Locke veut noter dans son *Draft* : l'universel n'a pas d'autre source que la perception renouvelée du singulier ; et au moment où il suspend sa rédaction, il note ce sur quoi il devrait insister dans la suite (et qu'il ne reprendra en fait que sous la forme d'un second brouillon, le *Draft B*) :

> Me rappeler : toutes nos connaissances des choses existantes ne sont que singulières ; et si nous connaissons la vérité de n'importe quelle proposition universelle, la vérité universelle s'ensuit. Car bien que nous connaissions qu'il est universellement vrai que les 3 angles d'un triangle sont égaux à deux droits, cela suppose

1. *Draft A*, § 8, p. 52.

2. *Ibid.*, p. 53 : « I appeal to any mans thoughts whether separate from those powers & Ideas before mentioned [idées particulières d'existants] he hath any notion of Entity or being at all… the notion of Being or Ens comprehends noe thing in it but the particular simple Ideas we have got by sense & sensation. » : même s'il emploie ici l'expression *notion of Being*, c'est pour lui dénier tout contenu ; l'évolution ultérieure consistera à donner un contenu à cette idée abstraite tout en tâchant de maintenir la particularité de toute idée.

3. *Ibid.*, § 30, p. 124 ; « since every, sence, faculty, & operation doth in every thing constantly suggest and refresh it [l'idée simple], & therefor that cannot but be the farthest from fadeing & vanishing of any, which perhaps may be the reason why some have thought it to be an innate congenet Idea, & a native impression upon the soul. which I see no reason for. ». Explication élémentaire de la mémoire qui tente manifestement d'éliminer tout ce qui pourrait évoquer la vision d'une universalité quelconque, fût-ce sous la forme de la réminiscence.

> l'existence d'un triangle qui ne peut être connu que par les sens, qui eux, ne traitent que des choses singulières[1].

Toutes nos propositions portent sur des êtres singuliers. Etablir une vérité universelle, c'est énoncer la vérité d'une proposition universelle portant sur des singuliers (comme « tous les triangles... » est une vérité universelle, bien qu'issue de la considération d'un triangle singulier). La vérité universelle n'est pas la vision immédiate d'une vérité éternelle, car il n'y a pas de vérité éternelle : il n'y a de vérité que liée à des singuliers. Comment éliminer toute perception immédiate de l'universel, partir de la singularité de la sensation et atteindre néanmoins l'universalité de la vérité, c'est la question même de la Loi naturelle.

Le premier défaut de l'innéisme du contenu est donc de s'appuyer sur l'existence de l'universel; la théorie de la Loi Naturelle qui justifierait son universalité par l'inné manquerait donc totalement de base. Il va falloir justifier autrement l'universalité de la Loi Naturelle.

*
* *

2. *Une fausse conception de la Vérité.*

La deuxième *note* de l'inné est la vérité, et sur ce point aussi l'innéisme est déficient : le vrai s'il est inné ne peut être examiné; il ne peut donc être jugé par aucun critère, et sa vérité est une pétition de principe. A l'opposé de la vérité spinoziste, la vérité est pour Locke à authentifier constamment; la pensée est foncièrement critique.

Reprenons en effet la lecture du *Draft A* là où nous l'avions laissée. Apparemment, Locke ne considère ici le problème que dans sa forme épistémologique générale, à travers la démonstration emblématique de la somme des angles d'un triangle; mais l'exemple est significatif : le théorème sert chez Grotius de modèle pour la déduction morale; et Locke le réutilisera constamment comme modèle du discours moral. Comment établir une loi à partir du sensible, c'est une question posée à l'occasion de la géométrie mais au service de la Loi Naturelle. L'assimilation de la réflexion sur la géométrie et de celle sur la morale est un lieu commun.

1. *Draft A*, *in fine*, après § 45, p. 170 : « Memorandum : That all our knowledg of things existing are only particulars... ». *Particular* est systématiquement traduit ici, comme il doit l'être quand on veut respecter la signification logique des termes, par *singulier*.

D'ailleurs, un lecteur attentif notera à la fin de l'ouvrage une allusion à l'innéisme en morale : Locke y traite des principes pratiques en des termes proches de ceux utilisés dans les textes ultérieurs : l'influence de la coutume dans la formation des principes, « spécialement dans les questions religieuses », provoque une référence à la sacralisation ; référence à l'inné que les textes ultérieurs [1] expliciteront totalement :

> Les gens, devenus adultes, réfléchissent à leurs opinions, se mettent en quête de leur origine et découvrent qu'elles sont aussi anciennes dans leur esprit que les souvenirs-mêmes ; ils ne prêtent pas attention au fait que ces opinions s'immiscent très tôt, ni à la manière dont elles sont arrivées là. Aussi sont-ils prêts à les respecter comme des choses sacrées, à ne pas admettre qu'on les profane, qu'on les questionne, qu'on les mette en doute ; ils les considèrent comme les *Urim* et *Thummim* placés immédiatement dans l'esprit par Dieu même, les critères infaillibles de la vérité et de la fausseté, les juges auxquels en appeler dans toutes les questions controversées [2].

Ce texte est instructif à plus d'un titre. D'abord, et c'est fondamental, la divergence n'apparaît qu'à celui qui réfléchit à ses opinions, les remet en cause par la recherche d'une origine ; les opinions existent, avant qu'on ne s'inquiète de leur origine : c'est la première fois que nous rencontrons un indice de la *résolution* ou analyse dans la pensée de Locke.

Deuxièmement, cette inquiétude vient de ce qu'en un procès entre le vrai et le faux, on soit à la recherche d'un critère ; un critère auquel faire appel : c'est-à-dire que le procès en première instance a déjà eu lieu, mais qu'il ne décide pas de la question ; j'interprète : la décision en première instance par la subjectivité immédiate ne suffit pas, et l'on cherche à faire appel à l'objectivité – en morale, il est fait appel de la conscience individuelle à la loi objective ; et cette interprétation n'est nullement hasardeuse : elle est amplement confirmée par les multiples références à l'*appel*, qui sont des tentatives pour sortir du subjectif, par un critère objectif. L'appel à Dieu en politique, et l'appel au juge dans

1. *Draft B* § 8 et 9 ; cf. aussi *E* 4.20.8-10 ; 1.4.22. Textes dont on trouve un parallèle chez Pufendorf : *De Officio*, 1.3.12 : « præcipua capita legis naturalis ita plana et liquida sint, ut statim inveniant, et ita animis innotescant, ut nunquam inde iterum deleri queant... Quo nomine etiam in Sacris litteris cordibus hominum inscripta dicitur. Inde et cum a puero ex vitæ civilis disciplina eorumdem sensu imbuamur ; et vero recordari non possumus id tempus, quando primum eadem hauserimus, non aliter de ea cognitione cogitamus, ac si illa nobis nascentibus jam adfuisset. ».

2. *Draft A* § 41, p. 148-149. On songe à la critique baconienne des idoles.

l'Etat de Guerre sont, chacune dans leur champ, des formes parallèles de recherche d'une objectivité à partir de l'individuel, recherche de l'universel à partir du singulier.

Ce texte révèle, en troisième lieu, le conflit des origines ; et, de ce point de vue, le défaut de l'innéisme est double : d'une part, il masque la véritable origine (l'éducation) qui est « origine historique effective », en la remplaçant par le fondement dans la création divine ; un fondement censé éliminer toute question d'origine par appel à une double immédiateté ; immédiateté de la connaissance humaine qui découvrirait dans l'idée-même son statut divin, alors que l'origine divine d'une idée est un trait distinct de l'idée même, et doit être prouvée (on pourrait prolonger la pensée de Locke en soulignant que l'inquiétude nous a déjà fait sortir de l'immédiat : l'inné est en fait un moyen de nier l'inquiétude et avec elle la question de l'origine). Immédiateté ensuite de l'action divine qui se passerait des causes secondes : tendance commune à toutes les tyrannies que d'en appeler immédiatement à la caution divine, alors que Dieu a créé l'homme avec une raison destinée à vérifier toutes les évidences y compris celles qui paraissent venir de lui. Le premier défaut, le camouflage, ne peut être reproché à l'innéisme qu'à cause du second défaut, celui d'empêcher toute activité de démonstration, de s'opposer par son inertie à l'examen critique, de renvoyer à l'autorité seule.

Et donc la critique de l'innéisme par Locke ne s'appuie que temporairement sur l'origine effective de la morale ; par le contre-exemple de l'éducation, de l'accoutumance et de l'oubli de la genèse, Locke ne remplace pas une origine par une autre, mais il montre que la généalogie de la morale, réponse à la question posée par l'innéiste lui-même, ne peut être celle qu'il imagine. Le défaut de l'innéisme réside en ce qu'il est la simple transposition de l'éducation qui se masque en théorie, ce qu'on appellera plus tard, en ce sens précisément, une idéologie. Ainsi le *Draft A* manifeste déjà le lien entre cette critique et celle qui sera amplifiée dans les dernières éditions de l'*Essai*, sous la forme d'un chapitre consacré à l'enthousiasme. Est a priori fausse toute genèse qui dispense de l'examen du contenu, qui évite de poser la question de sa vérification, alors qu'elle cherche à imposer ce qu'elle dit vrai. La genèse théorique doit permettre une critique de la connaissance.

Est ainsi établi le deuxième défaut de l'inné : l'imposition d'un critère de vérité contradictoire : est vrai ce qui est immédiat, alors qu'on ne peut juger ce qui est immédiat qu'à travers la médiation de l'examen.

3. *La confusion du Vrai et du Bien.*

Le troisième défaut de l'innéisme réside dans la confusion entre l'ordre du vrai et l'ordre du bien. Le principe spéculatif ne peut servir de principe pratique, contrairement à ce que pense l'innéiste qui affirme que la vision de Dieu-Vrai est simultanément la vision de Dieu-Bien. Sur ce point, d'ailleurs se rejoignent de multiples formes de religion plus ou moins éclairées, les latitudinaires comme le newtonianisme rejoignant la vulgate ecclésiastique (appuyée le cas échéant sur l'unité scolastique des transcendantaux) : tous estiment possible de déduire la morale naturelle de la contemplation de la Nature et du Dieu ordonnateur qui s'ensuit. Locke s'est très tôt opposé, contrairement à ce qu'on peut croire, à cette forme de déisme marquée par la confusion du Vrai et du Bien.

On fera sans doute une objection : Locke n'est-il pas déiste sur ce point, et d'ailleurs n'a-t-on pas dit que le livre I de l'*Essai* conjugue dans une même critique principes spéculatifs et principes pratiques ? N'est-ce pas reconnaître que Locke conjugue lui-même Vrai et Bien en liant la destruction des principes pratiques à celle des principes spéculatifs ? Mais l'objection ne porte pas, car Locke n'emprunte à l'innéiste la thèse de la parenté des deux sortes de principes que pour la retourner contre lui, et critiquer au contraire l'unité du Vrai et du Bien en un même principe. L'examen du rapport des deux principes est donc une excellente introduction à la critique des rapports du Vrai et du Bien.

Avant d'en chercher la justification, établissons le fait. Locke distingue Vrai et Bien, et n'exclut les principes spéculatifs que pour mieux exclure les principes pratiques. La distinction du Vrai et du Bien apparaîtra si nous suivons Locke dans sa maturation de l'*Essai*. Il est erroné de dire que c'est avec le *Draft B* qu'apparaît la critique de l'innéisme, sous prétexte que c'est alors seulement que Locke jette les premiers éléments du futur livre I de l'*Essai*. L'originalité du *Draft B* est uniquement de placer en tête de l'ouvrage, la critique jointe que faisait déjà le troisième *Essays on the Law of Nature*. Par sa forme de diptyque, ce texte annonce déjà la structure de l'*Essai* : la mise en parallèle de la critique de la connaissance et de la constitution de la Loi Naturelle ; non que le Vrai et le Bien soient identiques, mais au contraire parce qu'il faut détruire la croyance en l'identité des deux connaissances, et séparer ce qui relève de la certitude morale, et ce qui relève de l'ordre du probable de la science des substances ; séparer ce qui relève de la certitude (la Loi morale) et ce qui relève de la croyance en tel bien présent. On a trop crû que les principes du Vrai étaient assurés et fondaient le Bien. Locke insiste : l'esprit accorde le titre de κοιναι εννοιαι aussi bien aux principes pratiques qu'aux principes spéculatifs, « et en priorité aux premiers des deux » - mais si des contradictions sont relevées dans les principes spéculatifs, à plus forte raison les principes pratiques doivent-ils aussi être suspectés, puisque la justification est aux yeux de l'innéiste identique pour les deux. Cette remarque est fondamentale pour l'ordonnancement du livre : les principes pratiques surtout devront être suspectés, puisque les innéistes

> en font le plus grand usage et leur confèrent la plus grande importance ; ces principes pratiques, en effet, leur rendent les plus grands services dans l'usage qu'ils en font et comme fondements des discours qu'ils ont l'occasion de faire[1].

En même temps que l'adversaire (ceux qui font des prêches moralisateurs), est nettement désigné l'objet de la critique : l'universalité immédiate de principes (et non d'idées comme dans le *Draft A*), ainsi que le défaut majeur : une prétendue origine est présentée comme fondement (*build on*).

Si donc Locke inverse dans l'*Essai* l'ordre d'examen des principes et s'il commence par les principes spéculatifs, c'est que cela permet de supprimer l'illogisme du *Draft B* : on ne commence plus par ce qui est couramment considéré comme le cas particulier, mais par ce que l'on croit être le cas général, d'où le principe pratique tirerait sa certitude ; en outre, les arguments qui condamnent les principes spéculatifs sont simples et efficaces ; aussi vaut-il mieux commencer par les critiques simples contre ces principes spéculatifs : puisqu'on prétend que les principes pratiques découlent des premiers, les deux s'écrouleront ensemble. L'incohérence que manifeste la conclusion du § 16 de ce *Draft B*, partiellement corrigée par le § 17, est supprimée dans la rédaction définitive de l'*Essai* ; Locke y écrit par exemple :

> Si ces principes spéculatifs ne reçoivent pas de toute l'humanité une reconnaissance universelle effective... il est encore plus manifeste en ce qui concerne les principes pratiques, qu'ils ne peuvent recevoir cet accord universel[2].

1. *Draft B*, § 6, p.42-43.

2. Dans les *Essays on the Law of Nature*, qui étaient la première ébauche de notre question, Locke affirmait déjà : « Si la Loi de Nature était inscrite en notre cœur, il faudrait en conclure que les principes spéculatifs sont inscrits aussi bien que les pratiques, ce qui est manifestement difficile à prouver. » *Essays on the Law of Nature*, f°. 45, p. 144.

Ici aussi, l'appel au spéculatif est destiné à confirmer le statut du pratique ; ce jeu des deux domaines, l'un servant de modèle à la pensée de l'autre, ne se limite pas à la partie critique de la pensée de Locke.

Il y a dans le choix de cet ordre une signification plus profonde. Exposer ainsi l'innéisme, c'est montrer que ses défenseurs soumettent entièrement la morale à la philosophie spéculative, ainsi que le Bien au Vrai. Ce qui est critiquable à deux niveaux, au niveau de la genèse effective de la morale d'abord, au niveau des principes mêmes de la connaissance ensuite.

Au niveau le plus évident d'abord, celui de la genèse effective de la morale. Les termes de *principes*, de *maximes* désignent des propositions qui, pour l'innéiste, sont à la fois immédiatement données, vraies et efficaces : les principes ou maximes seraient ainsi des impressions de la Vérité sur l'entendement, des principes de connaissance réglant la pratique»[1] : trois composantes, dans cette courte phrase : *impression, Knowledge, regulating*. La conjonction de ces trois caractères dans la Vérité autorise l'innéiste à faire du principe spéculatif vrai une maxime pratique contraignante : la maxime serait à la fois immédiate, source de connaissance et règle de raisonnement ou de vie[2]. Or la conjonction des trois caractères est impossible pour Locke : des maximes pratiques devraient agir constamment[3] car l'un des traits de la pratique est le déterminisme total : désir, volonté déterminent nécessairement, alors que l'entendement introduit le suspens de la délibération et de la liberté[4]. Il faut choisir entre principe connu, et efficace d'une capacité : « C'est une façon impropre de parler que d'appeler principe une capacité » affirme Locke[5] – et quand il consent néanmoins (concession, ou fluctuation de langage ?) à appeler principe une capacité, il ajoute immédiatement : « mais ce sont des inclinations-au-bien de l'appétit, et pas des impressions de la Vérité sur l'entendement »[6], c'est-à-dire, d'après sa définition des principes,

1. *E.* 1.3.3 : « Impressions of Truth on the Understanding, Principles of Knowledge, regulating our Practice. ».

2. *E.* 1.3.1 ; 1.2.27-28 ; 4.7.3 ; 4.12.1.

3. *E.* 1.3.3 ; cf. 1.3.13 : « as practical principles ought, do continue constantly to operate and influence our Actions, without ceasing. ».

4. Cf. ci-dessous, chapitre 12.

5. Remarques marginales à Burnet, *3d Remarks*, p. 8, citées par Yolton, *John Locke and the Way of Ideas*, p. 56.

6. Cf. Malebranche, qui a permis à Locke de distinguer les deux champs (cf. 3e partie) : *Recherche de la Vérité*, 1.2.2 : « cette différence consiste en ce que la bonté nous regarde & nous touche, & que la vérité ne nous touche pas : car la vérité ne consiste que dans le rapport que deux ou plusieurs choses ont entr'elles ;

que ce ne sont pas des principes. Le 'principe' de la morale, ne peut être de l'ordre du connu : ce doit être une motivation. Ce qui s'interprète : la vie morale effective ne peut découler d'un fondement cognitif : elle doit s'inscrire d'abord dans l'efficace d'une causalité déterminante, d'une genèse. Toute action est la suite d'un motif déterminant, qui agit immanquablement (l'inclination au Bien); l'immédiateté, l'efficacité de cette genèse excluent toute intervention de connaissance; seule une capacité (*power*) peut à la fois être immédiate et efficace; jamais un savoir[1].

Et pourtant rien d'immédiat n'est moral; la genèse immédiate par la motivation est donc condition nécessaire mais non suffisante de la moralité de l'acte. Un des éléments essentiels de la loi morale est « qu'on peut toujours en demander raison »[2]; aussi n'est-ce que par la critique et la médiation de l'entendement que l'on atteint le niveau moral. La dimension cognitive, refusée jusqu'ici, réapparaît et dénie à l'inclination seule le droit de constituer la morale. Mais le cognitif n'a plus le statut de contenu : il s'agit d'une forme, d'une capacité critique. La motivation, la détermination à l'action n'est donc pas en elle-même plus morale que le savoir.

Ainsi, le principe moral est-il constitué de deux instances opposées, qui toutes deux sont extérieures à la morale : d'une part la tendance au bien (bon) et le désir de bonheur[3] qui sont de l'ordre de la passion et de l'efficace, de l'immédiat et du naturel; d'autre part, une composante spéculative qui s'oppose à l'immédiat. Le paradoxe est là : il faut distinguer moralité et vérité, efficacité et spéculation, renvoyer la moralité à l'inclination qui est autre que la vérité – et pourtant les inclinations ne peuvent être à elles seules morales. De même, la morale ne relève pas de la raison, car elle est d'ordre non spéculatif; mais il est néanmoins indispensable que l'entendement intervienne pour que l'on parvienne au niveau moral. Double exigence qui apparaît aussi dans l'usage que Locke fait, sans le réfléchir, du terme de Nature : le désir du bonheur est naturel; la raison est naturelle; les deux sont opposés et pourtant convergent en une même Nature. Double exigence, que l'on souhaiterait pouvoir exprimer, comme avant Locke ou après lui (comme Aristote ou Kant), par les catégories de matière et de forme, que Locke n'utilise pas.

mais la bonté consiste dans le rapport de convenance que les choses ont avec nous. ».

1. *E.* 1.3.13.

2. *E.* 1.3.4.

3. *E.* 1.3.3 : « Nature, I confess, has put into Man a Desire of Happiness, and an aversion to Misery. ».

Pour une autre raison encore, il est erroné d'identifier le pratique et le spéculatif, raison qui tient à la structure même de l'acte de connaissance : nature de l'entendement et nature de la sensation. Procéder à la façon des innéistes, c'est faire du Vrai et du Bien une seule et même entité, immédiatement connaissable. Or pour Locke, d'abord l'homme n'a aucune connaissance immédiate de quelque transcendantal (de quelque universel) que ce soit, et donc Vrai et Bien ne peuvent être unis dans une prétendue connaissance humaine des transcendantaux, même s'ils le sont peut-être dans la connaissance divine. Donc, deuxième hypothèse, l'unité du Vrai et du Bien serait construite : fruit d'abstractions à partir des sensations et des idées particulières. Mais rien d'intrinsèque ne lie l'ordre du plaisir et l'ordre de la connaissance; si plaisir et vrai sont associés, ce ne peut être qu'en nous (dans l'entendement, subjectivement), par décision divine, décision valable pour tous les entendements humains, et non objectivement, dans la réalité des choses. Le bien (ou le «bon»[1]), qui est de l'ordre du plaisir ne peut être de l'ordre de la connaissance et donc du vrai : c'est pourquoi il est affirmé à propos de la maxime que l'on prétend innée : «ce n'est nullement une vérité; en effet, c'est un commandement, et non une proposition; ce n'est donc pas un lieu de vérité ou de fausseté.»[2].

Cette dissociation du vrai et du bien, de l'entendement et de la volonté, va poser problème à Locke : où commence la moralité, dans la composition de ces deux instances qui, séparément, ne sont pas morales? Que faut-il considérer comme *naturel*: la tendance qui est immédiate ou l'entendement qui la contredit, mais qui est propre à l'homme? Comment définir la place relative de l'entendement et de la tendance? Comment articuler la contrainte et ce à quoi l'on est contraint? La difficulté de la réponse à ces questions va faire tout l'intérêt des hésitations de Locke. Car d'une part va se poser la question de la démonstration de la morale : si la morale n'est pas de l'ordre du vrai, que signifie cette démonstration à laquelle tient Locke, avec le courant jusnaturaliste dont il fait partie? Nous aurons à consacrer tout un chapitre à la distinction entre la démonstration de la

1. Le terme est le même en anglais, ce qui induira des rapprochements gênants pour un esprit français; *Right*, qui pourrait connoter plus nettement la morale, a de son côté des connotations juridiques. Seul *fair* pourrait être utilisé comme synonyme de notre *Bien*, mais il ne l'est pas à l'époque (cf. G.E. Moore, *Principia Ethica*, Cambridge U.P.; J.M. Vienne, 'Right / Good; Juste / Bien / Bon', *La Justice*, PUL, 1988).

2. *E.* 1.3.12.

contrainte et la démonstration du contenu[1]. D'autre part, si le bien (bon) est en lui-même d'ordre purement affectif, l'introduction de l'entendement dans la morale par le biais de la démonstration ne réintroduit-elle pas la confusion du Bien et du Vrai, que Locke critique chez les innéistes. Nous aurons à consacrer une autre étude à la façon dont l'entendement intervient dans l'évaluation du bien sans le réduire à une connaissance[2]. A ces difficultés de fond, s'ajoute une difficulté d'un autre ordre : la position de Locke n'est jamais définitive, elle évolue jusque dans ses derniers écrits – ce qui exige une interprétation des affirmations en fonction des dates de rédaction.

Pourtant, le principe de la solution est net, comme en témoigne la persistance à toutes les époques de la critique de l'immédiat : il y a chez Locke un intellectualisme fondamental; ce n'est que par appel à l'entendement qui donne forme à une matière informe offerte par le sensible qu'il peut retrouver, au-delà de la *plain and historical method*, les positions classiques sur l'universalité, la nécessité, la vérité de la Loi Naturelle, positions qu'il conserve à travers le bouleversement des conditions de connaissance.

Il est pour le moins sûr que Locke oppose par son texte le démenti le plus net aux critiques qui prétendent qu'il confond *is* et *ought*, démenti net parce que basé sur le principe-même de la distinction. Même si la confusion existait partiellement dans les *Essays on the Law of Nature*[3], ce n'est certainement plus le cas de l'*Essai*. Si la morale était réduite à la genèse des idées morales, il n'y aurait pas plus de question que si elle se réduisait à l'affirmation *a priori* de l'existence de la Loi Naturelle. Toute la difficulté de Locke vient de la nécessaire dualité des composants de la morale, plaisir et entendement, contrainte et contenu, matière et forme, expérience et raison...

* * *

On a dit que la critique de l'innéisme était aussi élémentaire (naïve) que l'innéisme qu'il critiquait. En soulignant les trois défauts majeurs de tout innéisme : réalisme de l'universel, contradiction du critère de vérité, confusion du Vrai et du Bien, l'analyse a montré que ce n'est pas entièrement vrai. Mais la critique de l'inné par Locke révèle aussi le statut de tout discours moral; elle révèle l'aporie qui sous-tend toute pensée de la morale : comment associer deux ordres inconciliables,

1. Voir ci-dessous chapitre 8 à 10.
2. Voir ci-dessous troisième partie.
3. Comme le souligne notamment Von Leyden, 'John Locke and Natural Law', *Philosophy*, 31, 1956, p. 23-35, repris dans *Life, Liberty and Property, Essays on Locke's Political Ideas*, ed. G.J. Schochet, Belmont, 1971.

celui de la nature et celui de la raison ; la morale n'est certainement pas naturelle, si par nature on entend le champ des inclinations brutes – et pourtant c'est la Nature qui dote l'être humain de tendances qui le font accéder à la morale. La morale est naturelle, si la nature humaine se définit par la raison, et pourtant la morale ne peut se réduire à la spéculation.

Le tort de la théorie innéiste est de résoudre trop simplement la difficulté en associant immédiat, universel, vrai, bien et contrainte. La fonction que Locke donne à sa théorie morale, c'est de distinguer les genres, pour éviter la tyrannie de l'immédiat. Mais la solution n'est pas simple, car s'il est clair qu'il faut briser l'immédiateté par le détour de l'entendement, où faire intervenir l'entendement dans un champ qui doit lui demeurer par principe étranger ? Suffirait-il de donner à l'entendement le statut de capacité innée, capable de constituer ces vérités éternelles qui ne peuvent être elles-mêmes innées, on vient de le voir ?

CHAPITRE 3

L'INNÉITÉ DE LA FONCTION

L'entendement met en forme les données des sens ; il n'est donc plus besoin d'idées ni de principes innés, puisque l'entendement est source d'universel et de nécessaire. Mais il faudrait alors que ce soit l'entendement qui soit doté de cette innéité d'origine divine qui lui garantira la capacité d'élaborer les vérités premières universelles et nécessaires. On a effectivement proposé une telle solution, afin de concilier l'expérience, d'où naissent en fait les propositions morales, et la nécessité indispensable à la transcendance de la Loi Naturelle : la particularité de l'idée simple (ou du plaisir) reçoit de l'entendement la forme de la nécessité ; les vérités naissent dans (à l'occasion de, ou par – ce sera à discuter) l'expérience, mais la raison (ou l'entendement, s'il s'en distingue) parce qu'elle est innée – c'est-à-dire divine –, fait passer la contingence de l'expérience au niveau du nécessaire. L'origine est dévolue au sensible (sensible de l'idée simple ou du plaisir selon les cas), mais l'entendement par son œuvre, organise ces éléments en un savoir doté d'une assurance universelle et nécessaire. On n'est pas loin du *excipe nisi ipse intellectus* de Leibniz.

Qu'en est-il donc de Locke à cet égard ? La confrontation avec trois pensées proches va révéler ce qui est propre à Locke : la réflexion morale des platoniciens de Cambridge, ou de Cumberland, qu'il connaît, celle de saint Thomas dont il critique les derniers disciples, et celle de théoriciens du sens moral, qui prétendront s'inspirer de Locke.

1. *La vision de l'Universel par la capacité innée.*

Locke écarte, c'est évident, l'innéité de prétendues vérités éternelles. Ecarte-t-il pour autant toute forme d'innéisme ? L'amie de toujours, Lady Masham, manifeste à la fois sa franchise et sa perspicacité, en répondant à l'envoi dès 1688 du texte de l'*Abrégé de l'Essai* :

> J'aimerais comprendre plus clairement, plus complètement, la différence entre vous et certains de mes amis... ; car je ne suis pas sûre que la différence entre vous soit en fait aussi grande qu'il ne paraît : par connaissance effective, ils ne signifient pas, disent-ils, qu'il y ait un certain nombre d'idées brillant devant la faculté animadversive, comme autant de torches ; pas plus, qu'il y ait des figures écrites lisiblement, comme des signes astrologiques dans un almanach ; mais seulement qu'il y a une perspicacité active dans l'âme grâce à laquelle, lorsque quelque chose lui est suggéré, elle en produit une conception plus claire et plus ample [1].

Cudworth, le plus grand des platoniciens de Cambridge, auquel Lady Masham, sa fille, emprunte cette analyse ne parle effectivement pas de maximes innées, mais d'une capacité innée, qui découvre en elle-même à l'occasion de l'expérience, le sens de l'expérience. L'essentiel est donc dans la capacité, même si cette capacité perçoit immédiatement. Locke connaissait la thèse, lui qui soutient au livre I : « ils affirment que la capacité est innée, et la connaissance acquise », et qui en conclut : mais alors à quoi bon l'innéité des maximes [2]. Locke, qui admet une capacité d'origine divine, est-il vraiment si loin des platoniciens de Cambridge ?

Toute la question est de savoir si les principes et maximes sont *enveloppés* dans cette capacité, donnés avec elle, et dévoilés seulement quand la capacité se met en fonction sous la provocation de l'expérience : l'universel aurait en ce cas sa source non dans l'expérience, mais dans cette vision en toute certitude de l'universel. Ou alors la capacité, seule innée, doit-elle effectuer un travail de recherche et de constitution à partir de l'expérience, travail dans lequel elle peut échouer ? Deux conceptions de l'innéisme de la fonction, qui mettent en jeu le statut de l'entendement. Locke, on peut s'en douter, défend la seconde et récuse par avance le syncrétisme que propose Leibniz, pour qui la théorie selon laquelle l'âme renferme les notions (un, même...) que l'expérience ne pourrait donner « s'accorde assez bien avec votre auteur de l'*Essai* qui cherche une bonne partie des idées dans la réflexion de l'esprit sur sa propre nature » [3]. La première conception est aussi celle que défend Lady Masham à la suite des

1. *Correspondence*, Lettre n° 1040, du 7 Avril 1688, de Lady Masham à Locke (t. 3, p. 433).
2. *E*. 1.2.5.
3. *Nouveaux Essais*, 2.1.2.

platoniciens de Cambridge. Déjà Herbert of Cherbury, dans la ligne de ce que nous savons déjà de lui, affirmait qu'il y a une faculté, puisqu'il y a un objet de connaissance; l'harmonie de la création divine le veut : des objets de connaissance donnés par Dieu doivent correspondre à des facultés innées [1].

L'analyse de More [2] et de Cudworth est plus précise; elle est dominée par le souci d'établir une *Eternal and Immutable Morality* – titre de l'une des œuvres de Cudworth [3] – en réponse notamment au conventionalisme de Hobbes [4]. Pour Hobbes, lu par Cudworth, le

1. *De Veritate,* p. 30-36.

2. Je ne m'arrêterai pas ici à Henry More, (connu en France par sa correspondance avec Descartes) qui présente sous une forme moins systématique certaines thèses proches de celles de Cudworth, notamment le caractère divin de la raison humaine et la connaissance comme activité morale de purification, notions qu'il tire d'un mélange de christianisme et de platonisme : « La *Recta Ratio* est une transcription ou une copie de la raison éternelle, ou de la loi inscrite dans l'esprit divin. Cette loi cependant ne se fait connaître de nous que dans la mesure où elle luit et se réfléchit à partir de cette *Recta Ratio* qui est communiquée, ou mieux implantée naturellement dans notre esprit. » (*Enchiridion Ethicum*, ch. 3, § 5, 1667 (Londres, 1695). Il est le seul des platoniciens de Cambridge à défendre explicitement la théorie des idées innées, en lien avec le cartésianisme qu'il a un moment professé. Il conserve également de cette époque cartésienne une conception volontariste de la création des vérités éternelles, qu'il utilise pour s'opposer à l'ordre spinoziste : l'intelligence divine est présente dans l'ordonnancement du contingent, et non dans la nécessité naturelle; la Nature n'est pas Dieu. Il en résulte pour More une bipartition explicite de la raison qu'il serait intéressant, à cause de sa parenté avec Locke, d'analyser plus que je ne peux le faire ici : l'entendement saisit le nécessaire humain, et la raison perçoit l'ordre divin contingent (inversion intéressante, justifiée par le souhait de maintenir contre Spinoza la liberté divine, mais qui attribue comme Locke, la raison à Dieu et l'entendement au trop humain). L'agnosticisme de Locke reprendra cette notion de nature, tout en excluant explicitement la raison, qu'il sera néanmoins obligé de garder en sous-main. Dans la production prolifique de More, on trouvera d'autres éléments sur notre question dans : *Antidote against Atheism*, Londres, 1652; *Enthusiasmus Triumphatus*, Londres, 1656 (*in Opera Omnia*, Londres, 1674-1679, reprint Hildesheim, G.Olms, 3 vol., 1966). Sur H. More, puisqu'on ne dispose en français que de S. Hutin, *Henry More, Essai sur les doctrines théosophiques chez les platoniciens de Cambridge*, Hildesheim, Olms, 1965, il faudra se référer à A. Lichtenstein, *Henry More, The Rational Theology of a Cambridge Platonist,* Cambridge, (Mass.), Harvard U.P., 1962.

3. Ralph Cudworth, *A Treatise concerning Eternal and Immutable Morality,* œuvre posthume : Londres, 1731, reprint Hildesheim, Olms. Le meilleur ouvrage sur Cudworth est celui de Lydia Gysi, *Platonism and Cartesianism in the Philosophy of Ralph Cudworth*, Herbert Lang, Berne, 1962.

4. Ce qui permettrait de dire que, s'il y a relation de Locke à Hobbes, c'est indirectement d'abord, par l'intermédiaire des critiques contre Hobbes, en morale comme en politique (cf. l'approbation de Pufendorf); Locke tempère les conclusions des critiques, tout en conservant leur exigence : fonder un universel et un nécessaire, mais en gardant ce que Hobbes avait remis en honneur : le

sensible seul existe, et l'athéisme découle de cette réduction de l'univers à une seule dimension : désormais toute nécessité est exclue par cette capacité qui ne peut percevoir que le contingent[1]. Et de ce fait, même aidés par la ratiocination[2], les sens ne peuvent atteindre l'absolu et l'universel. La conséquence la plus désastreuse du sensualisme, et du déductivisme qui lui est lié, consiste en ce que la morale devient un pur système conventionnel sans *vérité*; alors que les vérités morales doivent avoir les mêmes caractères de nécessité, d'éternité que Dieu même, et ne peuvent aucunement dépendre d'un arbitraire, fut-il divin[3]. C'est pourquoi l'hypothèse cartésienne de la création des vérités éternelles est aussi nocive que la philosophie hobbesienne, car la morale n'y est pas de l'ordre de la nature nécessaire, mais de la volonté arbitraire[4].

Au contraire pour Cudworth, les vérités morales nécessaires et immuables sont perçues immédiatement : l'expérience que chacun fait

conventionalisme et l'artifice. Mais Locke limite au phénomène ce qui, pour Hobbes, était vrai de l'ensemble du champ.

1. *True Intellectual System of the Universe*, Londres, 1678, reprint Olms, Hildesheim, 1664, ch. 4, sect. 1, p. 730 ss. Le critique que Locke citera à propos de la liberté, Lowde (*Moral Essays*, York, 1699, p. 18-19), procède de son côté sur le mode interrogatif : « Doth Mr Locke indeed say that these notions are in the same sense connatural to the soul as reason itself is ? Does he indeed grant to our souls a native power of finding or framing such principles or propositions, the truth or knowledge whereof no ways depends upon the Evidence of sense or Observation ? ». On songe évidemment aussi à Leibniz, *Nouveaux Essais sur l'entendement Humain*, notamment 1.1.1, 5, 27 etc. (noter qu'à cause du décalage de l'édition française de Coste, les remarques de Leibniz sur le Livre 1 sont décalées d'un chapitre). Je ne mentionnerai pas ici continuellement Leibniz privilégiant ceux que Locke a connus, et dont les principes sont plus proches; cf. N. Jolley, *Leibniz and Locke, A study of the New Essays*..., Oxford, at the Clarendon Press, 1984 (1986), qui insiste sur le contexte éthique et religieux de l'opposition.

2. Il critique, comme Cherbury et Locke, la syllogistique scolastique : *Sermon Before the House of Commons*, 1647, in *The Cambridge Platonists*, ed. Patrides, Edward Arnold, Londres, 1969, p. 126.

3. *Sermon Before the House of Commons*, *op. cit.* p. 101 : « The very proper Character of God is nothing else but Goodnesse. Nay, I may be bold to adde, That *God*, is therefore God, because he is the highest and most perfect Good, and *Good* is not therefore Good because God, out of *an arbitrary* Will of his would have it so. ». Voir aussi *True Intellectual System*, p. 115.

4. *A Discourse of Free-Will*, posthume : ed. J. Allen, Londres, 1838, p. 49 : « And this is that monstruous and prodigious idea or portraiture of God which Cartesius has drawn out of his Metaphysics : That there is 'nulla ratio Veri aut Boni' in nature antecedent to His will. So that according to him, God is both Good and Wise by Will, and not by Nature ; a being nothing but blind, indifferent and fortuitous will, omnipotent... ». Voir aussi *True Intellectual System*, p. 872-

de l'identité universelle des idées et de la nécessité des relations entre elles ne peut venir que d'une « science proleptique aux objets de connaissance », donc d'une existence de vérités éternelles en Dieu [1]. C'est parce que l'esprit humain participe à l'intellect divin qu'il peut énoncer à propos du sensible la nécessité de l'intelligible : la raison est l'expression innée de l'ordre naturel des choses qu'elle saisit d'elle-même. L'aptitude à percevoir l'intelligible s'explique donc par la co-naturalité de la raison humaine et de la raison divine. Ainsi pour Cudworth se mêlent deux sens de naturel : est *naturel* à la fois ce qui est découvert par la droite raison et ce qui tient à la nature éternelle des choses ; et donc la morale est doublement naturelle : parce que fruit de la raison et parce qu'expression de l'ordre universel [2].

Enfin, l'activité de la raison est une activité quasiment morale : l'âme est illuminée par la vérité divine, et la connaissance est un acte moral d'ouverture plus qu'un labeur humain : « la vérité demeure toujours sur notre âme, et s'offre librement à nous, comme le soleil offre ses rayons à tout œil qui n'aura qu'à s'ouvrir et à les laisser briller sur lui. » [3]. La connaissance est identification active à Dieu : alors que Cherbury (et Chillingworth) insistent sur la passivité de l'illumination, Cudworth définit la passivité comme une caractéristique des sens, et l'activité comme le propre de la raison.

873, et J. L.Marion, *La Théologie Blanche de Descartes*, P.U.F., Paris, 1981, qui souligne le lien entre cette thèse cartésienne et la pensée de Suarez. Ce que Cudworth contestait, par peur de la prédestination calviniste notamment, Locke l'acceptera, malgré son refus aussi explicite de la prédestination, par agnosticisme : son concept de nature en est profondément modifié, comme on le verra, du fait de sa définition de la raison. L'influence d'Occam, véhiculée par Suarez ou par Luther a les mêmes effets de chaque côté du Channel, que Locke ait eu ou n'ait pas eu connaissance de la thèse cartésienne des *Regulæ* et de la correspondance des années 1630 avec Mersenne.

1. *True Intellectual System*, p. 737 puis 730.

2. Il faudrait développer ce point en faisant référence à tout ce mouvement qui a cherché à prouver la loi morale à partir de l'analyse de la nature cosmologique : à partir des *Boyle Lectures* notamment (et en un sens tout opposé à ce que pense sans doute Boyle lui-même), Clarke, Wollaston, les *physico-théologiens* comme Derham, etc, les déistes chercheront à définir la Loi Naturelle (la religion naturelle) à partir de la connaissance supposée de la nature physique. (Voir les multiples analyses du newtonianisme, notamment Hélène Metzger, *Attraction Universelle et Religion Naturelle chez Quelques Commentateurs Anglais de Newton*, Paris, Hermann, 1938). Sans doute n'est-il pas nécessaire de s'étendre sur cet ample mouvement, à partir du moment où l'on saisit que Locke ne peut qu'y être opposé du fait de son agnosticisme. Les lettres à Stillingfleet sont sans doute les réponses les plus claires à cette tendance qui débutait au temps de Locke. J'ai développé ce point dans 'Locke et le déisme anglais', *Mélanges de Sciences religieuses*, 1981, 4, p. 207-226.

3. *Sermon before the House of Commons*, p. 127.

La parenté des questions de Cudworth et de Locke est manifeste ; le titre de l'œuvre de Cudworth le manifeste. Locke reprendra plusieurs thèses de Cudworth, notamment la convergence du devoir moral et de l'activité de la raison : la raison est un labeur, une œuvre que Dieu a donnée à l'homme, à la fois comme dignité et comme peine. Accomplir le *Covenant* signifie pour l'homme utiliser sa raison. Mais ce qui change tout, c'est que, chez Locke, il s'agit d'un *Covenant* avec un Dieu transcendant et inconnaissable en lui-même ; l'usage de l'entendement porte sur ce qu'il a bien voulu laisser à portée humaine. Si bien que Locke suit Descartes dans sa thèse de la création des vérités éternelles, mais plus par agnosticisme que par reconnaissance de la toute-puissance divine. Non seulement l'entendement ne peut atteindre qu'un nombre limité de connaissances, mais contrairement à ce que pense Cudworth, il n'est pas assuré que ces connaissances soient absolument vraies : il possède seulement la garantie que Dieu a pourvu à la survie et au bonheur de l'homme en lui laissant connaître ce qui lui était utile. Sans doute, ce que nous connaissons ainsi est également rationnel et vrai pour Dieu ; mais nous n'en avons pas une certitude absolue. La conviction d'accomplir l'œuvre que Dieu a confiée à l'entendement doit remplacer l'arrogance et l'anxiété de la recherche d'un savoir absolu, hors de notre portée.

C'est se servir de l'entendement qui sauve, sur terre comme pour les cieux futurs. La tâche morale imposée à l'entendement implique donc un artificialisme en première instance ; nous ne pouvons connaître le monde qu'à travers l'œuvre de l'entendement ; et l'accord entre les éléments accessibles à l'entendement et la nature des choses est plus l'objet d'une foi que d'un savoir. Locke retrouve ici la critique baconienne des idoles créées par l'entendement humain du seul fait qu'il *anticipe* l'universel à partir des sensations particulières. De l'avis de Bacon, la raison humaine, lorsqu'elle se comporte avec témérité et précipitation, se projette plus elle-même dans la réalité qu'elle n'interprète véritablement la nature[1] ; les prétendus principes universels sont alors la raison même instituée en principe. Mais, alors que Bacon critique la précipitation indue dans la remontée inductive qu'il décèle chez les aristotéliciens et les dialecticiens de la Renaissance[2], Locke critique plus radicalement la prétendue vision immédiate des principes à laquelle croient avoir accès ces néo-platoniciens de basse volée que sont les enthousiastes, les prédicateurs et les philosophes qui les appuient. La nature comme ordre n'est pas

1. *Novum Organum*, 1.26.
2. *Ibid.*, 1.20, etc.

elle-même l'objet de nos sens ; elle n'est accessible qu'à travers des sensations éparses, dont on sait déjà qu'elles parviennent à l'entendement comme à travers les orifices de la boîte noire des opticiens ; la tâche de l'entendement serait alors de recomposer à partir de ces *éclairs* la cohérence d'un cosmos ; la garantie divine seule assure que la recomposition suffit à l'efficacité et au salut de l'homme ; le salut est possible par certitude morale de la suffisance de nos connaissances pour atteindre le salut. Appuyé sur ce fondement théologal, Locke peut réduire la droite raison au statut d'entendement tâtonnant : l'entendement n'est plus une partie de l'intellect divin qui perçoit les vérités toutes constituées comme Dieu les perçoit ; mais il est guide assuré, aussi longtemps que l'homme respecte le *Covenant* dont l'entendement est le signe, aussi longtemps qu'il œuvre pour l'utilité morale et technique pour laquelle cet entendement lui a été donné. Ce n'est pas le contenu de connaissance qui bénéficie de la garantie divine, c'est l'œuvre de l'entendement. Aussi est-il essentiel à la morale que la liaison entre les modes mixtes soit l'œuvre de l'entendement, et que la comparaison avec la loi divine soit relation externe opérée par lui, non relation interne subie. La nécessité de la Loi Naturelle pour Locke, doit être l'œuvre d'une liberté active, non ce que l'on croit être la nécessité stoïcienne ou spinoziste.

Il est donc clair que la conception de l'innéité de la fonction, de Cudworth, ne peut convenir à Locke, car elle ne permet pas l'œuvre de l'individu, nécessaire à la vie morale : l'âme du théologien qui voit Dieu à l'issue de sa purification morale ne peut être l'entendement du médecin interprétant les symptômes. Aux yeux de Locke, l'artificialisme de Hobbes est à conserver comme méthode de connaissance, même si le naturalisme de Cudworth demeure l'idée directrice qui autorise cet artificialisme : si Locke peut conserver l'entendement calculateur de Hobbes, c'est parce que chez lui ce dernier reçoit la garantie divine, non pas garantie de la réalité de son *ontologie* (comme on dirait de nos jours), mais garantie de la suffisance de son œuvre, et par là garantie de l'existence probable de ces essences nominales, substances ou sortes qu'il recompose à partir de l'idée simple et garantie de la validité des modes mixtes moraux qu'il a élaborés.

* * *

2. *La Saisie des Principes par la Syndérèse.*

Il est une autre forme d'innéité de la capacité, qu'on a appelée avant Locke syndérèse et après lui, sens moral. Deux conceptions qui, malgré leurs différences, lient innéité et immédiateté des principes, et renforcent le lien entre spéculation et maximes morales. Deux conceptions qui enveloppent une conception de la raison que Locke ne peut admettre.

La syndérèse est clairement définie dans la *Somme* de Thomas d'Aquin, en opposition avec le jugement spéculatif[1]. Sans nous attarder ici aux différences, mentionnons ce qui est commun : la syndérèse et l'intellection des principes spéculatifs ne sont nullement des *sens* spécifiques (comme le futur sens moral) : ce sont des *habitus* naturels[2] grâce auxquels l'homme saisit dans le sensible les principes premiers qui permettent la connaissance ou qui fondent le jugement moral et poussent à agir moralement[3]. Ils sont premiers, même dans l'ordre de la découverte[4]. Mais contrairement à ce qu'a retenu la vulgate scolastique que Locke critique, que ces principes soient premiers ne signifie pas qu'ils soient posés abstraitement et consciemment avant la première expérience[5]; même quand il parle d'ordre de découverte, Thomas ne se préoccupe pas de la conscience connaissante; il expose un point de vue objectif : le principe est la cause finale de la recherche, il doit donc exister *avant* elle; il est principe au sens que nous avons donné à ce terme : moteur et forme du développement. Le point de vue métaphysique permet à Thomas d'Aquin d'affirmer que seul est origine ce qui est principe. Mais s'il arrive à Thomas de faire une description phénoménologique de la recherche, en bon aristotélicien, il affirme comme Locke que ces premiers principes ne sont pas subjectivement évidents dans leur forme abstraite et

1. *Somme Théologique*, 1a 2æ, q. 79, a.8 pour le spéculatif, a.12 pour le pratique.

2. «Prima autem principia speculabilium nobis naturaliter indita non pertinent ad aliquam specialem potentiam, sed ad quemdam specialem habitum qui dicitur Intellectus Principiorum.» L'*habitus* mériterait développement, car l'essentiel de la thèse dépend de cette définition.

3. «Synderesis dicitur instigare ad bonum et murmurare de malo, inquantum per prima principia procedimus ad inveniendum, et judicamus inventa.».

4. «Ratiocinatio humana secundum viam acquisitionis vel inventionis, procedit a quibusdam simpliciter intellectis, quæ sunt prima principia.».

5. «ex præcognitis et præconcessis» : *E.* 4.2.8 et 4.7.8 et 10.

universelle : les premiers principes ont alors leur origine dans la connaissance sensible, dira-t-il avant Locke[1].

La question posée par chaque exposé est donc différente. Pour Thomas, qui s'intéresse au déroulement objectif, il y a des principes spéculatifs ou pratiques en œuvre dès le début de la recherche. Pour Locke, qui s'intéresse à la phénoménologie de la recherche, et qui en outre se désintéresse de tout ce qui précède le conscient, les deux ordres, logique et génétique, sont confondus. Thomas admet que le principe soit présent même s'il est *inconscient*, dès que l'explication de la connaissance l'exige : le philosophe qui se situe au-dessus de la plaine où lutte la conscience, sait que le principe est en germe dans l'utilisation tâtonnante qu'en fait la conscience ignorante, avant même d'en avoir abstrait la formule; le fondement prime alors sur l'origine et la détermine.

Locke, par contre, n'admet pas la possibilité d'une analyse objective, et il refuse l'antériorité du principe, car cette antériorité ne pourrait être que temporelle, et l'inconscience initiale du principe réfute son antériorité. Tout est dans l'énonciation de la conscience, et rien ne peut être dit à sa place, de l'extérieur; dès lors les distinctions de raison, l'antériorité logique, ne sont que des inventions de philosophes ouvrant la porte à toutes les formes de dogmatisme; la conscience ne constitue le principe que comme résumé, abstraction d'expérience : le principe est donc uniquement à la fin du processus. S'il apparaît à la fin, il ne peut être fondement : c'est pourquoi il faut réfuter deux aspects corrélatifs de la conception scolastique du principe, l'antériorité et le fondement :

> Observons quelle influence ont ces maximes traditionnelles sur les autres parties de notre connaissance. Les règles instituées dans les Ecoles, règles selon lesquelles tous les raisonnements sont établis *à partir du pré-connu et du pré-supposé*, semblent faire de ces maximes les fondations de toutes les autres connaissances et les supposer *pré-connues*. Ce qui signifie, à mon sens, deux choses : d'abord que ces axiomes sont les vérités qui sont connues les premières par l'esprit; ensuite que c'est d'eux que dépendent toutes les autres parties de notre connaissance[2].

1. *De anima*, q. 5 : nous ne connaissons les principes indémontrables qu'en les abstrayant des singuliers, ce que retrouve Locke qui affirme : « [qu'il soit connu sans preuve que deux et deux font quatre prouve] either that either all Knowledge does not *depend* on certain *Præcognita* or general Maxims, called Principles; or else that these are Principles... and a great part of Numeration will be so. » (*E.* 4.7.10).

2. *E.* 4.7.8.

D'abord premières, ensuite fondatrices : le tort de la scolastique aux yeux de Locke est d'avoir pensé la maxime comme origine et fondement. Ainsi apparaît une deuxième dimension de la même critique-incompréhension : en instituant un principe, sa priorité fût-elle purement logique, la scolastique institue des êtres de raison qui ont une existence indépendante de l'entendement qui les découvre. L'opposition entre deux formes d'empirisme est manifeste : l'un accepte les distinctions de raison et l'autre les refuse, prétextant que la conscience ne les perçoit pas. L'innéité n'est donc plus seulement celle de l'entendement : elle n'est qu'un alibi pour une préexistence des principes. S'il y a dans la syndérèse expérience, et action de l'entendement pour l'analyser, l'entendement ne constitue pas, mais découvre.

Le principe est impensable pour qui écarte la dimension métaphysique de l'analyse ; seule l'origine peut éventuellement remplir sa fonction, mais l'origine chargée pour une part des connotations du principe.

* * *

3. *L'innéité du sens moral.*

Les théories du sens moral tentent d'éviter les ambiguïtés des morales du fondement, en conférant *à un sens spécifique* la capacité de découvrir les principes. Ainsi devient-il possible de mêler les deux approches, de fonder en décrivant l'origine sensible du fondement, de conserver l'aprioricité (et la nécessité) du principe tout en honorant la requête empiriste de description de l'origine. Ce que la scolastique expliquait (de façon plus nominaliste !) par un *habitus* du seul et même esprit, les tenants du sens moral l'expliquent en créant une capacité *ad hoc* : il doit y avoir un sens puisqu'il y a des objets de sensation. Cherbury avant eux avait créé une capacité *ad hoc* et Locke aurait pu reporter sur ces penseurs certaines de ses critiques à Cherbury. Mais le sens moral n'est pas une simple répétition de Cherbury, car la critique de Locke a partiellement porté : la capacité ne peut plus être une *droite raison* qui saisit par intuition un fondement ; elle est un sens, supposé analogue à la vision, et qui engendre la conscience de l'idée morale. Cette différence est-elle significative ?

De la différence de statut du sens moral, Hutcheson est le meilleur témoin. Hutcheson ne critique pas aussi nettement Locke que ne l'avait fait Shaftesbury[1]; entre-temps, la philosophic de Locke s'est installée dans les universités écossaises et fait désormais partie du consensus : il importe donc de nuancer cette pensée, non de la rejeter. Mais comme Shaftesbury, Hutcheson veut sauver la morale de la contingence qui la guette depuis que Locke la soumet à l'entendement individuel, forcément incertain; simplement, Hutcheson n'attaque pas Locke de front, il tente de concilier l'empirisme lockien et la nécessaire prétention de la morale à l'universalité. Ainsi pour Hutcheson, le relativisme serait à imputer aux successeurs de Locke, qui n'ont pas saisi la différence qui existait entre inné et naturel, plus qu'à Locke lui-même qui a conservé une place au naturel[2]. L'élimination par Locke des idées innées ne devrait pas impliquer l'élimination des idées naturelles, des concepts naturels, des jugements naturels, c'est-à-dire de tout ce qui est perçu par un sens naturel. S'estimant, quant à lui, fidèle à la conception de Locke, Hutcheson veut partir des données des sens; mais parmi les sens, il range le sens moral et parmi les données des sens, il compte les idées simples d'approbation et de condamnation[3], idées simples et naturelles selon lui; ces idées sont à l'origine de nos concepts de bien et de mal. Bien et mal, donc, ne sont plus construits par un entendement théorique, mais subis, reçus comme d'autres sensations. En outre, en une sorte de concession à l'agnosticisme de Locke, Hutcheson affirme que bien et mal ne sont pas vus séparément, mais sont associés à d'autres perceptions, comme des modes : on ne perçoit que le bien de telle ou telle situation, et non le Bien en soi. Le bien est une sorte de qualité seconde que le sujet découvre dans l'ignorance de la qualité première, le Bien en soi pour Dieu.

Un troisième aspect pourrait encore justifier que Hutcheson se présente comme disciple de Locke. Les deux penseurs accordent en effet un statut téléologique à une capacité humaine : l'entendement et l'*uneasiness* chez Locke, le sens moral chez Hutcheson. Ces capacités sont naturelles, c'est en y demeurant fidèle que l'homme trouvera son

1. Et aussi sa pensée est beaucoup plus systématique que celle de l'élève de Locke.

2. F. Hutcheson, *De Naturali Hominum Socialitate*, 1730, *Works*, Hildesheim, 1971, t. 7, p. 20 : «... Postquam celeberrimus Lockius, aliique scriptores, satis demonstrasse videbantur, in mente humana nullas esse, ab ipso ortu, rerum Ideas, nullas rerum notitias, nulla judicia sive theoretica sive practica (quae sola, ipsis visum est, appellare innata) omnem fere omiserint de naturalibus ideis, notitiis, judiciis, atque de naturali quarumcunque rerum sensu, disquisitionem. ».

3. *Inquiry into the Origin of our Ideas of Beauty and Virtue*, 1725, 2. 1, *Works*, t.1, p. 124.

salut, car chaque capacité porte la marque de la bonté et de la Providence divines. La fidélité à cette nature empiriquement connue mène à la connaissance d'une nature d'un autre ordre. Il y a donc convergence entre la genèse effective de la moralité et l'ordre théorique : il est possible de trouver en l'homme, même en dehors de la raison, des traces de sa véritable nature. Mais cette parenté entre Locke et Hutcheson n'a rien de spécifique : elle est commune à toute l'époque et n'unit pas plus Hutcheson à Locke qu'à Herbert of Cherbury, Clarke ou Tindal.

On comprend en tous cas pourquoi Hutcheson pense être fidèle à Locke : l'appel à l'élément simple de l'expérience lui paraît être le point essentiel de la *way of Ideas*; le caractère naturel du sens assurerait à cette expérience individuelle l'universalité souhaitée. Mais l'empirisme n'est pas le tout de la pensée de Locke, ou plutôt l'empirisme de Locke doit être spécifié : il n'a de validité que comme élément d'un rationalisme; l'expérience au sens strict ne saurait d'elle-même fournir du complexe; même s'il est passif lors de la réception des impressions[1], l'entendement joue un rôle essentiel dans la composition du savoir : il critique, décompose d'abord, puis assemble et interprète. C'est dans cet esprit que Locke reproche à Boyle une conception trop naïve de l'empirisme : il accorde trop à l'expérience et pas assez au jugement[2], or c'est le jugement qui fait le savoir, non l'expérience.

Parallèlement, en ce qui concerne la morale : elle n'est jamais pour Locke *sentie*; la conscience juge, perçoit des rapports entre acte et loi, comme l'intuition (et l'entendement) perçoit l'agrément entre deux idées; mais ce jugement suppose une loi antérieurement établie pour cette conscience et ce jugement d'adéquation – et établie par une voie bien plus objective, bien plus déductive, que ne peut le faire une conscience[3] : jamais la vie morale n'est présentée par Locke comme le résultat d'un quelconque sentiment immédiat.

Il est vrai que Locke présente la fuite de l'*uneasiness* comme le désir du bien le plus parfait possible; il y a une certaine immédiateté

1. *E.* 2.1.25.
2. Ms Locke, c 27, f. 67.
3. Marginalia Lockiana, cité par Fraser, (1899), p. 71 : « It is not conscience that makes the distinction of good and evil, conscience only judging of an action by that which it takes to be eternal rule of good and evil, acquits or condemns it. But where is it I so much as mention, much less assert, an arbitrary difference of good and evil ? I call not conscience practical principles. Produce the place wherere I so represent it. He who confounds the judgment made with the rule or Law upon which it is made may perhaps talk so. Conscience is not the Law of Nature, but judging by that which it is, taken to be the law. ». Cf. infra, le jugement de rectitude, ch. 8 et 11.

du plaisir qu'il appelle bien, et il faudra que nous nous arrêtions sur ce paradoxe. Pour le dire dès maintenant et brièvement, ce bien n'est pas une maxime objective perçue comme par un sens, il n'est que bien *subjectif*, que seul l'agrément avec une maxime objective pourrait identifier au bien objectif. Lier le Bien à un sens serait le faire sombrer dans le relatif, l'inverse de la Loi Naturelle dont on a dit que Locke cherchait dans l'*Essai* à trouver l'assise. L'objectivité ne peut être sauvegardée que par l'entendement[1]. La garantie divine ne vaut que pour l'entendement, et l'assure seule dans sa critique du donné empirique et dans sa genèse de la Loi Naturelle. Celui qui use de l'entendement que Dieu lui a remis parviendra seul au salut, sur cette terre, et dans la vie future. Le sens quant à lui n'a pas plus valeur de fondement (au sens fort) qu'il ne l'avait chez Descartes. Tout au plus la passivité avec laquelle est reçue l'idée simple (idée simple d'une entité existante, qui n'est pas l'idée simple connue de Descartes), peut-elle valoir certitude, mais certitude atomique, et non certitude qui se déploie en proposition comme chez Descartes. C'est cette forme d'idée simple que tente de réintroduire Hutcheson : l'idée-proposition, mais en maintenant de façon paradoxale l'empirisme de l'idée adventice. Chez Locke, aucun fondement n'est plus offert; seul l'acte formel de l'entendement opérant sur ce qui est donné peut assurer un savoir et une morale; l'origine n'est pas fondement, comme elle l'est chez les innéistes et chez d'autres empiristes pour qui le vrai est le développement autarcique du donné empirique. L'expérience n'est que donné. C'est Kant qui a le mieux souligné cet aspect, dans un texte trop oublié :

> Les impressions des sens, nous fournissent en effet la première occasion de déployer à leur sujet toute notre faculté de connaissance et de constituer l'expérience [expérience qui est construite chez Kant, alors qu'elle est donnée chez Locke] qui renferme deux éléments très différents : une *matière* de connaissance fournie par les sens et une certaine *forme* servant à ordonner cette matière... Rechercher les premiers efforts de notre faculté de connaissance pour s'élever des simples perceptions aux concepts généraux, c'est une entreprise qui a sans doute sa très grande utilité, et on doit savoir gré au célèbre Locke d'en avoir ouvert le premier la voie[2].

1. Moyennant quelques corrections, cf. J. M.Vienne, 'Sens et Raison, Hutcheson et Locke', in *Regards sur l'Ecosse au XVIIIe siècle*, publié par M. Plaisant, Presses Universitaires de Lille, 1977.

2. *Critique de la Raison Pure*, Déduction des concepts Purs de l'Entendement, Ie section, Paris, P.U.F., p.100. Accorder aussi généreusement la priorité à Locke est sans doute lui faire trop d'honneur.

Un autre défenseur du sens moral a vu plus juste qu'Hutcheson : il déclare explicitement que sa conception n'est pas conciliable avec celle de Locke ; l'auteur anonyme de *Dialogues concerning Innate Principles containing examination of Mr. Locke's Doctrine* distingue conscience et raisonnement : « raisonner ne fera jamais qu'un homme sans principes pratiques innés perçoive la justice et la vérité d'une maxime morale. »[1] ; il préfère la solution, plus empiriste à ses yeux, selon laquelle on obtient par expérience des idées simples morales, sources de contrainte : la motivation, fondamentale en morale, exige un « sens (*feeling*) interne » et « par les sens (*senses*), qui sont certainement innés, nous recevons des idées des choses extérieures ; par le sens moral, qui n'est pas moins inné, nous recevons des idées sur les choses morales »[2].

Cette remarque est éclairante : le sens moral est précieux pour ses partisans, car il unit dans une même expérience contenu et sanction (ou motivation) : il y a des *choses morales*, morales en soi ; ce que Locke ne saurait admettre : le moral est pour lui l'objet d'une composition à partir de deux registres différents (cognitif et affectif), le moral n'existe que dans l'esprit qui compose ou met en relation. Pour le partisan du sens moral, il y a dans cette unité originelle du contenu et de l'obligation, l'avantage de l'évidence ; mais aux yeux de Locke, il y a aussi le danger de l'intolérance : si l'entendement ne découvre pas séparément contenu et obligation, l'autorité peut imposer par la force une loi morale qui existerait selon lui objectivement. Au contraire, quand les deux sont distincts, on peut d'abord examiner la rationalité du contenu, sans savoir si nous sommes libres ou non de nous y conformer. Et l'obligation vient ensuite d'une pulsion vers le bon qui n'est pas encore morale, mais peut le devenir ; pulsion innée, mais non morale ; la morale ne peut surgir que de l'opposition au bon naturel, qui le transforme en bien, transformation qui est, théoriquement au moins, œuvre de l'entendement. Le sens moral, quant à lui, unifie contenu et contrainte et asservit la moralité à une règle extérieure non comprise.

* * *

1. *Op. Cit.*, p.50 ; il y a contradiction avec ce qui suit, car c'est pour lui le sens qui est inné, non immédiatement les principes.

2. *Ibid.*, p. 52, et p. 67 : « through the senses, which are undoubtedly innate, we receive ideas of external things ; through the moral sense, nor less certainly innate, we receive ideas concerning moral things. ».

4. *L'expérience morale.*

L'innéisme de la capacité, celui de Locke du moins, ne peut donc être celui du sens moral. Mais, pour affiner notre compréhension, il faut encore le distinguer d'une dernière forme d'innéisme de la faculté, qui a été défendue à son époque, et par un de ses proches.

Tyrrell est un collaborateur de longue date de Locke; il partage son aversion pour les idées innées parce qu'il partage son aversion pour les pouvoirs tyranniques; il défend aussi l'innéisme de la capacité, mais trouve chez Cumberland, un jusnaturaliste presque contemporain, une conception mixte qui lui semble établir une juste mesure entre l'innéisme et le conventionalisme, une solution qui est plus rassurante parce qu'elle accorde moins que Locke à l'artifice. Aussi fait-il une traduction-commentaire de l'ouvrage de Cumberland, mais ne comprend pas pourquoi Locke refuse cette interprétation de l'universalité de la loi morale[1].

Morale issue d'une observation empirique de la nature, mais se fondant sur une capacité donnée par Dieu et donc innée : n'est-ce pas la position même de Locke qui accepte une certaine forme d'innéisme, à condition que ce soit celle des capacités de connaissance, et non celle des objets connus ? Cumberland estime qu'il faut suivre Bacon et donner place à l'expérience : on trouvera dans l'expérience comment, *naturellement*, et sans appel à la syndérèse, l'esprit prend connaissance de la Loi divine[2]. Cumberland soulignera d'ailleurs (selon la transcription qu'en fait en anglais Tyrrell) que c'est de la Nature (tant des créatures que du créateur) que nous viennent toutes les Idées (morales) et par conséquent la *matière* des lois naturelles, considérées comme autant de vérités pratiques[3]. La garantie divine ne joue pas à l'égard d'une conscience qui découvrirait immédiatement le Bien suprême, mais à l'égard d'un entendement, d'une capacité de juger – et cela dispense, dit-il, de tout appel à des idées innées; ce serait même

1. Il est vrai que des facteurs personnels, comme la divulgation du nom de l'auteur du *Treatise*, ou le peu de soin apporté aux livres de Locke pendant son exil, ont aussi leur importance dans leur différend.

2. R. Cumberland, *De legibus Naturae Disquisitio Philosophica*, 1672, Prolegomena, § 4 : « Mihi autem necessarium (hisce saltem temporibus) est visum distinctius indigari quomodo rerum extra nos positarum vis concurrat ad ea [les lois] nobis imprimenda et sancienda. Tale quiddam desiderari docuit Verulanius noster (*De Augment. Scientiarum*, 8. 3). Hoc, si solide praestitum fuerit, ideo utilissimum erit, quoniam inde innotescet et quomodo naturaliter instituatur Mens nostra in notitia Voluntatis seu Legum Dei, adeo ut nequeat sine conscientiae Synteresi, et quaenam sit norma ad quam civitatis cujuslibet legis exigi possint. ».

3. James Tyrrell, *Disquisition of the Law of Nature*, (traduction-commentaire du texte de Cumberland), Londres, 1692, chapitre I, § 4.

déprécier la création divine que de croire que Dieu ne nous a pas donné une capacité capable de découvrir par elle-même quels actes sont bons.

Cette présentation de l'innéité d'une disposition est proche de celle de Locke : l'entendement chez lui aussi est une capacité apte à saisir les lois morales, et la fiabilité de cette capacité dispense de tout appel à une connaissance innée du Bien suprême; le bien qui est perçu, c'est le bien particulier, non le Bien en soi. Pourtant, au delà de ces similitudes, l'essentiel les sépare : ce que la Nature imprime en nous (versant empiriste de la théorie), selon Cumberland et Tyrrell, c'est la loi morale elle-même, et non les seules idées morales comme chez Hutcheson, ni les simples idées factuelles (et non valorisées) comme chez Locke. Dès lors, ce sont la volonté et la Loi de Dieu (fussent-elles particulières) qui sont présentées à la capacité innée, et non les seuls éléments que la raison aura à associer; il n'y pas de synthèse de la moralité, il y a vision d'emblée, fût-ce par l'entendement et dans des cas particuliers.

***

5. *L'innéité de l'entendement.*

Ainsi, d'avoir opposé l'innéisme de Locke (car il y en a un) à celui de Cherbury et de Cudworth, à celui de la scolastique et d'Hutcheson, et enfin à celui de Cumberland, nous aura servi à saisir le centre de sa pensée : à l'inverse de ce qu'affirme le premier, la morale ne peut être donnée d'emblée sous forme d'axiomes; à la différence des théories des seconds, elle ne peut être donnée sous forme d'idées déjà morales fussent-elles perçues *empiriquement* par un sens; enfin, elle ne peut être vue par un entendement qui se contenterait de saisir l'application particulière de la loi. Pour Locke, la morale est constituée de propositions (susceptibles d'une valeur de vérité, dira-t-on plus tard) auxquelles s'ajoute une force contraignante qui leur confère le caractère de loi et à ce premier volet (*a priori*) est comparé un deuxième énoncé qui énonce l'action faite ou à faire; l'entendement intervient à ces différents niveaux : pour constituer les propositions à partir des idées qu'il reçoit de l'expérience; pour lier les propositions ainsi élaborées à tel pouvoir contraignant (issu de la preuve de Dieu notamment où intervient encore l'entendement) et comparer les diverses contraintes; il intervient enfin pour juger de l'agrément entre la loi et l'acte.

S'il y a un innéisme, ce ne peut donc être que celui qui résulte de la création même, de la garantie accordée à l'entendement. Tout est fait par l'entendement, et le don divin, qui pour l'époque se manifeste essentiellement (c'est-à-dire hors miracle) sous la forme de l'innéité donne à l'homme un entendement inné.

De la position de Locke, c'est sans doute le traducteur Barbeyrac qui a eu, ici comme à propos du droit naturel, la meilleure intelligence : annotant le texte de Cumberland qu'il traduit en français, il écarte les fausses conceptions de la Loi Naturelle et d'abord celle de Cumberland lui-même ; elle est d'apparence aussi *empiriste* que celle de Locke, mais il manque à cette conception de la Loi Naturelle l'agnosticisme si important chez Locke, et le constructivisme qui en découle[1].

La thèse de Cumberland, en effet, impliquait une connaissance de l'ordre de la Nature à laquelle on ne peut, pour Locke, prétendre. La Nature ne fournit que des atomes de connaissance ; la constitution d'une idée complexe, comme celle de propositions faisant partie d'un énoncé moral, est l'œuvre de l'esprit humain – et jusqu'alors le niveau de la rectitude n'est pas atteint. Le niveau proprement moral n'est atteint que par la comparaison, activité de l'entendement, entre une proposition morale et la loi ; de plus, chacun des termes de la comparaison doit faire l'objet d'une élaboration de la raison : d'une part, l'acte moral est énoncé sous la forme d'une proposition qui peut être comparée à la loi ; d'autre part, la loi elle-même est constituée par un travail de l'entendement, qui prouve l'existence de Dieu et de la sanction.

Quand Cumberland, donc, resserre les perspectives, quand il croit trouver la loi dans la Nature, il évacue l'œuvre de la raison et se soumet à l'enthousiasme autant que les religieux. La raison ne peut faire son œuvre que si la morale est construction, constitution du discours moral et de la sanction. Et c'est pour faire place à cette construction que la critique de l'innéisme est d'abord et avant tout critique des principes innés, critique de propositions dont on ne veut pas voir qu'elles sont composées d'idées. L'universalité à laquelle

1. « J'avoue que je ne vois point cette possibilité ; il me paraît contradictoire qu'une idée naisse avec nous et que néanmoins elle nous vienne du dehors [Cumberland tente en effet de conserver l'expression idée innée, en l'expliquant par l'innéité de l'entendement] ; à moins qu'on n'entende la première [hypothèse i.e. *naître avec nous*] de la faculté de former ou de comprendre cette idée ; or autre chose est la faculté, autre chose l'objet actuel de cette faculté. ». Cumberland, *Traité Philosophique des Lois Naturelles*, Trad. Barbeyrac, Amsterdam, 1744, p. 9, note. Distinction que Leibniz refusera au nom de l'inexistence d'une faculté sans acte : pas d'entendement qui soit vide d'idées.

prétendaient tous ses prédécesseurs, à laquelle prétendaient même les défenseurs de l'innéisme, l'universalité qui définit la Loi Naturelle – ne peut être atteinte par ce dernier sursaut de l'immédiateté ; ce n'est que par l'entendement que l'universel peut être atteint.

Il faut donc repousser à la fois l'innéisme des principes et maximes et un certain innéisme dispositionnel : celui qui fait de la raison une vision immédiate de maximes. Un autre innéisme dispositionnel est, par contre, inévitable : si nous n'avions aucune garantie divine, et en ce sens aucun inné, la connaissance serait impossible, et la morale arbitraire. La Nature (ou Dieu) a donné à l'homme deux capacités toutes les deux dites naturelles ; le désir du bonheur d'abord – et lui seul est appelé inné dans la controverse avec l'innéisme, car lui seul explique cette motivation pour le bien, qui est l'objet visé par l'innéisme : « La Nature a donné, je l'avoue, à l'homme un désir du bonheur et une fuite du malheur. Ce sont bien des principes pratiques innés. »[1] ; bonheur et malheur sont les formes que prend l'inscription de la Loi de Nature en l'homme, qu'annonçaient déjà les *Essays on the Law of Nature*. L'autre capacité innée est l'entendement, innée parce que naturelle et don de Dieu. Le salut est à portée de main[2] ; de main, et de labeur.

1. *E*. 1.1.13 : « Nature, I confess, has put into Man a desire of Happiness, and an aversion to Misery : These indeed are innate practical Principles. ».

2. *E*. 1.1.5. : « God has put within the reach of their Discovery the comfortable Provision for this Life and the Way that leads to a better. ».

CHAPITRE 4

INNÉISME ET CRITIQUE

L'œuvre de l'entendement est dans l'*Essai*, une œuvre en deux temps, un temps de critique et un temps de constitution, ou selon un vocabulaire plus technique, un temps de résolution ou d'analyse et un temps de composition ou de synthèse. La constitution sera étudiée plus loin, quand avec Locke nous étudierons les procédures de démonstration; restons pour l'instant, dans cette partie consacrée aux faux et vrais immédiats, à l'aspect négatif donc, au moment de la critique et de l'analyse. Cette étape dans la pensée de Locke est trop souvent survolée.

De la nécessité première de la critique en morale, témoigne une phrase qu'il vaut la peine de considérer sérieusement : « On ne peut proposer aucune règle dont l'homme ne puisse à bon droit demander raison. »[1]. Parmi toutes les objections que Locke oppose à l'innéisme, cette affirmation est la plus intéressante car elle s'attache à la forme même de l'innéisme et de la morale. Certains arguments évoqués auparavant : absence d'universalité, absence d'application, inutilité, erreur sur l'origine, relevaient de l'observation contingente des moeurs ou du contenu de la morale; mais, même s'il est vrai qu'il suffit d'une exception pour contredire une règle universelle[2], ces arguments n'avaient pas la valeur logique d'arguments de droit; d'autres arguments (conception de l'universel, du critère de vérité, du rapport entre théorie et pratique) portaient sur le contenu. Par contre, l'argument que propose ici Locke est un argument de droit, portant sur la forme-même du discours éthique : aucune morale ne peut être reçue d'autrui sans que l'on puisse en exiger une démonstration.

1. *E.* 1.3.4 : « There cannot any moral Rule be proposed whereof a Man may not justly demand a Reason. ».

2. Fait que l'on ne prend pas assez en compte quand on reproche à Locke la naïveté de sa critique des idées innées.

Deux points sont à retenir dans l'affirmation de Locke. D'abord et surtout, il est de droit (*just*) de demander une démonstration pour toute règle, et c'est par cette démonstration que l'énoncé acquiert son caractère moral ; la dimension critique fait partie de l'essence même de la moralité : s'inquiéter de l'origine, reconnaître qu'il n'est pas de fondement donné, mais que l'assurance est à acquérir, sont des éléments nécessaires de l'attitude éthique ; toutes les recherches sur l'origine s'inscrivent de ce fait dans le contexte d'une recherche de certitude.

D'où une deuxième remarque : la morale est *proposée*, et c'est dans cette mesure seulement qu'elle exige une démonstration. La critique implique un préjugé à critiquer, préjugé qui doit préexister à la critique : que ce soit par les parents, par la société environnante, par la religion, il y a proposition de morale. Proposition à travers un langage, à travers des énoncés en forme de maximes, à travers des mots ; la tentation de l'innéisme (ce qui est *né avec nous* semble exister avant nous), ou la révérence à l'égard de toute maxime s'explique pour le moins par le fait que la morale soit donnée à chacun de nous toute constituée. Si la moralité est essentiellement interrogation sur les raisons, elle devra porter sur les deux niveaux de tout énoncé : les éléments que sont les mots et la démonstration qui les unit. Deux critiques à formuler donc : celle du langage et celle de l'opinion dont le langage est signe.

1. *La critique du langage moral.*

La critique de la démonstration est une exigence évidente de la morale, depuis le livre I. La critique des mots qui constituent l'énoncé est une exigence neuve (et neuve aussi pour Locke, qui ne s'attendait pas à devoir aborder ce terrain[1]), et il importe de s'y attarder.

Il faut en effet rappeler ici la différence que Locke établit entre les idées de substances et les idées de modes mixtes. La différence est célèbre, mais sa portée est parfois sous-estimée (Locke disait déjà : « bien que de grande portée, on en fait peu de cas »[2]) ; pour une interprétation morale de l'*Essai*, elle est centrale. En effet, ce qui distingue l'idée de mode mixte de l'idée de substance, c'est que la première n'a pas d'archétype *dans la nature* comme la seconde ; si bien

1. *E.* 3.5.16; 3.6.43-45, 51 ; lettre à Molyneux du 20 Janvier 1693 (*Correspondence*, n°1592) ; cf J. Troyer, 'Locke on the Names of Subtances', *Locke Newsletter*, 1975, p. 31.

2. *E.* 3.5.16.

que la composition d'idées simples opérée par l'entendement se fait en ce cas sans règle[1] : théoriquement l'arbitraire y règne et chacun peut produire les idées de modes mixtes comme il le souhaite; on connaît des cas de législateurs inventant des espèces de crimes avant que ceux-ci ne soient commis[2]. Mais cette absence d'archétype a une autre conséquence; les idées complexes n'ont ici aucune stabilité autre que celle que leur procure le nom (elle pêchent ainsi par défaut aussi bien à l'égard des idées de substances qui ont pour règle l'objet, qu'à l'égard de la géométrie qui a pour règle la figure). Elles se font et se défont au gré des aléas du vocabulaire; il est donc inutile de mémoriser des modes mixtes qui ne seront d'aucune utilité sociale; c'est pourquoi nous ne formons que les idées dotées de nom par la société ou les idées qui peuvent servir dans la conversation et la vie civile[3]. Mais Locke, de manière illogique, inverse *in fine* l'argument : ainsi s'explique le fait que les enfants commencent à apprendre la morale par les noms (comme s'ils avaient fait auparavant l'expérience de l'inutilité de l'effort de construire des idées sans mots). L'illogisme, comme tout illogisme, révèle l'intervention dans le texte d'un argument extérieur non explicité : l'éducation à la morale par la société est en réalité première; mais face aux dérives du langage, il importe de trouver une norme; l'analyse en idées simples puis la recomposition en idées complexes serviront de norme. Pour le signifier, Locke décrit ces deux étapes, analyse et synthèse, la synthèse s'achevant en recherche d'un nom (supposé inconnu) pour l'idée qui est censée précéder; mais cette synthèse est théorique, et il faut la relier au processus effectif d'acquisition du langage; dans notre passage, la suture se voit encore; elle manifeste au lecteur la fonction normative de la synthèse théorique : l'appel du nom (en fait préexistant) à l'idée a une fonction critique; dans la réalité, le langage est premier en morale, et la critique se fait par sa reconstitution à partir de l'expérience et de l'idée simple :

> Ceci peut aussi nous montrer la raison pour laquelle on acquiert la plus grande partie des noms de modes mixtes avant que les idées qu'ils remplacent soient parfaitement connues... Je reconnais qu'il en va autrement pour les idées simples et les substances : ce sont des

1. Expression qui revient à plusieurs reprises; par exemple 3.11.8. : « the Understanding which unites them under one Name : but uniting them without any Rule or Pattern... ».

2. *E.* 3.5.4-5.

3. *E.* 3.5.7.

idées qui ont une existence et une union réelles dans la nature, selon les cas, les idées et les noms y sont acquis l'un avant l'autre[1].

Cette dimension sociale de la morale implique la nécessité *thérapeutique* de la critique du langage; s'il n'y avait de morale qu'individuelle, l'idée complexe pourrait envelopper n'importe quel ensemble d'idées simples; la labilité intra-individuelle de l'idée pourrait seule être cause d'erreur. Mais si la morale débute par le langage de l'éducation, s'il a donc une origine sociale plus qu'individuelle, il faut prêter attention au fait que le sens des mots évolue d'un locuteur à l'autre : les idées groupées ne sont pas les mêmes[2]; personne n'a d'autorité en la matière, et donc le sens commun règle seul les idées auxquelles le mot renvoie[3]; les pouvoirs profitent de cette imprécision[4] et se servent de cette forme d'immédiateté du mot, comme de l'inné.

Deux formes de dogmatisme sont camouflées dans l'immédiateté du langage moral, et deux formes de critique en découlent. La première et la plus évidente est de même ordre que celle qui utilise l'immédiateté des maximes : elle consiste à faire croire en un sens immédiat du mot, et à imposer par ce biais une croyance, sans autoriser l'analyse. Locke affirme hautement le droit à la critique dans son chapitre sur l'abus des mots et dans les multiples controverses, par exemple dans la controverse avec Stillingfleet. Alors que cet ancien latitudinaire voulait imposer une croyance sous le couvert d'un vocabulaire (*sauveur*, *chair*, *résurrection*...), Locke résiste, à l'aide de sa comparaison monétaire. Il n'y a pas en matière linguistique d'autorité apposant son sceau pour attester de l'autorité des *marques ou jetons*; la valeur d'échange ou le retour critique aux idées simples

1. *E.* 3.5.16; 3.9.9-11. La dernière proposition ouvre sur une série de textes où Locke montre qu'il en est très souvent de même pour les substances : les essences nominales sont les seules références effectives des noms, et leur constitution doit beaucoup au milieu, même si l'archétype de la chose limite la variabilité de la définition. La seule reconnaissance que la connaissance est véhiculée par le langage et ne se re-découvre pas en chaque homme *ex nihilo*, implique donc un statut voisin des idées de modes mixtes et des idées de substance; seules les idées simples échappent absolument à l'emprise du mot. Cf. 3.6.25, 30; 3.11.1, etc.

2. Il faut insister sur le lien entre l'orientation morale de l'*Essay* et l'analyse des problèmes de langage : voir *E.* 3.9.17, 22; 3.10.4, 12-13.

3. *E.* 3.9.8; cf. la controverse avec Stillingfleet : *Reply to the second Letter*, *Works*, t. 1, p. 480, où Locke file la comparaison avec la monnaie : seul le consensus avalise le sens des mots, comme il avalise la valeur de la monnaie officieuse.

4. *E.* 3.9.6-7, 9.

dénotées par le locuteur et la tradition à laquelle il appartient peuvent seules déterminer la signification morale du mot.

* * *

2. *Connaissance ou opinion.*

La deuxième forme de dogmatisme est plus courante, et plus pernicieuse; elle consiste à confondre le savoir seulement probable et la connaissance certaine. L'*Essai* répond à ce dogmatisme, en visant dès les premières pages « à déterminer l'origine, la certitude, l'étendue de la connaissance humaine, ainsi que les fondements et les degrés de la croyance, de l'opinion et de l'assentiment »[1]. La morale a priori (et la mathématique) est certaine alors que le savoir sur les substances est seulement probable; mais ceci repose sur une curieuse inversion des *certitudes* élémentaires : la morale est certaine bien que (et parce que) ses éléments, les modes mixtes, soient totalement arbitraires (on vient de le voir), alors que le savoir sur les substances est probable, alors que (et du fait que) les idées de substances correspondent partiellement au réel. Le dogmatisme en question consiste à mélanger les genres, et à construire une morale (et une religion) certaine à l'aide d'idées de mode mixte dont on prétend qu'ils correspondent au réel, comme s'il s'agissait d'idées de substance; on masque derrière l'évidence apparente d'un mot de substance, l'ambiguïté d'un nom de mode mixte : on démontre les devoirs de l'homme, à partir d'une idée d'homme que l'on prétend être l'idée vraie de l'essence humaine. Ce qui permet de faire croire que la loi morale est naturelle au sens où les termes mêmes, où la vérité des propositions, seraient fixés par la nature des choses; alors que « ce qu'est l'essence réelle ou les autres [que rationnel et sensible] qualités de cette créature, ne sont aucunement pris en compte »[2].

Quand Locke démontre que les idées de substance correspondent à de simples essences nominales, et ne permettant donc aucune *knowledge*, son affirmation est critique, et elle a des conséquences éthiques : entre l'idée de mode mixte, adéquate mais sans archétype externe, et l'idée de substance, produit effectif mais inadéquat[3], la

1. *E.* 1.1.2.

2. *E.* 3.11.16; 4.3.18. Nous reviendrons sur l'aspect positif de ces affirmations dans le chapitre suivant; on notera déjà l'allure très *kantienne* de ces affirmations.

3. Au sens que Locke donne à ces termes : *E.* 2.31.1 et 13-14.

morale ne peut trouver de fondement pour une science à la fois certaine et réelle. Il faudra choisir entre une démonstration à partir de noms de modes mixtes et un savoir probable à partir de noms de substances. De cette orientation morale de l'analyse même des noms de substance, je veux pour preuve le choix des exemples de substances : la réflexion sur l'essence réelle des substances est fréquemment illustrée par l'opposition entre l'homme, le monstre et l'animal ; or la question a des conséquences déterminantes pour le statut des modes mixtes moraux : s'il était possible de déterminer avec certitude (= de *connaître*) ce qu'est l'essence réelle de l'homme, la morale serait basée sur cette idée générique adéquate, et non sur l'essence nominale et *a priori* du mode mixte.

Leibniz a bien saisi le centre du débat, lorsqu'il critique l'application théologique de la doctrine de Locke[1] ; en posant la question « y-a-t'il une nature humaine ? », Locke souhaitait neutraliser les dogmatismes religieux qui prétendaient s'appuyer sur un nom de substance pour *objectiver* les impératifs religieux : l'identité personnelle et la substance liées à la résurrection (et à la Trinité)[2], le statut du fœtus et du *changeling*, liés à la reconnaissance des droits ; le statut de l'âme par rapport au corps[3] : il s'agit pour Locke de définitions de modes mixtes, non de résultats d'expériences. C'est pourquoi on peut être précis sur ces questions, mais on ne peut s'appuyer sur une essence réelle qui déterminerait immédiatement un devoir. Le contresens qui consiste à faire de Locke celui qui déduit de l'observation psychologique l'ensemble des règles épistémologiques et morales apparaît d'autant plus : c'est tomber précisément dans l'erreur qu'il dénonce chez les prédicateurs, scolastiques et autres tenants des vérités éternelles : fonder le mode mixte et les devoirs *a priori* qui en découlent sur l'observation toujours imprécise d'une essence réelle, ou sur la réalité toujours inaccessible d'une constitution interne[4], c'est oublier les médiations et les distinctions, et faire du mode mixte une substance ; c'est oublier sa déclaration fondamentale : pour qu'un devoir humain soit énonçable, il n'est pas nécessaire qu'un

1. *Nouveaux Essais*, 3.6 ; N. Jolley (*op. cit.*) insiste à juste titre sur les conséquences théologiques des questions débattues. Cf. 2.27.21, 23, 29 ; 3.6.3, 22, 26-27 ; 4.4.12-16 ; Stillingfleet se chargera d'énoncer ces implications.

2. *Letter*, *Works*, t. 1, p. 348, 358, 377-379 ; *Reply to the (first) Letter*, p. 420-436.

3. *Letter*, *Works*, t. 1, p. 362-365 ; *Reply to the second Letter*, p. 561-577 : l'idée de base de Stillingfleet est que la religion est mieux défendue par l'immortalité naturelle de l'âme ; Locke montre qu'elle doit être crue, et de même pour la résurrection, etc.

4. *E.* 3.11.16.

homme (substance) existe, mais il est nécessaire qu'existe une définition (mode mixte) de l'homme. C'est le sens de ses multiples insistances sur le fait que pour le mode mixte, il n'y a pas d'archétype externe[1]. Contre les dogmatiques, qu'ils soient rationalistes, déistes ou *spirituels* [enthousiastes] qui prétendent résoudre les difficultés du langage en les niant, contre ceux qui souhaitent aussi que les mots soient pris dans leur immédiateté, sans avoir à référer à des idées, Locke instaure les distinctions, les intermédiaires ; le mode mixte n'est pas la substance, le mot n'est pas l'idée.

* * *

La mise en relation du mot et de l'idée, qui est la grande affaire du livre III, sinon du livre II, a donc une fonction critique qui s'intègre à la fois dans l'orientation de tout l'*Essai* (déterminer la véritable origine de nos connaissances et opinions) et dans la défense de la véritable moralité, celle qui refuse de se laisser influencer par l'abus des mots, abus volontaire ou non. Les termes moraux ou religieux sont, autant sinon plus que les noms de substance, lieux de disputes et d'erreurs. Et les recevoir immédiatement, sans analyse, est cause de dogmatismes, de guerres et de persécutions. Les multiples controverses à propos des *Lettres sur la Tolérance*, de l'*Essai sur l'entendement humain*, de *Reasonableness of Christianity*, comme la correspondance de Locke, regorgent d'analyses de langage comme moyens de découvrir le vrai.

La complexité des rapports entre le livre II et le livre III permet au lecteur de découvrir l'importance que Locke confère à la mise en cause du langage. Contre une culture qui privilégie, consciemment comme Hobbes ou inconsciemment comme la scolastique, les mots, qui en fait l'objet immédiat du savoir universel et de la vie morale, il faut revenir à l'idée, instance critique dans le rapport de l'homme à la chose. Seule l'idée assure de l'authenticité du mot, et toute velléité de relation immédiate du mot à la chose est source d'erreurs et de dogmatismes.

La critique de l'immédiat n'est donc pas réservée au seul livre I. Alors que nous avions découvert avec ce livre un aspect analytique trop ignoré, nous découvrons maintenant que le livre III est lui aussi partiellement dévoué à cette analyse. Le livre I manifestait le besoin de revenir de la maxime à l'idée simple ; le livre III manifeste le besoin de revenir de l'usage social du langage à l'idée complexe puis à l'idée simple. Dès lors la thèse qui affirme que par essence l'empirisme confond la constitution psychologique effective de nos connaissances

1. *E.* 2.29.15 ; 2.30.4 ; 2.31.3-5 ; 2.32.10-12, etc.

avec leur fondement, doit être une nouvelle fois nuancée. La constitution psychologique, et sociale, de nos connaissances, la maxime innée ou le langage social sont mis en cause au nom d'une synthèse qui sert de norme. L'inné et la maxime toute constituée (fondement) sont rejetés au profit de la maxime élaborée qui permet de mémoriser de multiples cas particuliers ; le mot fourni par la tradition est rejeté au profit de la démarche typique de l'inventeur de langage. L'*Essai* ne décrit pas purement et simplement comment l'homme connaît (les *Pensées sur l'Education* le font) ; il dit comment l'homme doit connaître.

* * *

CHAPITRE 5

INTUITION ET IMMÉDIAT

Il n'y a d'intuition des vérités éternelles, ni en *morale*, ni en *physique*; il n'y a pas d'identité du Vrai et du Bien, ni de maximes innées dirigeant le raisonnement spéculatif ou la pratique morale, pas non plus de mot dont il ne faille examiner l'idée signifiée. Les figures diverses de l'immédiateté sont écartées dans les livres I, II, et III.

Et pourtant le livre IV fait appel à l'intuition intellectuelle, dont Locke fait comme Descartes l'élément de toute certitude; au-delà de tout raisonnement il instaure un degré supérieur d'évidence, comparable à celle des anges[1]. Est-ce contradiction et retour masqué de l'immédiat, pourtant rejeté ailleurs ? Ou reconnaissance de la nécessité de partir d'un immédiat non discursif? Ou encore reconnaissance ultime d'un anhypothétique, qui échappe à tout critère, parce qu'il est le critère ? Il reste à dire ce qu'est l'immédiat licite, ce qui le distingue du mauvais immédiat, quel est son lien avec les affirmations universelles et le vrai[2].

La distinction entre les deux formes d'immédiateté n'est pas thématisée par Locke. Pour nous, la distinction mérite pourtant examen : comment rendre raison des affirmations capitales sur l'intuition qui ouvrent le livre IV et qui paraissent marquer une hésitation sur le statut du point de départ? En quoi l'intuition intellectuelle admise au livre IV diffère-t-elle du sens moral, de la droite raison, décriées au livre I? Si l'intuition fonde toute connaissance, serait-ce qu'elle n'est que le redoublement, au niveau de la proposition, de l'immédiat qu'était la sensation au niveau de l'idée?

1. *E.* 4.17.14.

2. Cf. dans la première partie du livre IV (*E.* 4.2.6; 4.4.2; etc.), la fréquence de la question : comment établir les vérités générales.

Locke semble d'ailleurs accorder l'essentiel lorsqu'il cite l'adage classique (qu'il critique ailleurs[1]) selon lequel il faut bien partir d'un point accordé : on ne peut demander raison à l'infini, et il faut accepter une limite dont on ne peut rendre raison, faute de quoi on sombre dans le scepticisme[2]. Il y aurait au seuil de toute connaissance (puisque l'idée n'est pas de l'ordre de la connaissance) la perception du rapport entre deux idées, l'intuition immédiate de la proposition dans sa totalité, analogue en sa nature à la vision immédiate d'une chose. N'accepte-t-il pas ici l'immédiat qu'il refuse ailleurs ?

* * *

1. *Intuition de l'idée ou du rapport entre idées ?*

On sait qu'il n'y a pas chez Locke (pas plus que dans la logique classique, ni que chez Descartes) de *connaissance* dans le domaine de l'idée, parce qu'il n'y a pas là de jugement. C'est un point important, car il en découle que l'expérience qui fournit l'idée simple n'est pas le fondement de la connaissance, si par connaissance on entend avec Locke la perception de l'accord entre deux idées, c'est-à-dire la perception de la validité du jugement prédicatif, et si par fondement on désigne le garant plutôt que la source.

Pourtant Locke affirme au contraire que toute connaissance est *fondée* sur l'expérience, sur les idées simples, sur la sensation et la réflexion[3]. Serait-ce que, chez Locke, la garantie de la connaissance vienne de l'expérience et non de l'intuition, que Locke soit donc plus sensualiste qu'empiriste ? La difficulté tient uniquement à l'emploi des mots, Locke le disait déjà : il semble réserver *fondement* pour la sensation (ou expérience) et ne pas l'employer pour l'intuition dont il dit seulement que toute connaissance *dépend*. Il faut donc distinguer deux sens du terme *fondement*, le sens qu'utilise Locke, et le sens courant de nos jours. Quand Locke parle de l'expérience comme *fondement*, le terme connote celui de *matériau* : l'expérience est le fondement en ce qu'elle est matériau, qui conditionne la connaissance, la limite, mais ne produit pas la certitude, essentielle à la connaissance ; l'intuition, elle, assure la certitude de la vision, dont dépend toute autre certitude[4]. La thèse qu'il critique (celle qui admet des maximes) au

1. *E*. 4.2.8.
2. *E*. 4.2.1.
3. *E*. 2.1.2 ; 2.12.1 ; 4.2.15.
4. *E*. 4.2.1-8.

contraire associe dans l'intuition *fondement* et *garant* (et non *matériau* : la maxime n'est pas le matériau de la connaissance).

L'expérience fournit des idées, non des propositions ; et Locke conserve la thèse classique selon laquelle seule la proposition est de l'ordre de la vérité (ou de la fausseté)[1] ; l'expérience est donc l'origine, le matériau de la proposition et de la vérité, non le garant de la connaissance vraie. Paradoxalement, Locke, l'*empiriste* rejoint ainsi Descartes pour affirmer que la vérité n'a pas son lieu dans le sensible, mais dans le jugement porté sur le sensible, jugement qui reçoit sa validité d'un acte de l'entendement, l'intuition, et non du sens[2]. La certitude ultime de la connaissance vient non de la sensation, mais de l'intuition, c'est-à-dire de la *vision* immédiate de la relation de deux idées, relation qui constitue le jugement (dans le vocabulaire de Locke, la *proposition*).

Mais le parallèle avec Descartes ne peut être poussé plus loin : l'intuition de Locke n'est pas celle de Descartes. Car l'expérience ne fournit pas un matériau neutre, et l'entendement ne crée pas toute la garantie : il la reçoit partiellement de l'expérience ; l'intuition n'est pas création d'un rapport tout autre que celui qui existe dans l'expérience. L'entendement est non seulement actif, mais il est aussi passif[3] ; et l'évidence qu'il saisit dans l'intuition n'est pas une évidence qu'il crée ex nihilo, c'est une évidence qu'il subit. La vérité et l'intuition n'apparaissent qu'avec l'entendement, ce qui ne veut pas dire que l'entendement fasse autre chose que constater et certifier un rapport pré-existant. L'assurance de la connaissance vient de la *perception* par l'esprit, ou par l'entendement[4] ; perception du rapport entre deux idées, perception de l'identité ou de la différence entre deux idées. La question de la totale passivité ou de l'activité partielle de l'entendement est alors liée au statut des idées dont le rapport est intuitionné : lorsqu'il s'agit d'intuition du rapport entre idées simples, l'entendement est entièrement passif ; lorsqu'il s'agit d'intuition du rapport entre idées complexes, l'entendement intervient par la constitution même des idées, et le rappport qu'il perçoit est, partiellement au moins, son œuvre. Mais dans tous les cas, puisque toute idée a une origine sensible, il n'y a de vérité, d'intuition, de fondement-garantie que par la double intervention de l'expérience et de l'entendement[5].

1. *E.* 2.32.1-4.
2. *Ms. Locke*, c. 27, f. 67 (voir ci-dessous, chapitre 6.4).
3. *E.* 2.1.25.
4. *E.* 4.1.2 ; 4.2.1.
5. Cf. le texte cité en exergue de ce livre (*Lettre à Stillingfleet*, p. 374). Ce texte attribue la passivité au raisonnement entier qui se contente de mettre en

Ici, ce n'est plus Descartes qu'il faudrait évoquer, mais Kant; à condition de nuancer immédiatement le rapprochement, car si le sensible est matériau de la connaissance, il n'est nullement neutre : l'idée conditionne (mais ne nécessite pas) les formes de mise en relation par l'entendement; le rapprochement avec Kant serait ainsi à chercher plutôt dans la *Critique de la Faculté de Juger* que dans la première *Critique*. La forme de la relation introduite par l'entendement n'est pas en totale extériorité par rapport à une matière qui serait indéterminée. C'est bien entendu vrai de la conjonction des idées qui constitue l'idée complexe de substance, conjonction où l'entendement n'intervient pas au hasard, mais selon un archétype; mais c'est déjà vrai de l'idée simple, de la comparaison et de l'abstraction que lui fait subir l'entendement; la mise en forme est le fait de l'entendement, mais l'idée – et l'expérience – collaborent en acceptant d'entrer sous telle forme, en déterminant même la forme que constitue l'entendement.

La meilleure preuve de cette dualité du fondement et de la garantie réside en ce que cet acte de l'esprit qu'est l'intuition est présenté comme proche de l'acte initial de discernement entre les idées, proche de la simple constitution de l'idée comme idée claire et déterminée [1] au point que ce discernement est condition nécessaire et source de connaissance.

L'expérience de l'idée est déjà connaissance, déjà intuition. Ce qui justifie un tel apparentement entre intuition et discernement, c'est d'abord que des deux côtés, il s'agit de perception seconde, portant sur les idées mêmes que convoient les sens (activité critique d'une part qui reconnaît l'erreur ou la confusion des sens, perception de l'accord de deux idées d'autre part), saisie reposant chaque fois sur la saisie

évidence le rapport qui préexiste entre les idées, mais il est évident que c'est à l'intuition que revient l'essentiel de cette passivité.

1. *E.* 2.11.3; rapport avec la raison et le jugement : 2.11.1 (cité ci-dessous) et 2; rapprochement des deux formes de perception : 4.2.1 et surtout 4.7.4. On ne peut prétexter de 4.8.3 : « I grant farther, that the foundation of all our knowledge lies in the Faculty we have of perceiving the same *Idea* to be the same, and of discerning it, from those that are different. », pour affirmer que l'intuition d'un axiome d'identité fonde toute connaissance; cette affirmation est un simple rappel de ce qu'il entend par *principe* : un résumé d'expérience, qui *fonde* la connaissance scolastique, celle qui expose mais ne découvre pas. Le rapprochement entre les deux actes de l'entendement : sensation passive et discernement actif est classique : voir Aristote et Thomas d'Aquin, *Somme Théologique,* 1a, q. 85, a. 2, ad 3 et 2a 2æ, q.83, a. 1, ad 3.

antérieure des idées[1]. C'est aussi que l'entendement des deux côtés intervient et compare les idées en présence. Et même si Locke parle d'activité (*operation*), la saisie de l'idée comme claire et distincte et l'intuition semblent être un pur effet des idées perçues : « car, dans [l'intuition], l'esprit ne prend pas la peine de prouver ou d'examiner : il perçoit la vérité, comme l'œil perçoit la lumière, du seul fait d'être orienté vers elle. »[2]. La passivité de l'entendement dans l'intuition semble ramener l'intuition à ce qui a été condamné plus haut : la réception passive de principes, par innéité, révélation, ou enthousiasme. Ce qui rendrait incohérente la critique de l'inné développée dans tout le livre I.

C'est l'utilisation de la métaphore de la vision, passive, là où l'on s'attendait à une activité de l'entendement garantissant la vérité du rapport entre deux idées, qui pose question. Il faut d'abord rappeler que l'identification de l'intuition et de la vision est déterminée par le terme latin lui-même, comme le souligne Descartes[3]. En outre, la métaphore de la vision est constante dans l'histoire de la pensée; et même si Locke la critique ailleurs[4], il ne peut pas ne pas l'utiliser[5] pour parler de ce qui est antérieur à toute analyse. C'est donc l'originalité de Locke dans l'utilisation de ce schème qui est instructive; or Locke suit d'abord Descartes dans sa définition, qui exclut l'usage analogique du terme s'appliquant aussi bien à la vision béatifique qu'à la vision sensible, et il le réserve à la connaissance intellectuelle élémentaire : « le fait de l'entendement pur et attentif, qui naît de la seule lumière de la raison, et qui, parce qu'elle est plus simple, est plus certaine encore que la déduction. » [6].

Mais, ceci posé, l'originalité de Locke s'affirme. Si Descartes refusait d'entrer par sa définition dans les débats théologiques sur la vision de Dieu, il n'en admettait pas moins que l'intuition portât sur des

1 *E.* 2.11.1 et 4.2.15 cf aussi 2.29.13 et la discussion avec Stillingfleet sur le rapport entre clarté et distinction des idées et certitude de la connaissance, problème fondamental pour les questions religieuses, où l'on peut poser selon Locke des affirmations sur des idées qui ne sont pas claires sous tous les rapports, à condition que sous le rapport de l'affirmation, elles soient claires et distinctes.

2. *E.* 4.2.1. « In this, the Mind is at no pains of proving or examining, but perceives the Truth, as the Eye doth light, only by being directed toward it. ».

3. *Regulæ*, III, A.T. p. 369.

4. *E.* 4.2.1, et 4.19.8, auquel répond 4.19.13 : « Light, true Light in the Mind is, or can be nothing else but the evidence of the Truth of any Proposition... To talk of any other light in the Understanding is to put our selves in the dark. ». C'est pourquoi il faut soumettre cette lumière au *Tryal* de la lumière naturelle.

5. *E.* 2.29.2 : « The Perception of the Mind, being most aptly explained by words relating to the Sight... ».

6. *Regulæ*, III, A.T. p. 368.

vérités dites éternelles : « Chacun peut voir par intuition qu'il existe, qu'il pense, que le triangle est délimité par trois lignes seulement... »[1]. Locke pousse plus loin que Descartes la même exigence anti-*réaliste* : il n'y a pas d'entités abstraites dont on puisse avoir l'intuition, pas de vérités éternelles qui puissent, toutes constituées, faire l'objet, d'une vision intellectuelle. Pour Locke, l'intuition ne peut porter ni sur des existences ni sur des idées : elle ne peut porter que sur des rapports entre idées déjà données[2]. Si la saisie de Dieu hors de moi ne peut donc être intuitive, la vérité éternelle des rapports géométriques du triangle ou du cercle ne l'est pas plus. Locke le dit très clairement en un texte qui n'est pas assez remarqué (il n'est situé ni dans l'exposé sur l'innéité, ni dans celui sur l'évidence) :

> Les gens ont oublié la raison véritable de l'assentiment unanime envers ces propositions [très générales, qui passent pour des vérités innées], et ils l'attribuent entièrement à des impressions congénitales et identiques en tous, alors qu'en réalité, cet assentiment repose sur cette capacité qu'a l'esprit de discerner en toute clarté, et grâce à laquelle l'esprit perçoit que deux idées sont identiques ou différentes[3].

Il n'y a pas intuition de l'idée universelle de triangle ou de cercle, incluant de façon synthétique tous les rapports que la géométrie énoncera par la suite – et de même, ce qui importe plus pour Locke, il n'y a pas intuition synthétique de l'idée d'homme, incluant tous les devoirs moraux et religieux qui en découlent.

Il y a donc bien deux conceptions de l'intuition, l'une conciliable avec les théories innéistes, et elle imagine possible la saisie de propositions entières; l'autre est opposée à l'innéisme, et elle constate que l'intuition opère sur des idées isolées déjà données.

On objectera qu'au contraire Locke suit partiellement Descartes et pose l'intuition possible de l'existence dans au moins un cas : le moi[4]. Il faut reconnaître la difficulté, et avouer que la présentation du chapitre IX semblerait plus cohérente avec celle du chapitre II si Locke avait explicité son *cogito* en affirmant (contre Descartes) qu'il y avait intuition du rapport entre deux idées distinctes : l'idée de *je* et l'idée d'*existence*; mais il ne le fait pas[5]. Néanmoins, ceci ne l'empêche pas

1. *Ibidem*.
2. *E*. 4.2.1.
3. *E*. 2.11.1.
4. *E*. 4.9.3.
5. On pourrait voir cette distinction entre deux idées dans l'affirmation : « I have a certain perception of the Existence of the thing doubting » ; mais

d'affirmer peu après que les autres existences relèvent de la seule sensation : aucune autre existence ne peut être objet d'intuition, et l'argument utilisé confirme la définition de l'intuition comme mise en *connexion* d'idées : « il n'y aucune connexion nécessaire, dit Locke, entre l'existence réelle et l'idée qu'un homme a en mémoire »[1]. La conséquence est claire : le contenu d'une idée ne peut jamais impliquer son existence, et une vérité ne peut *exister* devant l'intuition sous prétexte qu'elle est évidente ; si le *je* existe, c'est qu'il n'est pas idée de mémoire, mais idée de sensation. Autre conséquence, plus importante pour nous : rien n'existe dans le monde des vérités éternelles ou dites telles, du seul fait de sa nécessité, et qui puisse être objet d'intuition.

2. *L'intuition, acte singulier sur des idées singulières.*

Locke distingue sa conception de l'intuition de celle de Descartes ; il la distingue plus explicitement et plus nettement encore de la conception scolastique. Par sa critique du syllogisme[2], il réfute l'évidence des premiers principes. Le premier argument a déjà été utilisé contre la conception cartésienne : il n'y a d'intuition que du rapport entre idées, non de propositions, fussent-ils principes évidents. En découle un deuxième argument, tiré de la réflexion sur la nature de cet acte d'intuition et sur la *quantité* des idées mises en relation. Les maximes qui servent de base au syllogisme sont universelles ; ainsi *Il est impossible pour la même chose d'être et de ne pas être*. Mais ces maximes ne sont pas objets d'intuition dans leur universalité, comme le croit la scolastique ; elles ne sont que des résumés d'intuitions multiples antérieures. Ce qui est perçu avec évidence par l'intuition, c'est le lien singulier entre des idées singulières : l'évidence que cette idée (de tel homme) est ce qu'elle est, et qu'elle ne peut pas ne pas être[3]. Les vérités évidentes objets d'intuition sont donc singulières, au sens où elles sont des occurrences diverses, des expériences singulières, d'évidence, des saisies singulières de la relation unissant deux idées singulières[4]. Locke ne sait pas que le thomisme accorderait sans difficulté ce point. Ce qu'il n'accorderait par contre pas, c'est la

l'affirmation de l'identité de la pensée et de la conscience, qui suit immédiatement, réduit la distance entre les deux idées.

1. *E.* 4.11.1. L'argument fait songer à la *knowledge by description* de Russell.

2. *E.* 4.7 et 4.17.

3. On notera qu'encore une fois il y a amalgame entre la distinction des idées et la connaissance, toutes deux objets d'intuition.

4. *E.* 4.7.14 et 4.17.8.

conséquence qu'en tire Locke, et qui lui est fondamentale, puisqu'elle rend impossible toute forme d'existence objective de l'universel. Ces intuitions servent de *maximes* par *abstraction* de cette particularité, abstraction dans une optique purement mnémotechnique et nominaliste, et non abstraction d'un universel formellement présent dans l'énoncé.

Pour saisir ce point, peu apparent, il suffit de se référer à la conception lockienne de l'abstraction, parfois mal comprise. L'idée abstraite est pour Locke un acte plus qu'un *objet* de pensée : il s'agit de la considération abstrayante d'une idée singulière[1]. L'objet de l'intuition est donc le rapport entre deux idées singulières; même si l'idée sert de représentant à l'idée « la plus générale, abstraite et compréhensive », il s'agit d'une occurrence singulière de l'idée-considérée-abstraitement. En outre, l'acte d'intuition est lui aussi un acte singulier de perception de l'accord ou du désaccord entre deux idées singulières; telle idée de tel homme et telle idée de tel cheval sont perçues à tel moment comme distinctes : l'intuition est une perception singulière, effective, du rapport entre les deux objets que sont les idées présentes à l'esprit[2]; idée singulière de relation éprouvée de façon neuve à chaque fois, mais que la maxime résume en un condensé d'expérience, comme le nom résume les actes multiples constituant des idées abstraites. L'intuition est donc en elle-même un acte de pensée chaque fois renouvelé. C'est pour cette raison que Locke peut affirmer qu'il y a une multitude de propositions qui ont le même statut d'évidence par soi que les principes ou maximes[3].

C'est ce qui ressort de la comparaison la plus explicite entre la *méthode des idées* de Locke et la *méthode de la raison* de l'Ecole, représentée ici par Stillingfleet :

> Votre Seigneurerie et moi sommes d'accord : cette proposition *Tout ce qui est, est* est un principe de la raison ou une maxime. Mais ma méthode de certitude, par les idées, est que la certitude de cette proposition consiste en ceci qu'il y a une connexion perceptible ou agrément, entre l'idée d'être et l'idée d'être... comme c'est exprimé dans cette proposition[4].

1. Ceci malgré la critique faite par Berkeley dans la préface des *Principles* ; sur cette question du statut de l'abstraction, souvent mal comprise, voir *E.* 2.11.9-11, etc. et M. Ayers, 'Locke's Doctrine of Abstraction', *John Locke, Symposium Wolfenbüttel 1979*, Berlin, de Gruyter, 1981, p. 5-24 ; point discuté entre M. Ayers et J. Yolton.

2. *E.* 4.7.3-4 (« the truth of the proposition presently visible »), 4.7.10.

3. *E.* 4.7.11.

4. *2d Reply, Works* , t. 1, p. 524 (noter *perceptible*).

Ce que Stillingfleet entend par axiome, c'est une évidence intemporelle existant en soi dans la pensée divine, et pour cette raison (secondairement) saisie par l'entendement humain. Ce que comprend Locke, c'est que l'occurrence de la perception du rapport entre les idées-concrètes-utilisées-comme-abstraites est à chaque fois renouvelée, du fait de la nature même des idées. L'évidence n'est plus une qualité intrinsèque de la proposition, mais un acte de l'entendement humain qui intuitionne. Là est la *révolution critique* contre la conception scolastique de l'universel, que Locke pousse plus avant que Descartes. La création des vérités dites éternelles, l'artificialité, que Descartes avait placées en Dieu, *glisse* chez Locke de Dieu à l'homme. Dans un autre langage, il n'y a que des *tokens* d'intuition, non des *types* comme le croit Stillingfleet. Pour une raison analogue, la foi, l'interprétation, et sans doute aussi le *consent* politique, seront des actes individuels de saisie de l'accord entre diverses idées. Cette explication peut rendre raison des vérités générales, des principes évidents par soi, tout en faisant l'économie d'un univers des vérités éternelles.

Expérience limitée donc à ce cas particulier; et comme pour l'abstraction, ce n'est que grâce à la mémoire que l'on peut pérenniser cette perception instantanée[1], se souvenir de son évidence, l'utiliser comme signe pour d'autres expériences, et l'incarner dans un nom ou une maxime : cette évidence particulière, peut servir de signe pour d'autres rapports analogues, et en ce sens être elle-même abstraite de

1. La mémoire prise comme condition de certitude à travers le temps : « he remembers, i. e. he knows... » (4.1.9 § 2; la réflexion porte sur la démonstration, mais elle vaut manifestement pour toute certitude, qui est issue en dernière instance de l'intuition). Noter l'importance de la question, soulignée par le changement d'opinion; l'entrée en jeu de la mémoire a vraisemblablement permis, à travers les *Drafts*, un glissement de la capacité d'abstraction, du nom à l'idée. Il est intéressant de voir chez Locke comme chez Descartes la mémoire jouer le rôle de pivot dans la solution du problème de l'évidence. Mais chez Descartes, la mémoire n'est que question intermédiaire dans la sortie du doute subjectif, vers l'accès à la certitude objective. Pour Locke, la certitude demeure une catégorie subjective, et la mémoire n'est plus étape, mais état : « The immutability of the same relation between the same immutable things, is now [dans la mémoire] the *Idea* that shews him, that if the three Angles of a Triangle were once equal to two right ones, they will always be equal to two right ones. And hence he comes to be certain that what was once true in the case is always true... and consequently what he once knew to be true he will always know to be true, as long as he can remember that he once knew it. ». On ne peut trouver meilleur exemple de la réduction de l'hypothèse *métaphysique* du Dieu trompeur à une *observation* psychologique. Il s'agit toujours de *fonder* la vérité ; pour Locke, la genèse individuelle fonde; mais c'est une genèse idéale, une expérience de pensée, acquise par réflexion : combien ont effectivement conscience de cette origine de la valeur intemporelle de leurs connaissances ?

l'évidence perçue en telle occurrence[1]. Il faut pourtant garder à l'esprit cette origine concrète : bien que la relation soit externe aux termes qui sont mis en relation[2], la relation se *termine* toujours aux idées qu'elle relie et donc à leur singularité[3]; aussi est-il illusoire d'espérer se libérer de cette limite fondamentale, et de transposer en vérités intemporelles ce qui est le fruit d'un acte singulier de l'entendement, fût-il étendu au delà de l'instant par la mémoire et le langage.

L'intuition est ainsi tout autre que l'intuition cartésienne et que l'intuition scolastique. Il y a certes des propositions évidentes par soi : Locke proteste vivement lorsque Stillingfleet identifie maximes abstraites et propositions évidentes par soi, comme si le refus des premières impliquait le refus des secondes; au contraire, les premières sont inutiles et les secondes indispensables à chaque étape du raisonnement : aucune connaissance n'est possible sans elles[4]. Mais ce qui distingue les principes ou maximes de la scolastique et les propositions évidentes par soi de Locke, c'est que les dernières ne sont ni normes ni fondements : elles sont des instances singulières qui paraissent évidentes pour elles-mêmes à chaque fois qu'elles sont utilisées. Alors que chez Aristote ou Descartes, l'ordre de l'ensemble du savoir reposait sur un universel *objectif* toujours déjà là (forme dégagée pour le premier, *mathesis* universelle garantie par le Créateur pour le second), l'ordre de la connaissance s'appuie chez Locke sur une sorte de création continuée : l'acte d'intuition constamment renouvelé est seul garant de la vérité, parce qu'il est acte suprême de l'entendement que Dieu a donné aux hommes. La vérité évidente, la maxime, n'est pas fondement (au sens contemporain du terme), car il n'y a plus de fondement. Seul l'acte de l'entendement qu'est l'intuition assure (sans fonder) la démarche de la constitution du savoir. A la recherche d'un fondement, il faut substituer une démarche de preuve, assurée sur l'intuition.

Il y a donc bien dans la connaissance un immédiat, mais c'est l'immédiateté d'un acte et d'une fonction qui sert d'assurance, non pas

1. *E.* 4.1.9 § 2; ce qui est vrai de la démonstration (chaque démonstration est appliquée à un diagramme concret, et en toute rigueur ne vaut que pour celui-là) vaut à plus forte raison pour l'intuition.

2. *E.* 2.25.4.

3. *E.* 4.17.11 (p. 600, l. 1-3)

4. *2d Reply, Works*, t. 1, p. 525 : « That there is any knowledge, without self-evident propositions, I am far from denying ». C'est un point qui à son avis le distingue de la syllogistique aristotélicienne : Aristote affirme que le moyen terme est nécessaire, mais n'explique pas pourquoi, en ne disant pas que c'est l'intuition qui fait l'essentiel de la mise en rapport.

l'immédiateté d'un contenu qui puisse servir de fondement. Cet immédiat ne peut être dépossédé de sa prérogative par un principe, par une maxime, par une vérité universelle; cet immédiat, c'est l'acte-même de l'entendement qui saisit l'accord entre les choses par l'accord entre les idées.

La certitude a son assise non pas dans un principe objectif auquel elle serait asservie, mais dans la forme de l'exercice de l'entendement.

Une pensée totalement sécularisée ne pourrait accepter un tel empirisme; seule la confiance en un Dieu présent par l'étincelle divine en nous qu'est l'entendement, peut assurer la démarche. Mais l'homme déchu risque toujours d'outrepasser les bornes mises à l'utilisation de cette lumière. Critiquer le savoir, ne pas l'assurer sur un fondement, mais par le seul exercice de l'entendement sur le donné des sens, c'est la discipline que trace la genèse modèle du savoir qu'est l'*Essai*. Le livre suit la démarche de l'homme selon Dieu; dans les incidentes *pédagogiques*, notamment à la fin de chaque livre, Locke prend en charge l'homme réel et pêcheur et lui montre la voie qui rejoint la genèse théorique et fondatrice, un peu comme des scolies s'ajoutant aux démonstrations d'une *Ethique*.

3. *Intuition et morale.*

De cette critique de l'intuition, de cette élaboration d'une intuition authentique, Locke tire des conclusions qui concernent la morale, autant sinon plus que la science. Les controverses n'ont pas tardé après la publication de l'*Essai*, qui accusaient Locke de miner toute science et toute religion par sa critique de l'intuition des maximes comme par sa critique de l'inné. Et Locke dans sa longue réponse (amplifiée encore dans les éditions postérieures à la controverse[1]) n'atténue jamais son refus de l'intuition de vérités premières : la maxime (éventuellement innée) est un moyen mnémotechnique artificiel qui est pris illusoirement pour origine et pour fondement de toute connaissance. La confusion entre l'origine et le fondement intellectuel n'est donc pas le fait de Locke, mais celui des classiques; dissocier les deux, montrer que la certitude repose sur l'entendement et non sur un énoncé fondateur, c'est assurer une morale, une religion, et une science, fussent-elles limitées.

1. *E.* 4.7.11 augmenté dans les 4e et 5e éditions, après la controverse avec Stillingfleet; au début de l'addition, Locke affirme : « But since doubting in the least of what hath been by some Men ascribed to these Maxims may be apt to be cried out against, as overturning the Foundations of all the Sciences... ».

Quelle peut être alors la fonction de l'évidence mémorisée et *abstraite* qu'on dénomme maxime ? Elle résume un savoir acquis par d'autres voies ; ce qui peut être utile en mathématiques, car elle y abrège le raisonnement ; ce qui est par contre nuisible en morale ou en théologie où la maxime évite l'examen alors que la démarche de la preuve, individuellement reprise, y est essentielle[1].

Deuxième conséquence : aucune affirmation sur l'homme réel ne peut faire l'objet d'une intuition ; aucune idée synthétique d'homme ne peut non plus être donnée par intuition, pour qu'il suffise ensuite d'analyser l'idée dans ses rapports internes afin d'en dégager une morale et une religion. C'est à l'observation de recenser les qualités appartenant à tel homme singulier et au jugement de les associer en un savoir probable, comme il le fait pour toute idée de substance[2]. De même, le savoir sur l'âme et sur l'esprit ne relèvent pas de l'intuition : il ne peut s'agir que de déductions, d'associations incertaines d'idées simples en idées complexes[3] ; le savoir qui en découle ne pourra jamais être une connaissance assurée, associant norme et empirie ; ce à quoi prétendent les religions établies. Est ainsi écartée toute possibilité de bâtir une morale sur le réel des substances. Aucune proposition morale ni théologique ne peut avoir pour origine une vérité en soi immédiatement perçue ; et aucun devoir ne peut découler de la connaissance de la nature des choses.

Deux formes de savoir moral demeurent donc possibles. Le premier relève de la déduction et peut atteindre la connaissance certaine ; mais il ne s'agit alors que de mise en relation entre essences nominales ; le savoir qui en résulte est *théorique* ; en contrepartie ce savoir a la même certitude que le savoir mathématique : comme lui, il associe des modes mixtes. L'autre savoir moral est constitué d'énoncés de fait liés à l'expérience. S'il s'agit de propositions particulières, elles conservent l'assurance que leur confère la sensation ; si ce sont des propositions universelles, les seules concernées par la morale, leur côté instructif est compensé par leur simple probabilité[4]. Comme l'évidence intuitive n'y a non plus aucune part, leur absence de certitude leur ôte toute prétention à la normativité.

1. *E*. 4.7.11 (p. 598, l. 22 à p. 599 l. 2).

2. *E*. 4.8.6. Cf. 4.7.16-18.

3. *E*. 4.8.9 : on peut raisonner sur « *Substance, Homme, Animal, Forme, Ame, végétatif, sensitif, rationnel, ... Dieu, esprit, corps* » et à la fin en savoir aussi peu qu'au début. On notera encore une fois la connotation religieuse et morale de ces termes.

4. *E*. 4.8.9. Hume explicitera cette distinction par l'opposition entre relations d'idées et relations de faits (*Enquiry concerning Human Understanding*, 4. 1.).

L'exclusion de toute intuition des vérités universelles a donc pour conséquence de préciser très strictement le cadre de toute réflexion morale et théologique : la pensée morale relève soit d'un discours déductif, certain, mais nominal, soit d'un discours empirique et *réaliste*, mais seulement probable dès qu'il dépasse le cas singulier[1].

La première illustration que l'on en trouve chez Locke est significative : l'application est faite à la religion naturelle, et notamment au cas de l'homme, en des termes que l'on pourrait croire adaptés à nos problèmes contemporains : on croit pouvoir raisonner en ces termes : «Il est impossible pour la même chose d'être et de ne pas être... donc un noir n'est pas un homme»[2] ou encore un fœtus, un enfant, un *changeling*, ne sont pas des hommes. Mais jamais un axiome logique n'a pu transcender le niveau logique et impliquer de l'existentiel en prouvant de quelqu'un qu'il est un homme[3]; les conséquences morales qu'on croit pouvoir tirer d'un tel principe sont nulles, et la morale ne peut être immédiatement fondée ainsi; elle ne peut être que le fruit d'une déduction conjuguant le nominalisme des modes mixtes et le réalisme de la sanction effective.

Nous sommes désormais libérés de l'exigence d'une vérité première. L'activité de l'entendement sur le sensible est seule à même d'assurer la constitution du discours moral. Mais il reste à décider entre les deux formes de discours que peut produire l'activité de l'entendement : soit le savoir probable qui observe le besoin de plaisir et la fuite du mésaise, pour en tirer des leçons sur le plus grand plaisir possible; soit le savoir certain parce que déductif, qui produit une connaissance de la loi morale parfaite.

* * *

1. *E.* 4.15.5 : «Probability wanting that intuitive Evidence which infaillibly determines the Understanding, and produces certain Knowledge».

2. *E.* 4.7.16-18; voir les nombreuses autres références à l'idée complexe d'homme, qui ont toutes la connotation morale et théologique que l'on vient d'indiquer : 1.4.4-5; 2.27.8-29 (la question de l'identité individuelle a une portée évidente pour le problème de la Résurrection, que Locke signale au livre I et que Stillingfleet relèvera dans sa controverse) 3.6.3; 3.6.16; 3.6.22; 3.6.27 (on remarquera que ces citations renvoient toutes à l'examen de substances, examen dont la portée est plus *morale* que *physique* malgré l'apparence); 4.4.16.

3. *2d Reply, Works*, t. 1, p. 529.

DEUXIÈME PARTIE

RAISON ET DÉMONSTRATION

La critique de l'immédiateté a permis de définir l'entendement. Il s'agit maintenant de définir la raison et de déterminer la place qui lui est réservée dans la démonstration morale.

La définition de la raison ne découle pas immédiatement de la seule définition l'entendement. On sait qu'il n'y a pas aux yeux de Locke de multiples capacités en l'homme, et qu'il n'y a qu'un ensemble, l'esprit, qui *entend*, passivement et activement et peut suivre les procédures qui en font une raison. Il reste à préciser quelles sont ces procédures que suit l'entendement (le raisonnement) et qui le transmuent en raison. La question se pose en effet de la façon dont l'entendement, faillible et propre à chacun, peut à travers le raisonnement atteindre l'universel, sans pour autant verser dans ce qui a précisément été écarté par la critique de l'immédiateté : la *droite raison*. La question se pose d'autant plus que le vocabulaire de Locke ne laisse que rarement apparaître l'identité substantielle de la raison et de l'entendement dans un seul et unique *Mind* : couramment, la raison est traitée en capacité propre, distincte de l'entendement; c'est le cas des *Treatises on Government*; mais c'est aussi le cas de l'*Essai*, où l'opposition de la raison et de la foi peut laisser croire que l'on a deux instances opposées. Il s'agit donc de spécifier, entre l'entendement, la *droite raison* et la foi, ce que Locke dénomme raison.

Ceci fait, il restera à dire quel est l'objet de cette raison en morale. Nous chercherons à préciser deux choses : d'une part en suivant l'*Essai,* qui s'en tient officiellement à cet objectif limité, qu'est ce que déduire, et comment déduire ? D'autre part, avec les manuscrits, les œuvres secondaires, mais aussi quelques indications éparses de l'*Essai*, que déduire en morale : le contenu de la loi, sa puissance contraignante, ou les deux ? Nous sommes donc parvenus ici à la question centrale : la Loi Naturelle et son élaboration. Même s'il n'est que peu question de Loi Naturelle dans l'*Essai*, le livre est organisé autour de cette recherche, effectuée hors de ses limites. Entre la démonstration du contenu de la Loi Naturelle, et la démonstration de son obligation, entre l'élaboration *de novo* de la Loi et la vérification par la raison d'une Loi Naturelle déjà connue par Révélation, Locke a longtemps hésité sur la façon d'appliquer l'*épistémologie* dégagée préalablement dans l'*Essai*; qui plus est, ces variations sur l'objet ne laissent pas indemne la réflexion épistémologique initiale : entre ces diverses formes de démonstration, la raison n'a pas toujours la même définition ni le même rôle, et la rédaction de *Reasonableness*, les recherches exégétiques sur le christianisme de Paul, sont contemporaines de modifications significatives des éditions successives de l'*Essai*. C'est de l'étude des variations sur ce thème qu'il est question dans cette deuxième partie.

*
* *

CHAPITRE 6

RATIOCINATIO OU DROITE RAISON?

Les vérités éternelles sont abandonnées; il reste apparemment à en tirer les conséquences pour la raison : quel autre objet lui revient en propre, qui ne soit pas celui de l'entendement ni celui de l'intuition? Mais la question est mal posée; une fois encore, plus qu'un objet, c'est une procédure qui définit la raison : la *ratiocinatio*; définition analogue à celle de Hobbes et des scolastiques; il restera alors à déterminer le rapport à la raison de deux instances proches : intuition et foi, pour être à même de noter dans le chapitre suivant comment, en morale essentiellement, procède la déduction.

1. *Raison ou Droite-Raison.*

L'essentiel est dit dès les *Essays on the Law of Nature*, le premier texte de Locke touchant tant soit peu l'épistémologie : la raison n'est en rien une entité transcendante. Et il importe de faire remarquer à ceux qui douteraient encore de la portée morale des réflexions épistémologiques de Locke que l'on a ici un élément de confirmation : d'emblée, la définition de la raison est élaborée dans sa forme définitive et ceci, afin de déterminer le statut de la Loi Naturelle. Par deux fois, Locke critique nettement la conception néo-stoïcienne qui fait de la raison une puissance à la fois transcendante et immanente : faisant l'inventaire des diverses définitions de la loi naturelle, il rejette de façon indirecte – ce qui risque d'échapper au lecteur pressé – la conception suivante de la raison :

> Deuxièmement, on la [Loi Naturelle] nomme droite raison, ce que revendique tout être qui se considère comme humain; ...mais, par raison, il ne faut pas à mon avis entendre alors cette capacité de l'entendement [*intellectus*] qui organise l'argumentation [*discursus*] et déduit les conclusions, mais certains principes pratiques assurés,

> dont jaillissent [les sources de] toutes les vertus et tout ce qui est nécessaire à la bonne conformation des mœurs. Et ce qui est correctement déduit de ces principes est appelé à juste titre *conforme à la droite raison*[1].

La dernière partie de la citation n'expose nullement la thèse de Locke ; elle présente au contraire une thèse selon laquelle la raison jaillit en propositions morales toutes constituées ; et cette thèse écarte la position lockienne donnée en milieu de citation, sous une formulation qui rappelle la critique de Cherbury : la raison est l'activité même de l'entendement qui organise le *discursus* (expression classique pour désigner le raisonnement, source de l'erreur, dans le *De Veritate*) et qui en tire les conclusions morales. A l'opposé de cette thèse de la *droite raison*, Locke poursuit quelques lignes plus loin en présentant la thèse qui est la sienne alors ; il ne s'agit pas encore de la thèse du livre IV de l'*Essai* ; la raison, pour active qu'elle soit, n'a aucune part dans la production de la Loi Naturelle ; les tenants de la droite raison sont même critiqués parce qu'à partir de leurs premiers principes, ils laissent trop de place à la déduction :

> La raison fonde moins, impose moins cette Loi Naturelle, qu'elle ne la cherche et ne la découvre comme une loi promulguée par un pouvoir supérieur et implantée dans notre cœur ; et donc de cette loi, la raison n'est pas l'auteur, mais l'interprète ; à moins qu'en minorant la dignité du législateur suprême, nous ne voulions attribuer à la raison la loi reçue, alors que la raison ne fait que la chercher ; alors que la raison qui n'est qu'une faculté de l'esprit, qui n'en est qu'une part, ne peut nous donner de loi[2].

La raison est une capacité et non un *Λογος* universel ; elle cherche, mais ne fonde pas. Dans ce contexte s'explique la référence, étonnante chez Locke, à l'inné de *la loi implantée dans le cœur* ; entre la loi implantée et les principes pratiques assurés, il y a cette différence que la première est à la fois transcendante et à découvrir, alors que les seconds sont à la fois transcendants et donnés tout constitués. Locke devra par la suite articuler plus précisément cette implantation de la loi dans le cœur et cette activité de la raison, en évacuant toutes les traces d'innéité du contenu qui demeurent encore. Mais déjà s'affirme la thèse : la Loi Naturelle n'est pas un système de principes fondés sur une raison universelle (divine *et* humaine), mais un acte décisoire de Dieu que la raison, *purement humaine*, découvre.

1. *Essays on the Law of Nature*, Livre I, f°.12. Cf. aussi *E*. 4.17.1.
2. *Ibid*.

La raison découvre, en cheminant comme interprète de symptômes, et non par vision immédiate d'un monde platonicien de vérités premières. Dans le manuscrit, *interpres* n'est pas mis au hasard : il corrige *scrutator* : si la raison ne crée pas la Loi Naturelle, elle ne la voit pas non plus, ni ne la scrute, comme le pense le néo-stoïcisme ; elle l'interprète : l'activité de l'interprétation par la raison-raisonnante remplace la raison objective qui est principe, et la raison subjective qui est vision. Aussi peut-il s'agir dans ce texte d'une critique de la thèse stoïcienne du *De Republica* de Cicéron, qui amalgamait la raison comme instrument d'élucidation et la raison comme fondement, en définissant la Loi Naturelle comme « la vraie loi, la droite raison, en accord avec la Nature ; et il ne faut pas lui chercher de commentateur, ni d'autre interprète »[1]. La raison-nature est pour Cicéron auteur de la loi, et parce qu'elle est auteur en tant que puissance transcendante, elle est interprète en tant que raison humaine, étincelle de la raison transcendante constituant la totalité de la personnalité humaine. Pour Locke, au contraire, la Loi Naturelle a Dieu pour auteur et celui-ci donne à l'homme une raison non pas identique à la sienne, mais fonctionnelle ; la raison est un instrument arbitraire destiné à rendre possible le bonheur et le salut à partir des signes laissés dans la nature. La raison ne dit pas l'ordre du monde, elle décrypte ce que Dieu nous en laisse connaître.

La Loi Naturelle n'est donc nullement perçue immédiatement, comme peut être perçu un objet sensible ou une idée simple. Ce qui est encore vérifié quand, quelques pages plus loin, la *recta ratio* du néo-stoïcisme est explicitement refusée, avec le corps de principes évidents qu'elle implique : c'est confondre l'objet visé et l'instrument utilisé que de donner simultanément au terme de raison le sens de corps de principes et celui de capacité de déduction :

> Par raison, nous ne comprenons pas ici des principes pratiques, pas plus que n'importe quelle proposition sise dans l'esprit, telles que les actions de la vie qui leur correspondraient suffisamment soient dites conformes à la droite raison. En effet, une droite raison de cette sorte, c'est la Loi Naturelle elle-même, déjà connue, et non pas le moyen – la lumière naturelle - qui permet de la connaître ; la Loi Naturelle n'est que l'objet de la raison, et non la raison même ; c'est-à-dire qu'elle est de ces vérités que cherche la raison et qu'elle

1. *De Republica*, III, 17 : « Est quidem vera lex, recta ratio, naturæ congruens... neque est quærandus explanator, aut interpres ejus alius. ». Cf. un autre emploi d'*interpres*, *Essays on the Law of Nature*, I, f°.17 ; on connaît aussi l'importance donnée par Bacon à cette fonction de la raison : cf. *Novum Organum*, Paris, P.U.F., 1986, p. 80 ss.

> poursuit car elles sont nécessaires pour diriger la vie et y conformer les mœurs[1].

Une leçon se dégage clairement de la critique de Locke : même sous le nom de raison, comme le croit un amalgame de stoïcisme et de christianisme, les principes ne peuvent être admis de façon immédiate; ils doivent être construits : la théorie de la *recta ratio* ne considère en fait que la « lex natura jam cognita », et masque l'œuvre essentielle du « modus vel lumen illud naturæ quo cognoscitur » ; appeler raison ces principes construits, c'est s'éviter de les construire soi-même[2].

Le refus de la *recta ratio* était lié dans les *Essays on the Law of Nature,* au problème de la Loi Naturelle. Quand l'*Essai* tente, trente ans plus tard, la définition de la raison, tout lien explicite avec la question de la Loi Naturelle a disparu. Mais cette dissociation entre raison et Loi Naturelle est uniquement due à la finalité dévolue à l'*Essai* : définir préalablement les intruments de la démonstration qui doit se développer ailleurs. La définition de l'*Essai* reprend la critique des divers sens de *raison* esquissée dans les *Essays on the Law of Nature* : principes évidents de soi et déduction à partir de ces principes. Et cette définition, comme celle des *Essays on the Law of Nature* qui vient d'être analysée, prend appui sur la frontière délicate entre innéisme de la faculté et innéisme du contenu :

> En anglais, le mot raison a plusieurs significations : parfois, il est pris pour les principes clairs et vrais; parfois, pour les déductions claires et correctes de ces principes; et parfois pour la cause, et spécialement la cause finale. Mais le sens que je lui donnerai ici ...[3]

Ces trois sens sont prioritairement, bien que non exclusivement, liés au champ moral; ils renvoient tous trois à un domaine transcendant et objectif, antérieur à l'exercice de l'entendement[4], antérieurs à l'expérience, et constitués en un corps de doctrine; la raison est selon chacun de ces sens l'intuition de cet a priori, pour l'un sous forme de

1. *Essays on the Law of Nature*, IV, f°.49-50; la relation de *correspondance* [*respondent*] annonce la relation de rectitude dont Locke traitera dans le *Draft A*. L'argument est parallèle à celui que donne Barbeyrac dans sa défense de l'innéité de la capacité : il est inutile de dédoubler l'innéité en ajoutant celle de l'idée à celle de la capacité.

2. Ce texte empêche également de comprendre comme un formalisme total la pensée morale de Locke, comme nous y inviteraient certains textes des *Lettres sur la Tolérance*, sur lequel nous reviendrons ci-dessous. Cf. *E*. 1.3.26.

3. *E*. 4.17.1.

4. Cf. *E*. 1.3.20 et *2d Reply, Works*, t. 1, p. 551, où Locke associe explicitement cette définition de la raison et l'idéologie de l'immédiateté.

principe, pour l'autre de fondement, pour le dernier de but; en outre ces trois sens ont pour terme l'éthique. Le refus de ces définitions de la raison est bien le symétrique de la critique de l'inné au livre I.

* * *

2. *la raison comme* ratiocinatio.

Ne pouvant être vision de vérités morales éternelles sous aucune de ces trois formes, la raison n'est donc pas *recta ratio*. Mais elle est « cette grande capacité d'argumenter... qui ne pose aucun fondement » par elle-même mais exige que quelque chose lui soit donné, sur lequel elle puisse construire, construire même de la façon la plus impressionnante, au point de « faire accéder aux sommets du savoir, jusqu'aux cieux »[1]; la raison ne donne au savoir aucune base assurée : sa fonction est uniquement de traiter des données[2]; mais, aussi limitée soit sa puissance, la raison n'en atteint pas moins la connaissance de Dieu. Pour établir la Loi Naturelle, la raison peut parvenir à la connaissance de Dieu, mais non en partir.

La raison est une capacité dont les conclusions peuvent être obscurcies par le mauvais usage[3], une capacité conférée à chacun de façon plus ou moins étendue[4]: l'éducation, l'attention, la disposition d'esprit, la moralité font varier cette capacité naturelle[5] qui n'est plus exactement la chose du monde la mieux partagée. La raison est bien apparentée à l'entendement.

Et pourtant cette raison n'est pas totalement soumise à la passion; elle est accomplissement et auto-dépassement de l'entendement; ceci en deux sens. D'abord en ce que l'entendement parvient à un degré de certitude plus élevé : la raison dispose de cette garantie qui l'assure que ce qu'elle voit clairement est suffisant pour lui permettre

1. *Essays on the Law of Nature*, II, f°.24 : « magna illa argumentandi facultas... non jacit fundamentum ».

2. *E*. 1.3.26 : « the reasonning [*Draft B* : Rational] Faculties of the Soul... would not know how to move, for want of foundation and footing » chez les paresseux qui ne vont pas chercher les vrais fondements et s'appuient sur les fondements tout-faits que sont les principes.

3. *Essays on the Law of Nature*, I, f°. 16; cf. *E*. 1.3.26, l. 22-23.

4. *Of the Conduct*, § 2, 4; *Draft B*, § 12; *E*. 1.4.22.

5. Cf aussi *Treatise*, 2, § 55, 60-61 ; en *Essays on the Law of Nature*, p. 136 ss, les mêmes arguments servent à la fois à définir la raison comme *ratiocinatio* et à prouver l'impossibilité de toute vérité innée – ce qui accentue encore la parenté entre l'innéisme et la raison-intuition dont on vient de parler.

d'atteindre les vérités nécessaires au salut[1] – appel à la dimension métaphysique pour justifier cette distinction que rien d'autre ne peut justifier. Bien que Locke n'en parle pas, on peut aussi supposer que la raison atteigne de ce fait un degré d'universalité que l'entendement ne se voyait reconnaître que de façon empirique : la garantie divine accordée à la raison remplace la constatation que tout le monde *entend* de la même manière.

La raison accomplit l'entendement en un deuxième sens : en ce qu'elle élargit ses capacités de saisie[2]. L'entendement pouvait déjà par lui-même accéder à la connaissance du général par la simple « perception de l'accord ou du désaccord de nos propres idées »[3]. Il importe de souligner la spécificité de cette thèse : la relation constitutive de la proposition que signifie la copule est perçue par l'entendement, sans qu'il soit nécessaire de parler de raison; plus, la généralité est, elle aussi, atteinte par l'entendement, vraisemblablement par comparaison et abstraction des idées qui deviendront les termes de la proposition. D'où la question de Locke : « Quelle place y-a-t-il pour une capacité autre que la sensation externe et la perception interne ? Quel besoin y-a-t-il de raison ? »[4]. L'entendement (ou l'esprit) s'exerce aussi bien dans l'expérience que dans l'abstraction et dans la saisie intuitive de l'accord entre idées. Qu'en est-il alors du rapport de l'entendement et de la raison ? La réponse à la question oratoire précédente l'énonce : « [le besoin de la raison] est fort important, à la fois pour accroître la connaissance, et pour réguler l'assentiment. ». La raison se caractérise comme la capacité qu'a l'entendement d'observer une démarche réglée; et la règle lui permet d'étendre son activité initiale aussi bien dans le champ de la *connaissance* certaine que dans celui de l'assentiment probable.

Cette raison, entendement accompli, est l'objet ultime de la recherche de l'*Essai* : les prétentions extrêmes de l'esprit, lui sont attribuées; aussi la définir dans ses limites (capacités de l'entendement et *province* de la raison), c'est éviter aussi bien le scepticisme de ceux

1. *Draft B*, § 12; *E.* 1.1.5.
2. *E.* 1.2.9, notamment par comparaison avec l'original, *Draft B*, § 14.
3. *E.* 4.17.2, dont ce qui suit est un commentaire.
4. Question étrange si l'on comprend l'opposition de la raison et de l'expérience comme l'oubli de l'entendement; question compréhensible si on conçoit l'esprit comme unité, et les capacités comme des distinctions nominales fluctuantes – thèses effectivement lockiennes. On notera qu'à partir de cette seule phrase, peut être énoncée la question d'ensemble de l'ouvrage, le rapport de la raison et de l'expérience. C'est le même entendement qui sent, qui perçoit, qui abstrait et qui raisonne; il resterait à voir clair dans cet amalgame, et à préciser les fonctions de ces diverses *capacités* du même entendement.

qui en attendaient trop, que brider le dogmatisme de ceux qui croient pouvoir imposer à tous ce qu'eux-mêmes estiment rationnel :

> Notre tâche ici n'est pas de connaître tout, mais seulement ce qui concerne notre conduite. Si nous pouvons dégager les critères selon lesquels une créature rationnelle, située dans cet état où est l'homme dans ce monde, peut et doit diriger ses opinions et les actions qui en dépendent, il ne faut pas nous troubler sous prétexte que d'autres choses échappent à notre connaissance[1].

L'*Essai* compense la perte de prétendues connaissances spéculatives, en réalité inaccessibles, par la mise en valeur des capacités éthiques de la raison humaine. Ces capacités éthiques ne font pas sortir l'homme de son état présent, comme l'espérent les théologiens et les philosophes persuadés que l'essence des choses est à leur portée; la raison demeure humaine, même si elle est don de Dieu. Dans le monde où nous sommes, entre deux infinis, la raison est le guide assuré que Dieu nous a laissé. Cette raison, Locke la définit précisément comme la ratiocination que critiquait Herbert of Cherbury :

> Par raison, on comprend ici la faculté discursive de l'âme qui procède du connu à l'inconnu et déduit l'un de l'autre selon un enchaînement assuré et valide des propositions. Voilà ce qu'est cette raison dont l'œuvre permet à la famille humaine d'accéder à la connaissance de la Loi Naturelle[2].

C'est la ratiocination, qui est l'œuvre propre de la race humaine : utilisation de la conception néo-stoïcienne de la nature humaine, pour la ramener en priorité vers la démonstration, et la détourner de l'illusion d'une vision immédiate[3]. La même insistance se retrouve

1. *E.* 1.1.6; *ici* signifie, non pas *dans l'Essay*, où Locke ne compose pas la morale, mais *sur terre*. C'est un thème constant de la pensée de Locke : cf. Ms. Locke, f.2, f. 47-54 (Journal, 8 Fev. 77, *End of knowledge*) ; cité King, *op. cit*, t. 1, p. 165 s; ou Aaron et Gibb, *op. cit.*, p. 84-90. Ce texte inscrit plus nettement les intérêts pratiques dans la limite de ce monde, et exclut les spéculations théologiques inutiles : «For what need have we to complaine of our ignorance in the most generall and forain parts of nature when all our businesse lies at hand why should we bemoane our want of knowledg in the particular apartments of the universe when our portion lies only here in this little spot of the earth where we and all our concernments are shut up»; mais, ajoute-t-il quand même plus loin, l'insatisfaction à laquelle on aboutit fait espérer un autre monde; mais on est dans l'ordre de la foi, non de la connaissance; le thème existait avant Kant !

2. *Essays on the Law of Nature* , IV, f°.50; noter la reprise de la formule classique : *a notis ad ignota*, qui renvoie au présupposé (cf. ch.5, et ci-dessous l'identification de ce connu au sensible), et l'absence de référence à l'intuition qui ne sera vraiment utilisée que dans l'*Essai.*

3. Voir *Examen de la* Vision en Dieu *de Malebranche* § 52 (début).

dans l'*Essai*, pour lequel la raison distingue la race humaine[1] – affirmation apparemment triviale, qui l'est moins dès que cette raison ne se définit plus comme participation à la vie divine et contemplation des vérités éternelles. La raison n'est que mise en relation réglée d'idées singulières[2]; si elle porte sur l'universel, ce n'est pas par soi, mais en fonction des termes qui lui sont soumis, termes singuliers qu'une lieutenance arbitraire, œuvre de l'entendement faillible, fait signifier l'universel.

3. *Les étapes de la* ratiocinatio.

Dans les *Essays on the Law of Nature*, l'examen de la raison se réduit à son identification à la ratiocination; dans l'*Essai*, Locke s'étend sur l'analyse du statut de la raison. L'activité de l'entendement réglé est décomposée en différentes étapes (*steps and degrees*[3]), plus précisément différents modes d'agir. Deux partitions successives, dont la cohérence ne saute pas aux yeux : le § 2 se contente de la distinction classique de *l'inventio* et de la *deductio* dénommés ici *sagacity* et *illatio* (ou *inference*)[4] et le paragraphe suivant distingue quatre degrés. Cette différence tient d'une part à la bipartition du moment le plus délicat, l'inférence, et d'autre part à l'intégration explicite de l'intuition dans l'activité de raisonnement. Les étapes du raisonnement (significativement, on hésite à dire *raison*) sont successivement : la capacité de trouver les idées intermédiaires du raisonnement (qui ne sont pas les moyens termes scolastiques) ou *sagacity*, la capacité de les ordonner en une relation probante entre les extrêmes (*illatio*)[5], puis, étape centrale, la vision de la relation entre les parties – cet aspect de l'intuition qui nous a posé question à la fin du chapitre précédent, et que Locke réintroduit ici comme élément de la raison; dernière étape, la conclusion est dégagée. Ce qui distingue l'homme des animaux, ce n'est

1. *E*. 4.17.1. Faut-il voir dans l'affirmation « Man is supposed to be distinguished from Beasts » une restriction ? Elle serait alors à rapprocher de 2.11.11, cité à la fin de cette section.

2. *E*. 4.17.8. Ce texte est difficile à interpréter : il semble qu'il faille choisir entre deux affirmations : l'idée est singulière comme être représentatif ou comme *événement mental*, car si « Ideas... are truly every one of them, particular existences », il n'en découle pas que cet état mental unique ne représente d'abord qu'un être existant, et que la représentation multiple (ou universalité) lui soit seulement surajoutée.

3. *E*. 4.2.4; 4.17.2-3.

4. Locke parle l'*illatio* sous le nom de *deduction* en 4.17.2, p. 669, ligne 8.

5. *E*. 4.17.1-2.

donc pas un savoir divin, mais une procédure purement humaine en quatre moments[1].

Le premier *degré* consiste à imaginer une idée servant de médiation entre deux autres (trouver les preuves). Plusieurs remarques à ce sujet : d'abord, cette fonction d'invention est caractéristique de l'usage de la raison, dans la mesure où l'invention des intermédiaires est pour beaucoup dans la différence de rationalité entre les individus[2]; et dans cette mesure, cette fonction de la raison, dévolue au début du livre[3] à la *sagacity*, est « la première et la plus haute » : elle permet de découvrir soi-même un raisonnement, et non seulement de comprendre celui des autres[4]. Comment alors expliquer que, dans une autre topique, difficile à accorder avec celle-ci, Locke attribue à la *wit* cette fonction de découverte des étapes intermédiaires du raisonnement? Sans doute faut-il comprendre cette ambiguïté comme le fruit de la prévention à l'égard de l'imagination : la *wit* était alors parente de la *fancy*, qui joue dans l'analogie, l'hypothèse, l'allusion et la métaphore[5]; et des textes ultérieurs du même *Essai* excluent totalement des œuvres de la raison cette capacité inventive[6]. Selon les contextes, l'imagination est parente ou adversaire de la raison. Dès le *Draft A* d'ailleurs Locke unissait raison et imagination comme activités du même entendement : « l'entendement sait certainement que quand il pense, raisonne ou imagine, il existe. ».[7]

S'en étonner permet de mieux comprendre qu'il n'est pas de raison en soi, mais bien un certain usage de tout l'esprit. Que la raison soit descendue de son piédestal l'apparente à tout autre usage du même entendement. L'ambiguïté de la raison est désormais celle de toute création d'artifice par cette capacité naturelle, qui peut être aussi bien mauvaise imagination que bonne sagacité, selon l'usage qui en est fait. L'idée, le mot, l'Ecriture, le gouvernement, la monnaie, sont à la fois condition de retour à la nature et risque permanent de déformation : l'analogie est source de savoir autant que de roman, le gouvernement assure le bien public raisonnable mais peut aussi verser dans la tyrannie. La raison, comme toute activité humaine, est déchue; elle n'est pas intuition assurée du vrai, mais usage correct, toujours soumis au risque de la déformation, sauf application critique au seul domaine

1. *E*. 4.17.3.
2. *E*. 2.11.13. Cf. l'analyse baconienne de l'*inventio*.
3. *E*. 4. 2.3.
4. *E*. 4.17.3.
5. *E*. 2.11.2.
6. Voir ci-dessous, dernière partie de ce chapitre.
7. *Draft A* § 27, p 93.

de la pratique, où Dieu garantit son usage mesuré. En fait, Locke dénommera raison le seul bon usage de cette imagination. La raison n'est plus *droite raison*, critère ou fondement; elle est activité dont l'assurance repose sur l'élément central : «l'ordre clair et adapté [*fit*], la connexion et la force perçues».

Le troisième *degré*, la perception de la connexion, est effectivement le plus important : sur lui repose la charge de la preuve. Nous savons déjà que l'intuition est la perception *passive* d'un rapport entre idées qui se manifeste par lui-même :

> Le fondement de la certitude réside dans les idées elles-mêmes et dans leur accord ou leur désaccord que la raison ne change pas, et ne peut pas changer; elle ne peut que juxtaposer les idées pour que cet accord soit perceptible [1].

Cette affirmation du rôle passif de l'entendement et de la raison dans l'intuition n'est pas la marque d'un empirisme naïf; cette passivité résulte de la purification analytique qui a précédé; l'intuition est refus d'une certaine immédiateté, de par l'activité toujours singulière et renouvelée qu'elle suppose devant chaque paire d'idées singulières; nous savons aussi qu'en un premier temps, *intuitive* et *demonstrative knowledge* sont opposées, l'une caractérisée par son instantanéité, l'autre par son déploiement. Nous savons enfin que, inversement, Locke a repris à Descartes l'idée d'une définition de la déduction par composition d'évidences atomiques. Comment penser à la fois ces trois éléments, et concilier l'opposition de l'instantanéité de l'intuition et de la durée du raisonnement avec la soumission de la première au second?

La solution est vraisemblablement dans la ligne de l'analyse déjà faite de l'intuition comme développement de la saisie de l'idée.

Rappelons que la vision du rapport d'identité, de coexistence, est exigée dès la constitution, par association ou discernement, des idées abstraites; ces actes sont attribués à l'entendement, et quelques fois même à la raison; c'est ce qui nous intéresse ici : l'abstraction, la compréhension des mots généraux «sont concomitantes à la faculté

1. *Letter to Stillingfleet, Works*, t. 1, p. 374. Il ne faudrait pas prendre prétexte de ce texte pour soutenir que l'idée est la seule origine de la connaissance. L'idée simple est celle qui ne peut être modifiée par l'entendement; leur relation est perçue par intuition pure. Dès que les idées sont complexes, l'entendement est déjà intervenu pour comparer, abstraire... selon les procédures décrites plus haut; l'intuition du rapport de telles idées dépend donc de l'entendement qui a participé à la constitution de ces idées complexes, et en outre du raisonnement qui a su mettre correctement en présence ces idées. On voit que l'affirmation de Locke doit être circonstanciée.

rationnelle»[1]; qui plus est, avant même l'abstraction, la pure saisie d'une parenté entre deux idées simples est déjà acte de raison; la dissociation des idées, la perception de différences, l'est également[2]. La saisie du rapport entre deux idées est activité de l'entendement sans raison, mais est aussi présentée ici comme étape du raisonnement. Et enfin, dernière étape dans cette désacralisation, la simple possibilité d'avoir des idées concrètes et de les organiser, témoigne d'un début de raison, puisqu'aux animaux qui ne peuvent saisir que des idées simples et les associer en apprentissage, «nous ne pouvons refuser une certaine raison»[3]. Bref, ce qui déjà était apparu dans l'analyse de l'intuition se confirme ici : l'entendement, l'intuition, la raison ne sont pas attachées strictement à un domaine d'objet. Il s'agit d'une activité unique recevant diverses dénominations selon l'aspect dominant : l'entendement perçoit et associe, l'intuition saisit le rapport entre deux idées et la raison enchaîne les intuitions. La déduction (*ratiocinatio*), que l'on appelle aussi raison, n'est plus que l'extension de la saisie intuitive naturelle, ou la codification de l'agir intellectuel présent dès la saisie de l'idée. Et la raison qui, dans les premiers textes, était cantonnée dans la déduction durable, étend son emprise par régression sur tous les actes qui la constituent, faisant sauter les verrous de la logique traditionnelle pour laquelle le jugement – et l'affirmation de vérité qui lui est attachée – se cantonne dans la mise en relation des termes par la raison.

Mais, du fait même, se justifie l'équivocité de l'idée, si souvent dénoncée et reconnue par Locke. Si l'idée est définie comme tout objet de l'esprit, et si le même esprit (*mind*) est aussi bien sensation passive qu'abstraction active ou encore raisonnement déductif, l'idée est elle-même phantasme, concept aussi bien que terme de raisonnement. Et de même que la continuité de l'esprit est essentielle à la cohérence de ses actes, de même la continuité de l'idée est essentielle à la cohérence de la connaissance.

* * *

4. *Raison et probabilité, connaissance et foi.*

L'extension de la raison à toute activité normée de mise en rapport de deux idées entre elles, a une autre conséquence, importante également pour la portée morale de la réflexion épistémologique.

1. *E.* 1.2.14 : «being a concomitant of the rational Faculty».
2. *E.* 4.7.4.
3. *E.* 2.11.11 : la raison ne semble pas liée à l'abstraction.

Puisque la raison est ainsi élément déterminant dans la perception de tout accord quel qu'il soit, il est logique qu'elle intervienne en tous domaines, dès qu'il s'agit d'affirmer ou de nier une relation, que celle-ci soit certaine ou seulement probable ; et de fait la relation mise entre des idées religieuses seulement probables, par exemple, est examinée par la raison et, le cas échéant, validée par elle. Il aurait dû être possible de tenir le même propos sur l'intuition, d'affirmer que l'intuition du rapport probable existe, ce que Locke ne fait pas : il restreint strictement l'usage du terme d'intuition à la certitude[1], et admet pourtant de parler de raison, et surtout de ce *degré* de la raison qu'est la perception de l'accord entre deux idées, même quand il y a probabilité[2]. De manière incohérente donc si l'intuition est à la fois constituant essentiel de la raison et limitée à la relation évidente, Locke consacre la plus grande part de son exposé sur les degrés du savoir et sur la raison à cette perception seulement probable. Seule la fin visée excuse cet outrepassement des hypothèses initiales : c'est ce savoir probable, celui qui porte aussi bien sur la nature que sur la vie morale effective, qu'il est le plus nécessaire de réguler par la raison[3], alors que des philosophes comme Descartes et Hobbes limitent l'usage de la raison à la seule connaissance certaine (celle des mathématiques et de la Loi Naturelle, pour Locke), et laissent le probable divaguer sans règle.

* * *

Si la nécessaire régulation de la probabilité par la raison est suggérée à l'occasion des définitions de la probabilité et de la raison, elle n'est véritablement prise en compte et affirmée qu'à propos de la foi. La détermination des limites de l'entendement, notamment dans son usage rationnel, aboutit à l'examen des rapports entre raison et foi, examen préparé par toute l'analyse de la probabilité. Et si la foi est à examiner, c'est pour sa fonction pratique.

Pour le sens commun, les rapports de la raison et de la foi sont des rapports de concurrence entre deux sources de savoir ; au point que, de son temps comme du nôtre, on crie au déisme, sous prétexte que Locke

1. Cf. *E.* 4.15.3 : « in all the parts of Knowledge, there is intuition... in belief not so » ; et *ibid.*, § 5 etc. il oppose aussi intuition et connaissance insuffisante, par ex. 4.2.7 : « this is more imperfect than intuitive knowledge ».

2. *E.* 4.17.2. Il ne faut pas oublier que la difficulté est en réalité plus grande encore, car intuition et connaissance rationnelle sont, par exemple en 4.17.17 groupées dans la production d'une même certitude, et seul le jugement traite du probable. Cf. 4.14 et 15.

3. *E.* 4.16.5 : « The Mind, if it will proceed rationaly, ought to examine all the grounds of Probability ».

donne priorité à la raison. Il est vrai que certains rationalismes amalgament raison et foi et disent que la raison peut prouver tout ce que la foi doit croire : les querelles sur la démonstrabilité de l'immortalité de l'âme sont nombreuses à l'époque. Le fidéisme, et l'enthousiasme son paroxysme, insistent au contraire sur la spécificité de la religion révélée et excluent toute collaboration. Beaucoup, aussi bien parmi les latitudinaires que parmi les agnostiques prudents, usent du stratagème classique de la théorie de la double vérité ; l'exemple vient de loin : la conception stoïcienne de la religion naturelle, certaines conceptions médiévales de la théologie. Mais Locke refuse l'*erreur de catégorie* qui fonde cette thèse : raison et foi ne peuvent être opposées car elles ne sont pas de même niveau, comme le croient les tenants de chacune de ces positions.

C'est pourquoi Locke achève le chapitre sur la raison par une précision terminologique : opposer raison et foi, c'est utiliser le terme en un sens autre que celui qu'il a développé jusque là[1]. Il consent néanmoins à se conformer pour un temps à l'usage et à parler de la raison comme d'une source d'information opposée à une autre source d'information, la foi (ou la révélation)[2], mais cette façon de faire ne peut totalement convenir, dans la mesure où elle ne permet pas de dire l'exigence d'examen, l'opposition à l'enthousiasme, avec la même clarté technique. C'est ce qui explique la fréquence du jeu, volontaire ou involontaire, sur le mot *raison* dès qu'on traite des rapports entre la raison et la foi : ainsi à quelques lignes d'intervalle les deux sens du terme sont utilisés sans que soit soulignée l'ambiguïté : « La *révélation* est la *raison* naturelle élargie [c'est-à-dire donc l'ensemble des vérités naturelles] par un nouvel ensemble de découvertes communiquées immédiatement par Dieu, dont la raison [c'est-à-dire ici l'entendement] atteste la vérité par le témoignage et les preuves qu'elle donne. ».[3]

1. *E.* 4.17.24 : « There is another use of the Word *Reason*, wherein it is *opposed to Faith;* which though it be in it self a very improper way of speaking… ».

2. *E.* 4.17.24 : « yet common Use has so authorized it, that it would be folly either to oppose or to hope to remedy it… but since Reason and Faith are by some Men opposed, we will consider them in the following Chapter. ».

3. *E.* 4. 8.8 : « *Revelation* is natural *Reason* enlarged by a new set of Discoveries communicated by God immediatly, which Reason vouches the truth of, by the testimony and proofs it gives. ».

Sur cette question, Locke est très proche de Boyle dont il reprend les thèmes, même si c'est de façon critique[1]. A la suite de Boyle qui a examiné le statut de la raison dans ses réflexions sur la religion et la théologie, il définit la raison à travers trois oppositions : opposition entre les divers degrés de certitude, opposition entre *au dessus de la raison* et *contraire à la raison*, opposition enfin entre raison et expérience.

a) Les groupes travaillant dans la mouvance de la *Royal Society* ont exprimé de façons diverses leur anti-cartésianisme ; ils ont notamment refusé l'exclusivité cartésienne du modèle mathématique : préférant revenir à la thèse aristotélicienne classique, ils affirmaient qu'à chaque domaine d'objet revenait son type de certitude[2]. Boyle a repris la classification courante en trois types de certitude : certitude métaphysique, certitude physique et certitude morale. La certitude métaphysique est basée sur les axiomes toujours vrais, la certitude physique sur des principes physiques vrais dans les limites de notre entendement, mais sans que Dieu soit lié par cette démonstration ; enfin la certitude morale, basée sur la prudence, porte sur les *matters of fact*.

Dans ce cadre, Boyle donne une définition de la raison que Locke reprendra en son principe mais non dans son application : la raison est la condition de tout savoir, l'instrument critique de quelque type de certitude que ce soit, et non plus un système d'axiomes :

> La lumière interne de la faculté rationnelle est plus fondamentale que les règles mêmes du raisonnement, puisque, par cette lumière, nous jugeons même de l'axiome dont je viens de parler, qui est lui-même le grand principe des raisonnements faits par inférence. Je pense que la lumière interne que l'auteur de la Nature a mise dans l'intellect humain le rend capable, s'il en fait bon usage, non seulement d'utiliser les instruments de connaissance, mais aussi de les construire et de les critiquer[3].

1. *The Excellency of Theology*, in *Works*, IV, p. 241-244 ; *A discourse of Things above Reason, ibid.*, p. 413 ss ; *The Reconciliableness of Reason and Religion, ibid*, sect. 5, p. 169.

2. La distinction se trouve dans tous les traités sur la religion naturelle publiés dans la mouvance de la *Royal Society*, traités proches sur beaucoup de points de l'*Essay* de Locke et déjà mentionnés au chapitre I (J.Glanvill, 1661, *The Vanity of Dogmatizing* ; et J. Wilkins, 1675, *Of the Principles and Duties of Natural Religion*. Cf. H.G.Van Leuween, *The Problem of Certainty in English Thought*, Nijhoff, La Haye, 1963, p. 101 ss.

3. R. Boyle, *Advices in Judging of Things said to Transcend Reason, Works*, t. IV, p. 460. Outre les textes cités ci-dessus, il faudrait mentionner parmi les

Ici, comme dans de multiples autres textes, la raison est donc définie par Boyle comme la capacité déductive qui peut juger de tout principe. Locke reprendra cette thèse, en supprimant l'insistance sur les axiomes, basée pour Boyle sur des a priori physiques que Locke rejette.

Cette raison est d'abord individuelle : elle n'est pas la raison universelle, mais la raison utilisée par telle personne[1]; il s'agit d'une capacité soumise aux aléas des passions, mais apte à se critiquer elle-même[2] : remarque fondamentale, qui situe nettement la coupure d'avec toute autre conception, et la communauté de pensée avec Locke : nous sommes bien en train de faire l'histoire naturelle d'un mode de fonctionnement de l'entendement humain, et non l'examen d'une entité métaphysique.

Pour Boyle donc, la raison est le lieu des certitudes, même s'il existe divers types de certitudes. Locke reprend l'esprit de la thèse, mais en modifie le vocabulaire et la portée. Il ne reprend pas la distinction classique des trois degrés de certitude, mais n'en base pas moins toute sa *didactique* de la connaissance sur la distinction aristotélicienne et anti-cartésienne des méthodes en fonction des objets : « nous devons adapter, dit-il, nos méthodes d'enquête à la nature des idées que nous étudions, et à la vérité que nous cherchons »[3]. L'exercice de ce *principe de modestie* est l'objet exclusif de l'*Essai*, depuis les critiques conjuguées du dogmatisme et du scepticisme de l'introduction, jusqu'à la distinction des savoirs du dernier chapitre. L'objectif du livre n'est pas de faire la science, mais de faire la théorie de la science, et de montrer qu'il n'y a de certitude que pour de rares vérités absolument démontrables selon le modèle mathématique : la mathématique même et la Loi Naturelle; seules ces vérités sont dignes du titre de connaissance (*Knowledge*). Pour le reste, c'est-à-dire pour l'essentiel et notamment le plus important (la pratique, mais aussi la *physique*, qui reçoit le même statut que la pratique), nous n'avons qu'une opinion ou croyance (subjective), correspondant à ce que Boyle appelait la certitude morale; ce champ relève de la probabilité qu'évalue le jugement et à laquelle adhère l'assentiment (*assent*). Mais

prédécesseurs d'esprit fort proche, des platoniciens de Cambridge : N.Culverwell, et R. Burthogge, déjà cités.

1. *Reconciliableness of Reason and Religion, Works*, t. 4, p. 164.

2. *Advices in judging of Things said to transcend Reason, Works*, t. 4, p. 460.

3. *E*. 4.12.7 : « *We must* therefore, *if we will proceed as Reason advises, adapt our Méthod of Enquiry to the nature of the* Ideas *we examine*, and the Truth we search after. ».

Dieu a conféré à la raison, dans les limites de l'utilité, une puissance suffisante pour assurer le salut jusque dans cet assentiment[1]. Aussi est-il essentiel pour Locke que la raison, c'est-à-dire l'usage réglé de l'entendement, puisse intervenir aussi, et surtout, dans l'assentiment au jugement probable[2]. Ce faisant, il prolonge la définition de la raison de Boyle, comme puissance critique universelle, qui n'est limitée à aucun champ du savoir. Sa propre terminologie ne fait que rendre plus claire cette illimitation de la raison critique. Il n'y a pas de méthode unique, mais l'usage de la raison s'étend à tous les objets, et non aux seuls objets qui peuvent se soumettre à la démonstration mathématique. Ce faisant, Locke rejoint la définition de la raison de Boyle et confirme l'impossibilité de la regarder comme un corpus de vérités premières.

On comprend alors ce qui était affirmé plus haut : quand Locke soumet la foi à la raison, il ne s'agit pas de soumettre une source d'information à une autre ; ce serait revenir à une conception de la raison déjà critiquée par son rejet de la *droite raison*, revenir à l'erreur même des innéistes[3]. Théologiens et déistes en opposant raison et foi ont pourtant imposé une façon de parler contre laquelle il serait vain de combattre. Mais philosopher, c'est éviter de penser comme nous y pousse le langage du commun, et tenter de penser par idées, malgré l'origine populaire des mots :

> Je pense simplement qu'il ne serait pas inopportun de se rendre compte que, même si on oppose la foi et la raison, la foi n'est rien d'autre qu'un ferme assentiment de l'esprit qui, s'il est régulé comme c'est notre devoir, ne peut être donné à n'importe quoi, si ce n'est selon une bonne raison; et donc cet assentiment [de la foi] ne peut être opposé [à la raison][4] .

Rien d'intelligible ne peut être irrationnel, et la raison est cet œil universel, dont l'homme ne saurait se passer sans être aveugle[5].

b) La distinction traditionnelle entre *above* et *contrary to reason.* est retravaillée par Locke dans le même esprit. Cette distinction est connue bien avant Locke : elle est contenue implicitement dans saint Paul, mentionnée par Augustin, et a fait les beaux jours de la réflexion

1. *Christian Virtuoso, Works*, t. V, p. 538-539, et *Discourses of Things above Reason*, p. 410.
2. *E.* 4.16.1.
3. *E.* 4.19.14 : *natural principle.*
4. *Ibid.* Le double sens de *reason* (motif et faculté) ne peut être rendu exactement en français ; ce double sens rejoint la définition de la cause en 4.17.1 ; cf. aussi 4.19.4 et 14.
5. *E.* 4.19.14, etc. (cf. ch. 5 ci-dessus).

médiévale à propos du surnaturel. Au dix-septième, Chillingworth, par exemple, l'utilise[1]; avant Pierre Bayle et les déistes tels que Toland et Collins, Boyle la mentionne mais pour signaler quant à lui qu'elle est dangereuse, car elle permet deux exagérations : celle des gens d'Eglise qui camouflent derrière l'expression *au-dessus de la raison* l'appel à la *foi du charbonnier* et écartent ainsi tout examen; et celle des déistes qui dévaluent la révélation en la classant parmi les irrationnels grâce à une dichotomie trop stricte entre rationnel et irrationnel[2].

Pour Boyle, « sont au-dessus de la raison, les notions et propositions que la pure raison, c'est-à-dire la raison sans l'assistance de la révélation, ne nous aurait jamais découvertes. ». Mais cette définition implique une raison trop proche de la raison *abstraite* ou *droite raison*. C'est pourquoi, après avoir suivi jusqu'ici le sens commun, Boyle éprouve le besoin d'adapter le vocabulaire à sa conception corrigée : ce qui est *above reason* doit être subdivisé en deux espèces : ce que la raison ne peut *découvrir* et ce que la raison ne peut *comprendre*. Dans le second cas d'ailleurs, dit-il, l'incompréhensibilité est toute relative, car quel que soit son degré, l'entendement intervient toujours pour admettre ou refuser des énoncés, même ceux qui sont à un degré ou un autre inintelligibles[3]; étant erronée dans le second sens, puisque rien ne peut être au-dessus de notre compréhension, l'expression ne peut donc avoir d'utilité que dans son premier sens, selon lequel il y a des vérités qui ne peuvent être découvertes par les moyens naturels.

La démarche de Boyle ressemble à un tâtonnement dont Locke donne d'emblée la solution : il existe deux sens du terme *raison*, et seul l'un des deux est adéquat, mais il empêche de parler de vérités au-dessus de la raison. Locke modifie en effet profondément l'antithèse *au-dessus / contraire*, en y adjoignant un degré médian : les vérités *according to reason*. Cette adjonction permet de conformer la distinction à sa définition de la raison : un énoncé peut être considéré comme déductible, même si on l'a découvert auparavant par une autre source, notamment la révélation. L'origine de l'information est à distinguer de sa preuve. Ainsi l'existence de Dieu est-elle *selon la raison* :

1. *The Religion of Protestants*, ch. VI; § 62.

2. *Reflections about a Theological Distinction*, 1690, *Works*, t. 5, p. 547-548; cf. aussi *A Discourse of things above Reason*, 1681; *Some Considerations about the Reconciliableness of Reason and Religion*, (anonyme attribué à Boyle), 1675.

3. *Reflections about a Theological Distinction*, *Ibid.*, p. 544.

> Les propositions *selon la raison* sont celles dont nous pouvons découvrir la vérité en examinant, en suivant à la trace, les idées que nous recevons de la sensation et de la réflexion, puis en déduisant naturellement, ce qui nous fait voir qu'elles sont vraies ou probables[1].

On serait tenté de comprendre simplement qu'une connaissance selon la raison est une connaissance obtenue par construction à partir des idées simples (selon le schéma d'exposition de l'*Essay concerning Human Understanding*); mais l'expression indique plutôt qu'il s'agit de propositions déjà obtenues, par la coutume, l'éducation, la tradition..., dont on veut découvrir la valeur de vérité, par remontée jusqu'aux idées simples, c'est-à-dire par analyse, puis par composition déductive[2].

Mais une telle interprétation engendre une objection immédiate : faire de la raison une capacité seconde, c'est exposer toute l'activité de la raison à la critique portée par Locke contre le syllogisme scolastique[3] : si toute déduction, toute induction se réduisaient comme le syllogisme à une défense ou une exposition de découvertes déjà faites, elles ne seraient d'aucune utilité; la finalité de l'*Essai* est de proposer une méthode d'invention et non d'exposition, une voie pour l'avancement de la connaissance, et non une logique[4]. Il est indéniable que la raison ne peut être réduite à cette fonction d'exposition. Mais, une bonne compréhension de ce qu'est la démonstration amène à considérer la découverte et la vérification rationnelles comme deux activités parentes : la découverte par *sagacity* de l'idée intermédiaire est une fonction de la raison, et la culture (ou la révélation) peut aider cette découverte; mais il demeure que l'étape essentielle, l'intuition de l'accord entre deux idées par l'intermédiaire d'une troisième, est vérification d'un rapport proposé (par la *sagacity* ou par la tradition) et non pas découverte par l'intuition même. Quoiqu'il en soit du détail,

1. *E.* 4.17.23.

2. On peut s'interroger sur la *direction* de cette remontée à la trace; est-ce, analytiquement, de l'énoncé à l'idée simple, ce qui serait un argument supplémentaire pour notre interprétation, confirmé par la démonstration synthétique qui suit? Ou est-ce l'observation de l'auto-complexification de l'idée, ce qui paraît à la fois possible et peu fréquent dans son texte; rappelons « All those sublime Thoughts, which towre above the Clouds, and reach as high as the Heaven itself, take their Rise and Footing here » (dans la sensation et la réflexion) (*E.* 2.1.24) : l'analogie du ciel et de la religion est évidente, et ce qui est donné primitivement par la religion comme au-dessus des nuages, c'est-à-dire au-dessus de la raison, doit pourtant être enraciné dans la sensation ou la réflexion.

3. *E.* 4.17.4 à 8.

4. *E.* 4.17.7.

la raison est bien en tout ceci activité critique de mise en rapport, et non vision.

Ce qui est *According to reason* est donc lié à la définition nouvelle de la raison; simplement l'adjonction de cette catégorie rend inutile la catégorie *above reason* (« ces propositions dont nous ne pouvons pas déduire la vérité ou la probabilité de ces principes (la sensation et la réflexion) par la raison. »[1]) : les énoncés sont tous vérifiés par la raison qui les accepte et les définit *according to reason* ou les rejette comme *contrary to reason* ; si elle ne peut juger du contenu, elle juge au moins des raisons de croire que le contenu est révélé, peut ou doit être cru, etc[2]. Dans cette mesure, est *above reason* uniquement le contenu de la croyance, opposé au contenu du raisonnement, et la catégorie *above reason* n'a plus lieu d'être, sauf à reprendre par condescendance la définition que le sens commun donne à raison.

c) La portée universelle de la raison a été établie à partir de sa relation à la foi ; il reste à montrer que ce qui est vrai du rapport raison–foi l'est aussi du rapport raison–expérience.

Dans *Christian Virtuoso*, publié en 1690, Boyle reprend une définition de la raison[3] qui a une étonnante parenté avec celle de Locke et qu'il destine à « quelqu'un qui privilégie l'expérience » (serait-ce Locke ?)[4]. La raison se révèle limitée dans la connaissance des choses, commence Boyle, parce que la création divine est création d'artifices, de lois arbitraires et non obéissance à des lois éternelles :

> Il y a dans la nature, dans le pouvoir, dans la sagesse de Dieu et dans ses autres attributs, une fécondité qui a produit un monde d'artifices, de lois etc. ; tout cela surpasse en nombre et en variété ce

1. *E.* 4.17.23 : « Above Reason are such Propositions, whose Truth or Probability we cannot by reason derive from those principles. ».
2. *E.* 4.18.8-11.
3. Déjà présentée à plusieurs reprises : voir par exemple, le parallèle dans *A Discourse of Things above Reason, Works*, t. V, p. 410.
4. La critique manuscrite par Locke (*Ms Locke* c. 27, f°. 67) d'un ouvrage précédent sur le rôle de l'expérience en théologie comme en philosophie naturelle permet de penser que Locke et Boyle ont discuté de cette question. N'ayant pu consulter l'édition originale des deux œuvres, je ne peux dire en toute certitude si cette critique porte sur *Reconciliableness of Reason and Religion* de 1675, ou sur *Discourse of things above Reason* de 1681 ; à moins que ce ne soit justement *Christian Virtuoso*, lu en manuscrit ? Date et contenu me font préférer le second ouvrage ; il est presque certain, d'après ces notes, que Locke et Boyle ont discuté de ces questions : pratiquement toutes les critiques de Locke portent sur l'utilisation du concept d'expérience en théologie.

que peut atteindre l'intellect faible et limité de l'homme qui construit et assemble des idées[1].

Aucune vérité n'appartient en propre à cette raison faible et limitée, sans lien avec une raison divine créatrice (arbitraire), mais elle juge de ce qui est apporté par l'expérience; ainsi la vue du bâton est offerte aux sens, mais c'est la raison qui est responsable de l'erreur si le jugement énonce qu'il est cassé.

Cette remarque de Boyle pourrait fort bien être l'explication de la référence précédente à ceux qui privilégient l'expérience; il reconnaîtrait sa dette envers Locke dont il intégrerait une critique sur un ouvrage précédent : Boyle avait affirmé que l'expérience seule est source de connaissance et d'erreur, et Locke avait corrigé dans ses notes personnelles (et sans doute communiqué ses réactions à son ami) :

> Si le patient dépend du médecin, ce n'est pas pour corriger ses sensations, la prise du pouls ([si] c'est l'expérience en question ici), mais son jugement : la fièvre a-t-elle commencé? Ce qui n'est pas une sensation, mais un raisonnement[2].

Ainsi, poursuit Boyle, la raison interprète les données des sens. Et (puisqu'il traite de l'expérience dans le cours d'une réflexion sur la religion) il transpose cette réflexion épistémologique dans le champ concerné : de la même manière, la raison est responsable du jugement sur les énoncés historiques de la Bible :

> C'est la fonction de la raison de juger quelles sont les conclusions qui peuvent, et celles qui ne peuvent pas, être fondées avec assurance sur l'information des sens et le témoignage de l'expérience… Ce qui est dit de l'expérience naturelle, par rapport à l'entendement, peut être appliqué, *mutatis mutandis*, à la révélation surnaturelle, car ici aussi l'entendement doit examiner si le témoignage est bien divin[3].

Les thèses de Locke sont-elles semblables à celles de Boyle? La note de lecture citée plus haut, et l'interprétation qu'elle a permise des corrections de Boyle, le laissent penser. Mais un texte explicite de

1. *Christian Virtuoso*, *Works*, p. 538. Bien que rédigée avant la publication de l'*Essai* et malgré les liens des deux hommes, cette œuvre a pu ne pas être connue de Locke.

2. *Ms Locke*, c. 27, f°.67 : (voir note ci-dessus) « That which the patient depends on the physician for is not the rectifying the sens of feeling the pulse (the experiment in hand) but his judgment whether the fever began which is not the sense of feeling but ratiocination. ». Cf. aussi c. 27, f°.73.

3. *Christian Virtuoso*, *Works*, p. 539.

l'*Essai* fait hésiter : dans son œuvre publiée, Locke a-t-il soutenu la même thèse que dans ses papiers inédits ? Locke affirme en effet : que « l'expérience ici [dans notre recherche d'une connaissance à propos des substances] doit nous enseigner ce que la raison ne peut enseigner : c'est par l'expérimentation seule que je peux connaître avec certitude... » la coexistence des idées. Expérience et raison ne sont-elles pas deux sources d'information opposées, donc de même genre, comme la foi était pour le sens commun opposée à la raison ? Ce pourrait être, si *raison* signifiait ici un ensemble de principes a priori ; mais il s'agit du raisonnement à partir de l'essence nominale des substances, qui ne peut rivaliser avec le raisonnement à partir de l'essence nominale et réelle de la morale : Locke le précise quelques lignes plus bas : « nos raisonnements à partir de ces idées [sensibles] ne nous mènera pas loin dans la découverte d'autres propriétés... »[1]. Et l'expérience offre la certitude sensible singulière en lieu et place de l'incertitude de l'énoncé universel produit à partir d'essences nominales. Mais la raison n'est pas en cause dans cette déficience de la connaissance en matière de substances : c'est du fait des idées, et donc de l'expérience, déficientes que la raison ne peut se prononcer universellement sur les choses. Et l'intervention de la raison pour critiquer l'expérience dont parlaient auparavant Boyle et Locke, n'est pas ce dont il est question dans ce texte de Locke, où l'expérience exclut le raisonnement.

Vision (et en général expérience) et révélation ont donc le même statut : ce sont des instruments qui apportent des informations à la raison[2]. De même que l'expérience est la seule voie pour acquérir une connaissance des corps, dit Locke, la révélation est la seule voie pour acquérir la connaissance des esprits séparés[3]. La raison critique ces idées d'abord (elle en vérifie la cohérence), leur association ensuite, en pesant l'assentiment qu'elle accepte de donner ; la raison pèse notamment la degré de probabilité, l'accord ou le désaccord entre l'autorité et le contenu[4].

Déistes et théologiens dogmatiques – et certains des latitudinaires, à vouloir trop prouver, se confondraient facilement avec les dogmatiques – sont de ceux qui ignorent l'usage individuel, critique,

1. *E.* 4.12.9.
2. Il faut cependant maintenir que la révélation ne peut offrir d'idées neuves.
3. *E.* 4.12.12.
4. Il est regrettable que nous n'ayons pas de traces plus assurées des discussions épistémologiques de Boyle et de Locke : ce pourrait être un grand texte de la pensée occidentale.

empiriste de la raison et en font un usage purement abstrait : ce sont les cibles de la critique de Boyle comme de celle de Locke :

> Bref, conclut-il, ceux qui clament *raison abstraite*, comme si elle était suffisante, l'exaltent en paroles; mais nous, nous appliquons la raison à l'expérience physique et théologique, et nous l'entraînons à consulter ces expériences; nous y puisons l'information de la raison, et nous exaltons la raison dans les faits (et non en parole).

Il est difficile de dire plus explicitement la parenté de l'expérience physique et de l'exégèse de la révélation ou de l'expérience de foi au regard de la raison; la méthode élaborée dans un domaine vaut pour l'autre, et ce qui doit être modifié dans le passage d'un livre à l'autre, ce n'est certainement pas la nature de la raison : la raison est puissance unique de jugement en tous domaines. L'élaboration du concept de raison dans sa fonction physique permet de découvrir, comme chez Locke, ce qu'est la raison dans l'ensemble de ses usages.

La foi est un moyen d'information comme un autre, et la raison juge de l'agrément de cet apport avec les autres connaissances. Comme l'esprit perçoit toute idée simple et l'intègre à côté d'autres, la raison est la perception de tout accord, quel qu'en soit le degré de certitude.

Non seulement la raison est une activité critique de l'esprit à exercer en tous domaines, mais elle ne s'oppose ni à la foi, ni à l'expérience, ni à quelque source d'information que ce soit; elle analyse la révélation, et au même titre l'expérience : les deux livres, de la Nature et de la Bible, de la Création et de la Rédemption, sont des sources d'information où règne le probable, et dont doit juger la raison. Si la révélation est télescope, en ce qu'elle permet de découvrir des vérités que la raison à partir de l'expérience seule (et non la raison seule) n'aurait pu découvrir, la raison est œil; à ce titre, elle ne s'oppose pas au télescope, mais recueille et passe au crible l'image fournie[1]. Il faut interpréter en ce sens les nombreux passages où Locke ne définit pas, mais applique les rapports entre raison et foi : les textes politiques notamment où la révélation chrétienne appuie la raison, même si Locke utilise ici la définition commune de raison; il s'agit de comprendre que l'expérience et la révélation, examinées toutes deux par la raison, aboutissent au même énoncé. La confrontation traditionnelle de la foi et de la raison a servi à dénoncer l'usage commun du terme de raison, et à retrouver le véritable sens du terme, que déjà

1. *E.* 4.17.4.

présupposait la critique des vérités éternelles et des diverses formes d'inné.

* * *

La notion de régulation fait ainsi explicitement son apparition, même pour l'assentiment le plus immédiat, dont on pouvait croire que l'immédiateté était totale. Notre devoir est de réguler l'assentiment que nous donnons à des associations d'idées. Devoir moral à l'égard d'autrui, devoir moral à l'égard de nous-même (notre naturel), devoir à l'égard de Celui qui nous a faits tels. La régulation qui est conscience des causes de l'assentiment, c'est ce qui qualifie fondamentalement la raison qui en dernière instance donne immédiatement son assentiment en une intuition de l'accord objectif de deux idées entre elles; pour reprendre le jeu de mots de Locke, la raison (capacité) est conscience de la raison (cause). Et ainsi la fausse immédiateté de l'enthousiaste, de l'innéiste, du scolastique ou du cartésien est distinguée de la bonne immédiateté. L'enthousiaste et l'innéiste prétendent à l'absence de preuve; or cette prétention est fausse, cette simplicité est feinte, car l'énoncé de l'innéiste repose sur l'évidence particulière qu'il doit éprouver lui-même et justifier à autrui, et l'énoncé de l'enthousiaste repose sur l'autorité d'un témoignage dont il doit estimer lui-même la valeur.

La vision intuitive de la raison et son immédiateté ne sont que l'élément ultime, essentiel, nécessaire mais non suffisant, de la raison. Toute la démarche de la preuve et l'examen de l'assentiment entrent aussi dans la nature de la raison, avec la *peine* de l'examen (*our Business here, our Duty*...) qui est conscience de la raison[1]. La simplicité est le fruit d'une œuvre, d'un travail, d'une appropriation (*workmanship, labour, property*), alors que la simplicité immédiate de l'enthousiaste est un leurre, et en ce sens une manifestation de paresse et de démission. La morale est affaire de connaissance; mais la connaissance est elle-même affaire de morale, puisqu'il s'agit d'une tâche et que la connaissance n'appartient à l'homme que s'il l'a faite. La connaissance est libre comme la vie morale est libre, dans la mesure où ils sont fruits d'une œuvre. L'activité du travail est condition nécessaire de l'appropriation; l'activité de déduction est de même condition nécessaire de liberté et de moralité : des deux côtés la forme de l'acte prévaut sur son objet. Jamais Locke ne dit explicitement, bien

1. Cf. *Draft B* § 12.

sûr, que la forme de la rationalité suffit à la moralité; mais le poids donné dans les réflexions sur la tolérance à l'examen, l'assurance qu'il conserve au-delà de son agnosticisme en l'ordre de l'univers, lui permettent de cantonner l'exigence de la connaissance dans le retour à l'œuvre critique sur les signes-symboles. Peut-il y avoir une morale formelle chez Locke ? Il faudra en reparler.

La raison, activité réglée de l'entendement, doit être en fait présente en tout acte de l'esprit, du plus élémentaire au plus déductif; la raison est l'esprit agissant de façon réglée. Ainsi l'association d'idées n'est qu'une forme de folie, parce qu'elle est une mauvaise connexion d'idées, influencée par divers facteurs, alors que la composition des idées complexes est une forme de raison. La raison est en fait déterminée moins par son objet que parce qu'elle est *bon* usage de l'entendement, ou plus généralement encore *bon* usage de la pensée, en quelque domaine que ce soit, et sans qu'il soit aisé de préciser ce qu'il faut entendre par bon – et pour cause. Lorsqu'elle s'exerce, elle ne peut être que parfaite : les défauts qu'on lui attribue ne peuvent lui venir que de l'extérieur : de l'imagination, de la coutume, de la précipitation, du langage... C'est en dernière instance parce que les idées sont obscures, les principes faux, les mots douteux, que la raison fait défaut[1]. Locke évite donc (souvent) de parler de raison, même quand il y a *assent,* dès que cet *assent* est *blind.* Ainsi la raison voit par définition et l'aveuglement manifeste l'absence de raison plus que son défaut. L'entendement semble la capacité qui peut se laisser entraîner par l'irrationnel, la raison, cette même capacité mais réglée. Quand Locke disait que la raison est limitée, c'était par imprécision de langage; en fait, la raison n'est limitée que par les objets qui lui sont fournis. Ce qui est en cause, c'est le sens trop partiel, le principe erroné, non l'intuition des relations, ni leur ordonnancement, qui sont œuvres de la raison :

> La faculté de raisonner trompe rarement, ne trompe jamais, ceux qui lui font confiance; les conséquences de ce qu'elle construit sont évidentes et certaines; mais ce qui nous trompe le plus souvent, c'est que les principes à partir desquels nous concluons, les bases sur lesquelles nous fondons notre raisonnement, sont partiaux[2].

* * *

1. *E.* 4.17.9-13 : « fails us ».
2. *Of the Conduct*, § 3, New York, Teachers College Press, Columbia University, 1966, p. 36.

CHAPITRE 7

LA DÉMONSTRATION

1. *Démontrer.*

La raison est d'abord démonstrative, même si elle s'étend aussi des préliminaires, l'identification des idées, à l'acte ultime, l'intuition, même si la raison règle aussi l'assentiment au jugement de probabilité; et si le raisonnement est l'acte primordial de l'entendement, c'est qu'il effectue le lien entre le singulier donné dans l'expérience et l'universel. Dès les premiers écrits, Locke affirme son ambition de construire une morale *more geometrico*[1]. Mais la façon dont il a compris cette œuvre et la façon dont il la réalise sont loin d'être claires; pour deux raisons, l'une qui tient à la façon dont il définit la démonstration, l'autre qui tient à l'évolution du projet.

On a souvent souligné l'échec du projet : Locke l'a dit lui-même, il n'a pas rédigé le système de morale qu'il souhaitait achever. Mais, ancré dans cette conviction, on n'a pas assez relevé que l'*Essai* s'inscrivait dans ce projet, et que s'il y avait un échec, il n'était que relatif : d'une part l'*Essai* n'est que la critique préalable d'une œuvre systématique, d'autre part, l'Essai veut appliquer, à son niveau, une méthode systématique. Il faut en effet mettre en exergue l'affirmation répétée depuis le *Draft B* :

> Je souhaite élever un édifice tout d'une pièce et cohérent en lui-même. Et s'il se révèle être un château en l'air, j'essayerai au moins

1. *Essays on the Law of Nature*, VIII, f°.101; *Correspondence*, lettres n° 1307, 1309, 1511, 1525, 1530, 1538, 1579, 1661, 1685, 1748, 1838, 1857; *Journal*, 1681, in Von Leyden, *op.cit.*, p. 79 et King, *op.cit.*, t. 1, p. 224; *E.* 1.2.8; 3.11.15-16; 4.3.18-20,30; 4.4.7-9; 4.12.8; etc. Cf. John Colman, *John Locke's Moral Philosophy*, Edinburgh University Press, 1983, (chapitre VI, sur ce point précis).

> qu'il y soit d'une pièce et d'un seul tenant. Et ici, j'avertis mon lecteur de ne pas attendre de démonstrations indubitables et contraignantes, si l'on ne m'autorise pas à considérer mes principes comme admis[1].

De multiples causes font que cette systématicité n'apparaît pas : entre autres la rédaction diffuse et souvent prolixe, mais aussi le préjugé selon lequel empirisme et système s'opposent. Il est encore une raison de fond à cette invisibilité : Locke trompe par deux fois l'attente de ses lecteurs. D'abord en ce qu'au lieu de rédiger un traité de physique lié à un traité de morale, il rédige une critique des signes de la physique et de la morale. C'est au moins la conclusion que l'on peut tirer de ce dernier chapitre de l'ouvrage, déjà cité; Locke y traite de la division des sciences et termine son inventaire par une définition de la sémiotique qui ne se réfère pas à ce qu'il vient de faire, qui est *historique* et non *scientifique*, mais à un traité de logique que ses amis lui réclameront souvent : Locke refuse de laisser son œuvre s'enliser dans un genre qu'il critique chez les scolastiques ; comme Bacon, c'est un art de l'invention qu'il veut promouvoir, non imposer une méthode d'exposition de découvertes déjà faites.

L'*Essai* se veut systématique – mais d'une systématicité *empiriste* ou *phénoménologique*, plus proche de l'induction que de la déduction qu'il prétend réguler par ce livre même. Son objectif est de prouver que les signes du discours moral peuvent être systématisés. Tout le monde convient du caractère systématique de la mathématique et ce succès est attribué aux signes qu'elle utilise; or on croit que la morale ne peut être systématisée de la même manière, et inversement, beaucoup croient que la physique peut atteindre la certitude. C'est cette double affirmation que Locke voudrait renverser : il voudrait montrer que la physique n'est pour l'essentiel que probable et que la morale peut être certaine. Limiter les prétentions de la physique et laisser place à la morale dans la démonstration pure, par l'analyse des signes (mots et idées), tel est le but premier de l'*Essai*.

On a déjà montré, et on le fera encore, à partir de la structure en diptyque et du choix des exemples, cette orientation de la recherche. Pour nous en tenir à la démonstration, considérons l'exposé des moyens d'améliorer la connaissance (4.12). Ce texte touche au thème central de l'*Essai* : les limites et les capacités de l'entendement. Or, après avoir analysé les méthodes, exemplaires, de la mathématique et montré qu'elles ne doivent rien aux principes, mais tout à la précision (clarté des idées, clarté des étapes intermédiaires), Locke en déduit

1. *E.* 1.4.25.et *Draft B*, § 16, qui contiennent pratiquement le même texte.

que, si la démonstration de type mathématique est applicable hors du domaine du nombrable[1], la morale peut être démontrée, mais non la physique ; ce qui suffit à ses yeux pour distinguer de façon très aristotélicienne deux champs de savoir : celui qui est commun à toute l'humanité : la découverte de la morale, et l'acquisition du bonheur qui en découle ; et celui qui, malgré son utilité, sa nécessité même, est dévolu « au talent privé d'hommes particuliers » et qui fournit le confort pour cette vie ; les fins particulières de chacun des arts, disait Aristote, doivent être subsumées sous la fin universelle qu'est le souverain bien, fin dont personne n'est le spécialiste parce que tout le monde l'est. Non pas qu'il veuille, reprend Locke, détourner de l'étude de la nature, mais celle-ci relève soit de l'observation, de l'expérience (donc de la sensation) qui permet la certitude, soit de la généralisation inductive (seulement probable) sous forme d'essences nominales. La déduction proprement dite doit donc être employée exclusivement dans la découverte de la morale, comme le signifie, par notre constitution-même (être de raison), la Nature ; l'ordre de la connaissance signifie ce pour quoi nous sommes faits.

Et lorsqu'il renonce à la tâche de construire lui-même une morale, malgré les instances de ses amis Le Clerc et Molyneux, lorsqu'il s'en remet à la morale révélée du christianisme, il réfléchit encore au critère de la *raisonnabilité* qui remplace celui de la systématicité. Et ce remplacement n'enlève rien à l'affirmation centrale de la systématicité possible.

* * *

2. *Activité ou passivité ?*

Qu'est-ce donc que démontrer pour Locke ? C'est d'abord, comme pour toute connaissance, percevoir un rapport entre deux idées. D'où la question préjudicielle, déjà posée sous une forme voisine à propos de l'entendement et à propos de l'intuition : que signifie percevoir ? Nous nous demandions alors si la passivité y dominait, ou l'activité. La question se pose ici de façon privilégiée : la raison crée-t-elle le rapport, ou ne fait-elle qu'énoncer un rapport préexistant ? On sait l'importance philosophique du problème après les analyses de Hume et de Kant ; l'empirisme attribué à Locke, et son anti-essentialisme, pourraient faire croire que la démonstration est pour lui la mise en

1. *E.* 4.2.9.

relation externe par la raison, de deux idées sans relations propres : les idées entrent de façon éparse dans la chambre noire de l'esprit, et l'entendement doit aller les y ramasser pour en faire une démonstration.

Mais l'on sait aussi que la raison n'est autre que l'exercice réglé de l'entendement, qu'elle a pour élément central l'intuition, et que ces deux activités de l'esprit sont modelées par la chose telle qu'elle apparaît dans l'idée passivement *subie* ; ainsi le raisonnement devrait-il n'être que la perception passive de l'enchaînement et de l'accord spontanés des idées. La preuve la plus simple de cette passivité de la raison serait négative : il n'y a pas de connaissance déductive (universelle) des substances (toute connaissance à leur propos relève de l'expérience), pour la simple raison que les idées de substances ne traduisent pas l'essence réelle de ces substances ; faute de connexion visible entre les diverses qualités, aucune connaissance nécessaire n'est possible [1]. On peut en déduire, par défaut, que la raison ne peut à elle seule mettre en relation les idées entre elles, d'où l'on tire la conclusion – erronée – que la raison est purement passive dans la démonstration, car elle est entièrement soumise à l'expérience et à la connexion que les idées en conservent. Interprétation qui s'accorde avec la conception commune de l'empirisme ; interprétation trop simple sans doute.

Et ce qui est vrai des substances, l'est aussi partiellement des modes que sont les idées morales. Il est vrai que les substances ont leur archétype dans la nature, alors que les modes sont inventés sans référence à une chose et donc la raison devrait y être plus active. Mais les idées morales sont créées, apparentées, associées, Locke le reconnaît, en fonction des usages linguistiques, des formes de vie d'une société donnée, ou par une autorité morale supérieure. La raison ne crée donc pas la relation unissant les idées en modes mixtes, au contraire, la démonstration vérifie une relation déjà instituée, et se laisse *séduire* ou non par elle ; par exemple, elle atteste de la non-contradiction de l'idée d'honneur instituée par le langage social, ou de l'idée de charité imposée par la Loi révélée. A plus forte raison enfin, pour les modes mixtes de la géométrie, la démonstration est-elle déterminée par ce qui est analytiquement contenu dans l'essence réelle et nominale à la fois de l'idée. Ici encore comme dans les deux autres cas, la mise en relation, la perception d'une convenance ou d'une disconvenance, ne sont pas création de la raison démonstrative : elles

1. *E.* 4.3.10-16. Quelques exceptions cependant : on peut déduire quelques vérités concernant les qualités premières en général (l'étendue implique la forme) et l'incompatibilité des qualités secondes appartenant à un même genre (un objet ne peut avoir deux couleurs).

sont énonciation de ce qui est partiellement au moins donné par les idées mêmes.

La question se pose alors de la part active du raisonnement. L'esprit (l'entendement, ou la raison) se contente-t-il de subir la relation déjà instituée par la réalité, par la culture sociale, ou par la définition même de l'idée? Ce serait, une fois encore, réduire le raisonnement qui découvre au syllogisme qui énonce. La démonstration est spécifiquement une relation entre deux idées, où la preuve institue un rapport neuf, cheminement qui part d'une idée connue et aboutit à l'autre qui était inconnue[1]. Chaque étape engendre la certitude par l'invention d'une idée intermédiaire (qui n'est pas plus que chez Bacon le moyen terme objectivement présent, mais l'idée indépendante que la sagacité a découverte) et par la vision intuitive de l'évidence de l'accord (ou du désaccord) entre ces deux idées[2]. La démonstration est ainsi une chaîne d'intuitions, même si la certitude, comme dans les jeux de miroir, se perd progressivement. A condition d'avoir fait comme Descartes des dénombrements entiers (*be sure that no part is left out*), et d'avoir la capacité de collationner l'ensemble des étapes, on parvient à la connaissance (*Knowledge*) au sens propre du terme, même si l'évidence est plus faible que celle de l'intuition pure en raison du nombre des intuitions intermédiaires liées entre elles. Découverte des intermédiaires, mise en place et dénombrement analytique, collationnement, énoncé de la conclusion sont des activités – et le mérite de ce *labeur* qu'on ne doit laisser à personne d'autre est une part essentielle du raisonnement pour Locke. La démonstration, on l'a dit, est le fruit d'un effort; le vocabulaire est significatif : *pains, attention, more than transient views, steady application, pursuit...*[3] s'opposent au don gracieux qu'est d'abord la lumière de l'intuition. La démonstration est par ce labeur lieu et signe de liberté, en ce qu'elle élabore un itinéraire critique et refuse l'évidence de l'immédiateté par la connaissance des raisons d'acquiescer. Et pourtant c'est l'intuition, son élément central, qui en constitue la validité; il y a écartèlement entre le mérite du produit et la valeur du donné, comme il y a écartèlement entre la durée de la démonstration et l'instantanéité de l'intuition. Cet écartèlement n'existait pas dans une pensée de type cartésien où l'artifice de l'analyse ne tirait sa validité que de l'immédiateté de l'intuition, et la démonstration étirée dans le temps ne

1. *2d Reply to Stillingfleet*, *Works*, t. 1, p. 551.
2. *E.* 4.2.1, ss.
3. *E.* 4.2.4.

tenait sa certitude que de la véracité divine maintenant la durée et la mémoire identiques à ce qu'étaient l'instant et l'évidence.

Autre argument en faveur de l'activité de la raison dans la démonstration : la référence constante à l'activité et à l'invention de la géométrie comme type de démonstration. La démonstration lockienne se donne pour modèle la mathématique; mais Leibniz n'a pas tort de s'interroger sur la compétence mathématique de Locke, et sur la validité du modèle qu'il se donne. Depuis les premiers ouvrages jusqu'aux textes posthumes en effet, la réflexion sur la morale est presque toujours accompagnée de la référence à la démonstration mathématique; cet éloge des mathématiques vante la nécessité du raisonnement qui évite toute ingérence du vocabulaire, et se situe au niveau des idées, c'est-à-dire des représentations dans l'esprit :

> Les preuves mathématiques sont, comme les diamants, aussi dures que transparentes; elles ne seront testées [*touched*] par rien d'autre que par de stricts raisonnements. Les preuves mathématiques sont hors d'atteinte des arguments rhétoriques et ne seront pas attaquées par l'emploi équivoque des mots, ou par la déclamation, qui tient une si grande place dans les autres argumentations [*discourses*][1].

Mais il faudrait être plus précis : le modèle de Locke est en fait uniquement géométrique; l'exemple presque unique de clarté de la preuve, c'est la démonstration sur la somme des angles du triangle[2]. L'intérêt de Locke pour l'exemple réside en trois caractères : la preuve fait d'abord intervenir un artéfact qui sert d'intermédiaire : l'angle extérieur qui sert à la démonstration, et que l'on doit introduire arbitrairement; cette invention médiatise le rapport entre le connu de la mesure des trois angles et l'inconnu de celle de l'angle plat. Le parallèle avec l'idée intermédiaire de la démonstration est évident. Une grande part de la difficulté réelle de la démonstration est la découverte d'idées telles qu'elles rendent deux idées commensurables, alors qu'elles étaient *unapplicable*[3]. Le géomètre trace des figures neuves, et crée un intermédiaire (l'angle complémentaire...) plus qu'il ne le découvre.

Deuxième caractère : cet intermédiaire est constant; il ne varie pas comme varie tout terme du langage, et surtout le mode mixte. Cette constance tient essentiellement à ce que, en plus de l'idée et du mot,

1. *2d Reply to Stillingfleet*, p.553. *Touched* traduit ici par *testées* : traduction justifiée par la référence implicite à l'alchimie où l'on *touchait* l'or ?

2. Cf. aussi bien *Essays on the Law of Nature*, VII, p. 198, Notebook, 26 Août 76, que *Draft B*, § 12 et bien sûr *Essay*, 1.4.22, etc.

3. *E.* 4.12.7.

intervient un troisième signe, et qui ajoute une nouvelle touche d'objectivité : la figure; or une figure est justement singulière : la figure reconduit à la singularité l'idée générale abstraite oublieuse de sa source. Une des questions posées au modèle mathématique est de savoir comment il permet de passer de tel triangle sensible à une affirmation portant sur tout triangle. D'avoir vu comment la démonstration *more geometrico* dépasse la singularité propre à la figure, aide à concevoir la démonstration morale : comment passer de la singularité inhérente à l'idée d'homme à l'universalité du discours moral : si ce triangle peut servir d'image pour tout triangle, en évitant la particularité du mot, mon idée d'homme pourra servir de point de départ pour toute démonstration morale.

Troisième caractère, la démonstration est, comme chez Hobbes, monstration. Mais alors que la monstration hobbienne porte sur les noms dès qu'il s'agit d'universel et qu'elle cherche à déterminer la génération (savoir par les causes), la monstration lockienne porte sur les idées et avoue ignorer la causalité. Aussi se contente-t-elle de montrer la ressemblance ou la différence, le défaut ou l'excès en ce qu'ils ont de plus platement empirique[1].

Dernier caractère, qui est fondement des précédents : l'exemple réduit la démonstration mathématique à la géométrie, mais la géométrie se réduit à la mesure, la mesure se ramenant quant à elle à la comparaison d'unités discrètes :

> Lorsqu'on compare l'égalité ou l'inégalité des modes que sont les nombres, la plus petite différence est tout à fait claire et perceptible; pour l'étendue, la plus petite inégalité n'est pas aussi perceptible, et pourtant l'esprit a trouvé des moyens d'examiner et de découvrir par la démonstration l'égalité précise de deux angles[2].

Faut-il comprendre par l'exemple donné que le modèle de Locke n'est pas la géométrie, mais l'arithmétique, ou même l'algèbre? En effet ce que Locke apprécie, on le sait déjà, c'est l'invention (*sagacity*) d'un intermédiaire là où aucun intermédiaire n'est évident. Or l'intermédiaire quantitatif est privilégié : quand un nombre est

1. La géométrie part de principes admis clairs et évidents : la figure concrète qui est dessinée : *Essays on the Law of Nature*, IV, p. 148 : « Mira sunt fateor quæ in scientiis mathematicis invenit et investigat ratio sed quae omnia de linea pendent, superficiei inædificantur, et corpus habent pro fundamento cui innitantur. » ; cf. *E.* 4.3.19. La démonstration (ou monstration) ne porte pas sur les causes : *Draft A*, § 12 fin (non repris dans l'*Essai*). On reviendra sur ce point au chapitre suivant, lors de l'analyse de l'évolution de la démonstration morale dans les *Drafts*.

2. *E.* 4.2.10.

comparé à un autre, la différence (ou la ressemblance) apparaît en toute clarté : l'arithmétique s'appuie sur des entités discrètes[1]. D'où l'avantage à ses yeux de l'instrument arithmétique, parce qu'il permet une mesure exacte : Locke oppose par exemple la géométrie mécanique, qui compare les angles ou les longueurs à l'aide d'objets matériels, peu fiables, et la géométrie mathématique, qui compare par le nombre[2]; l'idéal serait ainsi de trouver une méthode «répondant dans les autres parties de la science à ce que l'algèbre a réalisé en mathématique»; l'algèbre est une invention merveilleuse en ce qu'elle a permis de mettre des rapports là où on n'avait auparavant aucune possibilité mathématique de comparaison[3]; l'algèbre a de plus l'avantage de conserver, par son opacité, l'identité de référence à travers les calculs, alors que la référence du nom de substance varie[4]. Mais l'arithmétique et l'algèbre ne semblent chez Locke que des disciplines annexes de la géométrie; elles ne sont que les intermédiaires provisoires qui accroissent les capacités de la science première, la géométrie; pas de méthode propre à chacune de ces disciplines donc, mais des perfectionnements secondaires de la géométrie; ce qui caractérise bien la vision très orientée des mathématiques de Locke[5].

Pourquoi insister sur ce point? Parce que le modèle quantitatif de l'arithmétique ou de l'algèbre impliquerait que la relation soit faite par principe par une idée abstraite (nombre ou variable); or si Locke fait appel à la géométrie, c'est parce que l'idée intermédiaire y est celle qui peut toujours être exemplifiée dans une figure *physique*, qui donc est individuellement précise. La quantité est la quantité de *cette* ligne bleue ou jaune, et si l'algèbre s'éloigne du singulier, ce n'est que provisoirement, par procuration, non essentiellement. La démonstration de

1. *Draft A*, § 12 : l'éloge de la précision de l'arithmétique s'achève sur l'affirmation que toutes ces proportions de nombre ou d'étendue sont ainsi *ex necessitate rei* c'est-à-dire ne peuvent être «détachées des angles et des figures où on les trouve» : ce qui est connu c'est la quantité effective et pas sa cause détachée.

2. *Draft B*, § 47-52, et *E.* 3.16.4; 4.2.9-13. L'importance donnée au nombre dans le *Draft* est réduite dans l'*Essai*, parallèlement à la réorganisation du livre : alors que le nombre servait à la *comparaison* entre idées dans le *Draft*, il sert à la *démonstration* dans l'*Essai*; et la question dans ce nouveau cadre se centre sur la précision de la démonstration.

3. *E.* 4.12.15.

4. *E.* 4.3.20.

5. Avantage d'une certaine algèbre réduite au traitement de la quantité, et plus généralement réduction de la mathématique à la géométrie, dont Leibniz critique la naïveté : «Monsieur Locke avait de la subtilité et de l'adresse, et quelque espèce de métaphysique superficielle qu'il savait relever; mais il ignorait la méthode des mathématiques.» (lettre du 14 Mars 1714, Gerrhardt, III, p.612). Cf. *E.* 4.3.20 et son aveu d'ignorance.

même doit s'appuyer sur la précision de l'idée intermédiaire, comme le fait la figure géométrique.

C'est la réduction à la mesure discrète singulière qui détermine la référence et fixe la mémoire. Cet avantage de la géométrie élémentaire à laquelle semble se réduire toute la mathématique explique la grandeur de Newton et la faiblesse d'Aristote aux yeux de Locke[1]; l'apprentissage de cette mathématique favorise la précision de la saisie des atomes de connaissance, atomes discrets comme les idées simples, qui sont nécessaires au raisonnement : «L'étude des mathématiques montrerait [aux enfants] la nécessité qu'il y a en mathématiques de séparer toutes les idées distinctes.»[2]. En effet, si la structure microscopique du réel nous empêche de percevoir la différence objective entre deux mouvements ou deux figures invisibles, nous ne pouvons découvrir les causes des qualités premières ou secondes visibles et raisonner sur elles. Nous devons donc saisir toutes les différences perceptibles et le raisonnement sur le sensible sera le plus probable, parce que le plus proche de la science du nombre ou de l'espace, où la mesure de la plus petite différence est perceptible[3]. La tâche que Locke se donne est celle qui a été accomplie pour l'espace et le nombre : assurer la permanence du symbole à travers la démonstration, trouver le moyen de transposer dans le domaine moral cette capacité, propre aux entités discrètes, de comparer la plus petite différence entre deux notions, et ainsi de démontrer les relations en recevant l'intuition de leurs différences et similarités. C'est sur cette exigence que repose en grande partie la nécessité de remonter du mode mixte moral à l'idée simple qui en détermine le contenu représentatif, et de saisir la moindre différence entre idées. Le raisonnement est bien impliqué, comme nous le disions, dans l'analyse en idées simples et dans la perception de la moindre des différences. Constituer chaque idée en idée claire et distincte (au moins sous un rapport), c'est déjà raisonner.

Mais l'inverse n'est pas vrai, car le raisonnement ne se réduit pas à la perception de l'idée claire et distincte; la perception de l'idée claire et distincte ne se développe pas d'elle-même en raisonnement, comme on pourrait le dire dans l'esprit du naturalisme humien, et comme on a cru le lire plus haut dans l'empirisme de Locke. L'affirmation de bon sens selon laquelle le raisonnement sur des idées claires et distinctes ne produit pas nécessairement une connaissance claire et distincte permet

1. *2d Reply*, p. 553.
2. *Of the Conduct of Understanding*, § 7.
3. *E*. 4.2.10-13.

à Locke de maintenir la spécificité de l'acte de raisonnement[1]. Et donc de donner à la démonstration, et à toute forme de savoir aussi, une double limite. La première a pour origine l'idée, comme si le raisonnement en un processus humien jouait ainsi le rôle de conduit qui véhicule d'un extrême à l'autre la vivacité présente dans les idées simples. Elle ne serait alors qu'un instrument au service de l'évidence immédiate, mettant en relation des idées qui ont en elles leur propre force. L'autre limite vient de la raison elle-même, qui est aussi perception du rapport : la raison, parce qu'elle est labeur et œuvre, ajoute à des idées simples la perception claire d'un rapport singulier[2]; perception qui n'est pas l'auto-développement de l'idée. Il est clair que pour Locke, la raison est à la fois perception de rapport et activité d'institution de rapports.

Quel est le lien entre ces deux versants? Autant on comprend l'aspect négatif de la question : Locke veut éviter deux écueils, l'un (raisonner au-delà des idées de l'expérience, comme les théologiens dogmatiques) par la passivité de la raison, l'autre (se soumettre à la simple immédiateté) par son activité; autant on ne saisit pas sur quels fondements Locke appuie sa synthèse : qu'en est-il du raisonnement, du lien entre son aspect passif et son aspect actif? Y aurait-il un ordre des choses qui assurerait qu'une idée clairement perçue provoque d'elle-même la perception (l'intuition) de son lien à une autre? Et la question est importante car avec elle se règle celle du rapport entre les idées simples de plaisir ou les modes mixtes d'homme et la démonstration de la Loi Naturelle. La réponse portera, c'est évident déjà, la marque du providentialisme : Dieu a réglé le monde pour que nos idées simples claires et distinctes se développent, chez l'homme bon (celui qui effectue l'œuvre de raison) en perception du rapport vrai entre les idées.

Quoique l'affirmation ne porte pas immédiatement sur le point discuté ici, il est intéressant de noter la remarque de Locke sur l'évidence sensible[3] : elle s'achève sur le même providentialisme, seule solution pour l'empiriste acculé à la métaphysique; le cartésien qui pousse le scepticisme jusqu'à croire qu'il peut rêver dans le feu qui le brûle, n'a pas besoin d'autre échappatoire qu'une grammaire de la Nature à la façon de Berkeley : la douleur attachée à cet état, fût-ce dans le rêve, manifeste la nocivité de cet état, fût-il rêvé.

1. *E.* 4.2.15.

2. Rapport singulier sans doute en ce qu'il associe deux idées singulières, mais par ailleurs occurence singulière d'une relation générale (contiguïté, identité...).

3. *E.* 4.2.14.

Ainsi le modèle géométrique de la démonstration mène-t-il, au-delà de l'opposition activité-passivité de l'entendement, à la reconnaissance de l'unité en Dieu de l'ordre des choses et de l'ordre des capacités humaines.

***

3. *L'expérience, origine et fondement.*

Aux deux statuts du raisonnement correspondent deux statuts de l'empirique : il sera soit fondement du rapport que perçoit l'entendement passif en donnant des idées déjà liées aux autres idées, soit matériau neutre pour l'activité de la raison en fournissant simplement les idées simples sur lesquelles se bâtit le raisonnement. Locke n'a pas mis plus en rapport ces deux dimensions de l'expérience qu'il n'a explicitement mis en rapport les deux dimensions de l'entendement. Entre l'expérience qui est condition nécessaire mais non suffisante de la connaissance et la raison qui doit corriger l'expérience trompeuse et pourtant subir l'évidence du rapport entre idées, Locke ne peut choisir. Il ne l'aurait pu qu'en choisissant nettement le *camp* rationaliste ou le *camp* empiriste, et tout alors aurait été plus simple : l'expérience aurait été dans un cas l'occasion de l'exercice de la raison, et dans l'autre, le principe d'une autogenèse de la connaissance.

Refusant ces deux solutions, Locke ne peut être totalement cohérent; il est amené à présupposer un accord potentiel entre le donné empirique et la mise en ordre par la raison. Suivons-le dans la mise en place de ce compromis, qui vaut d'abord dans le champ de la nature, mais qui vaut aussi et surtout dans le champ de la morale. Il ne s'agit au fond ici que de la même question que précédemment, mais examinée par le revers : y-a-t-il dans l'expérience même un ordre permettant la connaissance ?

La libre composition à partir des atomes de connaissance que sont les idées est l'aspect saillant. Allant plus loin dans son agnosticisme que la logique classique, Locke fait de la simple appréhension une saisie d'éléments isolés les uns des autres; il conçoit les données des sens comme des fenêtres éparses sur le réel, et leur mise en relation comme une œuvre purement externe. En droit, tout savoir est donc composé de deux sources hétérogènes : un pur processus d'organisation (une forme) et des données (une matière) ; c'est en le lisant sous cet aspect que Kant a été intéressé par Locke.

C'est ce que semble indiquer un texte assez peu remarqué :

> La sensation externe et la sensation interne sont, à mon sens, les seuls passages de la connaissance jusqu'à l'entendement. Elles seules, pour autant que je sache, sont les fenêtres qui permettent à la lumière d'entrer dans cette *chambre noire*. Car, à mon sens, l'*entendement* n'est pas très différent d'une pièce totalement isolée de la lumière, si ce n'est quelques petites ouvertures qui permettent l'entrée de copies [*resemblances*] externes visibles, ou *idées* des choses extérieures. Si les tableaux pénétrant dans une telle chambre noire restaient là, posés dans un ordre tel qu'on puisse les trouver à l'occasion, cette chambre ressemblerait fort à l'entendement d'un homme dans son rapport à tous les objets de la vision et à leurs idées[1].

On ne peut prétendre que l'ordre dont il est ici question soit l'ordre d'un enchaînement d'idées ; il s'agit d'un ordre tel que le souvenir retrouve ses tableaux. Au contraire, la forme des *fenêtres* implique bien que chaque idée qui parvienne à l'entendement soit simple et isolée des autres. La sensation est déjà une abstraction en ce qu'elle découpe dans la réalité des idées séparées[2]. Rien dans la sensation n'enchaîne la couleur de la table et son rugueux, comme le soulignera Berkeley ; on peut poser aussi la question du rapport entre les idées perçues par le même sens : la couleur de cette table et sa forme sont deux idées simples distinctes. Quel rapport ont-elles une fois déposées comme des tableaux dans l'entendement ? Et c'est sur cette réception purement passive d'idées que l'entendement exerce son activité, « avec un grand pouvoir de les joindre et de les répéter » à sa guise, « bien au-delà de ce que la sensation et la réflexion lui ont fourni »[3]. Non seulement donc les idées complexes de la morale et de la mathématique, constituées indépendamment de l'expérience (sans archétype) sont l'œuvre de l'entendement, mais mêmes les idées de substances semblent être constituées arbitrairement. Ou, comme on le disait, seules les coutumes, l'éducation, déterminent le groupement des idées ; l'expérience ne semble pas pouvoir déterminer le regroupement des idées simples en une unité. Seule l'idée identique à elle-même peut être réitérée et constituer ce que Locke appelle un mode simple. C'est donc

1. *E.* 2.11.16 ; la continuité de l'idée est manifeste depuis les *Essays on the Law of Nature*, IV, f°.49, voir *Draft B* § 31.

2. Cf. R. Hall, 'Locke and Sensory Experience, another Look at Simple Ideas of Sensation', *Locke Newsletter*, 18, 1987, p. 15-17.

3. *E.* 2.12.2.

à la raison (ou à l'entendement) que revient cette tâche de grouper les idées. L'expérience n'est de ce point de vue que l'origine de la connaissance, et la raison la met en forme.

C'est ce que Kant apprécie chez Locke. Mais cette interprétation n'est-elle pas déjà trop kantienne ? N'est-ce pas une conception de l'empirisme déformée par l'évolution ultérieure ? Car l'expérience est chez Locke non seulement origine, mais aussi fondement de la connaissance.

Apparemment cette lecture kantienne est correcte pour l'*Essai* qui distingue nettement principe fournissant le contenu, présenté au début (livre II), et forme organisatrice présenté à la fin (livre IV). De leur côté, les *Essays on the Law of Nature* unissent intimement raison et expérience, les présentant comme deux sources de même ordre, toutes deux indispensables à la connaissance[1]. En outre, le vocabulaire utilisé est significatif ; il semble même inverser l'importance des deux instances : seul le sens est fondement, et la raison n'est qu'instrument qui bâtit sur ces fondements[2].

En quel sens le sensible peut-il être fondement ? Locke, comme la scolastique, s'appuie sur la réflexion méthodologique d'Aristote, selon laquelle il faut partir du connu qui est principe[3]. Mais alors que la logique scolastique interprétait ce principe comme un axiome énoncé sous la forme d'une proposition, Locke comprend principe comme *point de départ* : la critique des maximes logiques du livre IV de l'*Essai* proprement dit[4], comme la critique de l'innéité des principes au livre I, s'appuyait sur un sens identique du terme : « Aucune science spéculative... n'existe sans que quelque chose soit supposé, pris pour concédé, et reçu d'une certaine manière des sens. »[5]. Que ce soit en géométrie, pour la ligne, le plan, le volume, que ce soit dans les autres formes de connaissance, pour les sujets les plus nobles, la raison a besoin d'objets « qu'elle ne découvre pas, dont elle ne prouve pas la vérité,... mais qu'elle emprunte aux sens »[6].

1. *Essays on the Law of Nature*, IV, f°. 48.
2. *Ibidem*, f°.50.
3. *Ethique à Nicomaque*, 1095 a 31 ss, 1098 a 26 ss. ; 2ds Analytiques, I.1 et II.19 ; cf. *Essays on the Law of Nature*, éd. Von Leyden, note, p. 149.
4. *E*. 4.7.8.
5. *Essays on the Law of Nature*, IV, f°. 50-53 : « Ex cognitis enim et concessis semper procedit omnis argumentatio nec sine posita et intellecta aliqua veritate... discurrere vel ratiocinari potest... [quelque sublimes que soient les découvertes de la raison]... nulla tamen est, si singulas percurre velis scientias speculativas, in qua non aliquid semper supponitur et pro concesso habetur et a sensibus aliquo modo mutuo accipitur. ».
6. *Essays on the Law of Nature*, IV, f°. 51-52.

Et la suite de l'exposé de Locke précise la fonction du sensible : le sensible permet à la raison de démontrer l'existence de Dieu : il est évident qu'il y a des objets, évident aussi qu'il y a un ordre. La raison [*mens*] utilise ce donné empirique et en dégage la cause, par la preuve téléologique de l'existence de Dieu[1].

On pourrait retenir de cette présentation l'idée que l'expérience impose à la raison son ordre propre. En effet, si l'expérience n'était chez Locke qu'origine du matériau, si elle ne fournissait que des atomes sans relation interne, l'ordre entre des données atomiques ne pourrait lui-même être vu par le sens. Ce serait alors donner au terme de fondement son sens fort, l'interpréter comme source unique de connaissance à l'exclusion de la raison et conférer à l'expérience une fonction centrale dans l'empirisme de Locke. Une telle interprétation pourrait trouver appui dans l'*Essai* qui utilise lui aussi le terme de fondement pour caractériser l'expérience. Deux arguments pourraient être utilisés; le premier soulignerait que la (re)composition des idées de substance en une unité, que le présupposé d'une substance sous-jacente unifiant les qualités secondes, que l'assentiment donné à la mise en relation d'idées générales, impliquent l'existence pour l'esprit d'un schème d'unification; et que ce schème ne peut venir que de l'expérience, qui offre donc bien, comme l'avoue Locke dans les *Essais* de 1663, l'image d'un ordre et non seulement des atomes isolés. La présentation de l'idée simple comme fruit d'un détachement par chaque sens[2], et peut-être même par l'esprit[3], d'idées associées dans la réalité, pourrait servir de second argument et aurait la même signification.

Mais cette présentation contredit l'insistance première de Locke sur l'extériorité de la relation[4]. L'entendement introduit de l'extérieur les relations entre idées simples : il les compare, les abstrait, les déclare compatibles, coexistantes. Certes, Locke affirme que pour les

1. On retiendra le schéma du raisonnement, tel qu'il apparaît avec évidence dans cet écrit de jeunesse : le sensible sert à donner les idées à une raison qui en tire la preuve de l'existence de Dieu, afin de *fonder* la morale. Les réflexions épistémologiques sont orientées vers la réflexion morale. C'est à celui qui affirme qu'il en va autrement de l'*Essay* de 1690, que revient la charge de la preuve.

2. *E.* 2.1.3 ; 2.2.1 ; etc.

3. R. Hall, 'Locke and Sensory Experience', *Locke Newsletter*, 1987, 18, et les références citées (surtout Kruger, *Der Begriff des Empirismus*, Berlin, De Gruyter, 1973, accessoirement Schouls, *The imposition of Method*, Oxford U.P., 1980, 2e partie); également T. Heyd, 'Locke's Simple Ideas...', *Locke Newsletter*, 1989, p. 17-20.

4. *E.* 2.25.1-5.

substances, la nature sert d'archétype à cette activité. Mais toute interrogation sur la question de savoir ce qui dans l'esprit permet la saisie de cette relation effective dépasse les limites du questionnement de Locke. La relation n'est pas une idée simple, mais une mise en relation d'idées simples : la succession, la contiguïté ne devraient donc pas être saisies en elles-mêmes; et la critique de la causalité repose elle-même sur une saisie de la succession qui n'est pas expliquée. Il ne semble pas possible de trouver chez Locke l'écho des réponses de Hume. On ne peut que se baser sur la dominante *réaliste* de l'analyse de Locke : l'idée complexe de substance est fondée sur un archétype externe. La relation de mode mixtes est plus nettement œuvre de l'entendement qui est alors libre de tout archétype, même s'il subit plus que devant les substances l'influence de la société[1].

Le fondement n'est pas pour Locke ce que risque d'y voir le lecteur du vingtième siècle, on le sait déjà. Quand Locke décrit le sensible, ou l'expérience, comme le fondement, il décrit ce qui donne à la raison ce matériau brut qu'elle utilise dans ses démonstrations ultérieures : les deux termes *fondement* et *matériau* sont liés comme synonymes, dans une même phrase :

> Le fondement sur laquelle s'appuie toute cette connaissance que la raison édifie dans les hauteurs et porte jusqu'aux cieux, ce sont les objets des sens. En effet les sens, les premiers, apportent toute la matière première de l'exposé et l'introduisent dans le tréfonds secret de l'esprit[2].

Le sensible n'est fondement qu'en ce qu'il est point de départ de la connaissance. Dès les *Essays on the Law of Nature*, la preuve de l'existence de Dieu a pour fondement l'expérience. Et les textes ultérieurs fondent sur l'expérience les connaissances et opinions, la morale et l'histoire naturelle. L'idée simple issue de l'expérience est fondement, mais ce fondement n'est nullement exclusif de la raison. Locke a dès le début affirmé la coopération des deux instances, soulignant que, sans raison, l'information des sens ne nous élèverait pas plus haut que les brutes[3]. De même, les premières critiques innéistes prétendaient que Locke dérivait des sens toutes les notions et

1. *E.* 2.28.2 et suivants.

2. *Essays on the Law of Nature*, IV, f°. 50; cf. la suite : « Sensus enim omnium primi suggeruint et ad secretos animi recessus intromittunt totam et primariam discursus materiam. ».cf Draft A, § 45, p. 70 : « If we know the truth of Universall Proposition it only supposes existence [singulière] upon which supposition the universall truth follows. ».

3. *Essays on the Law of Nature*, IV, f°. 49.

les connaissances, ce qui est impossible, disaient-ils, étant données la certitude et l'universalité de certaines connaissances comme l'arithmétique; et Locke leur répondait très clairement : « je n'ai jamais dit que nous devions dégager par les sens la vérité de toutes les propositions, car ceci impliquerait que la raison n'ait plus aucune place... »[1]. La sensation est condition nécessaire, mais nullement suffisante, de la connaissance, et n'est nullement caractéristique de l'homme. Si l'on dit que Locke *fonde* la connaissance sur l'expérience, il faut donc se garder d'attribuer à ce terme une connotation qu'il n'aura qu'ultérieurement.

L'*Essai* ne modifiera pas cette position. Le terme de fondement est employé à de multiples reprises pour caractériser l'expérience[2], mais il ne s'agit de rien de plus que du matériau de la connaissance utilisé comme principe, c'est-à-dire comme point de départ. Ainsi Locke demande-t-il qu'en morale comme en toute science, on lui accorde les principes; que faut-il entendre par là? Puisque, par la critique de l'immédiat, les principes spéculatifs et les maximes de raisonnement ont été réduites au rang d'évidences secondes, puisqu'il a montré l'impossibilité d'énoncés qui ne soient pas constitués par l'acte même de connaissance, *principe* a un sens tout différent : ce que la raison demande à la base de sa démonstration, c'est un donné qui ne puisse être remis en cause, un immédiat incontestable. Le tort des innéistes de tout poil est, non pas de partir de principes, mais de refuser d'examiner leurs principes, de prendre par paresse des principes tout constitués (*borrowed principles*), alors que ceux qui en ont le temps, le courage, les moyens doivent « pénétrer dans les principes de la connaissance, et suivre à la trace la vérité jusque dans sa source et son origine »[3]. Ce principe est l'origine, et seule l'expérience sensible peut le fournir : « tout ce que je dirai des principes sur lesquels j'avance, c'est que je peux seulement en appeler à l'expérience et à l'observation personnelles et non-prévenues des gens. »[4].

1. *Draft A*, § 43, éd. Nidditch, p. 157, en réponse à l'objection classique de l'aprioricité nécessaire de certaines vérités. On notera que le problème peut dès ici rebondir; la vérité doit être dégagée des données des sens; c'est donc qu'elle s'y trouve et que la raison ne la crée pas, mais la découvre.

2. *E.* 1.4.25; 2.1.2; 2.12.1; 2.28.18; 4.2.15; cf. Lettre à Molyneux du 18 Avril 1693, (*Correspondence*, n° 1622). Ce fondement remplace le fondement illusoire des scolastiques et dogmatiques : la maxime ou le principe : 4.7.11; 4.19.10.

3. *E.* 2.3.26.

4. *E.* 1.4.25 : « I warn the reader not to expect undeniable cogent demonstrations, unless I may be allow'd the Privilege... to take my Principles for granted... », « all that I shall say for the Principles I proceed on, is, that I can only

* * *

L'appel à l'expérience est surtout critique et réducteur : rien ne peut être connu qui n'ait pas son origine dans l'expérience, soutient Locke avant Hume. Si l'on affirme que l'expérience dépasse ce statut, qu'elle implique tant soit peu la forme que lui imposera la raison, ce ne peut donc être dit que par extrapolation à partir des thèses de Locke. Selon le texte même, tout l'aspect positif de la relation est le fait de l'entendement, fût-ce par copie du modèle.

Ainsi *fondement* doit être compris au sens faible, un sens apparenté à *origine*, un sens apparenté au *principe sensible* des *Seconds Analytiques*. Si Locke parle de fondement, c'est qu'il souhaite limiter le raisonnement par la détermination d'une origine indubitable : toute connaissance doit avoir pour matériau une idée issue du sensible, et cette limitation permet de restreindre les prétentions du savoir. On peut insister sur des aspects contradictoires, trouver cet empirisme inconséquent dans sa modestie, remarquer que ce principe est aussi parfois critère, que la raison ne crée pas totalement les relations entre les idées mais qu'elle les dégage et donc que les relations qui sont dans le réel doivent demeurer sous forme de traces dans les idées qui ne peuvent être purement atomiques; mais ce sont des points de vue critiques externes, importants si l'on veut manifester la métaphysique sous-jacente à tout empirisme, et les difficultés d'un atomisme, mais faussant la visée première de Locke, le compositionalisme.

S'il fallait conserver au terme de fondement son sens fort, c'est la raison qui devrait recevoir ce titre : c'est elle qui donne une assise à la connaissance. La philosophie de Locke serait de ce point de vue plus rationaliste qu'empiriste, la raison jouant chez lui un rôle *fondamental* à condition d'entendre par raison cet exercice de l'esprit que nous avons décrit. Mais même cette dévolution du fondement à la raison ne peut être faite elle-même avec beaucoup de réserves; purement formelle, vide de toute vérité éternelle, elle ne peut être principe d'aucun déploiement. Elle ne peut être, on l'a vu, que lieu d'assurance, validant la part de l'origine qui a sens. La conjonction du sensible et de la raison opérée dans les premiers *Essais* donne sans doute l'image la plus exacte de la raison, même si elle implique une *convenientia* entre la raison et la Loi Naturelle à découvrir[1]; *convenientia* par conséquent

appeal to Mens own unprejudiced *Experience*, and Observation. » ; en la circonstance, il s'agit seulement des idées de rélexion : la suite presque immédiate, c'est la description des idées dont chacun est conscient, qui ouvre le livre II : l'affirmation porte donc non pas sur les autres savoirs, mais sur la démarche propre de Locke.

1. *Essays on the Law of Nature*, VII, f°. 99-101, etc.

aussi entre le donné empirique sur lequel œuvre la raison et l'ordre total du monde ; aveu de métaphysique, que Locke transformera dans l'*Essai* en affirmation de la bonté divine qui a pourvu aux nécessités cognitives de notre vie morale. Cette *convenientia*, cette intervention divine font du fondement plus qu'une simple origine : l'ordre divin est présent dans le donné empirique, dans la raison qui le traduit en Loi Naturelle ; mais tout ceci, encore une fois, est lecture critique, non affirmation de Locke.

En ce sens faible, l'expérience est donc fondement des savoirs de la nature ; mais le savoir pratique n'a pas d'autre fondement de connaissance que les idées issues du savoir de la nature : « Dans les disciplines morales et pratiques, la raison ne procède pas moins [qu'en sciences spéculatives] selon cette méthode, et demande qu'on lui concède les mêmes principes. »[1]. Le parallèle de la science spéculative et de la discipline morale est une fois de plus affirmé dès ce texte de jeunesse, et c'est bien pour éclairer la discipline morale qu'il vaut la peine d'analyser le savoir de la nature. L'*Essai* va en fait développer ce point : il va étudier les formes du discours spéculatif pouvant s'appliquer au discours moral. Comment partir du sensible et remonter à un savoir qui soit de l'ordre de la connaissance au sens strict du terme ? Il s'agira d'un commentaire de cet « a sensibus aliquo modo mutuo accipitur », coordonné au « aliquid supponitur et pro concesso habetur. » Comment l'expérience peut-elle être principe des notions morales ? Comment est-il possible de déduire l'impératif nécessaire, alors que l'on part de la simple conjonction externe d'éléments simples et contingents ?

* * *

4. *Démonstration et Loi Naturelle.*

La démonstration est un élément fondamental de la théorie du droit naturel ; mais les maîtres du Droit Naturel, les prédécesseurs de Locke, notamment Grotius et Pufendorf, n'avaient pas autant que lui analysé l'arrière-plan épistémologique et les justifications de cette importance donnée à la démonstration. Comment passer de la particularité de la sensation individuelle à l'universalité contraignante de la Loi Naturelle, telle est la question centrale de Locke, en 1663, et jusqu'à *Reasonableness of Christianity*. Avant d'aborder, au chapitre

1. *Essays on the Law of Nature* , p.148-150.

suivant la réponse de Locke, il importe d'achever les préliminaires et de se demander pourquoi Locke se réfère à Pufendorf, alors que d'autres contemporains (Cumberland...) préfèrent se référer à Grotius : la place du sensible dans la démonstration diffère chez ces deux auteurs, et repérer cette différence va nous aider à comprendre ce que Locke entend par démonstration de la Loi Naturelle.

Grotius insiste sur le fait que les principes fondamentaux de la morale et du droit doivent être universels, clairs, et nécessaires[1]. Cette nécessité ne peut venir de l'expérience, qui ne produit que du contingent, et donc qu'une loi seulement probable[2] : c'est le cas de la Loi des Gens qui se distingue de la Loi Naturelle par son origine et sa probabilité. La Loi Naturelle, à la différence de la Loi des Gens, a pour origine la Nature ; et comme la Nature est constante dans ses productions, la Loi Naturelle peut être exprimée sous une forme rigoureuse[3] : le droit naturel est systématique[4], alors que le droit positif (des gens ou civil) est multiple et changeant. Il suffit, pour que le Droit Naturel soit effectivement systématique, de procéder à l'aide d'instruments naturels, qui ne dénaturent pas l'objet d'analyse ; la régularité du macrocosme est rendue par la régularité du microcosme : le raisonnement doit être a priori (à partir des causes) et non à partir des effets, à partir de la nature humaine, et non à partir de l'universalité constatée[5]. C'est sur ce principe qu'il faut s'appuyer pour mettre de l'ordre dans les traités juridiques : à leur désordre, il faut substituer l'ordre déductif qui appartient au droit naturel[6] ; la Nature peut être considérée alors comme la *mère* de la Loi Naturelle et la *grand-mère* de la loi civile. C'est ce caractère naturel qui apparente droit naturel et mathématiques : les deux disciplines sont constituées

1. H.Grotius, *De Jure Bellis ac Pacis*, Amsterdam, 1646, p. 8 : « Primum mihi cura hæc fuit, ut eorum quæ ad jus naturæ pertinent probationem referrem ad notiones quasdam tam certas ut nemo negare possit nisi sibi vim inferat. Principia enim ejus juris, si modo animum recte advertas, per se patent adque evidentia sunt. ».

2. *De Jure Bellis ac Pacis*, 1.1.12.

3. *De Jure Bellis ac Pacis*, prolégomènes, § 30, p. 7 : « Naturalia cum semper eadem sint, facile possunt in artem collegi : illa autem quæ ex constituto veniunt, cum et mutentur sæpe, et alibi alia sunt, extra artem posita sunt, ut aliæ rerum singularium perceptiones. ».

4. *De Jure Bellis ac Pacis*, Proleg. p. 1 : « universim ac certo ordine » et ci-dessus : « in artem collegi ».

5. *De Jure Bellis ac Pacis*, p. 8, § 40. Il demeure pourtant une contradiction avec 1.1.12 : d'un côté le *common consent* est caractéristique de la Loi des Gens, et de l'autre des deux lois à la fois ; on verra plus loin que cette ambiguïté est féconde – comme chez Locke.

6. *De Jure Bellis ac Pacis*, Proleg. p. 16.

d'une part de notions premières évidentes servant de principes généraux, et d'autre part de démonstrations naturelles, évidentes pour tous[1]. La généralité, la nécessité de la Loi Naturelle en font une science, alors que le particulier des autres lois, non scientifique, relève de la liberté.

Locke dès le départ insistera comme Grotius sur la systématicité[2] : la loi civile découle de la loi divine et la contradiction de l'une et de l'autre ne peut être invoquée que par des puritains en mal de désordre social. Même après avoir abandonné son *autoritarisme* de jeunesse, même dans son agnosticisme, Locke conserve l'idée d'un système moral basé sur la Loi Naturelle. Pourtant, l'ordre du microcosme ne sera plus nécessairement copie de l'ordre du macrocosme : si la démonstration est apte à établir la Loi Naturelle, c'est grâce au *covenant* divin qui a institué comme *symbole* le savoir par idées et a garanti la suffisance de l'instrument humain.

Locke utilisera un moyen de concilier liberté et loi qui est déjà présent chez Grotius, mais dans un autre cadre. Comme le stoïcisme cicéronien, Grotius s'appuie sur la nature humaine. Cette nature n'est plus l'accord de l'homme avec l'ordre cosmologique, pas plus que l'exploration des capacités effectives de l'individu humain; il s'agit de deux caractères essentiels, mais observables, de l'humain : socialité et rationalité; l'antithèse de la conception sceptique de « l'homme, loup pour l'homme »[3] permet ainsi de déduire tout le système du droit international à partir de *faits de raison* : la *propensio*, ou l'*appetitus* social sont *fons juris*, car ces instincts, critiqués par la raison, engendrent la loi contraignante. La définition a priori de la Loi Naturelle par Grotius ne se base donc pas sur la seule raison : l'instinct est un élément fondateur de la morale parce qu'il est signe de l'ordre naturel et nécessaire.

A côté de la démonstration, Grotius fait place à l'histoire des textes et des coutumes : l'histoire livre des indices de ce que peut être la Loi Naturelle[4] : une multitude de citations, des romanistes aux scolastiques, une foule de récits, fournissent des probabilités : la Loi Naturelle est confortée par le témoignage. Mais le témoignage n'est jamais de l'ordre de la raison; et l'absence de Loi Naturelle dans certaines cultures peut être expliquée par des facteurs historiques ou sociaux (faiblesse du raisonnement, éducation déficiente). La loi

1. *De Jure Bellis ac Pacis*, 2. 20.43 et p. 339.

2. *Tracts on Government*, p. 225-228; cf.aussi le manuscrit préparatoire des *Essays on the Law of Nature*, cité ci-dessous.

3. *De Jure Bellis ac Pacis*, Prolégomènes, § 5-6, p. 2.

4. *De Jure Bellis ac Pacis*, Prolégomènes, § 46.

déduite sert ainsi de guide d'interprétation pour la loi des Gens, et permet de trouver ce qui, dans le réel, est exception, et ce qui est naturel. L'universalité devient une universalité de droit, pour le juriste raisonnable qui pèse les événements et y discerne le raisonnable grâce à sa connaissance du naturel.

C'est de cette articulation du probable et du nécessaire que Locke tirera le plus d'enseignements. Dès ses premiers écrits, Locke a également lié démonstrabilité et statut naturel de la Loi : dans un texte qu'il a plus tard rayé des *Essays on the Law of Nature*[1], il affirmait que la morale est naturelle, car elle « peut être comprise dans les limites de la science » et il s'appuie explicitement sur Grotius pour distinguer le conventionnel, qui est non-systématique [*extra artem*], des « choses naturelles, qui sont toujours les mêmes et peuvent pour cette raison être facilement rassemblées en système »[2]. Locke a conservé cette affirmation du caractère scientifique de la morale malgré la suppression de ce passage[3], malgré surtout son refus de considérer la morale comme une donnée universellement partagée en fait; la morale universelle ne peut plus être un fait, dès lors que les récits de voyage et l'observation des contemporains manifestent la multiplicité des comportements. Mais le fait ne préjuge pas du droit, point essentiel pour la compréhension de l'expérience dans la pensée de Locke : le fait en lui-même n'est pas porteur de sens; comme l'expérience médicale de la fièvre dans la discussion avec Boyle, l'expérience historique demande interprétation par la raison pour que le sens qui est en lui se manifeste. Que les hommes se trompent n'entraîne pas qu'ils soient démunis de toute raison; de même la morale n'est pas naturelle en ce qu'elle serait effectivement universelle, mais elle est naturelle en ce qu'elle est élaborée par l'homme qui possède une raison naturelle capable d'interpréter ses facultés naturelles.

La morale *more geometrico* s'appuie sur l'exercice de cette raison; elle est construction de la Loi Naturelle. Mais on comprend que cette raison puisse également démontrer en portant un jugement sur les morales effectives, afin de découvrir, comme Grotius pensait pouvoir le faire à l'égard du Droit des Gens, la raison présente en elles. La démonstration assure la fondation, non pas seulement en découvrant le contenu, mais aussi en interprétant les signes fournis par

1. *Ms* Locke f 14, cité par Von Leyden, p. 113.

2. Citation explicite par Locke du *De Jure Belli*, § 30.

3. Il resterait à expliquer cette suppression; sans doute est-ce parce qu'en niant dans le Livre I toute universalité de la loi, il ne lui est plus possible désormais que de la fonder en droit.

l'expérience individuelle ou historique. Les analyses du désir que l'on trouve dans l'*Essai*, comme les analyses des diverses conceptions du pouvoir politique, que l'on trouve dans les *Treatises on Government*, font partie de la démonstration. C'est ce dont témoignera plus tard, de façon limite, le refus-même de la démonstration systématique de la Loi Naturelle : lassé des difficultés et pour d'autres raisons plus théoriques que nous aurons à découvrir, Locke se contente de la raisonnabilité effective des morales vécues : puisque démontrer c'est montrer la similitude ou la différence, la démonstration peut a posteriori (à partir des effets) justifier une morale existante; il ne lui est pas essentiel de la produire à nouveaux frais, a priori, de son propre fonds. Démontrer, ce n'est donc pas produire, mais c'est, à travers une (re)-composition, conférer une origine. Mais ceci n'apparaîtra que plus tard.

Il reste un dernier enseignement à tirer de la lecture de Grotius : le caractère résolument déductif a des conséquences non négligeables sur la place de Dieu dans le système. Avec les penseurs du Droit naturel, depuis Vasquez et Suarez jusque Grotius et Locke, la morale devient pensable *etsi Deus non daretur*[1]. Il ne s'agit plus de déduire de la Parole de Dieu une série de devoirs, mais d'exercer la raison naturelle sur une définition, humainement élaborée, de l'homme. L'autorité se porte entièrement sur la raison qui devient garantie d'authenticité; certes, on est loin d'évacuer totalement Dieu (ce serait un crime, dit-il) mais il n'est plus nécessaire de l'invoquer d'emblée; Dieu n'intervient qu'en second, et n'ajoute au contenu fondamental de la loi énoncée antérieurement qu'un supplément d'obligation[2]. Avec la sécularisation moderne, apparaît l'autonomie du naturel : Dieu, s'il intervient, le fait par les causes secondes, et non par un surnaturel qui rendrait vaine la création. La référence à Grotius aide à comprendre le problème posé par la lecture de l'*Essai* : quel est selon l'*Essai* l'objet d'une démonstration? Alors que les scolastiques et Grotius défendaient la rationalité de la Loi Naturelle, et la sécularisaient, pour éviter une interprétation volontariste de la Loi, Locke en revient à une conception volontariste (la loi n'existe que par son pouvoir contraignant, indépendant de son contenu), et conserve pourtant l'idée rationaliste et séculière d'une démonstration possible de la Loi. Comment les deux peuvent-ils s'articuler?

1. *De Jure Bellis ac Pacis*, Prolégomènes, § 11 : «Hæc quidem quæ jam diximus, locum aliquem haberent etiamsi daremus, quod sine summo scelere dari nequit, non esse deum, aut non curari ab eo negotia humana.». Thèse empruntée aux scolastiques Vasquez et Suarez (voir de ce dernier *De legibus*, 2.5.1-4). Cf. Von Leyden, *op. cit.*, Introduction, p. 51-52.

2. *De Jure Bellis ac Pacis*, Prolégomènes, § 12.

Les *Essays on the Law of Nature* démontrent la Loi Naturelle à partir de l'existence de Dieu, elle-même établie sur l'ordre du macrocosme. Les textes ultérieurs et notamment l'*Essai* donneront de plus en plus d'importance au microcosme de l'expérience humaine : les croyances historiques, le désir, le plaisir seront des signes humains de l'ordre divin et de la contrainte qu'il impose.

D'où l'intérêt de la lecture d'un jusnaturaliste qui accroît encore la place de l'expérience dans la démonstration de la loi Naturelle : Pufendorf. Il ne s'agit plus chez lui de la seule démonstration d'un système de droit international à partir de données formelles (définition de l'homme...), mais de la mise en relation de la morale avec la réflexion politique à partir de l'homme tel qu'il est. Locke recommande la lecture de Pufendorf[1], et semble s'en être lui-même inspiré d'assez près dès la rédaction des *Essais*, immédiatement postérieure à la publication des *Eléments de Jurisprudence Universelle*.

Le début des *Essais* de 1663 suit en effet la démarche de Pufendorf, qui définit la Loi Naturelle par la critique des conceptions erronées[2]. Au-delà de l'accord sur quelques points (la Loi Naturelle n'est pas celle de tous les êtres animés, mais de l'homme seul, promulguée par la volonté intelligente de Dieu), Pufendorf s'écarte des conceptions de son temps, sur des thèses significatives pour un lecteur de Locke : la Loi ne peut être la justice divine en son essence, car on ne peut pénétrer le plan divin, toujours différent de ce que nous en connaissons; et surtout la Loi Naturelle n'est pas l'accord énoncé par la *droite raison*, accord entre la Loi et la nature des choses, puisque rien ne définit ce que l'on appelle accord.

Positivement, la Loi Naturelle est le résultat de l'acte créateur de Dieu : Dieu crée un animal social et lui donne une loi en accord avec sa nature. Mais cette loi n'est inscrite que dans cette nature humaine, raison et sensibilité. Ainsi, par cette introduction théologale, la morale est plus sécularisée encore qu'elle ne l'était chez Grotius; Dieu ne sert

1. *Some Thoughts Concerning Reading and Study*, *Works*, t. 3, p. 725. Il faut relire Hobbes avec Pufendorf : les critiques (qui s'accompagnent, comme toute critique, de reprises) de Pufendorf à Hobbes ont pu inspirer Locke, autant que la lecture même de Hobbes, dont on sait que Locke se garde de faire mention. Sur Pufendorf, voir Pierre Laurent, *Pufendorf et la Loi Naturelle*, Paris, Vrin, 1982.

2. *Elementorum Jurisprudentiæ Universalis Libri Duo*, La Haye, 1660, reprint, ed. 1672, Oxford, Clarendon Press, 1931, def, XIII, § 14; démarche exactement reprise par Locke, au début des *Essays on the Law of Nature*, 1, f°.9, ss, ce qui laisse supposer que Locke avait déjà travaillé ce texte avant la rédaction du sien; pour les autres indices en ce sens, voir introduction de Von Leyden, *op. cit.*, p. 39.

à rien, une fois posés les principes. Tout débat théologique peut être évité, et notamment celui sur les rapports entre nature pure et nature réelle qui domine la réflexion morale de la scolastique. En une phrase qui donne la clé de nombreux textes de Locke, Pufendorf affirme qu'il ne veut pas s'occuper de l'opposition entre l'état avant et l'état après le péché : l'Etat de Nature, est une simple supposition, permettant de comprendre humainement l'homme[1]; pour établir la Loi Naturelle, Pufendorf ne considère pas ce que devrait être l'homme d'après le plan divin, mais ce qu'il est en fait, sans s'interroger sur ce qui, dans cette facticité, tient du péché. Il s'agit certainement de précautions prises à l'égard du pouvoir ecclésiastique, mais il s'agit aussi d'une pensée qui aura des répercussions épistémologiques importantes : il faudra de plus en plus désormais découvrir le sens du réel par l'analyse et non par la référence à un fondement métaphysique (essence). On peut estimer que Pufendorf ne fait que développer l'intuition mise en œuvre par Grotius dans l'analyse de la Loi des Gens; mais le transfert de cette analyse à la Loi Naturelle change la portée épistémologique de l'analyse. Désormais l'empirisme est possible au principe de la morale et du droit. Et ceci éclaire l'optique qui guidera l'analyse lockienne du plaisir et du désir. Les prendre pour bases de la réflexion morale, ce n'est pas revenir à Hobbes; c'est suivre son plus grand critique, Pufendorf; en effet chez Pufendorf, comme chez Malebranche d'ailleurs, l'homme empirique est lieu pertinent d'observation pour le moraliste, car Dieu a mis là les signes sur lesquels appuyer une démonstration morale cohérente.

La raison, quant à elle, (capacité de calcul, et non *droite raison*) œuvre sur l'observation de la nature humaine (donnée à l'observation, et non à l'intuition intellectuelle), et en dégage une loi Naturelle : raisonnement toujours a priori, en ce qu'il s'appuie sur les causes (la nature humaine) et non les effets (les mœurs), mais, plus nettement que chez Grotius, les causes sont conçues comme empiriquement données. La raison dit la nécessité de la Loi Naturelle[2], mais elle n'est pas pour autant lumière divine en l'homme, ni *droite raison*, mais capacité qui se développe et se manifeste chez ceux qui sont en âge, qui sont de bon sens, grâce aux soins requis et à l'attention[3]; la raison est une capacité

1. *Elementorum*, Préface.

2. *De Officio Hominis et Civis juxta Legem Naturalem Libri Duo*, Lund, 1673, reprint (éd. 1682) Carnegie Endowment for International Peace, Oxford University Press, New York, 1927, préface; cf. reprint de la traduction de Barbeyrac, *Les devoirs de l'homme et du citoyen*, 1741, Centre de Philosophie politique et juridique de l'Université de Caen, 1984.

3. *De Officio Hominis et Civis*, 1.1.4.

qui découvre des énoncés qui lui paraissent évidents et nécessaires, dans les propositions qui lui sont faites par l'environnement social[1].

Avec Pufendorf, on accède donc à une réflexion sur la Loi morale qui s'appuie sur l'expérience et unit la particularité de l'expérience avec l'universalité de la contrainte légale. Locke élaborera systématiquement ce point, mais déjà pour Pufendorf, l'essence des choses est inaccessible : la nature n'est plus le résultat d'une observation de la constitution *essentielle* de l'homme; de même que l'homme de science se contente d'expliciter l'ordre phénoménal de la nature externe et d'appuyer sur lui les lois physiques, de même le moraliste explicite l'ordre apparent de la nature humaine et y adosse la Loi Naturelle, qui pour être d'origine empirique n'en est pas moins contraignante[2]. Si l'on admet que les deux ouvrages ont une structure parallèle, que des deux côtés la réflexion sur la *physique* ouvre à une réflexion sur la morale, on comprend mieux la place de la démonstration dans l'*Essai*, et on remarque ce qui est propre à Locke : moins le principe de la comparaison que son approfondissement; l'ignorance de la substance des choses sensibles nous aide à comprendre l'ignorance où nous sommes de la réalité des êtres à qui s'impose le discours moral. Et pourtant, il est nécessaire de partir du sensible; et pourtant il est possible d'arriver à une morale certaine, comme il est possible d'arriver à une connaissance spéculative suffisante pour fonder une pratique technique efficace. La démonstration certaine mais limitée en géométrie autorise un savoir probable et techniquement efficace; la démonstration, certaine mais limitée en théorie morale, autorise une pratique prudentielle garantissant le salut. Il va falloir montrer dans un

1. *Elementorum*, II, observ. IV, 1. Cf. P. Laurent, *Pufendorf et la loi naturelle*, p. 85-91. Pufendorf associe, de façon intéressante pour qui veut comprendre Locke, démonstration, empirisme et critique de l'innéité, en des termes tellement proches de ceux de Locke qu'il faut les citer, pour saisir que la spécificité de Locke n'est pas dans cette option, mais bien dans la tentative avortée de synthèse des conceptions *aprioriste* et empiriste par l'élaboration d'une épistémologie générale préliminaire donnée dans l'*Essai* : « Quod vulgo dicitur, isthanc legem natura notam esse, id non ita capiendum videtur, quasi in animis hominum jan nascientum inhærent actuales et distinctæ circa agenda et fugienda. Sed partim quod illa per lumen rationis investigari possit, partim quod saltem communia et præcipua capita legis naturalis ita plana et liquida sint, ut statim inveniant, et ita animis innotescant, ut nunquam inde iterum deleri queant… Quo nomine etiam in Sacris litteris cordibus hominum inscripta dicitur. Inde et cum a puero ex vitæ civilis disciplina eorumdem sensu imbuamur; et vero recordari non possumus id tempus, quando primum eadem hauserimus, non aliter de ea cognitione cogitamus, ac si illa nobis nascentibus jam adfuisset. Id quod cuilibet etiam circa linguam ipsi vernaculam contingit. ».

2. *Elementorum*, II, observ. IV, 1.

instant que la structure même de l'*Essai* et de ses brouillons est bien l'excroissance, dans le champ purement épistémologique, de cette mise en parallèle du spéculatif et du pratique, présente chez Pufendorf.

Ainsi, chez Pufendorf, la raison, pure capacité déductive, œuvre sur un donné éclaté, et seule une garantie divine principielle assure que l'une et l'autre sont effectivement en phase, que l'ordre moral à instaurer est possible grâce aux capacités dont nous disposons. Mais la même garantie permet d'aborder l'histoire des peuples et la vie sociale avec la conviction d'y trouver à l'œuvre le principe que l'analyse rationnelle a dégagée. L'observation des mœurs n'est pas le fondement, et pourtant elle *symbolise* le fondement à celui qui sait lire.

La démonstration a pour fonction de lier point de départ (principe) sensible et universalité de la loi. Mais le choix du point de départ n'est pas neutre, c'est le point le plus important que nous ont appris Grotius et Pufendorf : il est lié à une conception des capacités de la raison, et dépend de la portée *symbolique* du réel.

* * *

CHAPITRE 8

LA DÉMONSTRATION, DES *ESSAIS* À L'*ESSAI*

La démonstration est passage du *fondement* sensible au système moral. Mais ce passage ne se fait pas de façon identique dans chaque œuvre de Locke; des *Essays on the Law of Nature* de 1664 jusqu'à la *Paraphrase sur les Epîtres* à laquelle il travaillait à la fin de sa vie, l'application au champ moral de la forme démonstrative évolue constamment. D'où la difficulté de percevoir la place de la morale dans la pensée de Locke : l'échec constant en ce domaine laisse la question morale en marge du texte, alors qu'elle fait sinon l'unité, du moins le lien entre ces diverses œuvres.

On peut en effet imaginer plusieurs scénarios possibles. Nous avons déjà évoqué le premier : démonstration de l'existence de Dieu à partir de l'ordre de l'univers, puis reconnaissance de son autorité morale. D'autres procédures sont utilisées : on établit des relations morales entre des idées, puis on établit leur fondement objectif en Dieu; ou encore, on analyse le plaisir et la peine, puis on en déduit les devoirs grâce au calcul des plaisirs et des peines attachés à chaque loi; ou enfin, on critique les systèmes moraux existants, pour dégager celui qui est le plus conforme au caractère raisonnable de l'homme. A chaque fois, il s'agit de démontrer à partir de l'expérience, mais en chaque cas l'expérience initiale et la fonction de la démonstration diffèrent.

Il est donc nécessaire, pour déterminer la place de la raison en morale, de recenser les diverses procédures utilisées, de passer en revue les étapes principales de cette évolution : comment Locke s'est-il écarté de plus en plus de la considération du simple sensible pour traiter de la réalité complexe du discours et de la vie morale? Comment tracer la genèse qui fait que les données sensibles participent à la constitution de notre connaissance de la loi morale? Les deux brouillons de l'*Essai* puis l'*Essai* lui-même, sont des tentatives de réponse (qui, chacune, avortera) à la question posée par l'échec des *Essays on the Law of Nature*.

*
* *

Les *Essays on the Law of Nature* affirment mais ne problématisent pas le passage du sensible à la Loi Naturelle. Toute la réflexion ultérieure de Locke consistera à combler cette lacune : comment expliquer que le sensible, que l'idée simple factuelle, puissent être transmués en élément moral et produire, avec la coopération de la raison, une entité aussi complexe que la Loi Naturelle ?

Dans ce premier ouvrage, l'existence de Dieu et sa promulgation d'une loi sont déduits de ce que *conferunt* le sens et la raison ; en une dizaine de lignes, les données des sens sont résumées, puis en une page la raison en déduit l'ordre de l'univers, l'existence de son créateur, et en une autre page, les devoirs qui découlent de l'intention divine manifeste dans le monde. Le reste de l'ouvrage réfute les opinions opposées et précise les raisons pour lesquelles cette loi est contraignante. Il semble bien que ce soit la question de la contrainte (l'analyse du contenu est squelettique[1]) qui préoccupe d'abord Locke ; la démonstration porte sur l'existence de Dieu, et celle-ci a pour fonction principale d'assurer le caractère impératif de la Loi découverte par l'entendement. Une démonstration à portée spéculative, donc, qui débouche sur une affirmation morale. Le mélange des questions de Vrai et de Bien nous apparaît déjà, à nous qui avons analysé des textes plus tardifs de Locke. C'est une première difficulté, qui peut contribuer à justifier la non publication du texte.

En outre, dans cette démonstration, sens et raison sont juxtaposés plus qu'ils ne collaborent ; on a déjà relevé qu'il n'y avait aucune relation véritable entre les données des sens et l'affirmation que Locke prétend pouvoir en tirer (il est évident que le monde est construit avec art et régularité)[2]. C'est justement cette transition, et la causalité qu'elle implique, qui poseront problème à celui qui découvrira, avec Sydenham et Boyle, la complexité du symptôme et du phénomène : l'impossibilité d'avoir l'expérience du monde comme une totalité et d'en affirmer par démonstration l'ordre et le dessein va tout jeter bas : la preuve de l'existence de Dieu dans l'*Essai* ne mentionnera plus cet argument populaire à partir de l'ordre naturel constaté : Locke ne pense plus qu'on puisse constater dans le monde un ordre général, faute de connaissance (*Knowledge*) de la constitution interne des

1. On y reviendra dans le chapitre suivant.
2. *Essays*, éd. Von Leyden, p. 150.

choses et de la causalité effective[1]; cet argument se révélera trop proche de la vision des vérités éternelles, de l'intuition des maximes et plus encore de l'innéité de la Loi qu'il rejette déjà. Il y a incohérence à critiquer l'innéité de la Loi Naturelle, et à affirmer en même temps que la raison peut avoir l'expérience de l'ordre du cosmos. La réflexion sur le statut de l'expérience, sur son caractère atomique, sur le caractère externe de la relation, peuvent avoir été un second motif pour ne pas publier les *Essais*. On sait déjà les critiques que Locke fera à l'analyse de Tyrrell sur la Loi Naturelle; or l'ouvrage de Tyrrell semble bien avoir été étroitement inspiré par les premiers *Essais* manuscrits de Locke dont Tyrrell avait la garde : en critiquant Tyrrell, Locke ne critiquait-il pas ses propres positions initiales[2]? Dans son œuvre ultérieure, Locke développera l'argument par la contingence de l'être humain[3], (ici déjà juxtaposé à celui du dessein), qui convient beaucoup mieux au nominalisme de la maturité.

Ainsi sur deux thèmes fondamentaux de ce premier texte, le rapport de l'obligation et du contenu, le rapport de l'expérience et de la raison, Locke sera amené à évoluer. Cette évolution ne vient pas uniquement des exigences de la pratique; est également en jeu la dimension épistémologique des problèmes (raison et obligation, raison et expérience). L'évolution de la réflexion de Locke sur les savoirs de la nature sera liée à l'évolution de sa conception des fondements de la morale. Et dorénavant l'expérience qui servira de base à la démonstration morale ne pourra plus être la même.

* * *

1. *Le* Draft A *et les idées complexes.*

Les *Drafts*, reprennent ce passage des données sensibles aux affirmations morales; mais ils déplacent définitivement la forme d'intervention de l'expérience : désormais l'expérience n'interviendra plus d'abord pour fournir matière à une preuve de l'existence de Dieu. Elle interviendra principalement pour fournir les éléments permettant de composer les modes mixtes moraux, ces idées morales qu'il s'agira de comparer avec les idées morales constituant l'énoncé de la loi

1. Cf. lettre à T. Molyneux du 20 Janvier 1693, *Correspondence*, n° 1593.
2. Tyrrell, *A Brief Disquisition of the Law of Nature*, 1692; sur les rapports avec les premiers *Essays*, cf. *op. cit.*, p. 85-88.
3. Cf. par exemple l'exposé clair de ce point par F. Spitz dans l'introduction à Locke, *Morale et Loi naturelle*, Paris, Vrin, 1990.

morale. Elle interviendra aussi, sans recevoir dans le texte de Locke la dénomination d'expérience, pour fournir une base affective et subjective, expérientielle donc, à l'obligation objective. Elle intervient enfin pour confirmer la vérité des démonstrations morales et mathématiques, thèse qui dès le *Draft B* sera corrigée au profit d'une conception plus *idéaliste* de la validité de la démonstration mathématique et morale[1]. Ainsi les *Drafts* inaugurent une forme d'analyse qui demeurera primordiale jusque dans les derniers écrits de Locke. Certes l'inachèvement des œuvres, aussi bien des *Drafts* que de l'*Essai*, l'importance prise par des questions considérées comme annexes au départ, telles celle du langage, laisseront le lecteur sur la route : la formulation de la Loi Naturelle, la preuve de son caractère contraignant et la mise en correspondance avec la règle personnelle ne seront vraiment résolues que par une voie autre : la critique de la Révélation.

Dans sa première partie, portant sur l'origine des idées, le *Draft A* analyse les deux sources des idées simples, mentionne leur association en espèces, mais s'arrête plus longuement sur les relations et notamment les relations morales[2]; au cours de cette analyse des relations, Locke revient à une notion d'espèce, l'espèce *homme*, qui l'intéresse particulièrement, ce qui se confirmera tout au long de l'*Essai*. L'analyse de cette espèce précise a une connotation morale évidente : le stoïcisme et toute la théorie du droit naturel que l'on vient de rappeler nous ont en effet appris que c'est de l'examen de ce concept que dépendait pour une bonne part l'établissement de la morale. De plus, nous savons par la lecture de l'*Essai* que la preuve de l'existence de Dieu, qui sert à établir le caractère contraignant de la loi, partira dans cet ouvrage de ce même concept d'homme : celui-ci remplace l'impossible idée d'un monde cosmologique ordonné; et c'est en grande partie autour de cette question centrale pour la morale naturelle et la théologie des fins dernières que tourneront les différentes objections et réponses. L'analyse des relations proprement morales, par laquelle le *Draft A* poursuit son inventaire, s'attarde à la composition de ce qui sera plus tard désigné comme le mode mixte, et aux difficultés linguistiques engendrées par l'équivocité sans référence du langage moral, référence autre que celle de la loi. Ainsi se dévoile

1. *Draft A*, § 12; cf. l'analyse de R. Brandt ('Observations on the first Draft of the Essay Concerning Human Understanding', *John Locke, Symposium Wolfenbüttel 1979*, ed. R. Brandt, Berlin, de Gruyter, 1981, p. 25-42), dont je rejoins les conclusions sur la fonction éthique de l'*Essai*, et sur la progression à travers les œuvres d'une recherche méthodologique sur ses principes; je ne reprends pas ici ses analyses sur le *Draft A*, complémentaires des miennes.

2. *Draft A*, § 3 et 4.

le sens de la structure ultérieure de l'*Essai* : le *Draft A* mélange trois études (composition de l'idée morale, mise en relation de celle-ci avec la loi pour en dégager le concept de bonté morale, et enfin langage de la morale) que l'*Essai* distinguera en trois étapes, séparées par plusieurs chapitres ; si Locke étudie les modes mixtes et les oppose ensuite aux idées complexes de substance, c'est que cette étape est indispensable pour aborder clairement les relations morales, relations morales qui vont clore la partie constructive du livre II.

* * *

2. *De la relation morale au mode moral.*

A travers l'analyse du concept de relation, le *Draft B* met plus nettement encore en évidence l'importance accordée à l'entendement. La relation y est importante pour trois raisons : d'abord son étude occupe une part importante des *Drafts* ; ensuite dans le *Draft B*, de nombreuses corrections sur ce point témoignent d'un évolution de Locke aux conséquences intéressantes : l'idée positive anticipe sur ce que sera la substance, l'idée de relation est la préfiguration de ce que sera l'idée de mode mixte ; enfin la relation est un élément essentiel de l'élaboration de la loi morale, sinon de toute connaissance, on l'a déjà dit[1].

1. La relation est examinée par trois fois dans le *Draft B* : une première fois dans l'analyse de l'idée et deux fois lors de l'analyse de la connaissance. Dans la première, Locke étudie la comparaison, qui produit notamment les idées simples de mesure et de nombre. La géométrie est la considération de deux étendues perçues par les sens, et leur comparaison grâce à une mesure numérique précise, distincte de la mesure *mécanique* (c'est-à-dire par superposition) (§ 42). L'importance de la comparaison tient à ce que, par son intermédiaire, la science se met en place dès le niveau de l'idée simple : « vous trouverez que j'ai raison d'en traiter séparément, puisqu'elle est le fondement et la base de toute mathématique et de toute certitude » (§ 26). La thèse de cette époque est aussi simple que claire : toute connaissance, et ce dès la constitution de l'idée simple, doit procéder de la comparaison, de la relation, car la relation est lieu unique de mesure et de certitude.

La seconde partie de l'ouvrage porte sur la connaissance, elle-même divisée en deux temps : connaissance des idées simples et connaissance des idées complexes. Or chaque temps est lui aussi centré sur la relation. La connaissance par idée simple d'abord traite du problème de la relation par une étude circonstanciée (§ 41-52) de la comparaison à l'aide du nombre ; le caractère discret et précis du nombre lui permet de servir d'adjuvant à la démonstration géométrique et l'idéal serait qu'il puisse servir de mesure à toute connaissance d'idée simple (§ 52).

La connaissance portant sur les idées complexes, et notamment la connaissance morale (§ 151, p. 136), se fait elle aussi par considération de relations. La

Parmi les relations étudiées dans le *Draft B*, Locke commence par la durée et la distance (relations affectant les idées simples de temps et d'espace, mais intéressant aussi la morale et la théologie par le biais de la question de l'infinité et de l'éternité). La précision et l'exactitude ne posent pas problème ici car la mesure est offerte, et à condition de poser correctement les questions de l'infini, la connaissance y est assurée. La relation de causalité quant à elle est inconnaissable, car inobservable : l'on ignore son fondement ontologique faute de connaître la nature corpusculaire des substances mises en relation[1].

Qu'en est-il de la morale : les éléments du discours moral sont-ils des relations au même titre que les éléments de la géométrie ? La définition générique du meurtre est-elle produite comme la définition de telle longueur, par intervention d'une mesure ? Thèse qui serait intéressante, car elle permettrait d'introduire l'exactitude dès la constitution des termes du discours moral. Locke semble avoir dans un premier temps penché pour cette façon de comprendre l'importation de la méthode géométrique en morale. Mais la thèse se révèle insoutenable : le terme moral n'a pas d'unité de mesure qui le constituerait comme tel ; il n'est pas en lui-même relatif ; l'unité de mesure ne constitue pas l'idée morale, comme elle constitue l'élément géométrique, droite ou angle. La relation ne s'introduira donc vérita-

transition de l'idée complexe de substance à l'idée de relation se fait à travers l'analyse du mot et la comparaison entre la substance et la relation ; la substance est peu claire mais son nom est déterminé ; la relation inversement est claire mais son nom est indéterminé (§ 100, p. 241-242) : les idées de relation sont produites par l'esprit humain qui assemble les idées simples à sa guise, avec une profusion de termes pour les désigner ; cette profusion d'idées et de mots engendre différents problèmes : quel est le lien entre cette production individuelle et l'origine culturelle ? Comment remédier, demande Locke de façon plus développée que dans le *Draft A*, à l'imprécision qui rend la communication difficile (significativement, Locke prend comme exemple de communication difficile les termes de relations morales : dévotion, modestie, fourberie, vengeance et aussi grâce, foi, église) ? L'imprécision de ces termes moraux et religieux est source de toutes les incompréhensions entre langues et entre traditions diverses (§ 96).

L'analyse du mot manifeste l'origine de l'intérêt de Locke pour la relation : le mot est l'occasion sinon la cause du regroupement en idées complexes de plusieurs idées simples (§ 74 p. 175 et § 79). Mais, puisqu'on commence par l'idée (ou le mot) en morale, alors qu'on commence par la chose pour les substances (§ 158), l'idée complexe a un statut différent quand il s'agit de substances et quand il s'agit de relations. Ce statut différent est exprimé à travers la dichotomie positif / relatif : l'idée positive (ou absolue, comme l'idée de substance) est opposée à l'idée relative (§ 97) ; et celui qui connaît l'*Essai* s'étonnera que soit exprimé ainsi ce qu'il sait devoir être exprimé plus tard à travers l'opposition de la substance et du mode mixte.

1. *Draft B*, § 154.

blement en morale qu'avec la mise en rapport du terme moral déjà constitué avec la Loi. Le mode moral paraît trop lié à l'inexactitude, à la fluctuation du vocabulaire; et la précision géométrique se cantonne au domaine où la relation subsiste, dans la mise en relation de termes moraux entre eux et avec la Loi.

Cette interprétation, qui demanderait à être confirmée, s'appuie sur l'édition critique du *Draft B*, qui distingue les diverses couches rédactionnelles du brouillon : elles trahissent le passage de la notion de relation à celle de mode. Dans sa première rédaction, le *Draft B* n'utilise pas le terme de mode; celui-ci n'apparaît que lors de corrections[1], où *actions morales* remplace dans certains cas *relations*[2]. Par ces corrections, Locke distingue la relation proprement dite (la notion de père) de ce qui devient une simple idée complexe (la jonction de l'idée d'homme et de l'idée de mort, pour composer l'idée positive de meurtre). Il est significatif que, parallèlement, Locke transforme ce qu'il appelait relations de temps et d'espace en *idées simples* de temps et d'espace[3] qui autorisent la mise en relation que sont la durée et la distance et leur mesure.

Par ces corrections, Locke distingue deux moments dans la connaissance; un moment de constitution de l'idée positive, et un moment de mise en relation. Le temps est une idée simple positive permettant la relation qu'est la durée; de même, en morale, l'idée morale est constituée comme idée positive avant d'être mise en relation. La relation morale ne subsiste en morale que lors de la comparaison des idées complexes positives avec la Loi; de ce fait l'exactitude échappe à la première étape, pour se cantonner dans la seconde. L'*Essai* explicitera cette distinction, opposera la constitution du mode mixte et le jugement de rectitude par mise en relation avec la Loi; il insistera même sur la distinction des deux étapes, soulignant que seule la seconde étape appartient en propre à la morale; la première étape est commune à tout savoir, dénuée de valeur morale, *neutre* en ce qu'elle n'est que constitution d'idées complexes; mais à l'origine, dans les *Draft A* et *B*, les deux étapes, sous le couvert de la relation, participaient, au même titre, de la réflexion morale.

1. *Draft B*, § 59, p. 140, note 3; § 79, p. 180 (modes moraux); § 97, p. 235-236, § 99, p. 242, etc. Dans ces corrections, il n'est pas encore question de distinguer mode simple ou mixte : le mode n'est que la modification d'une idée simple principale (sa cause, sa quantité... : la figure pour l'étendue).

2. *Draft B*, § 155 à la fin (p. 320, note 1); et § 156 (cf. *Ibid.*, p. 321, note 5).

3. *Draft B*, § 104 à 106 (cf. note 1, p. 250) et § 129.

Les critiques de Locke ont repéré dans le texte définitif des traces de cette ancienne parenté, eux qui affirmeront que sous couvert d'une analyse de la formation du vocabulaire moral par la tradition, la coutume et l'éducation, Locke établit déjà une morale relativiste, qui subsiste par elle-même antérieurement à toute Loi. Même si le propos de Locke demeure toujours l'établissement de la Loi Naturelle, il est vrai que, dans sa recherche de l'origine du discours moral, la constitution des éléments du discours a pris une telle importance qu'elle paraît subsister pour elle-même, jusque dans les œuvres qui distinguent explicitement le mode mixte et la mise en relation.

Que conclure de cette observation sur l'évolution des concepts utilisés par Locke ? Que nous apporte de savoir que ce qui est mode mixte dans l'*Essai* a été initialement pensé comme relation ? On peut y voir d'abord une explication de l'appellation étonnante de mode. Si l'on s'en tient au sens classique de *mode*, on ne voit pas en quoi la gratitude ou le triangle peuvent être dits modes, c'est-a-dire attributs ou accidents, d'une substance quelconque, et Locke qui s'excuse de cet emploi, s'en rend compte[1]. Grâce au *Draft B*, on comprend que dans un premier temps, ce qui deviendra mode n'était que mise en relation de substances ; or toute relation est pour Locke une qualification introduite par l'esprit, donc extérieure, accidentelle, de deux substances : *paternité* est un mode (inessentiel) qualifiant plusieurs *substances*, dénommées *hommes*. De cette origine découle la détermination suivante : *gratitude* et *triangle* ont pour référents ultimes des êtres substantiels ; *gratitude* est une idée inspirée par la concaténation d'idées particulières issues d'individus particuliers ; Locke dira explicitement quel est de même le statut modal du triangle, qui n'est ni scalène ni rectangle, en un texte que depuis Berkeley on comprend souvent à tort.

Deuxième information : comme toute relation, l'idée morale a pour origine une idée simple. L'idée morale, et l'idée d'infini avec elle, sont réduites à leur origine sensible et *sécularisées* : la relation morale, aussi élevée soit-elle, a pour origine nos sensations et nos réflexions[2] : les relations qui paraissent les plus éloignées des sens, sont pourtant « fondées en eux, et ne sont que des considérations relatives de ces idées simples reçues par cette voie ou par la réflection »[3]. Tout ce qui constitue un mode mixte vient donc soit de l'idée simple, soit de la considération ou mise en relation. Ce qui ne

1. *E.* 2.12.4.
2. *Draft B*, § 145, 153, 161. Locke insiste.
3. *Draft B*, § 145 ; cf. aussi § 99 et 100.

vient pas de l'idée simple, ne peut donc venir que de la considération, et réciproquement. Ceux qui prétendent que la morale vient de l'expérience ne peuvent donc y trouver que ce qu'offre l'idée simple, rien de plus.

Et donc, troisième point, ce qui ne vient pas de l'idée simple vient d'un acte de l'entendement qui met en relation. La relation est extérieure à l'idée simple, elle est extérieure aussi à l'idée complexe de substance qu'elle met en relation : la relation, et le mode mixte, lui sont attribués par une libre décision, sans être nécessités par la nature de la substance : la substance *homme* n'implique pas la relation *père*; *père* est une mise en relation attribuée par le langage et la pensée humaine à une substance; et si la morale réside dans la mise en relation, elle ne peut procéder de la substance même, mais de l'entendement qui met extérieurement en relation les substances. Cette artificialité du mode, empruntée à la relation, le libère de tout poids ontologique : le mode n'a d'existence que dans la pensée de celui qui le constitue. Se trouvent ainsi reléguées dans l'incohérence toutes les morales qui prétendent s'appuyer sur la vérité objective : vérité de la substance connue d'une part, vérité de la substance qui contiendrait en elle une essence la mettant en relation interne avec les autres substances ensuite. Le relativisme moral semble en découler immédiatement : les critiques de Locke, tels Lady Masham, Lowde, Becconsall, Lee n'ont pas manqué de le relever; ils auraient raison si la perte du caractère ontologique n'était compensée par l'appel à la relation de rectitude.

De la relation, l'idée morale a conservé également la clarté : comme l'idée de relation, l'idée de mode est plus claire que l'idée de substance : alors que la connaissance des substances est hors d'atteinte, la connaissance des relations morales est ouverte au philosophe, à condition que l'on sorte du langage privé et que l'on fasse l'inventaire complet de l'idée (au moins en son aspect concerné par la relation, comme il le précisera dans la controverse avec Stillingfleet). C'est même cette origine relationnelle du mode qui justifie véritablement la possibilité ultérieure de science démonstrative des modes moraux. Toute relation est en effet mise en rapport de deux idées issues de l'expérience; or la comparaison ou la mise en relation de deux idées est faite au mieux par l'intermédiaire du nombre, qui est un critère universel dépassant toutes les particularités et dont sort toute certitude[1]. La science la plus certaine a donc à la fois une origine empirique, singulière et privée, de par la constitution des idées (des

1. *Draft B*, § 52.

idées complexes de substance issues des idées de sensation ou des idées de modes mixtes issues des idées de réflexion), et une indépendance de l'expérience, une ouverture à l'universel et à la certitude, grâce à la mise en relation de ces idées par un acte de l'esprit, dont le modèle est la comparaison par le nombre-mesure. Se rendre compte que nos idées sont limitées par l'expérience, mais aussi que nos mises en relation sont déterminées non par l'expérience, mais par l'interprétation humaine codée grâce à la mesure, c'est la condition d'une science possible mais limitée des relations et donc des sciences pures que sont la géométrie et la morale.

Insistons sur ce point fondamental. La géométrie, la morale ont en effet pour objet non des entités (les seules entités sont des substances) mais des relations entre entités substantielles. La substance n'est connue que par expérience; ce triangle, cet homme, sont des substances, connues seulement en tant qu'objets observés, en tant qu'idées singulières[1]. Dès que, à l'aide d'une mesure intermédiaire, ces entités sont mises en relation, dès que l'on considère les angles de ce triangle dans leur rapport médiatisé par le nombre-mesure, dès que l'on considère cet homme dans son rapport à autrui ou à lui-même, médiatisé par une considération morale, la substance est considérée sous un de ses *modes*, celui qui la met en *relation* avec une autre substance; comme *homme* devient *père*, ou l'événement anodin devient cause, la manipulation du couteau à l'encontre de telle personne devient parricide, et le parricide devient condamnable ou digne d'éloge. La substance, peu connue en elle-même mais dotée d'un nom déterminable, sert de base à une relation, claire en elle-même parce qu'instituée (et dont le nom est moins certain); par une sorte de chiasme, clarté et déterminabilité s'échangent. La relation s'appuie sur la considération de substances, c'est-à-dire d'idées complexes qui ne sont ni totalement claires ni totalement distinctes; l'entendement peut produire, à partir d'idées confuses sous d'autres aspects, une relation claire s'il s'en tient à un aspect clairement perçu. Ainsi une connaissance (au sens strict) des relations est possible tant que l'on s'en tient à la fois à un aspect clair et distinct de chaque substance prise dans la relation, à la clarté de la relation même, et à l'irréalité de ce qui n'est pas une substance mais une relation.

D'où la dernière caractéristique issue de l'origine relationnelle du mode mixte moral : il pourra être objet de démonstration et de

1. *Draft B*, § 37 : la démonstration du triangle implique l'existence de l'objet extérieur, comme la ligne; il s'agit donc bien d'un singulier, objet de la mise en relation.

connaissance[1]; ou inversement, la démonstration sera pensée sur le mode de l'établissement d'une relation : Locke utilisera un vocabulaire identique pour la relation et pour l'intuition, noyau central de la démonstration : d'une part, le démonstration est une monstration[2], d'autre part, la relation est constituée par saisie de l'*agreement* ou le *disagreement* de deux idées[3] : le vocabulaire qu'il utilisera précisément pour parler de l'intuition dans la démonstration. On retrouvera d'ailleurs avec la démonstration l'ambiguïté de la relation : elle valait aussi bien pour la constitution de l'idée simple que pour la constitution de la proposition. De même, la démonstration (ou l'activité de la raison) portera sur la constitution de l'idée de mode, sur la constitution du système moral à partir d'idées et de propositions enchaînées, et aussi sur la contrainte conférée par la preuve de l'existence de Dieu et de la Loi Naturelle.

* * *

Outre la relation constituant le terme moral, il existe une relation constituant l'acte, le jugement ou le discours moral. C'est la relation à la Loi qui constitue comme morales ces trois entités apparentées[4]; l'*Essai* conservera sous le nom de jugement de rectitude ce seul cas de relation en morale. C'est, dans le *Draft B*, pour arriver à cette mise en relation là qu'a été détaillé tout ce qui précède – et pour l'affirmation qui en découle : puisque idées et règles morales sont composées volontairement à partir d'idées simples, et puisque la règle qui est imposée (par Dieu ou par le législateur) est elle aussi composition d'idées simples, il suffit de comparer les idées composées (relations) de part et d'autre, de percevoir l'accord entre elles et de conformer notre maxime à ce qui acquiert ainsi valeur de loi ou de règle :

> La conformité à cette règle n'est que l'ordonnancement [*ordering*] de l'action de telle manière que les idées simples qui lui appartiennent puissent correspondre à celles que l'on a dans l'esprit;... ainsi, nous voyons comment les notions et les choses morales sont fondées sur ces idées simples que nous avons reçues de la sensation et de la réflexion, et ont pour termes [*terminate in*] ces idées en dehors desquelles nous n'avons dans l'entendement absolument aucun objet de pensée[5].

1. *Draft B*, § 152-155 et 161-162.
2. *Draft B*, § 44, p. 124.
3. *Draft B*, § 154 *in fine*.
4. *Draft B*, § 99 (p. 242-243); § 100, 4°.
5. *Draft B*, § 161. La traduction de *terminate in* est difficile : il est aussi fait appel à la relation logique entre les termes, et le terme utilisé ci-dessus est imparfait

Bref, le discours moral est relation entre l'ensemble d'idées simples reçues de la sensation et groupées en relations morales, et l'ensemble d'idées simples réunies dans l'idée complexe de loi ; et le jugement moral, dont il est plus précisément question dans ce texte, est la mise en relation des idées qui définissent l'acte posé ou à poser, avec les idées qui constituent la loi (indifféremment divine ou humaine pour l'instant).

Le manuscrit se termine pratiquement sur cette affirmation, ce qui mérite réflexion. L'image de la morale qui en ressort est aussi différente de celle donnée par les ouvrages antérieurs que de celle donnée par l'*Essai*. Le lecteur passe directement de la composition des idées à la critique de la connaissance : la morale semble ainsi se constituer uniquement à partir d'une composition d'idées simples, évacuant toute question de raisonnement, de démonstration. La question la plus urgente pour la morale n'est plus la démonstration de l'existence de Dieu à partir de l'expérience de l'ordre (pourtant mentionnée [1]) ; mais elle n'est pas encore la démonstration d'un système moral par invention, grâce à la sagacité, des idées intermédiaires, ce qu'elle devra être selon l'*Essai*. Par rapport aux *Essais sur la Loi Naturelle*, une notion intermédiaire, la mesure exacte, s'insère et modifie la problématique. Si la morale est relation, elle se doit d'imiter les autres savoirs de la relation, telle la géométrie ; l'analogie avec la géométrie, posée par Grotius, reprise dans les premiers textes de Locke se précise ; il ne s'agit pas seulement de modèle abstrait ; il s'agit d'adapter effectivement la méthode en sa spécificité. Or la géométrie est mise en relation du connu et de l'inconnu, par la preuve, par l'intermédiaire. L'intermédiaire de l'arithmétique est précis : le nombre ; d'autres savoirs se servent, dans les relations qui les constituent, de cette même mesure ; comment adapter cette mesure aux relations les plus intéressantes, celles qui constituent la morale ? Comment distinguer clairement la part de constitution des idées et la part de relation dans la morale ? C'est la question sur laquelle s'arrête le *Draft B*, et qui ouvre la réflexion aboutissant à l'*Essai* lui-même.

*
* *

car il ne rend pas cette dimension : «... thus we see how morall notions and beings are founded on & terminate in, those simple ideas we have received from sensation or reflection, besides which we have nothing at all in our understandings to imploy our thoughts about. ».

1. *Draft B*, § 93 j ; 94, 140, 161.

3. *Relation et démonstration.*

La démonstration n'est donc nullement absente de la réflexion des *Drafts* : elle se manifeste par le modèle mathématique analysé; elle se manifeste par la recherche, au-delà des imprécisions du vocabulaire, d'un intermédiaire aussi précis que celui qu'utilise la géométrie quand elle se sert du nombre, qu'utilise la connaissance de la durée quand elle mesure le temps, celui-là même que la démonstration aura pour fonction d'inventer; elle se manifeste par l'importance donnée à la relation, qui est mise en rapport, et monstration de l'*agreement* entre idées par invention de l'intermédiaire. Elle se manifeste enfin par la réflexion sur le statut du nom : alors que la géométrie dépasse l'idée privée particulière par l'image ou le schéma, l'universalité de la morale ne sera atteinte que par le biais du nom qui noue la gerbe des idées simples assemblées; d'où la nécessité d'authentifier ce nom dans son rapport aux idées, pour le mode moral comme pour la substance. Ainsi prennent forme les *excroissances* des livres II et III de l'*Essai*, excroissances qui se situent ainsi comme liées au problème moral : le *Draft B* amplifie une découverte du *Draft A* qui disait déjà :

> Tout cela [la démonstration à partir de termes définis nominalement], [se fait] sans aucune connaissance de choses existant hors de nous; et en faisant par là des démonstrations et des propositions verbales certaines et indubitables, et pourtant en ne parvenant nullement à la connaissance de la vérité des choses. ... J'ai commis une erreur sur la règle et le nom de l'action, non sur la relation de la règle à l'action, relation qui est accord ou désaccord. Mais l'origine de la faute est dans l'idée erronée que nous avons choisie[1].

On aura saisi qu'avec la *relation* se joue dès le niveau de l'idée la question de la *démonstration*; la mise en relation est la découverte de l'idée intermédiaire, nécessaire à la démonstration selon l'*Essai*. On aura saisi également ce qui fonde l'intérêt de l'analyse contrastée de la substance et de la relation, telle qu'elle s'inaugure dans ce *Draft*. La substance, c'est l'objet de la réalité dont on a des idées *positives*; cette connaissance demeure connaissance du singulier, connaissance de faits; la connaissance du général et du normatif passe par la connaissance de relations (de la relation d'identité qui fait l'idée générale, jusqu'à la relation de rectitude, qui fait la notion morale). Mais l'idée de substance est indispensable à l'existence de l'idée relative : aucune

1. *Draft A*, § 27 et § 24.

idée de relation ne peut exister sans elle[1]; sur ce point porte l'insistance essentielle de Locke; elle limite la prétention dogmatique des relations, et donc des idées morales. Mais il faut rappeler aussi l'implicite dans la thèse : la substance ne produit pas par elle-même de relation; individuelle, singulière et peu claire, elle ne peut d'elle-même déboucher en comparaison, en généralité et en évidence claire; il ne peut donc y avoir de relation morale engendrée par l'idée de substance d'homme : y manquent le statut de relation, la clarté de l'idée et l'universalité possible.

Ainsi, avec les *Drafts*, le problème de la Loi Naturelle est-il déplacé; peut-être s'agit-il toujours de fonder cette loi, de s'appuyer sur la preuve de l'existence de Dieu, mais ceci ne paraît plus dans le texte; en revanche, une nouvelle question surgit, préliminaire : la formation de la relation, constitutive de la pensée morale, par l'entendement de chaque individu; et, puisque la relation n'a pas d'archétype naturel, la relation établie par chacun doit être comparée à celle opérée par d'autres individus, ou opérée par tel ou tel système de loi. La pensée de la relation prend toute la place, au point d'englober des analyses qui plus tard devront relever de ce qui est relié : les modes mixtes. La question est issue de la prise de conscience centrale de ce que toute loi est conçue par des hommes[2] : puisqu'on ne reçoit pas la Loi Naturelle toute constituée comme une évidence immédiate, puisqu'on en construit les termes à partir de l'expérience, il n'y a pas de démonstration de la Loi Naturelle qui n'ait à se préoccuper des mots, des idées simples, et de la constitution antérieure des modes mixtes. La difficulté nouvelle est d'accorder la relation que je fais moi-même entre diverses idées simples, la relation faite par autrui entre ces idées, et la relation faite par ceux qui énoncent la loi avec autorité, quelle que soit par ailleurs cette loi; le problème pour les *Drafts* est celui d'une relation de relations.

Il est vrai que le désaccord sur la morale était à l'origine de la réflexion de Locke et que c'est pour résoudre ce désaccord que l'on cherchait à fonder. Auparavant le désaccord était réglé par l'expérience de l'ordre divin, de l'autorité divine; désormais ce désaccord

1. *Draft B*, § 98 : « It were very easy to give instances in all sorts of things & Ideas before mentioned... & shew in each the foundation of the Relation. But this being beside my present purpose which is not to treat at large of Relation but only to shew what kind of Ideas they be which are soe called, How the minde comes by them & That these Ideas terminate in and are made up of Collections of simple Ideas ... & however remote they may seeme from sense or Reflection are yet found in Ideas derived from them. ».

2. La boulimie de récits de voyage est liée à cette prise de conscience, qui transparaît aussi dans la critique des principes moraux.

est pris en charge en tant que tel ; il s'agit de partir de l'expérience diverse du monde et de considérer comment se constitue la norme universelle ; de confronter les idées de substances, et les idées morales que chacun construit ; de voir aussi comment peuvent s'ajuster entre elles ces idées et ces relations, comment elles peuvent s'accorder avec celles des autres hommes, puis avec celles des diverses autorités. Comme si la démarche de fondation de la loi naturelle sur Dieu et sur l'essence de l'homme passait au second plan : à considérer le monde *etsi Deus non daretur*, on en vient à considérer comme pôles de référence pour une morale, l'expérience et la raison. Et dans cette nouvelle tâche, légèrement décalée par rapport à la première, (non seulement prouver la Loi Naturelle, mais aussi pointer comment on en constitue humainement la notion), Locke traite du passage de la pensée non rationnelle à la pensée rationnelle. L'entendement doit intervenir pour régler cet usage civil et non philosophique du langage et des idées. Dans les *Drafts*, l'analyse de la morale opère sur le jeu entre idée simple et idée complexe, entre substance et relation ; et l'importance de cette nouvelle question, la constitution des relations morales en elles-mêmes, capitalise tout l'intérêt[1]. L'*Essai*, qui est analyse des conditions du raisonnement (idée, mot, nature de la démonstration), résulte de cette importance donnée par les *Drafts* aux préliminaires épistémologiques de la morale

Ce déplacement a des conséquences, qui sont loin d'être négligeables, sur la structure ultérieure de la réflexion.

D'abord et par dessus tout : le lien mis entre la morale et le langage. C'est ici que Locke sera le plus original. Sur tous les autres points – critique de l'inné, importance du sensible, nécessité d'une déduction, place de l'entendement en morale – Locke a pu avoir des prédécesseurs : Malebranche, Gassendi, Grotius et Pufendorf notamment. Là où il innove, et a conscience de le faire (puisqu'il affirme ne pas avoir eu conscience du problème avant de commencer, donc avant ce brouillon qui précède de vingt ans la publication), c'est dans la prise en considération de la coutume, de l'éducation, de la réalité, qui aboutissent au traitement linguistique du problème. Certes, les questions de langage étaient travaillées de façon traditionnelle par les logiciens-grammairiens scolastiques, et autour de lui par Hobbes, Wilkins, et les milieux de la Royal Society où l'on rêvait d'une langue parfaite ; mais Locke a poussé plus loin que d'autres la réflexion sur la genèse du langage moral : l'ampleur qu'il donne aux esquisses tentées avant lui, fait l'intérêt de son œuvre.

1. Cf. les traces en *E*. 3.5.16.

Deuxième conséquence : avec ce déplacement d'intérêt, s'opère une transition qui va rendre la pensée de Locke plus complexe – et du même coup plus intéressante. Critiquer la morale n'est pas nécessairement établir une démonstration neuve sur une terre vierge[1] : il ne s'agit pas de convaincre des individus non prévenus de l'existence d'une Loi Naturelle. La morale est pour l'essentiel déjà présente, inculquée par une société. Ce qui fait défaut, c'est le fondement qu'on lui donne, et les conséquences annexes qu'on en tire; annexes pour la morale, mais essentielle pour la vie sociale : l'intolérance morale et religieuse rendent la vie civile impossible. L'erreur précède la démonstration. Il y a donc à traiter cette difficulté, à s'occuper de la genèse effective, telle qu'elle se donne dans le langage, et non seulement à s'occuper de fondement théorique. C'est un des intérêts de Locke d'avoir tenté de mener de front ces deux tâches : expliquer la genèse effective et la corriger, fonder théoriquement, tout en demeurant dans l'empirique. La sécularisation de la pensée exigeait que le fondement soit donné dans l'expérience et dans la raison seules.

Troisième conséquence, qui en découle : l'importance donnée à la constitution de l'idée puis à la relation autoriseront le rejet de la démonstration de l'existence de Dieu et de la validité de la loi divine à un niveau secondaire : si la question à traiter en priorité est celle de l'erreur, si l'erreur se situe dans la constitution des relations et des termes de cette relation : idées de substance ou de modes mixtes (qu'est-ce qu'un homme, qu'appelle-t-on homme, qu'est-ce que cette *espèce*, quelle différence entre cette substance et le terme moral ?...), si l'important est de passer de l'usage civil à l'usage philosophique du langage, la déduction de la Loi Naturelle pour elle-même devient une question secondaire, qui échappe aux limites de l'*Essai*, et qui peut être laissée à d'autres instances, comme la religion. Le travail philosophique le plus urgent porte sur l'idée, l'abstraction, la composition des modes mixtes, le rapport entre mot et idée, le statut de la raison, avant que d'autres questions ne se découvrent.

D'où, dernière conséquence, il se justifie que la tâche de l'entendement régresse de la déduction des propositions à la constitution des idées et à l'explicitation du rapport entre idée et mot. Dans les dernières rédactions de l'*Essai* Locke attribuera ouvertement à la raison cette fonction d'œil universel, qui juge de tout. C'est cette présence universelle qui lui permet de se situer non plus seulement

1. En ce sens, la pensée n'est jamais pour Locke une *tabula rasa*. On songe évidemment à la remarque de Kant sur sa *Critique de la Raison Pratique* (préface, note, éd. Picavet, Paris, P.U.F., 1960, p. 6.)

comme raison instauratrice, mais aussi comme raison critique. Composer selon la raison ce qui existe, le considérer comme un artifice, c'est reconnaître les signes du naturel. De même que l'entendement intervient dans la psychologie du choix moral, sous la forme du suspens critique[1], de même dans le travail plus théorique de la définition de la Loi Naturelle, l'entendement fait d'abord œuvre de critique du langage et des traditions.

* * *

1. Voir partie suivante.

CHAPITRE 9

L'*ESSAI* ET LA DÉMONSTRATION MORALE

Dans l'*Essai*, l'idée complexe se décompose désormais explicitement en modes, substances, et relations. L'importance donnée au mode permet de décharger la relation de certaines analyses dont elle était surchargée dans la première rédaction du *Draft B* : l'espace, le temps, le nombre deviennent des modes simples et ne sont plus des idées de relation[1]; de même, les modes simples moraux que sont le plaisir et la peine, le bien et le mal. En outre existent désormais des modes mixtes, qui rassemblent « la plupart des termes utilisés en théologie, morale, droit, politique et plusieurs autres sciences. »[2]. Les idées complexes forgées sans archétype externe sont appelées *modes* et considérées indépendamment de toute mise en relation, même si la plupart de ces idées ont en fait été constituées auparavant par une mise en relation; elles rejoignent en ceci les idées de substance, qui sont l'effet de relations entre particules microscopiques et qui n'apparaissent pas moins comme positives plutôt que relatives.

Cette double réorganisation déplace la parenté de la géométrie et de la morale. Les idées géométriques et pratiques existent désormais avant d'être mises en relation par démonstration. Locke insiste sur ce point et voit dans la confusion, en morale, entre mode positif et mode mis en relation avec la loi, la source d'erreurs importantes; on confond alors deux champs : le positif et le relatif, l'expérimenté et le

1. *E.* 2.12-16. Même si beaucoup d'aspects demeurent obscurs, la relation est un élément fondamental de la pensée lockienne. Le peu de place laissée à la relation dans l'*Essai*, l'ignorance où nous sommes de son rapport à la relation effective des choses, contrastent avec la place qui lui revient en fait dans la pensée. Sur ce point voir M.R. Annand, 'A Critical Examination of Locke's Theory of Relations', *Calcutta Review*, 3, 37, Nov.-Dec. 1930, p. 209-229 et J.M.Vienne, 'Locke, De la relation au mode : la genèse de la morale *more geometrico*', *Hobbes et Locke*, sous la direction de Y.C. Zarka, à paraître, 1992.

2. *E.* 2.22.12.

justifié, le plaisir et le Bien-en-soi[1]; critique qui semble viser les dogmatismes, qui évitent de spécifier l'acte pour lui-même, et incluent le jugement moral dans la description positive de l'acte. Locke insiste d'autant plus sur ce point qu'il semble lui-même l'avoir découvert sur le tard, lors de la rédaction du *Draft B*. Certes l'idée positive de l'acte moral existait déjà selon le *Draft B*, mais sans recevoir d'abord la qualification de mode mixte : il s'agissait d'une relation déjà morale, qui recevait par la relation de rectitude le qualificatif de vertu ou de vice[2]. Dans l'*Essai*, le jugement moral proprement dit est réservé à la relation ultime de rectitude, qui seule confère la moralité à des notions d'abord a-morales. Il y avait dans le *Draft B*, élaboration d'un intermédiaire, élément de la science : unité de mesure en géométrie ou idée morale; dans l'*Essai* au contraire, la comparaison succède à l'établissement d'idées positives autonomes : le nombre, l'idée abstraite de triangle *subsistent*, avant la comparaison entre les éléments du triangle; de même, le mode mixte moral est posé explicitement et nettement distingué de sa mise en relation avec une loi (relation de rectitude). C'est pourquoi dans l'*Essai*, Locke traite en un premier temps des modes mathématiques et moraux pour eux-mêmes, ce qui produit, entre autres, l'excroissance des chapitres sur le plaisir et sur le *power*; il s'occupe ensuite seulement des relations, la relation de cause d'abord pour reprendre discrètement l'affirmation du *Draft A* : la science de la cause est impossible. Les relations de temps et de lieu, ensuite, délimitent la géométrie et (mise à part la relation d'identité à laquelle est accrochée la question morale, juridique et théologique de l'identité personnelle) seule la relation morale est considérée attentivement.

De ce fait, la morale est examinée, dans le livre II, en deux temps qui, chacun, permettent d'énoncer un modèle spéculatif sur lequel est pensée la réflexion morale : d'abord comme idée, en tant que mode – et les modes d'espace, de temps, de nombre aident à penser le mode moral[3]; puis comme relation de rectitude[4].

* * *

1. *E.* 2.28.16 : on dispose d'un seul nom pour désigner l'acte positif (meurtre) et sa qualification morale par mise en relation avec une loi.

2. *Draft B*, § 156.

3. *E.* 2.22; 2.17.7.

4. *E.* 2.28 – sans compter le chapitre 21, qui pose un problème spécial, examiné ci-dessous.

1. *Morale et analyse du langage.*

Héritier de la relation, le mode mixte reçoit un traitement privilégié, que les commentaires de la pensée de Locke, tournés vers la théorie de la science, rendent rarement. Loin d'être centrés sur la connaissance des substances, les livres II et III de l'*Essai* paraissent faire part au moins égale aux deux ordres d'idées. Ainsi, c'est par opposition de l'une avec l'autre que le mode mixte et la substance sont caractérisés : sous l'aspect de l'idée (livre II) ou sous celui du mot (livre III), modes mixtes et relations sont ensemble opposées à la substance et retrouvent à cette occasion leur parenté d'origine[1] : l'artifice du mode mixte et de la relation s'oppose à la constitution interne (cachée) de la substance; mais en même temps, l'essence nominale de la substance permet de mieux saisir ce qu'est l'essence, réelle et nominale à la fois, du mode mixte. Enfin la référence de la substance à l'archétype du réel permet de comprendre les avantages et les inconvénients de n'avoir qu'un archétype interne pour la morale. Liberté de constitution, caractère idéal, ont pour contre-partie l'exigence d'un législateur qui, par la sanction, donne réalité à ce qui n'est autrement que jeu sur les idées sinon sur les mots[2].

Deuxième caractéristique du mode mixte : c'est à travers sa constitution que se fait, pour la première fois (dans le livre II), l'appel à la réflexion sur le langage (élaborée au livre III)[3]. L'essentiel du traitement du mode mixte relève même, en fait, du livre III, c'est-à-dire de l'étude du mot; ce qui amène Locke à dévier de la présentation synthétique, habituelle jusqu'ici : les idées complexes peuvent être formées non par synthèse à partir de l'idée simple, mais par analyse du mot imposé par la culture[4]; reconnaissance implicite de la nécessaire analyse préliminaire à la synthèse, et dont Locke ne donne dans le livre III pas d'autre témoignage que la critique des abus du langage, exposée après et non avant la synthèse. Certes, tout homme a théoriquement comme Adam la liberté de construire à sa guise les termes (sous réserve du respect de l'archétype externe pour les substances), mais il est permis de se demander « si l'on peut imaginer le moindre (initiateur du langage) ». En fait,

> Là où les gens en société ont déjà institué entre eux un langage, la signification des mots doit être modifiée très prudemment et très

1. *E.* 3.5.16 : « what has been said here of mixed modes, is with very little difference applicable also to Relations... ».
2. Voir section suivante.
3. Cf. aussi 2.16.5, à propos du nombre.
4. *E.* 2.2.5.

> rarement. [car] les hommes ont déjà des noms pour leurs *idées*, et l'usage commun a déterminé des noms connus pour certaines *idées*. Aussi, dans la communication avec autrui, il est nécessaire de conformer les *idées* que nous remplaçons par des noms d'une langue, à leur signification spécifique attestée [ou que nous déclarions la nouvelle signification].[1]

Dans la réalité, le mot précède le plus souvent l'idée. La société propose les mots, et le mot *produit* l'assemblage dans l'esprit de l'auditeur, comme l'affirmait Locke dès ses premières réflexions dans le *Draft A*. Les coutumes, les tempéraments, modifient également la signification des mots[2]. On pourrait objecter que ces arguments permettent à Locke d'insister au contraire sur la priorité de l'idée : chaque mot doit être référé à son idée; mais cette priorité logique de l'idée n'est revendiquée que parce qu'en fait pour chaque individu la priorité chronologique revient au mot : ces idées sont reçues à travers le mot.

Les idées de modes mixtes sont les premières concernées par cette inversion de l'ordre d'acquisition. Les noms de modes mixtes précèdent (et produisent) le plus souvent les idées. Chacun ne produit en ce domaine que les idées de modes correspondant aux mots que lui fournit son groupe social. Ainsi, dans un texte où il traite de l'acquisition des modes mixtes, Locke présente successivement trois formes d'acquisition : l'observation du vécu[3] d'abord, l'invention arbitraire dont il était question dans les premières pages du livre III ensuite, et enfin,[4]

> le moyen le plus habituel : l'explication du nom d'actions que nous n'avons jamais vues ou d'actions que nous ne pouvons voir et l'énumération, pour ainsi dire la présentation devant l'imagination, des idées qui servent à constituer ce nom, et qui en sont les parties intégrantes.

Un texte ultérieur corrige cette classification : ce que l'observation apporte, c'est en fait non pas un mode mixte, mais l'idée simple ou l'association possible d'idées simples; et le texte ajoute, plus clairement encore que le précédent :

1. *E.* 3.6.51. Locke a lui-même voulu observer cette exigence autant qu'il était possible (et jamais personne n'y parvient totalement, ne serait-ce que Locke, avec le terme *idée* par exemple, qu'il prend soin pourtant de mettre systématiquement en italiques).

2. *E.* 3.9.22.

3. Mais l'exemple donné, la lutte, montre qu'il y a erreur de classement, car la lutte est un mode simple, comme tout objet d'expérience.

4. *E.* 2.22.9.

> Mais quant aux modes mixtes, et spécialement les plus importants d'entre-eux les termes moraux, le son en est d'habitude appris le premier; et ensuite, pour savoir quelles *idées* complexes ils remplacent, soit on dépend de l'explication d'autrui, soit, ce qui arrive pour la plupart, on en reste à l'observation et à l'application[1].

De la même manière, Locke reconnaît que pour certains termes, comme celui de *Triomphe*, l'association d'idées est tellement complexe, que ces idées ne sont unies dans l'esprit que de façon incertaine; seul le nom assure l'unité effective des idées et «nous sommes capables de les [les idées] annexer aux noms qui les excite en nous»[2] : aveu clair que dans la pratique courante du langage, c'est à dire mise à part la création, c'est du mot à l'idée que se fait le passage. L'exemple privilégié de l'Ecriture manifeste également qu'en matières morales le mot est premier et la tâche de la pensée, qui est seconde, c'est de donner un sens au mot livré par la société, par l'éducation, de le lier à des idées :

> Pour interpréter à mon usage le sens de ce livre [la Bible], j'utilise la même méthode que pour n'importe quel autre. D'abord, j'essaie de comprendre les mots et les phrases de la langue dans laquelle je lis le texte, c'est-à-dire de former les idées dont ils tiennent lieu[3].

Cette priorité sociale du mot est d'ailleurs utilisée dans les sectes, qui usent et abusent de la puissance formatrice du langage : ils font leur cohésion autour d'une doctrine incompréhensible, où le mot seul fait l'association des idées, et ils produisent, par des discours inoculés *from their craddles*, et pour cette raison incompris, l'intolérance[4].

Même lorsque Locke parle de ces modes en se situant dans l'hypothèse de la création seconde du langage, cette création devient le fait d'une société plus que d'un individu. La conversation et en général la vie sociale sont l'occasion de la création des idées de modes mixtes : on ne crée que les idées de modes mixtes qui ont déjà des noms[5], on ne crée des idées que lorsque le nom pré-existant exige compréhension et détermination; il est très rare que l'on considère un assemblage d'idées

1. *E.* 3.9.9.
2. *E.* 2.22.8.
3. *2d Reply to Stillingfleet*, *Works*, p. 511. Voir la remarque de Coste sur sa pratique de la traduction.
4 *E.* 3.10.4; la même expression est utilisée de façon positive, à propos de la véritable religion dans *Reasonableness*, § 233.
5. Comme on ne créait des noms de substances que pour « the convenience of Language and Quick dispatch. » (*E.* 3.6.32).

comme formant une idée complexe, si de telles collections ne sont pas dotées d'un nom[1]. Le nom précède l'idée :

> Mais bien que ces *idées* complexes, ou *essences de modes mixtes*, dépendent de l'esprit et que celui-ci les produise avec grande liberté, elles ne sont pourtant pas *produites au hasard*, ni mélangées sans raison... Elles sont toujours produites en vue d'une bonne communication, ce qui est le but principal du langage... Donc, dans la production des espèces des modes mixtes, les gens ne font attention qu'à des associations dont il leur arrive de parler entre eux. Ces modes, il les ont associés en *idées* complexes distinctes et leur ont donné des noms, alors que d'autres modes, qui ont une parenté aussi grande dans la Nature, sont ignorés et délaissés... Il suffit que les gens produisent et nomment des *idées* de ces modes mixtes, en fonction des noms qu'il leur arrive de trouver dans les événements ordinaires de leur vie[2].

Ce qui s'annonçait discrètement dès ce paragraphe du début du livre III, que l'on peut lire maintenant dans toute sa portée :

> C'est le nom qui semble préserver ces *essences*, et leur conférer leur permanence durable... Bien que ce soit donc l'esprit qui fasse la récolte, c'est le nom qui est pour ainsi dire le nœud qui la lie bien ensemble[3].

Le mode mixte a de fait pour origine première le langage. Donc la morale qui en découle semble devoir être à l'opposé des exigences d'une Loi Naturelle : les modes mixtes moraux sont d'emblée particuliers, et il leur manque l'universalité qui caractérise la Loi Naturelle.

1. *E.* 2.22.4.

2. *E.* 3.5.7 : la traduction de Coste ne rend pas assez l'ambiguïté de l'expression contournée de Locke, lorsqu'elle propose : « il suffit que les Hommes forment et désignent par des noms particuliers autant d'idées complexes de *Modes mixtes* qu'ils trouvent qu'ils en ont besoin d'en nommer dans le cours ordinaire des affaires. », pour l'original : « It suffices, that Men make and name so many complex *Ideas* of these mixed Modes, as they find they have occasion to have names for, in the ordinary occurence of their Affairs. » ; si mon interprétation est correcte, il s'agit d'une reconnaissance supplémentaire de la dialectique entre création personnelle d'idée et mot pré-existant : je me fabrique une idée pour tenter de répondre au mot utilisé autour de moi. On notera par ailleurs l'étrangeté de l'évocation de la Nature à propos du mode mixte, qui justement ne peut exister « dans la Nature », si ce n'est en identifiant naturel et extérieur, et ici extérieur du social ; ce qui serait intéressant : ce serait naturel parce que cela ne dépend pas de moi.

3. *E.* 3.5.10 : « it is the name that seems to preserve those *Essences,* and give them their lasting duration... Though therefore it be the Mind that makes the Collection, 'tis the Name which is, as it were the Knot, that ties them fast together. ».

Plusieurs lecteurs reprocheront à Locke cette incohérence; il répondra en faisant appel à son intention primitive, même si ce projet est masqué désormais par l'extension de la réflexion préliminaire sur les modes et termes moraux. La constitution des modes mixtes n'est pas le jugement moral. La relation de rectitude est le deuxième volet de l'analyse de morale, qui succède à la constitution des termes du discours, le volet qui seul permettra d'accéder au niveau proprement moral, dans la mesure où l'obligation est justifiée par la comparaison entre l'action et la loi authentique : il ne suffit pas de nommer les actions, d'en avoir une idée, il faut encore les qualifier moralement[1]. Les critiques tels que Lowde auquel répond Locke ne parviendront pas à distinguer dans le maquis du texte de Locke l'essentiel du secondaire, la démonstration de la morale véritable de la constitution des termes de la démonstration. La difficulté des contemporains de Locke est au fond la même que la nôtre : perdus dans le foisonnement des notations, nous nous attachons à l'analyse de telle affirmation locale, sans prendre vision de la structure d'ensemble et de la finalité qui ordonne les notations particulières. Mais les contemporains de Locke ont une excuse que nous n'avons plus; dans la constitution des termes moraux se joue à leurs yeux la solution ultérieure des questions : si les idées ne sont pas révélées ou innées, si elles ne contiennent pas d'emblée le poids de la morale, leur thèse s'écroule, la morale ne découle plus analytiquement des Idées; en faisant des notions morales le résultat d'un artifice humain, Locke déplace la question et rend radicalement impossible toute position autre que la sienne.

* * *

2. *Réalité de la substance et artificialité du mode mixte.*

Après avoir ainsi précisé les préliminaires de la démonstration, nous allons pouvoir l'examiner pour elle-même. Il reste cependant à tirer, encore auparavant, les leçons de l'évolution de Locke en ce qui concerne les termes de la démonstration. Le remodelage des thèses depuis les *Essays on the Law of Nature* jusqu'à l'*Essai* proprement dit est en effet significatif; il faut le rappeler, pour saisir ce qui fait la

1. *E.* 2.28.4 : « it is not enough to have determined Ideas of [mixed Modes], and to know what Names belong to such and such Combinations of Ideas. We have a farther and greater Concernment, and that is, to know whether such Actions so made up, are morally good, or bad. ». On s'étonnera de l'expression *Actions made up* par la combinaison d'idées.

structure de l'*Essai*. Demeurent constants et centraux dans l'évolution l'origine sensible (ou réflexive) du contenu et le formalisme de la raison qui est vide de tout contenu propre (la raison n'est pas *recta ratio)*. Ce qui a évolué, c'est la portée et les modes d'application de ces principes. L'agnosticisme acquis dans la pratique scientifique (symptomatologie médicale avec Sydenham, expérimentation physique avec Boyle) l'amène à poser autrement le problème de la connaissance de la Loi Naturelle. Dans l'*Essai*, Locke ne prétend nullement enseigner au scientifique comment procéder dans la démonstration scientifique; il souhaite au contraire s'inspirer de la pratique scientifique, pour déterminer les limites de la démonstration et appliquer ce *principe de modestie* dans le champ qui l'intéresse au premier chef : la pratique; la réflexion épistémologique n'a de sens que si le modèle dégagé dans les zones de succès se transpose dans les champs où règne l'incertitude : la politique, la religion, la pratique morale. Et encore, une incertitude quant au fondement, non une incertitude quant à la pratique, car Locke ne se donne pas pour mission la transformation immédiate de la pratique, mais la transformation de la pensée, pour que les individus, libérés, puissent examiner par eux-mêmes. L'agnosticisme physique fournit une méthode pour aborder la crise de la pratique.

C'est donc du point de vue «anti-théologique» de Pufendorf et du point de vue agnostique de Locke que se comprend le mieux le souci chez ce dernier de démontrer. La part qui revient à la démonstration se joue dès la constitution des termes; Locke honore l'exigence, rappelée par Grotius, de partir de caractères clairs et évidents, mais il en limite la portée, pour faire droit à l'empirisme de Pufendorf. Il faut réformer le discours moral qui s'enlise dans l'intolérance et le dogmatisme; il faut refuser les conceptions qui substantialisent les modes mixtes alors que ceux-ci sont construits en toute ignorance de la réalité. Prenons l'exemple du terme *homme*. Dans le cadre de la théorie morale, l'homme est défini par deux caractéristiques seules : une sensibilité et une raison; l'essence réelle rejoint l'essence nominale, comme il est de règle pour les modes mixtes. Le même concept est, pour un *physicien* qui s'occupe des substances réelles, indéfinissable, et l'essence nominale ne correspondra jamais à la constitution interne[1]. Le même terme peut donc signifier une idée de

1. Constitution interne qui n'est pas identique à l'essence réelle, dans la mesure où la première est effective en chaque corps, et la seconde supposée à partir de l'essence nominale d'une espèce. Sur cette question, cf. mon article 'Real Esssence and Internal Constitution', *Locke Conference*, Oxford, 1990, à paraître.

mode mixte, et une idée de substance, et le dogmatique a le tort de confondre ces deux concepts qui ont un statut totalement différent. Le premier seul autorise une morale démonstrative, et il serait dangereux de prétendre imposer un devoir au nom d'un concept de l'homme prétendument assuré par une connaissance exacte de la *substance* homme :

> Quant aux substances, lorsqu'on se réfère à elles dans les exposés de morale, on ne cherche pas, contrairement à ce qu'on croit, leur nature respective. Par exemple quand on dit que l'homme est soumis à la Loi, on n'entend rien d'autre par homme qu'une créature rationnelle et corporelle. Ce qu'est l'essence réelle, ou ce que sont les autres qualités de cette créature, n'est aucunement pris en compte[1].

De même, toutes les discussions morales appuyées sur la définition scientifique de l'homme sont vaines; n'ayant aucune connaissance de l'essence réelle de la substance *homme*, on ne peut distinguer absolument l'homme et celui qui approche de l'humanité (foetus, monstre...) ni tirer de ces bribes de connaissance une loi générale; le jugement moral que l'on porte, la loi que l'on énonce sont fonctions de la seule définition donnée aux termes; la question de savoir s'il existe un être tombant sous la définition, et donc auquel s'applique la loi, la question aussi de savoir quel est cet être, ne sont pas affaire de connaissance, mais seulement d'estimation, de probabilité; elles relèvent à la fois de l'histoire naturelle, et de la pratique prudentielle, deux disciplines seulement probables. Il vaut mieux reconnaître ce qu'on ignore et partir de ce qui est donné en toute certitude par la définition nominale[2].

Il s'agit donc de refuser une sorte de *naturalisme* : la croyance en l'existence effective des distinctions abstraites de l'esprit, et c'est là l'originalité de la théorie du droit naturel de Locke. Ou, ce qui revient au même, il faut établir l'artificiel des modes mixtes moraux. Quand Locke dit que tout mode mixte est construit à partir des sens, il ne faut pas oublier l'expression *construit*. Croire qu'il y a une nature humaine correspondant exactement à notre essence nominale d'homme, croire qu'il y a un correspondant à la définition morale et juridique d'homme, c'est engendrer tous les dogmatismes, gommer l'acte artificiel de constitution des concepts, et faire reposer la morale sur

1. *E.* 3.11.16 ; cf 4.3.18.

2. Il y aurait à développer ici la parenté avec ce qu'affirmera Kant à propos de la relation entre *Critique de la Raison Pratique* et *Métaphysique des Mœurs* : cf. préface des *Premiers Principes Métaphysiques de la doctrine du Droit*, Vrin, 1971, p. 79, 80, 91 .

une connaissance des substances; ce ne peut être en ce sens qu'il y a une connaissance morale[1]. C'est la même erreur réaliste de l'Ecole qui institue en capacités distinctes les facultés diverses, alors qu'il n'existe qu'un esprit[2].

La distinction de l'essence réelle et de l'essence nominale, élaborée à l'occasion du monde physique, a ainsi une portée morale évidente : moins que le statut de l'or, c'est le statut du concept d'homme qui intéresse Locke : à l'analyse du pouvoir dans le livre II, correspond au livre IV l'analyse de la différence entre *homme* et *changeling*. Cette application succède au rappel de la place de l'archétype et de l'ignorance dans la constitution interne des substances. Les questions morales relèvent soit d'un discours sur la nature théorique de l'homme, soit d'une observation empirique incertaine; soit d'un discours dont l'archétype est dans la pensée même, soit d'un discours dont l'archétype est inconnaissable et qui est donc seulement probable.

Le dogmatisme est dans la confusion des deux, dans la croyance que l'observation des faits produit la connaissance certaine, ou que le discours sur les idées abstraites ou modes mixtes énonce le réel. Et contrairement à ce que pensaient des auteurs aussi divers que Clarke et Wollaston d'une part, Cherbury et les déistes d'autre part, il ne devrait donc pas y avoir de connaissance évidente de la Loi Naturelle, à partir de la connaissance assurée de l'homme et de sa nature. La morale définie abstraitement ne correspond pas à l'existant concret; l'observation de l'existant concret ne peut servir de base à démonstration du système moral à partir des essences.

La constitution de modes mixtes, composant des idées simples, produit des idées morales dont la définition nominale rejoint l'essence réelle : l'auteur connaît son oeuvre, et la définit en toute connaissance. La connaissance est donc ici *réelle* et certaine à la fois, comme l'est la connaissance mathématique; comme le discours géométrique où les noms sont entièrement définis par le sujet, où l'essence réelle rejoint l'essence nominale, le discours moral doit pouvoir relever de la démonstration assurée à partir d'axiomes. Mais Locke insère cette thèse qui radicalise Grotius dans un contexte de tolérance qui en

1. Cf. controverse avec Stillingfleet, notamment 1ère lettre, *Works*, t. 1, p. 358.

2. *E.* 2.2.16; cf. 19 : « This way of putting the Question,viz. whether the Will be free is in effect to ask,whether the Will be a substance, an Agent... For if it be reasonable to suppose and talk of Faculties, as distinct beings, that can act,... 'tis fit that we should make a speaking Faculty, and a walking Faculty, and a dancing Faculty, by which, those actions are produced. ».

modifie la portée : la démonstration *n'est que* nominale : la certitude est aux dépens de l'obligation effective.

Car cette réalité du discours sur le mode mathématique n'est pas identique à la réalité de la moralité contraignante. Le discours purement nominal et cohérent n'est pas l'effectivité d'une loi naturelle et objective. Quel lien peut exister alors entre un discours cohérent mais purement subjectif et une loi universelle, contraignante et objective ? Entre l'origine sensible et la nécessité de la Loi Naturelle, va une nouvelle fois se poser la question d'un passage : si les idées, sont d'origine sensible ou sociale, de quel droit servent-elles de *principe* à un discours universel et contraignant ? Cette question guidera la recherche de Locke qui passera de la démonstration du contenu à la démonstration de l'obligation et tentera constamment d'unir par composition artificielle ce que la tolérance exige de maintenir naturellement séparés.

* * *

3. *L'objet de la démonstration.*

La démonstration *more geometrico* de la morale a pour fonction d'associer certitude objective et point de départ empirique. Et jamais Locke ne parviendra au but. Pourquoi ? L'un des éléments de réponse tient au fait que l'objet de la démonstration ne reste pas identique ; selon les temps, Locke n'accorde pas la même importance aux différents constituants de la Loi Naturelle. Il faut donc d'abord expliquer cette tripartition de la Loi naturelle, avant d'examiner comment en chacune des parties, constitution des modes mixtes, démonstration de l'obligation, démonstration de la motivation, Locke part du sensible pour tenter de remonter à l'universel, et pourquoi il renonce finalement à la tâche qu'il s'était fixée.

Nous ne reviendrons pas sur la part de démonstration qui imbibe la constitution des modes mixtes : l'étude des *Drafts* au chapitre précédent a permis de montrer le lien originel entre relation et démonstration, et donc entre mode mixte et démonstration.

La démonstration de la contrainte repose sur la dissociation de l'unité de l'obligation et du contenu ; celle-ci elle est énoncée aux deux extrêmes de la production de Locke ; dans les *Essays on the Law of Nature*, d'abord, où elle ne pose pas problème : il s'agit alors du simple rappel de la position classique selon laquelle on montre d'abord qu'il y a une loi naturelle (*Essai 1*), et ensuite qu'elle est contraignante

(*Essai 7*). Dans les textes postérieurs à la première édition de l'*Essai*, elle est reprise mais en des termes différents qui témoignent de ce qu'il y a là un problème; par exemple dans *Reasonableness of Christianity*, ou dans cette note manuscrite :

> Il y a deux parties en éthique : la première, ce sont les règles; à ce sujet, les gens ont en général raison, bien qu'ils n'aient peut-être jamais déduit ces règles comme ils le devraient, à partir de leurs vrais principes. L'autre partie concerne les véritables motifs de mettre ces règles en pratique et les moyens d'amener les hommes à les observer. Généralement, ces règles sont soit mal connues, soit telles que les gens les entendent avec plaisir et approbation : l'esprit apprécie en général la vérité, surtout si elle agréablement exprimée; mais ce plaisir n'est que spéculatif. Il y a quelque chose d'autre qui est requis pour la pratique, qui n'existera pas tant que les gens n'auront pas ressenti et goûté la vertu[1].

Si dès les premières analyses, Locke distingue contenu et contrainte, cette distinction devient progressivement plus problématique. Selon les *Essays on the Law of Nature*, d'abord, on peut prouver l'existence de Loi Naturelle et on peut établir qu'elle doit être tirée des sens par la raison; c'est le niveau du contenu. Il faut ensuite prouver que Dieu est l'auteur de cette loi qui s'origine dans la sensation, et donc prouver que Dieu existe – et ainsi que la loi observée n'est pas de l'ordre du fait, mais de l'ordre du devoir; le *De Legibus* de Suarez suivait approximativement la même démarche. Deux niveaux donc, contenu et obligation, et tous deux relèvent de la démonstration.

L'*Essai* paraît beaucoup moins clair, car il ne démontre rien, mais se contente de l'énoncé des conditions de la démonstration. *Reasonableness* et les ébauches manuscrites qui ont succédé sont incomplètes ou sibyllines. Par inférence, cependant, les contemporains de Locke comme nous ont tenté de deviner comment pourraient se coordonner en une démonstration cohérente les éléments présentés par Locke. La structure générale demeure toujours la même : on part du sensible, et par la raison on démontre le contenu d'un code qui acquiert, par la preuve de l'existence de Dieu, le statut de loi morale.

1. *Ms* Locke c 28, f°.113 : « There be two parts of Ethicks the one the rules which men are generally in the right in though perhaps they have not deduced them as they should from their true principles. The other is the true motives to practice them & the ways to bring men to observe them & these are generally either not well known or such as men hear with pleasure & approve of. The mind being generally delighted with truth especially if handsomly expressed. But all this is but the delight of speculation. Something else is required to practice,which will never be till men are made alive to virtue and can taste it. »; cf. John Colman, *opus cit.*, p. 206; on trouvera de nombreux textes parallèles à partir de la deuxième édition de l'*Essai*.

Mais l'application de ce schéma, qui conviendrait à n'importe quel défenseur de la religion naturelle comme à n'importe quel conférencier des Boyle Lectures, prend forme, dans les textes de Locke, de trois manières différentes. A partir des données sensibles, premièrement, se construit un ensemble de modes mixtes, qui est systématisé ensuite puis lié à une preuve de l'existence de Dieu qui donne contrainte (et réalité); le contenu est premier et l'obligation est surajoutée, de façon plus ou moins extérieure à ce contenu. Il est aussi possible de prouver Dieu à partir du sensible, et de déterminer ensuite les lois que ce Dieu a données à un être humain défini par quelques caractéristiques a priori. Parfois, enfin, on procède à l'inverse : l'obligation est première; elle est d'ordre existentiel, et non théorique, et s'appuie sur le désir, ou la fuite du malaise; partant de cette contrainte élémentaire, il s'agit de remonter au contenu : le désir individuel et contraignant ouvre à la loi universelle et rationnelle.

Ces trois démonstrations ont une base empiriste, mais à des titres différents : la première suppose que toute connaissance vient des sens; la seconde, que Dieu prouvé à partir de l'expérience sensible a autorité pour donner la loi qu'il a en fait donnée; la troisième part du désir de bonheur et de la contrainte instaurée par là. Toujours, on remonte de la subjectivité de l'expérience à l'universalité de la Loi Naturelle; mais l'expérience est soit celle d'un contenu cognitif, soit celle de la sagesse d'une loi existante, soit celle de l'affectivité humaine. Dans l'*Essai* et dans les ébauches postérieures, l'expérience initiale varie, et la démonstration change du fait même de forme et de contenu.

* * *

CHAPITRE 10

DÉMONSTRATION DE LA SANCTION DIVINE

La genèse des *idées positives* que sont les *modes mixtes* se distingue de la mise en relation avec la Loi authentique qui leur confère l'obligation; un discours cohérent peut être constitué par simple déduction des concepts définis nominalement, même si la morale véritable n'apparaît que par adjonction, par la preuve de l'existence de Dieu, de l'obligation. Mais à partir du moment où l'obligation devient ainsi le lieu propre de la moralité, pourquoi ne pourrait-on aller plus loin, inverser l'ordre de la démonstration et démontrer d'abord, à partir de la prise en compte de l'affectivité humaine, l'obligation, quitte à ce que le contenu de la morale découle de l'obligation et de la contrainte expérimentées, et que se trouvent ainsi réunis contenu et obligation? Deux façons donc de démontrer la contrainte, deux donnés empiriques différents et deux façons de concevoir la relation du vrai et du bien.

1. La distinction de l'obligation et de l'acte.

Les *Essays on the Law of Nature* faisaient reposer la morale sur la définition de la nature humaine : parce que l'homme est rationnel, et

> né pour ce genre de vie, il suit nécessairement de sa constitution originelle des devoirs précis pour cette vie [amour et culte envers Dieu, observation de la loi morale élémentaire] qui ne peuvent être autres [1].

Ces devoirs suivent aussi nécessairement de la nature humaine que la somme de ses angles suit de la nature du triangle. La loi donnée par Dieu est liée à la nature rationnelle de l'homme. Il semble bien, comme le souligne Von Leyden dans son interprétation, que la loi soit liée à la

1. *Essays on the Law of Nature*, p. 198.

nature humaine non seulement parce que l'homme peut la découvrir par sa raison, mais aussi parce que le contenu même de la loi découle de la nature humaine : l'analyse de l'homme comme être raisonnable existant permet, qu'il y ait ou non sanction, d'énoncer la loi morale : la Loi Naturelle est un corps de lois qui se manifeste par sa conformité avec la nature rationnelle de l'homme; sa contrainte ne vient pas seulement de la puissance divine, mais d'abord de l'aptitude de l'entendement à saisir dans l'expérience l'ordre de la nature humaine. C'est la saisie de l'accord, de la *convenientia*, qui emporte la conviction, comme un théorème de géométrie entraîne la certitude chez celui qui le démontre[1]. Ainsi la démonstration morale consiste-t-elle à dégager des idées analytiquement contenues dans l'idée d'homme (il s'agit dans cette mesure d'un raisonnement a priori, la cause fût-elle seconde). La nature de l'homme, prétendument donnée dans l'expérience, contiendrait comme en germe les développements ultérieurs, et notamment les devoirs moraux qui découlent de cette nature. La démonstration de l'existence de Dieu, certes présente dans ces premiers *Essais*, ne joue qu'un rôle d'appoint, pour donner à cette expérience une valeur universelle.

Dans le *Draft B*, la ligne générale est claire : les concepts moraux sont fruits non plus de l'expérience, mais de la mise en relation; les relations sont toujours claires et distinctes, donc la morale est démontrable et s'il y a erreur, ce n'est que lors du choix de la Loi à laquelle on compare la «relation morale». C'est l'application de cette ligne qui est moins claire, du fait de l'identification de la relation constitutive du terme et de la relation de jugement. Ce mélange des points de vue s'appuie sur le parallèle avec les substances : les relations entre idées issues de substance sont objectives, publiques, amendables grâce aux sens qui corrigent nos erreurs. Les noms moraux par contre ne peuvent être corrigés que par confrontation avec les deux lois (loi de réputation et loi divine). Il semblerait donc qu'à ce stade la constitution même des termes moraux soit corrigée par le jugement de rectitude; comme si la relation de rectitude constituait simultanément le discours moral subjectif en discours objectif et sensé, et ce discours en pensée contraignante.

Dans l'*Essai*, cette façon de raisonner devient impossible. La distinction entre mode mixte et substance exige que l'on sépare nettement l'expérience de l'homme comme espèce biologique, la définition a priori de l'homme comme mode mixte positif élément de

1. Von Leyden, introduction à *Essays on the Law of Nature*, p. 55 s.

la pensée normative et la qualification morale de cette pensée normative par mise en relation avec la Loi. Nous avons vu dans le chapitre précédent comment cette distinction était liée à l'éclaircissement de la notion de relation, à la mise en place de la classe de mode mixte et à la réflexion nominaliste sur ces modes, réflexion issue de la pratique scientifique de Locke. Cette distinction est liée également à la distinction du contenu de la morale et de la contrainte : d'une conception néo-stoïcienne, pour laquelle l'observation empiriste de l'homme permet de dégager sa raison d'être, le λογος, et le devoir qui en découle, Locke passe à une conception agnostique, selon laquelle Dieu décide comme un souverain absolu de la validité d'un système quelconque de règles. C'est ainsi que l'on pourrait, de façon schématique, décrire l'évolution de la démonstration chez Locke. C'est ce point qu'il s'agit maintenant d'élaborer un peu moins grossièrement.

Après Bacon et Glanvill, Boyle critiquait la réduction du savoir à des joutes verbales; mais il va plus loin qu'eux, en refusant même le jeu des concepts en morale; le bien n'est pas le vrai, et la démonstration du bien doit avoir d'autres caractéristiques que celle du vrai :

> C'est une erreur de penser qu'un grand système d'éthique, disséqué selon les prescriptions de la Logique, méthodiquement constitué de définitions, de divisions, de distinctions et de syllogismes, soit nécessaire ou suffisant pour rendre les hommes vertueux[1].

La démonstration, fût-elle par comparaison entre idées plutôt que par calcul sur les dénominations, n'est donc pas suffisante pour rendre les hommes vertueux. Imaginer que cette critique puisse porter contre le Locke des premiers brouillons et contre la conception de la démonstration de la morale qui s'y prépare, imaginer que Locke se soit fait lui-même cette critique, permet de saisir l'opposition entre la première forme de démonstration et la seconde; la démonstration du contenu ne suffit pas à démontrer l'obligation.

Trois sources d'obligation existent : la loi divine, la loi politique et la loi de l'opinion. La loi de l'opinion est bien une loi puisqu'elle joue sur la réputation, sanction la plus visible qui soit et à laquelle la plupart des gens se mesurent[2]. La loi politique est sanctionnée par des récompenses et des punitions portant sur la propriété (propriété définie

1. *Some considerations touching the Style of Holy Scriptures*, 7th Objection, *Works*, p. 287; cf. texte parallèle de Locke in 'Of Ethics in General', King, *op.cit.*, t. 2, p. 122 ss.

2. *E.* 2.28.10-12.

comme dans le *Deuxième Traité* par la vie, la liberté et les biens) : l'obligation est alors *à portée de la main*[1], évidente pour tout citoyen. La loi divine, enfin, est promulguée soit par la lumière de la Nature, soit par la voix de la Révélation; il suffit d'être homme, de ne pas être *brutish*, pour reconnaître que Dieu a le droit de donner une telle loi à ses créatures, qu'il a la sagesse pour commander ce qui est meilleur, et le pouvoir pour sanctionner[2]. Droit, sagesse et pouvoir, ces trois caractéristiques de toute loi, sont manifestement réunies suprêmement dans la loi divine; mais la loi de l'opinion paraît à beaucoup bien plus contraignante, et la loi politique bien plus évidente. La validité de la loi divine, qui devrait être évidente, a donc besoin d'être prouvée.

Il faut noter qu'après avoir ainsi défini les sources d'obligation, Locke reprend presque mot à mot le texte du *Draft B*, mais en l'insérant dans un tout autre contexte, qui respecte la différence entre contenu et contrainte, positif et relatif, mode mixte et réalité.

La loi est toujours la pierre de touche de l'action, elle permet toujours de *nommer* l'action; rien de changé ici par rapport au *Draft*. Mais ce que Locke désigne désormais par le *nom* de l'action, n'est plus ici *meurtre* ou *bienfait*, mais *Bien* ou *Mal* pour la loi divine, *vertu* ou *vice* pour la loi de l'opinion, *légal* ou *illégal,* pour la loi politique. Le jugement de rectitude ne permet plus à la fois de constituer, grâce à un nom, le mode mixte et dans un second temps de le juger; il permet de *qualifier* l'acte, et de le *nommer* en ce sens. Et Locke insiste en deux paragraphes nouveaux (§ 15 et 16) et d'esprit opposé à ce qu'il écrivait dans son brouillon : il est nécessaire de distinguer deux points de vue, la constitution du mode mixte comme idée positive absolue, et la mise en relation qui en fait un élément du discours moral. Et Locke souligne, comme s'il analysait ses propres erreurs passées : trop souvent, parce que le mode mixte et le terme d'un jugement moral sont désignés par le même nom, on confond les deux, alors que le même mode mixte peut selon les circonstances, ou selon la loi, être qualifié de moral ou d'immoral.

Ainsi, la distinction entre le contenu et la contrainte est elle clarifiée progressivement par Locke, parallèlement à la réflexion sur la relation, à la distinction du mode mixte et de la rectitude. Et la question demeure celle de la preuve de l'autorité la plus authentique, de la loi la plus valable. La première forme de démonstration qui paraît en filigrane de l'*Essai* reste, au delà des aménagements, dans la ligne de ce qui a précédé dans les brouillons : la preuve de Dieu

1. *E*. 2.28.9. et *Draft B*, § 157.
2. *E*. 2.28.8.

authentifie un contenu précédemment élaboré et lui confère ainsi l'obligation.

* * *

2. *Preuve de Dieu et démonstration de la religion naturelle.*

Revenons aux trois sortes de lois. L'obligation morale proprement dite vient de Dieu seul, c'est la réponse la plus simple à la question posée. Mais cette réponse ne résout rien en profondeur tant qu'on n'a pas précisé quel est le mode de promulgation de cette obligation, et quel rapport la démonstration entretient avec elle. Locke parle des deux modes classiques de promulgation, la raison et la Révélation chrétienne[1]. Pour s'en tenir au premier, pour l'instant, on peut imaginer deux modes de promulgation par la raison. Le premier s'apparente à la tradition néo-stoïcienne : toute la nature humaine participe de l'ordre du monde; la raison qui analyse aussi bien que la nature humaine analysée. L'analyse de la nature humaine avait déjà servi de principe à la morale des *Essays on the Law of Nature.* On pourrait aussi prendre pour principe l'affectivité, et remonter du plaisir humain, de la recherche humaine de l'utile, à l'expression d'une morale déjà naturellement inscrite dans l'affectivité humaine. Le second mode de promulgation de la Loi Naturelle par contre s'appuie sur un autre versant de la tradition : la raison prouve l'existence de Dieu à partir de l'expérience sensible (arguments classiques par la contingence ou la finalité interne) et déduit de l'existence de Dieu une liste de devoirs qui constituent la loi morale; ce dernier schéma est celui de tous les tenants de la religion naturelle.

Ce rapprochement de la démarche inductive (à partir de l'analyse du plaisir) et de l'analyse déductive (à partir de l'existence de Dieu) n'est pas une invention de Locke : l'un des classiques de son temps, dans l'esprit duquel Locke a été formé, opère le même rapprochement. Pour Suarez, l'obligation est l'élément premier de la loi. Il n'y a de loi que pour des êtres libres, et c'est par pure métaphore que l'on applique le terme de Loi Naturelle au non-humain qui n'est pas susceptible d'obligation : « car les choses sans raison ne sont pas capables de loi, de même qu'elles ne sont pas capables d'obéissance. »[2] : la loi est « une

1. *E.* 2.28.8. On sait le cas fait, dans le premier *Traité sur le Gouvernement Civil,* de ce parallèle des deux formes de promulgation divine.

2. *De Legibus,* 1.1.2; cf. 1.3.9.

mesure des actes moraux, telle que par conformité à cette loi, ils détiennent une rectitude morale. »[1] : *mesure*, *conformité*, *rectitude* : le vocabulaire de Suarez s'inscrit dans le même champ sémantique du modèle géométrique, de la mesure, et de la mise en relation, que celui de Locke.

Sont ainsi écartées par la définition de Suarez toutes les conceptions qui font de la Loi Naturelle l'édiction d'un ordre cosmologique à accepter, toutes les apologies qui christianisent le *Λογος* stoïcien sous la forme d'une pure rationalité divine. Les arguments de Suarez sont presque semblables à ceux de Locke : la raison est une faculté discursive et non impérative ; elle doit être distinguée de l'*intellectus* (on pourrait traduire en termes lockiens intuition) et de la syndérèse, car il s'agit dans les deux cas d'illumination immédiate des principes, ce qui ne peut constituer une Loi Naturelle, sauf à utiliser encore l'expression en un sens trop analogique[2]. A côté du Suarez traitant de l'*intellectus* des principes et de la syndérèse, il y a donc un Suarez traitant de la démonstration de la Loi Naturelle contraignante. Et l'on comprend comment l'opposition au premier n'empêche pas l'accord avec le second : les conséquences enthousiastes de l'intellection sont tellement dangereuses qu'il faut laisser à la démonstration de la Loi Naturelle la quasi-totalité du champ. Seule la démonstration implique conscience de soi.

Suarez souligne aussi que prendre pour valeur suprême la rationalité interne d'un énoncé, c'est faire de cet énoncé le premier des principes, ce qui revient à soumettre Dieu aux vérités éternelles ; problème classique de la philosophie médiévale, réactualisé par Descartes, et l'on sait déjà que Locke s'inscrit parmi les défenseurs de la libre création par Dieu de l'ordre des vérités dites éternelles. A côté de la raison, il y a la volonté ; la morale n'est pas une pure question de savoir ; la volonté n'a pas seulement à se soumettre à une évidence : elle doit aussi se décider librement pour un bien.

La distinction des facultés n'est pourtant pas une distinction absolue. Alors qu'entendement et volonté sont pour Locke deux entités suffisamment individualisées pour que se pose la question de leur collaboration, Suarez conserve la thèse thomiste de l'unité des facultés, et la connaissance de la loi ne relève pas de la seule affectivité : la volonté est mâtinée de raison.

1. *De Legibus*, 1.1.5 : « Mensura quædam actuum moralium, ita ut per conformitatem ad illam, rectitudinem moralem habeant. ». On retrouve chez Locke les termes de *mensura*, *conformitas*, *rectitudo*, et celui de *convenientia*.

2. *De Legibus*, 2.5.5.

La connaissance de la Loi Naturelle n'est donc acquise ni par syndérèse ni par conscience morale : elle est l'effet d'une capacité pratique[1] qui discerne l'universel (alors que la conscience demeure dans le cas particulier), valable en tous temps, même si la diversité des mœurs la masque[2]. La Loi est ainsi une pure forme distinguée de ses applications particulières par l'esprit[3]. Créant les instruments conceptuels adéquats, Suarez évite les apories dans lesquelles tombera Locke qui refuse les distinctions de raison[4].

Comment Suarez applique-t-il ces distinctions à la question qui nous intéresse : le statut de l'obligation ? Si la Loi Naturelle n'était que le produit d'une raison individuelle, elle aurait un double handicap : il lui manquerait d'abord la validité universelle qui caractérise la Loi ; elle ne ferait ensuite qu'indiquer la Loi sans y contraindre. Pour cette Loi dont le contenu est déterminé par la raison humaine, il doit donc y avoir promulgation par une autorité qui oblige universellement : vaut aussi pour la Loi Naturelle ce qui vaut pour toute loi qui est relation entre individus libres où l'un a le pouvoir d'obliger l'autre[5] ; et cette exigence est honorée du fait qu'en Dieu, auteur de la Loi Naturelle, raison et volonté ne peuvent être séparées ; si bien que la Loi Naturelle est à la fois indication et obligation pour n'importe quel homme ; elle est la raison de l'homme en tant qu'indication de la volonté de Dieu par la raison humaine et notification d'un vouloir originel ; elle est en outre *signum inditum,* signe inné ou imposé, qui authentifie l'observation des constantes humaines quelles qu'elles soient, du moment que

1. *De Legibus*, 2.5.15 : « Vis quædam illius naturæ [rationalis], quam habet ad discernandam inter operationes convenientes et non convenientes illi naturæ, quam rationem naturalem appellamus ».

2. *De Legibus*, 2.8.8 : « quia hæc lex est veluti proprietas consequens, non rationem propriam alicujus individui, sed specificam naturam, quæ eadem est in omnibus ».

3. *De Legibus*, 2.10.7-9 ; 2. 5. 13-14 ; 2.8.6 ; la diversité des mœurs exige que l'on distingue la Loi *in actu primo,* en tant qu'elle est lumière de l'intelligence, et *in actu secundo*, en tant qu'elle est effectivement connue. Elle n'est nullement écrite sur des tables, mais dans l'esprit, en ce que ses termes ne sont pas déterminés, mais dépendent de l'application qui en est faite.

4. Ce sera le reproche le plus fondé que lui fera Leibniz. Ce refus des êtres de raison que la scolastique avait cultivés empêche Locke de saisir combien, au delà de ces distinctions, les positions sont proches ; ainsi Suarez affirmait-il : « Si proprie loquamur, magis exercetur lex naturalis in his principiis vel conclusionibus proximis, quam in illis principiis universalibus, quia lex est proxima regula operationis ; illa autem communia principia non sunt regula nisi quatenus per particularia ad singulas species actuum seu virtutum. » (*De Legibus*, 2.7.7).

5. *De Legibus*, 2.6.7 : « Lex naturalis, prout in homine est, non solum indicat rem ipsam in se, sed etiam ut prohibitam ver præceptam, ab aliquo superiori. ».

ce traitement est le fait de la raison visant sa fin naturelle[1]. Ainsi l'œuvre de la raison est-elle décryptage d'une parole naturellement révélée. L'obéissance au naturel n'est pas épicurisme, car elle n'est pas obéissance au hasard; elle serait plutôt stoïcisme, de par sa référence à l'ordre inné, ou plutôt, pour souligner le lien avec la vision traditionnelle de Locke, elle est empirisme sur fond de vision théologique du monde. La preuve de la contrainte attachée à la Loi Naturelle peut donc très bien passer par l'observation de la nature humaine.

Quand Locke rédigera des textes de morale où la recherche du bonheur est présentée comme premier motif, il ne s'agira pas plus chez lui que chez Suarez d'eudémonisme (et encore mois d'hédonisme); il s'agira, dans la plus pure tradition, de l'analyse des signes de la volonté divine inscrite dans la nature humaine. Pufendorf n'aura pas d'autre position, même s'il n'énonce pas théologiquement ses présupposés.

Pour mettre dans toute sa lumière cette thèse de Locke, il faut l'opposer à la thèse inverse du conventionnalisme, défendue par Hobbes dont Locke veut à coup sûr se démarquer sur ce point, mais aussi et surtout par Selden avec laquelle la comparaison est plus profitable. La diversité des mœurs, dit Selden, manifeste le caractère conventionnel de la Loi Naturelle. Le législateur n'a donc aucune référence objective pour établir la loi positive, et de même Dieu définit arbitrairement le mal en y attachant une sanction : le mal suprême est celui auquel Dieu attache la sanction suprême[2].

On comprend qu'on puisse retrouver chez Locke les thèses de Selden, alors que Locke ne fait que reprendre l'*empirisme* de Pufendorf, et de Suarez; empirisme solidement enraciné sur une conception théologique – et rationaliste – du monde humain : le bon est défini par le plaisir, mais le plaisir est attaché à cet acte par la volonté de Dieu, qui a également orienté notre raison à sa découverte[3]. La juste cause et la sanction sont associées dans l'autorité légitime; et

1. *De Legibus*, 2. 6. 5 : «Lex naturalis præceptiva est signum inditum cuilibet homini non impedito in usu debito rationis, et notificativum voluntatis divinæ volentis, creaturam humanam teneri ad aliquid agendum, vel non agendum, per consecutionem sui finis naturalis.».

2. Sur Selden, on consultera l'ouvrage de Richard Tuck, *Natural Rights Theories*, Cambridge U. P., 1979, ch. 4, notamment p. 93. Cet ouvrage est fort éclairant sur tout le contexte de Locke.

3. Pufendorf ne disait-il pas de son côté : «Introducitur obligatio in animum hominis proprie a superiore, i.e. tali, cui non solum vires sunt malum aliquod repræsentandi contravenientibus; sed et cui justæ sunt causæ, quare postulare queat, ex suo arbitrio voluntatis nostræ libertatem circumscribi» ? (*De Officio*, 1.2.5). On trouvera des positions analogues chez Bayle, Malebranche...

inversement, par chacune de ces voies, il doit être possible de prouver la légitimité de l'autorité. L'unité de la raison et de la volonté en Dieu est une *Idée de la raison* qui donne sens à la démarche tâtonnante de l'empiriste qui interprète le livre de la Nature. Il est possible de considérer avec Suarez que l'obligation est distincte du contenu, que l'analyse de l'affectivité humaine est révélatrice de la Loi Divine, sans pour autant être un disciple de Selden et de Hobbes; il est possible de dire que Dieu choisit d'attacher une sanction à des actes qu'il définit comme immoraux, sans tomber dans le conventionnalisme à la Selden. Mais il est vrai aussi que les défenseurs de l'identité éternelle du vrai et du bien, les innéistes, ne peuvent se satisfaire des thèses de Locke.

C'est ce qu'ont ressenti un certain nombre de contemporains de Locke; pour eux le contenu et la contrainte devaient être associés dans une même Nature. S'ils sont séparés, ce ne peut être que par un double conventionnalisme : convention du contenu qui crée arbitrairement les idées morales et convention corrélative de la sanction arbitrairement attachée à ce contenu par un pouvoir purement volontariste. L'image honnie de Hobbes était trop présente aux esprits[1] pour que l'on ne sente pas dans la constitution des modes mixtes un relent de conventionnalisme moral. Et Tyrrell résume bien le danger lorsqu'il rapporte les propos de l'*Establishment* oxonien :

> [en *E.* 1.3.13], vous pensez que trahissent également la vérité ceux qui se précipitent dans des extrêmes opposés et affirment soit qu'il y a une loi innée, soit qu'il n'y a pas de loi connaissable par la lumière naturelle, c'est-à-dire sans le secours d'une révélation positive. Pourtant ils [les oxoniens orthodoxes] pensent que, dans votre second chapitre [2.28.10-12], vous avez détruit cette concession raisonnable et réduit toute la vertu, tout le vice, et la Loi Naturelle qui les fonde, à ce qui vient de la Communauté; que vous les avez séparés de la Révélation divine et rattachés à l'éloge ou au mépris des hommes envers certaines actions »[2].

Le texte auquel il est fait référence est celui où Locke souligne l'origine sociale des idées morales et le poids de la loi de l'opinion, ce qui est aux yeux de l'establishment un aveu de hobbisme. De même Lowde soupçonnera Locke de confondre vice public et vertu, ce qui

1. *De Legibus*, 2.10.7-9; 2. 5. 13-14; 2.8.6; la diversité des mœurs exige que l'on distingue la Loi *in actu primo*, en tant qu'elle est lumière de l'intelligence, et *in actu secundo*, en tant qu'elle est effectivement connue. Elle n'est nullement écrite sur des tables, mais dans l'esprit, en ce que ses termes ne sont pas déterminés, mais dépendent de l'application qui en est faite.

2. *Correspondence*, Lettre n° 1301, 30 Juin 1690.

amènera Locke à le citer longuement et à le réfuter en introduction des éditions ultérieures de l'*Essai*[1]. Les réponses à Tyrrell et à Lowde consistent à récuser l'interprétation tendancieuse, à écarter toute accusation de conventionnalisme, et à réaffirmer que la véritable loi est la Loi Naturelle ou divine, loi qui n'est divine que parce qu'elle est sanctionnée par Dieu. Tyrrell, rapportant ce que Locke lui a répondu, affirme :

> Je suis désormais pleinement satisfait de votre conception. Je suis entièrement d'accord avec vous sur la définition du bien et du mal moral, et sur celle de cette Loi Divine ou Naturelle : si elle ne procédait pas de Dieu comme législateur, elle ne pourrait être appelée vraiment loi. Et le fait que Hobbes n'ait pas mis Dieu dans son hypothèse a été la grande cause de son erreur, selon laquelle les Lois Naturelles ne sont pas vraiment des lois et n'obligent pas l'humanité à les observer hors d'un Etat civil, ou Communauté[2].

La première rédaction de l'*Essai* dans son ambiguïté laissait croire que la sanction éternelle n'était connaissable que par la révélation surnaturelle, et qu'il n'y avait, dans le vice, aucun mal intrinsèque. On a vu que Locke tendait à cette présentation par agnosticisme (nominalisme); et Tyrrell qui connaissait bien Locke n'avait sans doute pas complètement tort de suspecter certaines tendances proches de celle de Selden, aussi redouté que Hobbes par les bien-pensants. Les corrections introduites par Locke, presque de pure forme, gomment néanmoins une tendance fidéiste et manifestent que c'est la loi divine *révélée* par la raison naturelle qui adjoint la sanction à la loi et lui donne ainsi le titre véritable de loi, et de Loi Naturelle. Locke peut de ce point de vue paraître proche de Hobbes, tout en ne disant pas autre chose ici que Suarez. On l'a vu, Locke n'est guère original : Pufendorf dans sa critique de Hobbes avait déjà présenté cette conception mixte où l'autorité vient prendre le relais d'un pouvoir trop lié à l'instant de la peur; et au livre IV de l'*Essai*, Locke affirme que non seulement l'individu, mais aussi le législateur peut définir les termes moraux, et le premier législateur auquel pense Locke, c'est évidemment Dieu[3], même si le prince peut apparemment revendiquer la même autorité.

* * *

1. Reporté à partir de la 5e édition en note à 2.28.11.

2. *Correspondence*, Lettre n° 1307, 27 Juillet 1690. Je gloserais volontiers ; si Hobbes avait reconnu l'exercice d'un pouvoir concédé par Dieu dans les calculs de la raison, il aurait découvert en ces calculs la volonté divine, et n'aurait pas eu besoin d'une autorité civile ; vous Locke au contraire,...

3. *E.* 4.4.10.

3. *La sanction divine.*

Pour préciser notre propos, il convient d'écarter deux interprétations réductrices de ce rapport entre Dieu et la Loi morale. La première argumenterait à partir de l'insistance sur le terme *idée* : l'idée abstraite d'homme associée à l'idée de Dieu suffirait à fonder la morale :

> L'*idée* d'un être suprême, au pouvoir, à la bonté, à la sagesse infinis, dont nous sommes l'œuvre et dont nous dépendons, et l'*idée* de nous-mêmes comme êtres sensibles [*understanding*] et rationnels, [suffisent à inscrire la morale] parmi les sciences capables de démonstration[1].

Ce serait la pure relation, produite par l'intuition ou la démonstration, entre ces deux idées-essences nominales[2] qui constituerait le système moral, association qui n'impliquerait aucun autre rapport à la réalité, à l'affectivité humaine, bref aucune obligation : seule l'analyse des concepts en jeu et leur corrélation, comme l'analyse des concepts de propriété et de justice mentionnés dans le même paragraphe, engendreraient la connaissance et la pratique de la Loi Naturelle. On vient d'insister avec Locke sur la distinction entre la substance et le mode mixte, et on en a conclu au caractère abstrait du mode mixte; on pourrait interpréter le texte ci-dessus en ce sens, et croire que l'obligation morale naît de la seule comparaison de concepts abstraits.

Mais c'est mal comprendre l'insistance de Locke sur l'idée de mode mixte. Le mode mixte n'est pas la substance, et de lui-même n'engendre aucune obligation; c'est bien pourquoi il est nécessaire de lui adjoindre, de façon externe, une obligation. La preuve de l'existence effective de Dieu manifeste le législateur et confère l'obligation au système moral. Le terme idée, tel qu'il est ici utilisé, est donc à double sens; il désigne simultanément la pensée d'un Dieu abstrait, parfait et imposant par sa transcendance même un système moral, aussi bien que la réalité de ce Dieu, effectivement donné, comme en témoigne la preuve, et conférant au système un caractère obligatoire : l'idée de Dieu véhicule alors un contenu existentiel, et comme chez Suarez, son existence effective confère à la démonstration morale une dimension supplémentaire, celle de la contrainte, et lui donne «force

1. *E.* 4.3.18.
2. *E.* 2.21.72 : «The bare possibility» et 2.28.8; *Correspondence*, lettre n° 1300.

de Loi». Toute pensée est pour Locke une idée, mais l'idée n'est pas opposée à la réalité : elle est son corrélat[1].

Il est une autre critique qui, partant d'un point de vue opposé, fausse tout autant l'interprétation du rapport de Dieu à l'obligation. Un critique contemporain reproche à Locke d'avoir méconnu le sens véritable de la Loi Naturelle parce qu'il nie la certitude philosophique de la sanction éternelle : celle-ci dépend de la révélation, non de la raison[2]. Il est vrai que Locke écarte la possibilité de parvenir à la connaissance certaine de l'immortalité de la même personne : cela relève du savoir probable, fourni notamment par la révélation; mais ce savoir révélé, contrairement à ce que pense notre commentateur, n'est pas méprisé par Locke : il fonde à ses yeux les éléments les plus importants de l'existence. De plus, ce savoir n'est pas irrationnel : la raison ne se limite pas, comme le pensent Stillingfleet et les déistes, à la démonstration certaine; toute la réflexion ultérieure sur la loi naturelle montrera que la révélation apporte à la raison la connaissance d'un système moral dont elle peut se satisfaire.

Mais la thèse de Leo Strauss butte sur un autre point qui touche de près l'examen de la sanction divine que nous étions en train de faire. Il y a pour Locke une preuve certaine de l'existence de Dieu; ce Dieu est éternel et source de tout pouvoir[3]; mais surtout, et Locke y insiste dans sa preuve, il est omniscient[4]. L'omniscience et la puissance conjuguées garantissent une sanction divine indépendante de la forme de l'immortalité : la puissance et la science divines font que l'homme est soumis à ce Dieu qui rétribue selon la vertu. Le refus de se prononcer sur le mode de vie après la mort, sur le statut des êtres spirituels, est un refus agnostique de toute connaissance assurée de la *forme*, nullement un refus du *fait* de la sanction divine. En affirmant que, chez Locke, la morale de l'efficacité politique est la sanction ultime qui supplante la Loi Naturelle et sa sanction divine, Strauss fausse donc les perspectives sur la Loi Naturelle chez Locke, mais aussi sur le statut de la raison, et sur le sens de son agnosticisme. Il y a une loi naturelle démontrable, d'abord par démonstration de l'existence de Dieu, puis par élaboration du contenu.

*
* *

1. Pas plus qu'il ne faut tirer argument de ce qu'*Idea* soit en italiques : Locke, pour insister sur la spécificité du terme dans sa pensée, le met en italiques dans tout l'*Essay*.

2. Leo Strauss, *Droit Naturel et Histoire*, Paris, Plon, 1954, p. 216-217, 224.

3. *E.* 4.10.4.

4. Locke y revient à plusieurs fois; c'est ce qui le distingue de tout principe matériel, et fait qu'il est effectivement Dieu; *E.* 4.10.5, 12, 14, s.

Ainsi la preuve de l'existence de Dieu confère t elle une dimension existentielle à ce qui ne serait autrement que discours hypothétique : si Dieu a la simple possibilité d'attacher à la moralité une sanction, ce qui est par ailleurs déduit acquiert force contraignante. Dieu n'est pas seulement législateur; il exerce aussi un pouvoir exécutif : pas de morale effective, pas de morale effectivement contraignante sans la sanction d'un Dieu législateur et juge. On trouve d'ailleurs en des termes très proches de ceux de Locke, une critique par Boyle de la morale des philosophes païens :

> Si les peines du péché et de la mort n'étaient pas annexées de façon inséparable à la désobéissance aux prescriptions [morales], j'avoue que je ne me sentirais que faiblement marqué par elles. Car je dois reconnaître que je m'accorde souvent la liberté de mettre en question le raisonnable de ce que les auteurs humains (qu'ils soient philosophes ou Pères de l'Eglise) aiment nous imposer[1].

La morale demande un fondement que la raison ne peut fournir, si elle n'est que pouvoir humain; seuls l'autorité et le pouvoir divins suffisent pour assurer l'obligation légale. Tout autre fondement manque de la sanction qui confère l'effectivité au système, de ce qui fait passer de la vérité spéculative à la sphère morale.

Cette prise de position a trois conséquences qui contiennent en germe l'évolution ultérieure de la démonstration en morale. Premièrement, elle amène à considérer comme essentielle à la démonstration la prise en compte de la motivation; si donc il se trouvait que Dieu signifiât sa volonté par l'affectivité humaine, le plaisir serait à prendre en compte comme témoin autorisé de la Loi Naturelle; ce qui favorisera une autre forme de réflexion morale sur laquelle nous allons revenir.

Deuxième ligne d'évolution, l'importance donnée à l'autorité divine, accorde une telle place à la preuve de l'existence de Dieu que la religion, qui offre des arguments scripturaires hautement probables et une liste de devoirs, devient un *ersatz* de la démonstration dès que des difficultés apparaissent dans l'élaboration du système.

Troisième tendance : deux ordres de démonstration ont été jusqu'ici en concurrence : selon l'un, la preuve de l'existence de Dieu est première et permet de construire le système; selon l'autre, l'élaboration ordonnée des relations ou des modes mixtes est première

1. Boyle, *Some considerations touching the Style of Holy Scriptures,* 7th Objection, *Works*, p. 289; Boyle poursuit : « I find all these topicks, such two-edged weapons that they are as well applicable to the service of falsehood as of truth... ».

et n'attend que la confirmation de l'autorité divine pour recevoir sa validité. La constitution du système précède ou suit la preuve de l'existence divine. Or la dernière étape de l'évolution de Locke semble privilégier le dernier ordre des facteurs : l'autorité divine vient ajouter son poids à un système préexistant; il suffira que Locke se sente incapable de construire le système moral qui découle de la preuve de l'existence de Dieu, ou trop peu intéressé par cette tâche, pour que l'on attende de la preuve de l'existence de Dieu la simple confirmation de l'autorité de morales déjà jugées raisonnables en elles-mêmes. Plus exactement, l'acte qui consiste à vérifier la cohérence d'une morale révélée sera considéré comme une forme de démonstration analogue aux autres. Telle sera la thèse de *Reasonableness of Christianity*, thèse très voisine de celle de Boyle, qui insistait sur l'insuffisance de l'obligation des morales païennes :

> Et en fait, sauf en ce qui concerne les rares devoirs que la Nature nous a enseignés d'avance, beaucoup de moralistes apparaîtront presque comme des pinailleurs, à celui que sa curiosité insatiable a poussé à mener des recherches dans toutes les époques et toutes les nations; car chacune de leurs positions populaires [= de sens commun] n'est qu'un fondement incertain[1].

De même Locke affirme à divers endroits :

> Il semble que ce soit une tâche trop difficile pour la raison sans aide d'établir la moralité en toutes ses parties, sur son vrai fondement, avec une clarté nette et convaincante. [Les disciples des anciens philosophes] n'étaient soumis à aucune obligation; l'opinion de tel ou tel philosophe était sans autorité. ... Est-ce que quelqu'un venant du ciel, qui donnerait des règles de morale et d'obéissance évidentes et directes, n'aurait pas plus de chance d'éclairer la masse de l'humanité, de la mettre dans le droit chemin, d'amener à les pratiquer, que s'il raisonnait avec elle en partant des notions générales et des principes de la raison ?[2]

Ainsi se révèle dans cette critique même de la démonstration, quelle était l'attente frustrée : pour Boyle comme pour Locke,

1. « And really, most moralists, except in those few duties, that Nature herself hath foretaught us, to a man, whose restless curiosity leads his enquiries to all times and nations, will appear little other than fencers with wit... for each of these popular topicks is... an unsolid or uncertain foundation. » (*Ibidem*). On croirait lire une description de Locke par son ami.

2. *Reasonableness*, § 228, p. 574; § 232; § 233; on notera encore l'autocritique implicite dans ces lignes; même si le rejet des principes de la raison et des notions générales peut être considéré comme permanent, le refus du raisonnement au profit d'une contrainte religieuse est relativement nouveau dans les textes publiés.

l'ambition de la démonstration était d'aller au delà du simple énoncé de la morale élémentaire, au-delà d'une explicitation de la Loi Naturelle; l'ambition de la démonstration est de fonder, ce qui implique de ce point de vue que l'autorité de celui qui pourrait infliger une peine soit partie intégrante de la démonstration. Sans l'autorité, la morale demeure théorique.

Il est vrai que déjà tout le chapitre VI des *Essays on the Law of Nature* était consacré à cette affirmation : dès l'origine, la démonstration morale porte sur la contrainte autant que sur le contenu; dès l'origine, la démonstration passe au delà de la simple science analytique des modes mixtes. Mais le Dieu de ce texte ne revêtait qu'une des facettes de son personnage : il n'était que l'auteur de la nature humaine, qui pouvait être découvert par un savoir supposé essentiel de cette nature; il n'était pas le juge libre que seul peut supposer un esprit agnostique, juge qui décide d'attacher telle peine à tel acte, de telle sorte que l'homme moral se décide non pas intellectuellement mais affectivement lorsqu'il ressent l'obligation, sous le mode empirique de l'attrait pour le plaisir :

> Par obligation de droit, on doit entendre la contrainte de la Loi Naturelle par laquelle quelqu'un est astreint à accomplir un dû naturel, à savoir, faire un devoir qu'il incombe à chacun de faire en raison de sa nature, ou de subir la peine due pour le crime. [L'obligation de la Loi Naturelle réside] dans le pouvoir et la domination que chacun a sur autrui : soit par le droit naturel et de création, quand tout est soumis à ce par quoi il a été fait et il est perpétuellement soutenu dans l'être; [soit par le droit de donation...] [1].

A partir du moment où la *convenientia* des *Essays on the Law of Nature* entre nature humaine et nature divine n'apparaît plus d'emblée, la conviction morale doit dépendre plus encore de Dieu et surtout de sa sanction; la définition nominaliste de la loi étend son emprise; au fur et à mesure des rédactions, l'importance de la contrainte externe grandit, parce que diminue symétriquement l'autorité interne de la loi, par défaut de connaissance de la nature humaine. Quand s'accroît le caractère nominal du mode mixte, quand se distend le lien entre langage et réalité, la sanction devient à la fois plus importante et plus externe, et doit se démontrer pour elle-même. L'évolution ultérieure va accroître ce privilège de la sanction et de l'obligation sur le contenu; dès la seconde édition de l'*Essai* vont se révéler d'autres donnés empiriques, d'autres fondements pour la démonstration : l'*uneasiness* et plus généralement l'affectivité; c'est désormais la

1. *Essays on the Law of Nature*, p. 180 et 184.

contrainte qui va déterminer le contenu de la morale et non plus le contenu qui va recevoir l'obligation. La démonstration de l'existence de Dieu, ou sa Révélation, demeure essentielle à la morale[1]; Dieu devient même plus manifestement indispensable, dans la mesure où la finalité inscrite dans l'affectivité humaine demeure suspendue à sa libre décision, beaucoup plus que le système des modes mixtes n'avait besoin de l'authentification divine pour devenir moral.

La démonstration, en sa troisième forme, intègre l'affectivité et les passions dans la morale. En sa quatrième, Locke fera de la démonstration une vérification de la morale révélée.

* * *

4. *Du plaisir à l'obligation.*

A côté de la démonstration traditionnelle par la preuve de l'existence de Dieu, on trouve en effet dans les textes de Locke une démarche, empiriste et démonstrative en un autre sens. Si Dieu est créateur de la nature humaine et s'il a inscrit la sanction de la loi divine dans la vie même de l'homme, si enfin l'objet de l'observation c'est l'homme tel que le voulait Pufendorf c'est-à-dire l'homme marqué de l'intérieur par l'appel à la raison comme par la peur de la sanction, il devient possible de remonter de l'*uneasiness* et du désir de bonheur empiriquement constatés à la loi. Abandonnant une démarche sur les modes mixtes, sur les idées morales, une démarche a priori indépendante de l'existence effective du moindre être humain, Locke suit une démarche inverse, où l'hypothétique du mode artificiel est remplacé par la certitude de la contrainte, une démarche portant sur les sentiments effectivement éprouvés, le mésaise, le plaisir, la crainte, qui deviennent alors signes naturels de la volonté divine. Le caractère artificiel du mode, qu'il tenait de son premier avatar, la relation, passe au second plan. Ce mode vaut par lui-même, ou plus exactement vaut par ce à quoi il se réfère en l'homme : le plaisir, l'*uneasiness* ne sont pas considérés comme des idées artificielles, mais comme des états réels sur l'influence desquels Locke raisonne. Dans le chapitre 2.21, l'analyse glisse du *concept* de pouvoir lui-même à l'analyse de la *réalité* du pouvoir dans l'esprit humain. Un peu comme dans l'analyse des idées simples, Locke glissait de l'idée à la qualité et à la constitution

1. Une nuance importante; *Reasonableness* qui insiste le plus sur cette sanction revient sur l'idée de *convenientia*, et sur l'évidence du plan divin (§ 228, p. 575).

corpusculaire du réel, de même ici, Locke passe de l'analyse du fonctionnement de la pensée à l'analyse de ses référents.

De ce fait, la démonstration devient calcul du plus grand bien effectif : calcul dans lequel interviennent la volonté du législateur comme arrière-plan, le bon[1] comme moteur, et la sanction éternelle comme cause finale. Un calcul qui n'est pas moral en lui-même, mais élément de découverte de la loi, facteur de considération. La moralité n'est que dans la soumission à la loi ainsi découverte, et le calcul déductif est prise de conscience subjective de la loi objective; même si la genèse de la conscience individuelle de la loi est utilitariste, la moralité quant à elle n'est pas liée à l'intérêt. Ce n'est que dans le dépassement du calcul, par soumission à la loi divine, que naît la moralité. Si cette étape utilitariste est si importante, c'est qu'elle constitue le moment subjectif, où la liberté peut s'affirmer dans la recherche. Mais par-delà ce moment subjectif, demeure l'objectivité de la Loi Naturelle. La démarche *eudémoniste* de Locke ne prend sens ainsi que comme démarche a posteriori (à partir des effets) dans le cadre de la définition antérieure et a priori (à partir de la cause : Dieu auteur de la sanction suprême) de la Loi Naturelle. C'est ce qu'il faudrait montrer maintenant par l'analyse de cette forme de démonstration.

Si Locke ne publie pas le système de morale qu'il tente d'établir en application de son *Essai*, alors que Molyneux l'y presse, c'est que la démonstration ne remplit pas toutes ses promesses (facilité, évidence, complétude) et qu'il a trouvé dans le christianisme une solution plus aisée, plus fiable et plus complète, en ce qu'elle énonce la simple Loi Naturelle d'abord, en ce qu'elle associe contenu et autorité de façon intrinsèque ensuite. Mais Locke promet néanmoins à Molyneux de poursuivre son travail[2]. Or parmi les notes éparses qui nous restent sur ce sujet, il en est une, dénommée *Morality*, rédigée à cette période de sa vie, et qui se présente sous la forme d'un système, avec définitions, axiomes et démonstrations. On peut penser qu'il s'agit là d'un de ses essais, d'un *draft* de la démonstration *more geometrico* tant attendue.

1. *Good*, désignant aussi bien le Bon que le Bien, n'acquiert le sens proprement éthique que dans l'expression de *moral good*, que justement Locke emploie explicitement. Fréquemment, pour désigner le Bien moral, Locke emploie plutôt *Right* dans le sens de *Juste*, accentuant ainsi le caractère volontariste de sa morale ; par exemple, *Reasonableness*, p. 579 ; j'ai développé ce point dans 'Right, Good ; Juste, (Bien), Bon.', *La Justice en Angleterre, du XVIe au XIXe siècles*, Lille, Presses Universitaires, 1988, p. 223-237.

2. *Correspondence*, lettre n° 1538 du 20 Septembre 1692.

Or, ce qui est remarquable, c'est que ce système de morale part à l'inverse des systèmes envisagés jusqu'ici : non pas de la définition de l'homme comme être raisonnable, ni de l'existence de Dieu, mais d'idées de réflexion : l'affectivité, les passions ; à l'image de ce qu'il fait dans le chapitre sur les capacités[1], profondément modifié à partir de la deuxième édition de l'*Essai* (c'est-à-dire au même moment), Locke parle dans ce manuscrit de bonheur, de désir, de plaisir (mais pas d'*uneasiness*, notion pourtant importante dans le chapitre 21). Dans ce texte tardif, comme dans l'*Essai*, c'est à partir d'idées de la réflexion que se construit la démonstration des devoirs : contrat social, justice, civilité, charité, libéralité. La démonstration de l'existence de Dieu est même, dans un texte d'esprit analogue, daté de 1692[2], issue de l'exigence morale, et non à son origine : passant de la considération du bien le plus immédiat à la prise en compte de biens plus distants, tels que l'amour d'autrui, qui apportent des satisfactions plus durables, Locke en arrive à la nécessité d'un Dieu-juge pour rétablir l'équilibre entre bons et méchants[3] ; la recherche de l'utilité la plus grande et la plus durable fait découvrir la récompense éternelle et le Dieu qui la fonde.

Ainsi, au fur et à mesure des rédactions, la place et la fonction de Dieu dans la démonstration morale se modifie-t-elle. La place se modifie, puisque Dieu n'est plus officiellement découvert à partir de l'ordre régnant dans le cosmos, mais de l'ordre régnant dans la nature humaine ; et même dans cet ordre, ce n'est plus l'entendement en tant que tel qui est considéré, mais les passions, qui tendent à la naissance de la raison : les jeux de la recherche du bonheur engendrent la *ruse de la raison*. Symétriquement, la fonction de Dieu se modifie ; il est toujours, bien entendu, ordonnateur du cosmos, mais il n'est plus connu d'abord comme tel. En outre, au Dieu sanction de la moralité, s'ajoute le Dieu garant de l'éternité, et nous sommes désormais loin de l'*etsi Deus non daretur* de Grotius : si le plaisir immédiat existe sans Dieu, le bonheur de l'homme en tant qu'être humain ne peut être assu-

1. Les idées des capacités sont des idées relatives (2.21.3) : la relation, une fois encore.

2. Ethica, *Locke Newsletter*, 5. Il semble que Colman (*op. cit.*) n'étudie ces textes que sous l'angle de la psychologie morale de l'individu. Or la forme même de ces textes manuscrits montre qu'il s'agit d'autre chose ; la démonstration de la Loi Naturelle, passe désormais par cette voie « subjective », et du même coup, on est en droit de se demander si les pages de l'*Essay* consacrées à la psychologie morale ne sont pas aussi des pierres d'attente de la démonstration qu'il pensait tenter ensuite.

3. Inversion classique chez les défenseurs de la religion naturelle contemporains de Locke (Barker, Gastrell, Popple), même si elle fait évidemment penser à la *Critique de Raison Pratique*.

Dieu, le bonheur de l'homme en tant qu'être humain ne peut être assuré que par l'hypothèse divine. Dans la prise de conscience subjective de la moralité, il s'agit de s'emparer du bien (bon) le plus durable, et Dieu devient un élément confirmant, par étirement du temps, la permanence du bonheur. L'épicurisme, dans la découverte (genèse) subjective de la moralité (et non dans son fondement), prend une place croissante; mais un épicurisme où la durée demeure un élément primordial : le sujet passe de la conscience de son intérêt immédiat à son dépassement. De même que dans la connaissance spéculative, l'idée est simple et limitée à l'instant, et de ce fait incapable d'engendrer par elle-même un savoir, de même en morale, la recherche du bon immédiat est une étape pré-morale et n'atteint le niveau moral qu'à partir du moment où la satisfaction est différée : la prise en considération du temps est la transcendance qui fait passer le seuil moral[1] et la garantie divine est le point extrême dans cette évolution.

Il ne faudrait pas dire, comme on a pu le faire, que la morale de Locke devenait ainsi plus empiriste. Locke a suffisamment insisté, depuis les premiers *Essais*, sur le fait que la morale avait pour seul principe ce qui est donné par la sensation; il a suffisamment repris dans l'*Essai* la thèse que les idées morales ont toutes pour origine la sensation[2]; seul change l'objet fourni par les sens : de la raison prétendument observée et qui définirait l'homme, on est passé à l'idée simple qui est matière à mode mixte; on passe enfin au plaisir qui ne définit pas l'homme, mais qui en est la première caractéristique observable, et surtout pertinente. Locke ne modifie pas le dogme du départ de la morale dans l'expérience, il évalue différemment la pertinence de telle ou telle constatation : la rationalité est-elle bien objet d'observation? Est-elle en outre le meilleur point de départ pour une morale? Le point de départ pertinent pour une morale qui soit à la fois rationnelle et motivante ne doit-il pas être, par exemple, dans cet autre caractère de l'homme, l'*uneasiness*. Il est utile de noter que des textes *eudémonistes* sont contemporains de la période la plus *religieuse* de Locke : la recherche du bonheur est une voie *agnostique* vers la prise en compte de l'éternité, à partir de la déception éthique devant le monde.

Il n'est donc pas totalement exact non plus de dire que Locke présente une morale hédoniste[3]. Outre qu'il s'agirait plutôt d'eudémonisme, présenter sa morale ainsi est une erreur de perspective. Locke ne renie absolument pas dans ses derniers écrits le principe affirmé dès

1. *E.* 1.3.6.
2. *E.* 2.28.18.
3. Cf. l'introduction du texte *Ethica*, in *Locke Newsletter*, n°5.

les premiers *Essais*[1] : l'intérêt et la recherche du bonheur ne peuvent définir la Loi Naturelle. La moralité en soi n'est pas la même chose que la découverte par l'individu de la moralité; la démonstration est passage de la seconde à la première, et l'intégration de la sanction est plutôt combat du même par le même, pour leur dépassement : l'intérêt est combattu par l'intérêt supérieur, pour parvenir au dépassement de l'intérêt :

> Les lois morales sont posées pour réfréner et restreindre ces désirs exorbitants, et ils ne peuvent le faire que par des récompenses et des punitions, qui sur-compenseront la satisfaction que chacun attend de l'infraction à la loi.[2]

Il faut bien lire ce texte, qui définit trois instances : le désir, la sanction et la loi morale. Seule cette dernière est morale; les autres niveaux sont de l'ordre de la progression subjective vers la connaissance de la moralité. Ce n'est pas parce que Locke se préoccupe de l'accès à la Loi Naturelle qu'il faut l'accuser de verser dans le relativisme. Interpréter la pensée de Locke comme hédonisme, c'est donc reproduire dans ce nouveau champ la critique de Tyrrell et de Lowde ainsi que celle de nombreux contemporains qui confondaient genèse des idées morales et moralité. La démonstration, ici, se situe au seuil de la moralité, donc totalement à l'extérieur de celle-ci; elle est démarche subjective vers son autre, genèse subjective et non source d'existence objective. L'originalité de Locke consiste à avoir progressivement abandonné la preuve objective de la Loi Naturelle, pour se centrer sur la preuve subjective. Si cet aspect est resté ignoré, nous aurons à nous demander si Locke l'a lui même clairement perçu. Reste posée la question de savoir quels rapports entretiennent recherche de la moralité et Loi morale véritable, comment s'accordent raison, démonstration et liberté, nous le ferons dans la dernière partie, lorsque nous aurons éclairci ce que Locke appelle le jugement de rectitude.

Le texte de l'*Essai* qu'on vient de lire, comment pourrait-il être contredit par des élaborations *hédonistes* contemporaines des manuscrits de 1692, alors que Locke affirme encore en 1697 qu'à côté de ceux qui se laissent emporter par leur imagination, «on peut ranger ceux qui souffrent de ce que leur caractère et leurs passions naturels… influencent leurs jugements» ?[3]

1. *Essai* VIII.
2. *E.* 1.3.13.
3. *Of the Conduct*, § 13 : «we may place those, who suffer their own natural tempers and passions they are possessed with, to influence their judgments, especially of men and things that may any way relate to their present circumstances and interests.».

Reasonableness of Christianity, qui fait pourtant intervenir la sanction éternelle, n'en conserve pas moins l'opposition entre désir et moralité ; à moins de supposer que le désir n'ait rien à voir avec l'intérêt, il faut donc bien admettre que la transcendance de la Loi Naturelle par rapport à tout intérêt se conserve à travers toutes les œuvres, même celles où le désir sert d'introduction à la conscience morale.

Quand Locke parle ici de démonstration, il faut donc bien entendre démonstration pour une subjectivité, preuve donnée à un individu de la validité d'une loi existant en soi, antérieurement à la démonstration ; bien plus évidemment, dans ce dernier type de démonstration qui s'appuie sur les passions, il s'agit de démontrer à la conscience individuelle la nécessité de passer de la satisfaction immédiate à la satisfaction différée, de passer de l'amoralité à la moralité. Antérieurement à toute la réflexion kantienne, l'opposition de l'intérêt et de la moralité était déjà affirmée, même si leur articulation n'est pas exprimée avec la clarté que l'on trouve après Locke.

Ainsi la démonstration change de registre : la simple rationalité de l'homme, donnée empirique, est remplacée par les données empiriques issues du *Traité des Passions* que constituent, à partir de la deuxième édition, les chapitres 20 et 21 du deuxième livre de l'*Essai* : le contrat qui fonde la vie sociale est basé sur le fait de la rapine, répandue là où les biens sont communs[1] ; l'amour d'autrui vient de l'observation que les plaisirs les plus matériels sont les plus passagers[2]. Et pourtant cette inversion de l'ordre est plus un changement de point de départ qu'un changement de doctrine : le Dieu visé, le bonheur cherché à travers la démonstration, sont bien les mêmes que ceux dont Locke faisait les bases de sa morale. A travers les deux présentations, il s'agit bien d'une même nature ordonnée, œuvre d'un Dieu qui a mis en l'homme les capacités de découvrir son devoir.

Une objection demeure possible : de nombreux textes, de la première période surtout, font référence à la prudence, comme champ éthique différent de la démonstration morale[3]. Il s'agit là d'une affirmation traditionnelle, reprise à Aristote[4] par Grotius[5], puis par le

1. *Morality*, p. 27.

2. *Ethica*, p. 30.

3. Cf. notamment : *Ms* 'Study', Journal au 6 Mars 1677, cité in King, 2e ed., 1830, t.1, p.171.

4. *Ethique à Nicomaque*, 1095 a 31-b7 ; 1098 a 26-33, où il est justement question du principe, et de l'exigence de partir de principes connus de nous.

5. *De Veritate Religionis Christianæ*, 2.19, (Londres, 1755), p. 126 ; l'objecteur « scire debet, pro rerum diversitate, diversa quoque esse probandi

groupe de la Royal Society[1] : la *certitude morale*, lieu de probabilité, est la seule certitude accessible en éthique; or le livre IV de l'*Essai* reprend amplement à son compte cette tradition, et il serait étonnant que Locke se contredise ainsi en situant la morale dans le domaine de la *certitude métaphysique*. Le champ de l'*uneasiness* serait, selon cette objection, du domaine de la prudence, et donc de la probabilité, et non de la démonstration. Mais cette affirmation contredit la forme même de textes comme *Ethica*. Par ailleurs, prudence et probabilité ne visent pas le même champ que la démonstration. La prudence porte sur le champ des existants concrets, des situations, des *adiaphora,* où la connaissance n'est pas possible, et où il s'agit d'appliquer comme critère la Loi Naturelle, qui, elle, doit être certaine. La démonstration par contre porte sur ce qui est connu : la Loi Naturelle notamment, qu'elle soit déduite par quelque voie que ce soit; l'*uneasiness* est principe (point de départ empirique) de connaissance et non de probabilité, au même titre que l'homme-être-de-raison : il n'y a pas de ce point de vue de différence fondamentale entre les deux approches.

Cependant quelques différences annexes valent la peine d'être notées. D'abord le jeu d'équivalence entre la sanction et la durée. Jusqu'à l'*Essai,* y compris dans le chapitre 21, le plus récent, jusqu'à *Reasonableness of Christianity*, la sanction est une qualité secondaire de la loi. Elle demeure nettement extérieure à la rationalité intrinsèque de la loi. La contrainte n'était apparue comme importante que pour remplacer la *convenientia*. La loi avait sa rationalité intrinsèque liée à la sagesse divine, et la sanction, accrochée par le législateur à la loi, conférait l'autorité, le statut de loi, à ce qui était en soi rationnel.

Dans les derniers textes au contraire, et le mouvement a commencé avec les refontes successives du chapitre sur le pouvoir, la sanction est intimement liée à l'acte. Le contenu et la sanction relèvent d'idées simples distinctes que la raison doit constituer en idée complexe. La démonstration ne porte pas séparément sur contenu et sanction, mais les élève simultanément à la rationalité. Et cette rationalité n'est pas découverte d'une harmonie universelle, mais calcul, calcul de la durée : la raison est la capacité qui fait passer de l'instant du plaisir à la durée du bonheur, qui assure la permanence du bonheur. La morale s'adresse à des individus «qui n'ont pas d'ambition au-delà de cette vie»[2] mais découvrent grâce à la raison l'extension de la durée en

genera.». Sur ces aspects de Grotius, on pourra lire aussi *XVIIe siècle*, 141/4, Oct. - Déc. 1983; n° spécial, 'Actualité de Grotius'.

1. Glanvill, *Scepsis Scientifica*, ch. 1, in *The Vanity of Dogmatizing*, reprint Harvester Press, Sussex, 1970.

2. *Morality*, p.27 : «who have noe prospect beyond this life.».

éternité. La sanction naturelle inhérente à tout acte est, dans la démonstration, remplacée par la durée de la sanction éternelle. La prise en charge de la durée par la raison est la forme laïcisée de la sanction, qui passe du législateur externe à la nature observée. Il devient désormais encore plus nécessaire de montrer que l'intérêt, le respect de la parole donnée sont plus sûrs que leur ignorance; la difficulté fondamentale devient alors le passage de l'individuel au social (charité, justice) : il faut aboutir par le biais d'une démonstration à ce que d'autres acceptaient comme une donnée expérimentale (la sympathie, la bienveillance).

Ainsi, les derniers textes sur la morale, et même, à certains points de vue les dernières rédactions du chapitre 21 de l'*Essai*, paraissent-ils présenter une morale sans fondement divin; Dieu n'est pas le fondement du système de la Loi Naturelle comme lorsque tout reposait sur sa preuve; il est la clé de voûte qui parachève le système en accordant le bien suprême. Le contenu et l'obligation de la Loi Naturelle sont élaborés à partir de l'observation des jeux effectifs de la passion et de la raison[1], non à partir de l'autorité divine. Mais cette inversion, cette *laïcité* est trompeuse : la confiance accordée au plaisir repose sur Dieu, qui est l'auteur de la nature humaine, de son plaisir et de la raison qui est capable de faire passer du bien naturel au bien moral et de là au bien suprême; donc *hédonisme* qui repose sur un présupposé métaphysique analogue à celui qui présidait à la rédaction des premières oeuvres; la nature peut être objet d'observation et de science parce qu'elle est œuvre de Dieu et porte sa marque. La démonstration a posteriori (par les effets) présuppose la démonstration a priori (par les causes).

Cette double démarche est d'ailleurs classique chez Locke. On la trouve en morale; mais dans les textes mêmes où Locke propose cette analytique du plaisir, une spéculation sur la contingence suit la même voie de l'empirique au divin : l'homme constate empiriquement qu'il ne s'est pas fait lui-même, qu'il n'est pas non plus auteur du Cosmos, mais qu'il s'insère dans un monde qui est toujours déjà là, donné et non fait; la contingence est observée, et non déduite de la création par Dieu; l'argument traditionnel que Locke utilise par exemple au début du *Traité*, procède à l'inverse : il part de la création pour en déduire la

1. C'est en ce sens que Leo Strauss a raison de dire que le *Traité* fait reposer la Loi Naturelle sur la vengeance individuelle; l'égalité, la défense contre l'homme bestial, sont des droits naturels qui expriment pour autrui la Loi Naturelle; mais ce n'est pas une profanation de la Loi Naturelle, même si cela ouvre à une sécularisation ultérieure par d'autres que Locke; Dieu passe par ces médiations pour imposer sa loi.

dépendance de l'homme à Dieu, ainsi que l'égalité des hommes entre eux[1]. De même, plusieurs passages de l'*Essai* s'appuient sur l'analyse des démarches de l'entendement tel qu'il est, pour en déduire les limites et la possibilité d'une preuve de l'existence de Dieu ; mais cette preuve exige en fait une certitude acquise sur le projet divin de sauver l'homme par sa raison. L'observation empirique et la remontée à la cause suppose, implicite ou explicite, la démonstration à partir du principe.

La position de Locke semble alors fort proche de celle que Tyrrell a défendue dans sa traduction-commentaire de Cumberland :

> Je pense pour ma part qu'une obligation suffisante d'observer la Loi Naturelle s'impose à la plupart des gens du fait de ces récompenses naturelles attachées au devoir et de ces punitions naturelles pour le péché, récompenses et punitions que Dieu a instituées dans cette vie par la nature-même des choses.[2]

Le plan divin s'exprime dans la réalité de la nature humaine et dans l'ordre du monde ; il suffit donc de se baser sur cette nature, sur cet ordre, pour accéder à la connaissance de Dieu et de sa Loi Naturelle. Et pourtant Locke critique fort agressivement la thèse de Tyrrell qui risque de mener à la justification de tous les malheurs baptisés en l'occurence *punitions naturelles*. Nouvelle volte-face ? Plutôt, nouvelle manifestation de la difficulté de la question : le naturel n'est pas de soi moral comme le croit Tyrrell et tous ceux qui tendent à revenir à la théorie du sens moral, ou de la moralité immédiatement évidente ; ce n'est que par le conflit entre le besoin naturel et la *courbure* de la raison que l'on parvient au niveau moral : la bienveillance n'est pas un fait naturel, car aucun instinct n'est de lui même moral. Et en même temps, ce n'est pas tout bien naturel qui peut être ouvert à la moralité : nous ne connaissons pas le monde de façon suffisamment évidente, et affirmer d'emblée que tel trait naturel est d'évidence le point de départ de la morale, c'est revenir à l'intellection des maximes morales. Il faut, à cause de cela aussi, une intervention de la raison, qui conserve sa fonction de mise en relation. Si nous accordons confiance au naturel, ce n'est pas de façon aveugle, mais de façon agnostique : par la cri-

1. *Morality, Ibid*: [du fait de cette contingence empiriquement constatée], « noe man at his birth can have noe right to anything in the world more than an another » ; *Ethica*, selon la même méthode a posteriori, fait de l'éternité une composition à partir de la prise de conscience de la fragilité de l'instant.

2. *Correspondence*, lettre n° 1307 du 27 Juillet 90. Cependant, ajoute Tyrrell, l'éternité n'est pas un appoint négligeable dans la motivation. Locke répond en lui opposant le danger de considérer alors la torture comme un moyen utilisé par Dieu pour rendre moral (lettre n° 1309).

tique d'une raison qui est, autant que l'instinct, signe de Dieu. Contre toutes les simplifications, qui conduisent à la tyrannie et à l'intolérance, Locke maintient ouverte la question de la Loi Naturelle. Et c'est vraisemblablement cet agnosticisme dans les démarches a priori et a posteriori qui est reproché à Locke, plus que la démarche même : la Loi Naturelle, reste pour lui incertaine, formelle, et il rejette, comme le disait Shaftesbury, toute certitude morale hors de notre monde. Il y a exigence de démonstration, mais est-elle réalisable ?

***

5. *Système et démonstration : la* démission *de* Reasonableness.

Peu avant la rédaction de *Reasonableness of Christianity*, Locke prenait encore des notes pour rédiger son système éthique[1], et pourtant il pose en principe dans cet ouvrage que cette démonstration n'est plus indispensable. Peu importe qu'il s'agisse ou non de la rationalisation a posteriori d'incapacités conjoncturelles, telles sa maladie, ou d'autres priorités ; la seule question qui nous intéresse est de savoir ce qu'il advient en ce cas du statut de la morale. L'absence de démonstration d'un système complet de morale – puisque finalement son système de morale ne verra pas le jour – jette sur la morale et par là sur toute son œuvre un nouvel éclairage.

La correspondance énonce, sous couvert d'excuse, la façon dont Locke conçoit désormais la démonstration en morale :

> ... non pas que je n'estime pas que la démonstration puisse être en ces questions poussée beaucoup plus loin qu'elle ne l'est. Mais il y a beaucoup de propositions, peut-être des millions, en mathématiques, que ni vous ni moi ne pouvons démontrer, et que personne encore n'a démontrées ni ne démontrera avant la fin du monde.[2]

[et deux ans plus tard, il ajoute :]

> Que je sois capable de le faire, c'est une autre question. Tout le monde ne peut avoir démontré ce que le livre de Mr Newton a prouvé démontrable.

Deux interprétations possibles. Selon la première, induite par la première citation et qui porte sur le statut de la morale : la simple

1. *Correspondence*, Lettre à Molyneux du 30 Mars 96.
2. *Correspondence*, Lettre n° 1309, du 4 Août 1690. Et Lettre à Molyneux d'Août 92.

affirmation de la déductibilité du système suffirait ; même si personne ne s'est révélé capable d'établir un tel système moral, le principe suffit à assurer la nature de la morale : il y a une morale naturelle, parce qu'elle est possible. De la même manière que la mathématique qui n'est pas achevée, est néanmoins qualifiée de science, la démonstration morale à peine ébauchée ou affirmée dans son principe, suffit à établir le caractère naturel de la Loi, ainsi que l'exigence pour l'homme de procéder à cette recherche inachevée. Ainsi est détruite la source de l'intolérance, ce qui importe surtout à Locke : il est impossible de prétendre désormais que la loi morale soit liée à l'obéissance à des *dictateurs de principes*. L'affirmation de la démontrabilité est un argument critique et son principe suffit. La systématicité n'est que la limite idéale de la déductibilité.

Et je suggère de prolonger l'interprétation : étant donnée la situation dans laquelle se trouve l'homme en ce monde, étant donnée notamment son incapacité de connaître l'essence réelle des substances, et surtout celle de l'homme, il est en fait impossible d'atteindre cette limite, de pousser à son terme cette science. Etablir un système de la géométrie serait possible si cette discipline était, entièrement et sous tous ses aspects, constituée de modes mixtes élaborés en toute indépendance par rapport à la réalité : il suffirait d'avoir les capacités intellectuelles suffisantes pour dégager les relations *analytiques a priori*. Mais sa conception de l'abstraction empêche une telle conception de la géométrie, et de la morale : l'idée abstraite est liée à l'idée particulière dont elle n'est qu'une *considération* abstrayante : le donné détermine toujours l'abstraction possible. Les conditions d'observation, l'expérience sociale, la situation culturelle sont importantes, par les idées particulières, et donc abstraites, qu'elles fournissent à l'esprit, et ce en morale bien plus encore qu'en géométrie. Il est d'ailleurs significatif que pour justifier la non-systématicité de la morale, Locke prenne ici pour exemple la physique newtonienne, et non plus la pure géométrie, comme le voulait le modèle de pensée emprunté à Grotius. La morale devient une démonstration ouverte où ne sont plus exigés à la fois un point de départ dans le principe absolu (l'idée simple) et l'arrivée à la certitude convaincante d'une liste de devoirs. Démontrable ne signifie pas nécessairement (ne signifie plus ?) systématique, mais vérifiable.

On est alors amené à considérer comme essentielle la définition de la raison comme œuvre, annoncée dès les premiers textes : la morale est démontrable non parce qu'elle est systématique mais parce qu'elle est naturelle, c'est-à-dire œuvre de raison, et la tâche de l'homme est par là indiquée. La conséquence première de cette interprétation, et suffisamment importante pour que nous ayons à y revenir, c'est que la démonstration n'a pas pour fonction d'établir de bout en bout une morale à appliquer, sinon il faudrait attendre la fin des temps pour agir moralement ; la démonstration a pour fonction d'examiner une morale déjà existante, de la critiquer et éventuellement de la corriger. La démonstration est une synthèse critique de ce qui vient de l'éducation, de la tradition... Démontrer signifie désormais éprouver pour soi, rationnellement (c'est-à-dire en ressentant l'évidence de chaque relation entre idées), une pensée morale. L'exigence rationnelle demeure ; seul change le statut de l'origine qui n'a plus à être qu'idéalement l'idée simple : le point de départ effectif n'est pas nécessairement identique à l'origine théorique de la démarche synthétique.

Deuxième interprétation, suggérée par la deuxième citation et qui porte sur le statut de la raison : la démonstration n'est pas l'invention, et il faut distinguer les deux fonctions. Une fois l'invention faite par un utilisateur supérieur de la raison, il est possible à un autre de vérifier pour lui-même le chemin. Le rôle que Newton a joué en philosophie naturelle, la religion, l'éducation, la tradition, les capacités de tel ou tel, le jouent en morale : en chaque domaine, l'esprit supérieur fournit la solution et la méthode pour y arriver, et ceux qui connaissent cette vérité par ouï-dire se l'approprient par une démonstration de vérification (= faire vrai, pour soi). C'est l'interprétation que donne explicitement Locke dans *Reasonableness* :

> C'est une tâche trop dure pour la raison sans assistance que d'édifier la morale en entier, sur ses fondations véritables, sous un éclairage convaincant. La raison n'a jamais produit de corpus complet de la Loi Naturelle à partir de principes inébranlables et par de claires déductions[1].

Toutes les exigences de la déductibilité que nous avons plus haut dégagées sont reprises : les fondations véritables, le contenu présenté sous forme systématique, l'obligation permettant la mise en application, tout cela grâce à la double intervention du sensible comme fondement (au sens lockien du terme) et de la raison-*ratiocinatio* comme instrument. Mais ces exigences sont, cette fois, reprises négativement : jamais l'ensemble n'en a, dans le passé, été réuni. Cette dénégation radicale de la morale philosophique, qui fait penser à d'autres dénégations portant sur les prétentions de la métaphysique, n'empêche pourtant pas que la moralité véritable ait existé – et la nouveauté est là.

1. *Reasonableness of Christianity*, § 228. Il faut lire les dernières pages de *Reasonableness of Christianity*, qui contiennent des réflexions épistémologiques trop négligées.

Au moins la mise en exergue de ce fait est neuve; l'*Essai* disait déjà que la morale était proposée à l'examen individuel par l'éducation, la tradition, le langage; mais pour la première fois cette situation est prise en compte comme telle, pour redéfinir la démonstration :

> Chacun peut découvrir un grand nombre de vérités qu'il reçoit d'abord des autres, et qu'il accepte volontiers parce qu'elles sont conformes à la raison, alors qu'il les aurait difficilement découvertes lui-même. [1]

Il est remarquable (c'est même un critère) que même cette appropriation de second ordre se fasse (comme l'appropriation par invention) dans la peine et la douleur. Que la peine de l'invention et celle de l'appropriation par vérification ne soient pas les mêmes, ne supprime pas la réalité de la seconde; Locke le remarque même dans un texte où il insiste à l'inverse sur l'effort plus grand de l'inventeur :

> L'ensemble du savoir humain est revendiqué par chacun comme son bien propre, dès qu'il l'a assimilé par son esprit (en profitant de découvertes d'autrui); et c'est vrai; mais il ne le reçoit pas par son travail à lui seul, ce n'est pas son gain propre. Il étudie, c'est vrai, il prend de la peine pour progresser à propos de ce que les autres ont produit; mais la peine est d'une autre sorte chez ceux qui ont, les premiers, amené ces vérités à la lumière où lui va les chercher....

La raison est définie par l'appropriation pénible de son objet : la mise en parallèle du travail et de la raison dans la situation intermédiaire où est l'homme, est une des clés importantes pour comprendre de l'intérieur la pensée de Locke[2]. Et la suite du texte cité couronne l'ensemble :

> Il n'est pas avilissant pour la révélation que la raison apporte également son appui aux vérités que la révélation a découvertes [3].

* * *

1. *Ibid.*
2. Cf. sur ce point : J. M. Vienne, 'Travail et Raison', *L'espace des Révolutions*, Lille, Presses Universitaires, 1991.
3. *Reasonableness of Christianity*, § 230, p. 579-580. « The whole stock of human knowledge is claimed by everyone, as his private possession, as soon as he (profiting by others discoveries) has got it into his own Mind; and so it is; but not properly by his own single industry, nor of his own acquisition. He studies, 'tis true, and takes pain to make a progression in what others have delivered; but their pains were of another sort, who first brought those truths to light, which he afterwards derives from them. »... « It is not diminishing to revelation, that reason gives its suffrage too, to the truths revelation has discovered. ».

6. *Raison et Loi Révélée.*

Avec cette conception, se trouve mise pleinement en œuvre la définition de la raison à laquelle avait abouti, dans les dernières éditions de l'*Essai* (et donc au même moment), la polémique contre l'enthousiasme : la raison est non seulement labeur, mais aussi œil critique, apte à juger de toute situation, que ce soit dans la démonstration ou hors d'elle ; et de même que c'est par rapport à la foi que se définit cet aspect de la raison, c'est de même par rapport à la révélation de la loi morale que se définit cette forme de la Loi Naturelle. La raison juge d'un système qu'elle n'a pas elle-même élaborée : non seulement la raison n'est pas corps de principes évidents, mais dans ces dernières œuvres (et peut-être sous l'influence de l'échec de la démonstration), elle n'est pas non plus source d'invention.

Ainsi se vérifie l'interprétation de la sagacité : cette faculté imaginative est trop incertaine pour appartenir en propre à la raison ; par contre appartient en propre à la raison, la perception de l'évidence du lien entre deux idées, quelle que soit l'origine du savoir de ce lien. La raison est appropriation de la vérité par l'expérience personnelle de l'évidence ; la preuve par autrui n'est pas mienne tant que je n'ai pas saisi les relations entre les diverses idées : et la raison œuvre d'abord dans cette appropriation, quelle que soit la source de la mise en relation ; même si la raison n'a pas elle-même accompli le premier degré du raisonnement (travail d'imagination, ou *sagacity*, selon la typologie du livre IV), il y a néanmoins intuition de la relation : le troisième degré demeure le plus important ; et l'intuition de la relation étend son champ au même pas que la raison, sans sortir du champ de la connaissance certaine.

Comment s'effectue cette prise en compte des vérités révélées par la raison critique ? Il faudrait y consacrer une étude plus précise, mais dès à présent il faut lever une objection préjudicielle. Loin de soumettre la raison à la révélation, Locke ne soumet-il pas, comme on l'a souvent dit, la révélation à la raison ? Au début de *Reasonableness of Christianity*[1], Locke présente les deux sources possibles de la Loi Naturelle. Il reprend deux affirmations traditionnelles, mais en leur donnant un sens propre.

Pour les chrétiens d'abord : la loi des œuvres a été donnée par Moïse ; elle comprend une partie rituelle et une partie politique qui ne valent toutes deux que pour les juifs : Dieu peut ajouter n'importe quelle loi positive à laquelle l'homme doit obéir, mais cette loi n'est pas

1. *Reasonableness of Christianity*, § 17 et 18, *Works*, t. 3, p. 514.

pour autant éternelle. Ce qui distingue la partie cultuelle et relative, de la partie morale et naturelle, ce n'est donc pas la révélation, mais la raison, qui juge ce qui est éternel et ce qui ne l'est pas ; et l'éternel seul revient à la raison, le reste, fût-il divin, est aussi arbitraire et temporaire que la loi positive humaine. Par contre : « la partie morale de la Loi de Moïse, ou loi morale (qui est partout la même, loi éternelle du juste) oblige les chrétiens, et tous les hommes, partout ; elle est pour tous la loi des œuvres, immuable» [1] : l'affirmation même de la priorité de la loi révélée sur la Loi Naturelle (naturelle parce que découverte par la raison seule) semble se retourner contre elle, puisqu'ici encore la distinction semble faite uniquement en fonction de la constatation, antérieure à la révélation, du statut universel et éternel de cette loi. Constatation qui ne peut venir que de la raison : on retrouvera comme caractéristique du déisme de certains amis de Locke, cette affirmation que la philosophie doit précéder la théologie afin d'énoncer ce que la religion peut ou ne peut pas proposer[2].

Pour les païens ensuite, Locke reprend le verset de l'*Epître aux Romains* qui sert habituellement d'argument pour l'innéité ou la conscience morale ; mais au lieu de lui donner ce sens intuitionniste, il glose le texte de Paul en le citant :

> ...les païens qui n'ont pas de loi, font (c'est-à-dire trouvent raisonnable de faire) par nature les choses contenues dans la loi, et n'ayant pas de loi, sont à eux-mêmes leur propre loi ; ce que montre l'œuvre de la loi inscrite dans leur cœur : leur conscience portant témoignage et leur pensée s'accusant ou s'excusant les uns les autres. [3]

Par ce passage et d'autres dans le chapitre suivant, il est évident que l'*œuvre de la loi* désigne la Loi Naturelle connaissable par la raison, aussi bien que la loi de Moïse. La raison, chez les païens comme chez les chrétiens, déterminerait donc quelle est la loi morale éternelle, et la révélation ne ferait qu'apporter à une partie des hommes un complément d'information : la *nouvelle* conception de la raison n'asservirait que très superficiellement la raison à la révélation.

Mais cette interprétation déiste de Locke est erronée : on ne voit pas d'abord comment concilier cette interprétation et les affirmations du même ouvrage qui insistent sur la nécessité de la révélation. De plus, cette interprétation contredit l'orientation de *Reasonableness of Christianity*, énoncée dès les premières pages : écarter la prédes-

1. *Ibidem*, § 22, p. 516.
2. Penser notamment à Collins.
3. *Reasonableness of Christianity*, § 18, p. 515.

tination calviniste (qui prétend que les hommes sont condamnés à être immoraux), sans tomber dans l'excès inverse des déistes qui «font de Jésus-Christ rien d'autre que quelqu'un qui restaure et prêche la pure religion naturelle»[1].

Comment alors comprendre ces textes? C'est effectivement la raison qui juge de tout, non pas comme le comprend le déisme le plus dogmatique qui réduit raison et foi à deux sources opposées d'information, et pour qui la raison établit un système préliminaire à la révélation. Au contraire, la raison juge de tout parce qu'elle est condition de saisie, d'agrément, de quelque vérité que ce soit. Si l'on accepte d'entrer dans la conception lockienne de la raison, et si on écarte la dichotomie foi – raison, si l'on prend en charge comme le fait Pufendorf tout l'homme, assisté ou non par la révélation, on saisira que le chrétien comme le païen peuvent démontrer comme raisonnable ce qu'ils apprennent par ouï-dire, ou ce qu'ils jugent bon par instinct. Car c'est ainsi qu'il faut comprendre le texte consacré à l'interprétation de l'*Epître aux Romains,* et non dans un sens purement rationaliste : les païens font ce qu'ils jugent raisonnable de faire, mais cette raison intervient chez eux comme chez le croyant, après l'influence du désir et du mésaise, témoignages de la Loi Naturelle en eux, antérieure à toute activité de raison; la recherche du bien n'est pas de même ordre que la Loi Naturelle, mais elle permet l'intervention de la raison critique; l'œuvre de la loi dans leur cœur est la conscience à laquelle Locke reconnaît une place, à condition qu'elle soit signe et non principe. De la même manière, le plaisir sera signe du bien et ouverture à la morale, bien qu'il n'en soit pas le principe. Il ne s'agit pas d'un retour au sens moral, ni au principe inné, mais d'une expérience initiale dont la raison étend la portée. La démonstration de la raison est moins que jamais élaboration d'un système inutile, elle devient explicitement ce qu'elle tendait de plus en plus à être : l'examen critique de vérités (pour les théories morales), de tendances

1. *Reasonableness of Christianity*, § 1, p. 511 : «This seemed to others so little consistent with the justice or goodness of the great and infinite God, that they thought there was no redemption necessary, and consequently, that there was none … and so made Jesus Christ nothing but the restorer and preacher of pure natural religion; thereby doing violence to the whole tenor of the new testament.». Il est vrai qu'à s'en tenir à ce texte, on pourrait poursuivre l'objection en montrant que, pour Locke, ce qu'apporte le Christ, c'est seulement une (loi de) foi qui rachète les pécheurs ; et que la loi morale, indépendamment de la Révélation, demeure d'origine rationnelle; Locke ne reprocherait pas aux déistes de confondre loi d'origine purement rationnelle et loi morale, mais de limiter la fonction du Christ à une *re-publication* de la Loi Naturelle. Sur ces questions, cf. mon étude : 'Locke et le déisme anglais', *Mélanges de Sciences Religieuses*, 1981, 4.

(pour les comportements) déjà possédées. Il resterait à voir en quoi cette affirmation de *Reasonableness*, cohérente avec la définition de la raison dans les dernières éditions de l'*Essai*, révèle un aspect peu reconnu chez Locke : il s'agirait pour Locke de fonder par la forme de la généalogie, de la synthèse; décrire n'est pas nécessairement tomber dans la facticité; une synthèse généalogique peut servir à élaborer le critère de ce qui est donné.

* * *

7. *Loi Naturelle formelle et contenu de la Loi.*

Presque tous les textes de Locke se concentrent sur le statut, l'existence, le mode de démonstration de la Loi Naturelle, et bien peu en donnent une liste, ce qui est symptomatique de la visée de Locke. Plus encore, dans les dernières œuvres, l'échec de la systématicité, la présentation de la raison comme critique d'affirmations pré-existantes convergent vers l'affirmation du caractère formel de la Loi Naturelle. Cette position n'est pas une innovation : on vient de voir que Suarez, par exemple, défendait pour l'essentiel cette thèse – et l'on sait que d'autres auteurs du temps de Locke faisaient la même distinction entre deux aspects, formel et appliqué, de la Loi Naturelle[1].

Pourtant nous disposons d'au moins deux exposés de la Loi Naturelle : celui des *Treatises on Government* et celui des manuscrits, ébauches de la dernière partie de l'*Essai* qui ne sont en fait que des reprises d'éléments du droit romain ou de la loi mosaïque.

Pour le *Treatise*, la Loi de Nature est la loi de tout être humain. Comme dans les *Essays on the Law of Nature*, cette loi est dans le *Traité* la conséquence de la situation ontologique de l'homme : l'homme ne s'est pas fait lui-même, il est l'œuvre de Dieu (*workmanship* [2]), et donc sa propriété[3]; il ne se connaît pas lui-même[4], et ne se possède pas en tant qu'*homme*, même s'il se connaît et se possède en tant que *personne*, c'est-à-dire en tant que personnage social, parce qu'en ce domaine, il s'est fait, lui et sa propriété[5]. Le premier élément de la Loi Naturelle en découle : la conservation de soi; l'homme ne

1. On peut consulter Gierke, *Natural Law and The Theory of Society*, p. 290-291, note 19.
2. *Treatise on Civil Government*, 2, § 6.
3. *Treatise on Civil Government*, 1, § 86.
4. *Treatise on Civil Government*, 1, § 53; 2 § 43, 44.
5. *Treatise on Civil Government*, 2, ch. 5.

peut se suicider, ni se donner en esclavage[1], ni attenter à son être d'homme. Parce qu'ils ne lui appartiennent pas plus, il ne peut pas attenter à la vie des autres hommes : enfants, dont il n'est pas la cause mais l'occasion[2], esclaves éventuels[3]. Ainsi seraient établis les éléments premiers de la Loi Naturelle : la conservation de soi individuelle, la conservation de soi du genre humain, et, ce qui va plus loin, le besoin de vie sociale, source ultérieure du *consent* social[4].

Liberté et égalité ne font pas à proprement parler partie de la Loi Naturelle ; ce ne sont pas des devoirs, mais des droits ; et Locke, on l'a vu, conserve la distinction du droit et de la loi. Mais il articule plus intrinsèquement que Hobbes droits et devoirs : ainsi la *self-preservation* qui est à l'égard de Dieu un devoir, est aussi un droit opposable aux tiers[5]. De même, les deux droits fondamentaux de l'égalité et de la liberté sont des droits qui s'inscrivent dans le cadre d'une loi naturelle ; pour Locke, c'est la loi qui donne des droits ; il n'y a pas d'un côté le droit, de l'autre des devoirs arbitraires qui les limitent : c'est la loi qui engendre le droit, autant que les devoirs qui lui sont liés.

L'égalité implique la charité et la justice : la raison calculatrice (intervenant visiblement ici comme chez Hobbes pour étendre le besoin initial de préservation) juge qu'il serait anormal d'attendre d'autrui ce que je ne lui donnerais pas : ainsi l'amour mutuel est, dès les rédactions du *Traité*, l'objet d'un calcul de la raison à partir d'un intérêt pour sa propre conservation (ce que ne démentirait pas Hobbes) ; ce qui corrobore ce que l'on a dit plus haut : la reprise de cette même affirmation dans les textes posthumes n'est pas une marque d'hédonisme, mais reconnaissance de la nature humaine, comme instinct sur lequel l'entendement raisonne. C'est aussi la loi de raison (et donc Naturelle) qui confère le droit de propriété (nouvelle identification du droit et de la loi)[6], issu de la loi-droit de préservation. De même encore, la soumission aux parents et inversement le devoir de s'occuper de ses enfants sont à la fois droits et devoirs[7].

Ainsi, les limites de la Loi Naturelle sont-elles assez floues : les principes évidents en font partie au même titre que ce qui en est déduit rationnellement, sans que l'on sache jusqu'où la démonstration peut aller dans la particularité tout en restant élément de la Loi Naturelle.

1. *Treatise on Civil Government*, 2, § 23 et 172.
2. *Treatise on Civil Government*, 2, ch. 6.
3. *Treatise on Civil Government*, 1, § 53.
4. *Treatise on Civil Government*, 1, § 77.
5. *Treatise on Civil Government*, 2, § 30.
6. *Treatise on Civil Government*, 2, § 30.
7. *Treatise on Civil Government*, 2, § 59.

***

L'autre exposé de la Loi Naturelle est encore plus embryonnaire; il reprend quelques unes des affirmations précédentes, à partir de principes fort différents. La Loi Naturelle est supposée connue; ce qui est cherché, c'est seulement la démonstration pour y parvenir. J'ai déjà parlé de l'évolution de Locke, et dit pourquoi la démonstration dans les carnets de note rédigés en 92-93 se donnait un point de départ différent de celui du *Traité*. La préservation de soi n'est plus un devoir issu du lien ontologique à Dieu; la contingence est au contraire un fait fondamental, de même que la recherche du bonheur; la démonstration ne part plus d'une prétendue connaissance immédiate de Dieu. De l'égalité dans la contingence et de l'intérêt conjugués, naissent le contrat, le respect de la parole donnée [1], l'amour d'autrui et la charité.

De la préservation de soi dans le *Traité*, ou de la recherche de l'intérêt et du bonheur dans les textes posthumes, la démonstration par la raison étend la loi concernant l'individu à sa dimension sociale; mais des deux côtés, cette dimension sociale ne fait que retrouver une communauté primitive dans laquelle s'insérait l'individu, et dont témoignait la contingence. Des deux côtés, le schéma est presque le même et la démonstration aussi courte; des deux côtés ce qui manifestement est cherché à travers la démonstration, c'est la recomposition par la raison de cette socialité naturelle. La fonction de la raison est de faire passer de l'individuel au collectif, en même temps que de l'instantané à ce qui dure.

Il n'y a, sauf erreur, guère d'autres affirmations concernant le contenu de la Loi de Nature; c'est bien peu, mais suffisant pour le but que Locke s'était fixé. Car il était essentiel que le contenu de la Loi Naturelle soit aussi réduit que possible. Et il est en fait aussi important, pour saisir Locke, d'être attentif à ce qui n'est pas inséré dans la Loi Naturelle qu'à ce qui y est : règles de succession royale, règles de culte, règles morales précises, règles de propriété, sont absentes; bref l'intérêt de la Loi Naturelle est d'ouvrir un champ pour la loi positive. Car il fallait éviter l'inflation des règles *naturelles* : Filmer et ceux dont il défendait la cause, mais aussi tous les gens d'Eglise, appuyaient leur autorité sur une prétendue loi naturelle; or si la loi impose de rendre un culte à Dieu, elle n'impose pas de le faire de telle ou telle manière; et le manifester par une critique du naturalisme est fondamental pour la paix sociale; de même pour la succession, la propriété ou la conduite sociale. Les *Letters concerning Toleration* constituent ainsi la face négative de cette élaboration de la Loi

1. Manuscrits *Morality* et *Ethica*; cf. aussi *Thoughts on Education*, § 183.

Naturelle : elle notent tout ce dont le magistrat ou le prêtre ne peuvent juger sous prétexte de Loi Naturelle, tout ce qui doit rester du domaine des choses positives et donc relatives d'une part, indifférentes ou privées d'autre part, pour que la paix soit assurée. Et c'était dans ce cadre-là que la forme de démonstration de la Loi Naturelle intéressait Locke plus que le contenu : comment trouver une Loi Naturelle certaine, limitée et telle que les luttes politiques et religieuses puissent être réduites. Manifester que toute détermination de la Loi de Nature, et de la loi positive à partir de celle-ci, doit partir d'une idée simple sensible, et non d'idées acquises par révélation, manifester que la Loi de Nature ne peut se construire que par un raisonnement à partir de ces données sensibles, c'est restreindre la prétention à l'obligation naturelle, c'est renvoyer au positif, et donc à l'arbitraire, au non obligatoire, tout ce reste. La réflexion de Locke sur la Loi Naturelle, ne l'oublions pas, s'inscrit dans le grand débat de la communauté anglicane sur les *adiaphora*. Si la Loi Naturelle impose une vie sociale pacifique, l'essentiel est acquis.

* * *

Il reste donc à répondre à deux questions qui ont en fait partie liée : pourquoi une Loi Naturelle énoncée malgré l'insistance sur l'aspect formel, et quelle est la fonction de cette énonciation ?

C'est dans les *Treatises on Government* et dans les *Letters concerning Toleration*, que l'on trouve les réponses les plus nettes. La Loi Naturelle y est dite loi de la raison[1], ou plus exactement « La raison est cette loi » ; et donc aucune loi positive, fût-elle religieuse, ne peut faire l'affaire ; et Locke affirme même que la Loi de Nature est « non-écrite, et donc ne peut être trouvée nulle part ailleurs que dans l'esprit des gens »[2]. Les autres ouvrages, jusqu'à *Reasonableness of Christianity*, sont préoccupés de démonstration et n'énoncent pas théoriquement le formalisme, mais l'appliquent : ils déterminent la place de l'entendement en morale : nous en avons déjà parlé, et j'en dirai encore quelques mots à propos de la liberté.

Malgré ce formalisme, la Loi Naturelle n'est pourtant pas un ensemble vide : Boyle déjà critiquait les morales philosophiques en ce qu'elles n'allaient guère au delà de la démonstration des devoirs élémentaires de la Loi Naturelle, et pas plus que lui Locke n'admet que cette loi soit réduite à des énoncés purement formels ou triviaux qui

1. *Treatise on Civil Government*, 2, § 6.

2. *Treatise on Civil Government*, 2, § 136 : « unwritten, and so nowhere to be found but in the Minds of Men ».

n'apporteraient aucune information, du type de ceux que Herbert of Cherbury, on s'en souvient, a énoncés. Un commandement tel que *la vertu est le culte le plus excellent que l'on puisse rendre à Dieu*, se réduit en fait à *Dieu se plaît à voir pratiquer ce qu'il commande*, ce qui est aussi évident que vide; ou encore : *les hommes doivent se repentir de leur péché* ne devient utile que lorsqu'on a explicité le sens de *péché*. De tels énoncés ne peuvent être considérés comme des principes de morale, dit-il[1] – ce qui confirme l'interprétation donnée plus haut : la morale *more geometrico* ne peut consister en une simple explicitation analytique des termes, sous peine de tomber dans l'insignifiance.

Il faut donc énoncer la Loi Naturelle, aussi formelle soit-elle. Selon les *Essays on the Law of Nature*, cette loi est dite naturelle parce qu'elle est issue de la nature de l'homme qui se caractérise par la raison, qui est l'expression de la volonté divine; tout être a une loi qui est propre à son espèce, et celle de l'homme n'est pas celle de l'animal. Cette présentation est en fait contredite par la plupart des textes ultérieurs : les rivalités, les besoins, les instincts, les désirs, issues de la nature de tout animal, servent en fait de base à l'élaboration de la Loi Naturelle autant que la raison : Locke donne alors plus de poids à l'autre versant de l'être humain. Mais, ce serait une erreur d'opposer totalement les deux présentations; c'est toujours le jeu entre les deux natures qui permet de constituer la Loi Naturelle. Même si la raison joue un rôle fondamental, elle le joue en second, à partir d'un naturel qui est de l'ordre de la passion : la raison maîtrise ce qui est naturel, l'oriente ou lui donne sens (selon les ouvrages); c'est l'opposition traditionnelle entre les deux natures, passion et raison, qui se joue là, mais que Locke ne thématise pas. Et c'est de cette dualité du naturel que vient en fait, comme chez tout moraliste, la possibilité, et la nécessité, d'énoncer une Loi Naturelle : si l'homme n'était que raison, comme le dit Locke, la loi serait purement formelle; si elle a un contenu, c'est que la nature humaine n'est pas que raison.

Locke jouera ainsi constamment sur les deux tableaux : une loi explicite parce qu'elle a à faire à la passion, et une loi formelle en tant que raison, identique à la liberté, informulable, qui ne se trouve inscrite que dans l'esprit de l'agent moral. En tant que raison, elle est critique de toute loi positive, critère de tout comportement et des multiples lois positives; en tant que loi énoncée, elle est l'origine de l'énonciation des autres droits et devoirs. La raison est donc au centre du dispositif moral; au moins quant à l'énonciation de la Loi.

1. *E.* 1.3.18-19.

Pendant quarante années, Locke a réfléchi sur la démonstration de la Loi Naturelle en marquant, schématiquement, quatre étapes ; les *Essays on the Law of Nature* partent de l'homme défini comme être de raison participant à la raison divine ; dans les *Drafts*, la démonstration par comparaison s'appuie sur la clarté et l'artificialité de la relation, que l'*Essai* reprend en termes de modes mixtes ; la troisième étape s'inspire de la distinction du contenu et de l'obligation présente dès la théorie initiale de l'*Essai*, et prend pour principe de démonstration l'obligation inscrite dans la nature humaine sous forme de désir – c'est la thèse élaborée dans la deuxième édition de l'*Essai* et les manuscrits contemporains ; enfin, quatrième étape, celle de *Reasonableness*, la raison est suffisamment libérée de ses sources stoïciennes pour se cantonner dans une tâche critique à l'égard de la Révélation chrétienne. Mais il s'agit toujours d'une même recherche de la Loi Naturelle par exercice démonstratif de la raison sur une expérience. Ce qui change dans cette évolution, c'est entre autres le statut de celui qui s'interroge sur la Loi Naturelle, et en conséquence, l'aspect de la Loi Naturelle qui est objet de démonstration. Initialement, la démonstration portait sur l'objectivité de la Loi naturelle, mise en évidence pour un interrogateur situé du point de vue de Dieu ; la démonstration ultime porte sur la validité de l'obligation de la Loi Naturelle pour un interrogateur qui est concerné, situé, intéressé. Dans cette évolution, il ne s'agit pas de la même expérience, même si la conception de la raison (et de l'entendement) demeure identique.

* * *

TROISIÈME PARTIE

L'ENTENDEMENT ET LA PSYCHOLOGIE MORALE

Dans les diverses formes de démonstration de la Loi Naturelle que l'on vient de décrire, la raison met en forme l'expérience. Malgré les évolutions de Locke, nous sommes parvenus à saisir les procédures de cette mise en forme et les fonctions de l'entendement dans la démonstration. Mais il reste que l'entendement ne sert pas seulement dans la démonstration de la Loi naturelle : il donne forme encore aux idées de réflexion et produit une psychologie morale que Locke étudie pour elle-même, indépendamment de son utilité dans la démonstration. L'entendement devient ici source de liberté en face d'une volonté source de déterminisme ; les deux capacités sont alors situées l'une face à l'autre, et dans cette psychologie morale, l'idée simple du plaisir est mise en forme par un entendement qui n'a plus exactement le même statut que celui qui mettait en forme l'expérience sensible : depuis la fonction critique et analytique de la première partie, jusqu'à la fonction justificatrice et synthétique de la seconde, l'entendement était le tout de l'esprit humain ; il en devient ici une partie seulement ; il s'oppose à la volonté comme la capacité spéculative à la capacité affective. Cette situation est source d'apories que nous allons examiner ; difficultés qui ne sont pourtant pas neuves : les rapports entre le bien et le vrai posaient déjà une question de même ordre.

***

CHAPITRE 11

LIBERTÉ ET ENTENDEMENT

La démonstration de la loi morale universelle et l'analyse du choix moral individuel ne sont explicitement distingués que dans les réponses aux objections. Je crois avoir montré dans les chapitres précédents pourquoi l'intérêt de Locke « glissait » d'une question à l'autre, et pourquoi il s'agissait pour lui d'une même recherche de la relation entre la particularité d'une expérience et l'universalité d'une obligation. Dans cette analyse, la raison nous est apparue le pivot de toute solution. Si, pour la clarté de l'exposé, l'on accepte de distinguer l'analyse du choix moral individuel, et de s'y arrêter maintenant, c'est pour retrouver la même notion centrale : l'entendement y est condition de moralité. Mais pour le montrer, il va falloir affronter un tout autre type de difficulté que celle des chapitres précédents : là-bas, l'évolution de Locke posait la question de la démonstration du système moral et la solution naissait d'une extension du sens de *raison*; ici, l'évolution de Locke va consister à chercher une impossible solution à l'aporie de la liberté : l'entendement est condition de liberté, donc de moralité, mais on ne voit pas comment l'insérer dans la suite de déterminismes qui est issue du désir; faute d'une solution nette au problème du choix moral, nous y gagnerons au moins une conception plus nette de la fonction qu'il fait jouer à l'entendement dans sa pensée. Je souhaite montrer dans ce chapitre que l'agnosticisme-nominalisme de Locke lui fournit un lieu pour la liberté : l'ignorance. Mais ce même agnosticisme-nominalisme l'empêche aussi d'adopter la vision classique des rapports entre entendement, volonté et volition, ce qui sera étudié dans le chapitre suivant; si bien que du fait de cette ignorance, le lieu de liberté demeure spatialement (ou temporellement) à côté du lieu (ou du temps) où s'exerce la volonté et son déterminisme : Locke ne parvient pas à expliquer totalement comment des facultés qu'il a distinguées peuvent néanmoins former un seul entendement, un seul être humain et coopérer en un seul acte raisonnable, libre et voulu. Le schéma de la progression qui va suivre est ainsi tracé : la liberté, l'ignorance, la motivation, nous mèneront à l'examen des multiples rapports entre les trois capacités : entendement, volonté, liberté ; deux instances : le désir et l'*uneasiness*, seront introduites par Locke pour tenter une solution. Une troisième figure de l'entendement apparaît : non plus l'entendement qui perçoit passivement, non plus l'entendement qui raisonne, mais l'entendement qui suspend le déterminisme de la volonté.

* * *

1. *Les circonstances de la réflexion.*

Si l'entendement est lié à la liberté et à la morale, c'est que l'examen individuel est pour Locke le principe des principes, celui qui ne peut être questionné. Grâce à l'examen, l'homme est apte à se sauver, car, dans l'exercice de ce pouvoir d'origine divine, l'homme réalise sa moralité bien plus que dans l'accomplissement de tel ou tel devoir précis[1]. La raison elle-même est une tâche, c'est-à-dire une œuvre morale[2], tâche confiée par Dieu puisque l'homme qui

> cherche la vérité comme il le doit,... rend l'hommage dû à son créateur, qui veut qu'il utilise ces capacités de discerner qu'il lui a données pour le garder de la faute et de l'erreur[3].

La pensée de Locke est à la recherche d'un critère de moralité, et c'est finalement dans l'identité de l'entendement et de la liberté que ce critère va se constituer, malgré tous les problèmes que cela pose.

Le caractère premier de la moralité est la liberté : on a pu se rendre compte déjà que les critiques que Locke portait contre l'innéisme, contre l'enthousiasme – et celles qu'il portera par ailleurs contre l'assimilation du pouvoir politique au pouvoir paternel, sont orientées vers la libération de l'individu, source de paix politique. J'ai montré aussi que la démonstration visait de plus en plus à assurer la liberté de la morale par appropriation personnelle du contenu et de l'obligation, même si Locke est amené, pour ce faire, à faire passer au second plan l'établissement du contenu de la Loi de Nature.

1. *E.* 4.17.24 et *Lettres sur la Tolérance*, passim.
2. *E.* 4.12.11.
3. *E.* 4.17.24.

La liberté est donc au centre de la réflexion et de l'action politique de Locke. C'est parce qu'autour de lui la liberté n'est pas respectée, que Locke met son point d'honneur à en établir les bases; Locke avait été intéressé par les efforts de la Restauration pour rétablir l'ordre, au prix d'une limitation de la liberté dans les matières indifférentes. Effrayé ensuite par les débordements de cette royauté Stuart qui impose ses conceptions autocratiques et papistes, il tente de maintenir les droits du citoyen. Effrayé aussi par les débordements des Eglises qui rivalisent de dogmatisme, il tente de maintenir les droits d'une pensée individuelle et critique contre l'intolérance. Son action aux côtés de Shaftesbury, sa réflexion théorique pendant les moments d'exil, l'amènent à penser la place de la liberté dans la politique.

Mais tout autant l'y poussent les multiples débats théologiques de l'époque, liberté d'examiner, ou obéissance à une Tradition. La question ne divise pas seulement protestants et romains : à l'intérieur même de la Réforme, la Tradition n'a pas toujours la même fonction. Bien plus, la question de la liberté ecclésiastique est doublée de la question de la liberté ontologique : la conciliation du libre-arbitre humain et de la Prédestination divine, la conciliation de la nature pêcheresse et de la liberté donnée par grâce, tout cela faisait débat entre calvinistes stricts, arminiens et latitudinaires. Comme le note Molyneux, l'*Essai* apporte une solution au vieux débat de la liberté et de la nécessité [1], et derrière cette question de la nécessité, c'est évidemment celle de la Prédestination qui se joue; le groupe arminien que fréquente Locke pendant son séjour en Hollande [2] ne peut que le conforter dans les positions dissidentes qu'il soutenait depuis ses déceptions en face des diverses politiques religieuses. *Reasonableness of Christianity* a été rédigé également pour la défense de la liberté, puisque ce sont les exagérations de la Prédestination calviniste qui, selon Locke, ont provoqué les critiques déistes, et l'ouvrage qu'il écrit a pour but de situer la vraie religion entre ces deux extrêmes.

La méditation de Locke sur la liberté s'inscrit aussi dans le contexte théologico-politique de la réflexion anglicane sur les *choses indifférentes* : il y a des domaines (et notamment en liturgie) dans

1. *Correspondence*, lettre n° 1579, du 22 Dec. 1692 : « This Thread seems so wonderfully fine spun in your book, that at least the Great Question of Liberty seems to vanish. ».

2. Et avec lequel il poursuivra ce débat sur la liberté : cf. *Correspondence* avec Van Limborch, et lettre n° 1592, du 20 janv. 93, volume IV, p. 625, ainsi que l'analyse de la dernière partie de ce chapitre.

lesquels la loi divine ne détermine aucune action[1]; l'individu y est-il entièrement libre de ses choix ? Ou bien la liberté individuelle est elle, comme le soutiennent lors de la première révolution les radicaux, plus forte même que la Loi divine telle que la transmettent les diverses Eglises ? Ou encore, l'Etat doit-il par souci de tranquillité sociale choisir un comportement uniforme, fût-il arbitraire ?

Pourtant, Locke, par prudence à l'égard des pouvoirs, et surtout par agnosticisme véritable, est moins affirmatif que ne le voudrait Molyneux, et il dit plutôt son impuissance à penser à la fois liberté humaine et science divine :

> Car je vous avoue sans honte la faiblesse de mon entendement : malgré l'incontestable toute-puissance et l'incontestable omniscience de Dieu notre créateur, malgré la perception de ma liberté, perception plus claire qu'aucune autre, je ne puis pourtant mettre en cohérence la liberté avec l'omnipotence et l'omniscience en Dieu, bien que je sois tout aussi persuadé des deux que d'aucune autre vérité à laquelle j'adhère totalement. Et donc j'ai abandonné depuis longtemps l'examen de cette question, la réduisant entièrement à cette brève conclusion : s'il est possible à Dieu de créer un agent libre, alors l'homme est libre, bien que je ne voie pas comment.[2].

Donc, même si c'est en partie à l'occasion de problèmes théologiques qu'il réfléchit à la liberté, le niveau théologique de la question est résolu par l'agnosticisme : la simple possibilité de la liberté concédée par Dieu, suffit à prouver la liberté humaine. L'affirmation de la liberté est la seule chose importante, et il faut refuser d'entrer dans les débats oiseux. Dans la même lettre, Locke demande d'ailleurs que l'on raisonne à partir des principes (a priori) et non à partir des conséquences (a posteriori) ; les principes, contrairement à ce qu'on

1. Cette controverse a eu une grande importance dans la vie religieuse : témoin cette phrase de Stillingfleet, citée par Abrams, (ed. Locke, *Two Tracts*) p. 36 : « If any controversy hath been an increaser and fomenter of heart-burnings and divisions among us, it hath been about the determination of indifferent things. » (*Irenicum*, p. 38) ; la mise au point d'Abrams, incluant l'étude des relations avec les problèmes posés par la Loi Naturelle, est l'exposé le plus intéressant sur cette question (*op. cit.*, p. 36-49).

2. *Correspondence*, réponse à Molyneux, lettre n° 1592, p. 625-626 : « For I own freely to you the weakness of my Understanding, that though it be unquestionable that there is omnipotence and omniscience in God our maker, and I cannot have a clearer perception of any thing than that I am free, yet I cannot make freedom consistent with omnipotence and omniscience in God, though I am as fully perswaded of both as of any thruth I most firmly assent to. And therefore I have long since given off the consideration of that question, resolving all into this short conclusion, That if it be possible for God to make a free agent, then man is free, though I see not the way of it. ».

pourrait croire, ce sont ici les capacités morales; les conséquences, ce sont les doctrines théologiques : il ne veut pas argumenter pour ou contre la liberté à partir des conséquences, car ce n'est pas l'*hypothèse* spéculative qui l'intéresse, c'est l'explication de l'acte moral, la volonté et son mode de relation à l'entendement dans l'acte du choix. Inversion de l'ordre théologique : le principe et la cause première à ses yeux auraient été Dieu, et l'effet aurait été la liberté ou la détermination humaines. Locke au contraire s'intéresse à la morale, et ce sont les capacités humaines qui sont causes en la matière; c'est pour traiter de morale qu'il en vient à réfléchir à la volonté et qu'il est entraîné à aborder la question de la liberté, au risque de paraître prendre position théologique :

> Quand la suite logique de mon exposé m'amena à l'examen des capacités, je ne pensais pas traiter de la liberté, mais je poursuivais simplement mes pensées dans la contemplation de cette capacité qu'a l'homme de choisir ou de préférer, capacité que nous appelons la volonté; et ce aussi loin qu'elles me conduiraient, sans préjuger des conclusions[1].

Ayant donc écarté l'aspect théologique, il parvient à des conclusions opposées à celles qu'il aurait défendues de prime abord, conclusions bien plus défavorables à la liberté qu'il ne s'y attendait; c'est ce qui lui valu sans doute les critiques de ses amis hollandais, tels Le Clerc[2] et Van Limborch[3] plus proches de la doctrine théologique classique que Locke contredisait dans ses conséquences. Locke ne pensait même pas publier ses pensées sur la question, du fait de leur incomplétude, et ce n'est que sous la pression d'autres amis qu'il s'y est résolu[4]; ne peut-on voir derrière ces amis-là, le groupe londonien de Popple, plus radical que les arminiens hollandais : ses thèses sur la liberté sont assez proches de celles que défendra ultérieurement son turbulent disciple, Collins qui ne devait pas être éloigné du traducteur de la première *Lettre sur la Tolérance*. Quoi qu'il en soit des tractations préliminaires, une fois publiée cette conception de la liberté

1. *Ibid.* : « When the connection of the parts of my subject brought me to the consideration of power, I had no design to meddle with the question of liberty, but barely pursued my thoughts in the contemplation of that power in man choosing or prefering, which we call the will, as far as they would lead me without any the least byass to one side or other. ». La genèse de *Reasonableness* est décrite de la même manière : l'auteur se laisse faire par l'évidence de son sujet.

2. *Ibid.* cf. *Bibliothèque Choisie*, 17, 235-236.

3. *Correspondence*, Lettre 1281.

4. *Correspondence*, Lettres 1592 et 2866, affirmations prises à la lettre, malgré la coutume de s'excuser d'une publication par des références aux pressions amicales.

est jugée suffisamment importante pour donner lieu à de nombreuses corrections au fil des éditions successives de l'*Essai* : l'intellectualisme que défend Locke, adjoint à son agnosticisme fondamental, produisent une théorie de la liberté que ne peuvent accepter mêmes des théologiens non prédestinationnistes; une longue correspondance avec Van Limborch l'amène à préciser, mais aussi à corriger, sa position jusque dans la dernière édition de l'*Essai*. Ainsi, la liberté, d'affirmation qu'elle était d'abord, devient un problème et met en jeu la conception même de la nature humaine et de l'entendement.

Il y a dans l'œuvre de Locke deux énoncés de la liberté, et apparemment fort différents : l'un dans le *Traité*, l'autre dans l'*Essai*. Il n'y a apparemment aucune difficulté tant qu'on en reste au niveau des principes, comme le fait le *Traité*. En revanche, dès qu'on entre, avec l'*Essai*, dans le détail de l'analyse, et notamment dans la question du rapport entre passions et liberté, entre volonté notamment, désir, et liberté, les difficultés apparaissent.

* * *

2. *La liberté comme droit et comme devoir.*

Le deuxième des *Treatises on Government* pose en principe la liberté naturelle de l'homme. Il s'agit d'un droit fondamental, indépendant de sa réalisation effective, conforme à la conception de ce qu'il est convenu d'appeler l'école du Droit Naturel. Ce qui paraît intéressant à plus d'un titre, c'est l'insistance sur le lien de la liberté humaine et de l'acte créateur de Dieu. Dieu a tout pouvoir sur son œuvre[1] : comme tout *ouvrier*, il possède la propriété de ce qu'il a façonné (et connaît); mais comme tout suzerain, il peut concéder à son vassal un *dominium* sur ce dont il a pleine propriété. Il peut ainsi confier à l'homme un droit d'usage de lui-même. Et l'homme peut utiliser ce droit d'usage pour produire ce qui lui appartiendra en propre, sa personnalité sociale notamment («lui-même, sa liberté et sa propriété»); droit limité seulement par le droit premier du créateur, c'est-à-dire par la conservation du droit éminent du créateur : le suicide demeure interdit, puisqu'il détruirait cette propriété sur laquelle l'homme n'a qu'un pouvoir concédé. De même l'esclavage est, pour Locke à la différence de certains légistes, interdit puisque

1. *Workmanship* : noter l'importance du terme dans les chapitres 2 à 5 du *Traité*.

l'homme ne peut aliéner ce qui ne lui appartient pas[1]. La liberté est ce droit de disposer de son bien par concession divine[2]. Ainsi la liberté est-elle à la fois naturelle et conventionnelle, correspondant à l'essence de l'homme et accordée[3]. Ce don est signifié par la raison qui est la trace en l'homme du contrat passé avec Dieu, ou plus exactement du *covenant* (l'Alliance) qui est librement concédé par le créateur. Tant que l'être humain respecte le contrat que sont la raison et la Loi Naturelle son expression, il conserve la prérogative accordée par son suzerain, la liberté.

Cette position est moins évidente qu'il ne paraît à nos yeux accoutumés par le succès même de la théorie lockienne. Avant Hobbes, Selden avait déjà soutenu une thèse aux antipodes de celle de Locke, et par rapport à laquelle la liberté de Locke prend tout son sens[4]: pour Selden, à l'origine, la liberté est absolue : la nature humaine est terre vierge, indétermination totale, en puissance par rapport à toute détermination. Ainsi la loi est-elle l'opposé de la liberté, et ce ne peut être que par le calcul de la sanction encourue que s'évalue le plaisir le moins réduit, et par là que se crée, hors de l'état naturel, un ersatz de la liberté naturelle. On pourrait ainsi comparer la liberté naturelle de Selden dans le champ politique à la liberté d'indifférence en morale : les deux types de liberté sont niées par la loi dont la fonction est de limiter cette liberté naturelle, en utilisant la sanction.

La thèse de Locke apparaît ainsi nettement dans sa différence : loin d'être disjonction de la liberté, de la loi et de la raison, elle est au contraire association des trois : par le biais des artifices de la raison, liberté et loi sont unis; Dieu a donné à l'homme une raison qui lui permet d'être libre, c'est-à-dire « autonome, libre, de telle sorte que les actes de chacun, et l'usage de ses biens, ne soient soumis au jugement d'aucun autre »[5]; ainsi la liberté est-elle liée à l'existence même d'une loi et à la déclaration de cette loi par la raison du sujet lui-même; l'homme est libre par la raison qui est la charte de ce *dominium*, plus qu'il ne serait libre sans aucune charte, puisqu'il dépendrait alors de la volonté d'un autre. Dès les *Tracts on*

1. *Treatise on Civil Government*, 2 § 6, malgré 2 § 23 et 85.

2. J.Tully, *A Discourse on Property*, Cambridge U.P., p. 35 ss.

3. Naturel et essentiel, dans la mesure où le *Traité* à la différence de l'*Essai* parle de nature – ou d'essence – de l'homme. Que le naturel puisse être accordé se confirme par l'hypothèse lockienne fameuse d'une pensée humaine surajoutée par Dieu à la matière.

4. Cf. Tuck, *Natural Rights Theories*, Cambridge U.P., 1979, p. 90 ss.

5. Grotius, *De Jurae Praedae*, p. 18 : « autexousion, liberum, suique juris, ita ut actiones uniuscujusque et rerum suarum usus ipsius, non alio arbitrio subjacerent. » ; cité par Tuck, *op. cit.* p. 60.

Government, Locke affirmait que la liberté n'est pas licence, mais concession d'un droit[1]; et le second *Traité sur le Gouvernement* marque explicitement le lien entre liberté et raison, par référence au don créateur de Dieu : « Nous sommes nés libres parce que [de même que] nous sommes nés rationnels »[2]. Les réponses aux objections à l'*Essai* insisteront : « nul agent n'étant jugé capable de Liberté qu'en conséquence de la Pensée et du Jugement qu'on reconnaît en lui »[3].

Si cette liberté est théologique dans son origine, elle est politique dans sa réalisation, puisqu'elle concerne les actions, les possessions et la personne[4] qui doivent demeurer à l'abri des convoitises d'autrui[5]; même si cette liberté est restreinte par le contrat social, elle n'est pas, comme le droit de punir (expression de l'égalité), entièrement perdue par l'entrée en société[6] : les lois de la société, « en de nombreux domaines limitent la liberté que [tout homme] avait par Loi Naturelle », mais c'est pour « le préserver au mieux, lui-même, sa liberté et sa propriété », et d'ailleurs, « le terme de limite ne convient pas à ce qui nous garde des fossés et des précipices »[7] : ambiguïté de la liberté qui doit être à la fois réduite et protégée; négative en un sens, positive en l'autre; ambiguïté aussi, en ce qu'elle a un statut individuel (condition de tout bien) et un statut relatif (« être libre de toute limitation et de toute violence venant d'autrui »); ambiguïté enfin qui rejaillit sur la loi, qui est du fait même positive elle aussi en ce qu'elle promeut des biens individuels, et négative en ce qu'elle restreint des rapports sociaux. Dans les *Traités*, la loi et la liberté sont donc à la fois morales et politiques; plus exactement, elle sont politiques parce que morales. Si bien que l'origine théologique[8] n'est jamais totalement

1. *Tracts on Government*, par exemple, p. 132-137 et notamment p.136.

2. *Treatise on Civil Government*, 2 § 61 : « we are born free as we are born rational ».

3. Réponse à Van Limborch, intégrée en *E.* 2.21.71.

4. *Treatise on Civil Government*, 2 § 4.

5. *Treatise on Civil Government*, 2 § 22 et 87.

6. Il faudrait nuancer un peu : même si le droit de punir est abandonné, l'égalité, qui en est la source, est conservée comme droit formel, et quand la liberté est enfreinte ou risque de l'être de façon irréparable, l'égalité s'exprime à travers le droit de révolte. En ce sens l'égalité dépend de la liberté.

7. *Treatise on Civil Government*, 2 § 129 : « in many things confine the liberty he had by the Law of Nature », puis 2 § 131 : « the better preserve himself, his liberty and property », et 2 § 57 : « that ill deserves the Name of Confinement, which hedges us in only from Bogs and Precipices. » ; cf. *Léviathan* § 30, comme le suggère Laslett.

8. J'entends par origine théologique la concession par Dieu de la liberté, non l'insertion du problème de la liberté dans les querelles théologiques dont il a été question au début de ce chapitre.

disjointe de la réalisation politique : le niveau moral assure la transition entre liberté théologique et liberté politique[1]. C'est la capacité de se donner par la raison une loi qui fait la liberté politique, car c'est elle qui fait la liberté morale ; l'adolescent se libère de la tutelle paternelle quand il peut, par lui-même c'est-à-dire par sa raison, découvrir la Loi de Nature :

> Quand il a atteint ce stade [de maturité], il est censé connaître dans quelle mesure cette loi doit être son guide, dans quelle mesure il peut faire usage de sa liberté, et du fait même il parvient à la liberté[2].

Expression significative, qui juxtapose liberté et loi comme deux entités opposées, pour les réconcilier en fin de phrase : connaître les limites de la liberté, c'est la posséder ; la liberté est créée par sa limite ; s'il y a entre les *Tracts* et le *Treatise on Civil Government,* évolution sur la conception théorique de la loi, c'est bien sur ce point : la détermination de limites n'est pas restriction de la liberté, mais création.

La liberté est donc directement liée à la connaissance, et à la possession de la raison. Ceci fonde la priorité de l'entendement sur la volonté ; conception que développera amplement l'*Essai*[3] : le père veut pour son fils parce qu'il connaît à sa place, et l'on aurait le droit d'interpréter largement cette affirmation en l'appliquant à tout adulte, libre parce qu'il connaît : « celui qui comprend pour lui, doit vouloir aussi pour lui », interprétation que confirme le parallèle de ce texte moins connu : « Si je dois croire pour moi-même, il est inévitable que je doive comprendre pour moi-même. »[4]. Si l'entendement est ainsi la

1. C'est ce en quoi, on le sait, Locke s'oppose le plus explicitement à Selden (et partiellement à Hobbes) : la Loi de Nature impose un devoir moral qui non seulement se conserve dans la cité politique, mais qui est aussi la source même de la loi positive ; Locke, sur ce point, conserve, et conservera dans tous ses écrits la position traditionnelle de l'Ecole du droit naturel, pour laquelle la Loi Divine ou la Loi Naturelle « est la règle et le critère de toutes les autres lois qui en dépendent. ». Ainsi la liberté par rapport à la contrainte extérieure, la liberté politique, a-t-elle pour origine et critère la liberté morale, la capacité à se donner des règles en vue de son bien ; la liberté politique, comme la liberté morale, a pour origine la raison.

2. *Treatise on Civil Government,* 2 § 59. La traduction française de Mazel (Paris, Garnier-Flammarion) ne rend aucunement cette richesse du sens : « when he has acquired that state, he is presumed to know how far that law is to be his Guide, and how far he may make use of his Freedom, and so he comes to have it ».

3. Bien que l'esprit, pour Locke, soit un : cette distinction des facultés provoquera les discussions avec Van Limborch dont on parlera ci-dessous.

4. *Treatise on Civil Government,* 2 § 59 : « He that thinks for him, must will for him too » et Préface au *Commentaire des Epitres*, *Works*, t. 3, p. 287 :

source de la liberté politique, on comprend que sa modulation (l'entrée en société) ne puisse être que le fait d'une décision calculée par la même raison. Une entrée en société qui se ferait autrement que par *consent* ne respecterait pas la Loi Naturelle : elle ne serait pas acte de raison et acte libre. La liberté politique ne peut être que le fruit d'une liberté *ontologique*, le fruit d'une raison, nécessairement individuelle. D'où la nécessité de repenser tout Etat comme le fruit d'une synthèse fictive au cours de laquelle le calcul de l'entendement a été, au moins implicitement, l'élément moteur. Seul un tel Etat est moral, puisque fondé sur la liberté procurée par la raison.

Quand on passe de l'analyse conceptuelle à l'articulation du jeu psychologique des trois pouvoirs, les difficultés apparaissent. Dans l'*Essai* ce point fera l'objet d'une étude fouillée mais inachevée ; dans le *Traité*, en revanche, les deux considérations sont simplement juxtaposées : d'une part, la nature humaine et la raison définies *du point de vue de Dieu*; d'autre part, la naissance de l'entendement chez l'adolescent et sa libération de l'autorité paternelle, liberté, donc, progressive et accidentelle. Ces deux thèmes ne sont nullement accordés : ils s'agit de la juxtaposition dissonante de deux visions : l'une théorique, définissant une nature idéale, l'autre concrète, tendant à trouver dans la réalité confirmation des principes dégagés par l'analyse théorique. Le factuel témoigne seulement d'une liberté progressive, limitée, incertaine, alors que le conceptuel définit l'homme comme être de raison et de liberté. Le *Traité sur le Gouvernement* n'a pas thématisé la distinction entre le mode mixte et l'observation empirique du jeu des pouvoirs, comme le fera l'*Essai*.

* * *

3. *Liberté, ignorance et indifférence.*

Il y a en effet dans l'*Essai* deux façons de déterminer la place de l'entendement en morale, et qui ne sont pas identiques : celle du chapitre 28 et celle du chapitre 21 du livre II, avec pour ce dernier des versions successives différentes. Mais avant d'en venir à ce qui distingue ces deux chapitres de l'*Essai*[1], il faut d'abord noter la thèse qui leur est commune, et qui est la plus importante : la liberté est liée à l'entendement, comme elle l'était à la raison dans le *Traité* ; mais dans

« If I must believe for myself, it is unavoidable, that I must understand for myself. ».

1. Ce que je ferai dans la section suivante.

l'*Essai*, la liaison est épistémologique ou psychologique, et non métaphysique ; l'entendement permet de se déterminer dans une situation d'ignorance et par là rend libre. La question préjudicielle qui se pose à ce niveau est la suivante : l'ignorance où nous sommes est-elle indifférence, et en ce cas, la liberté n'est-elle que cette liberté de second ordre, liberté d'indifférence ? Problème classique depuis la philosophie médiévale, mais renouvelé dans le cadre de l'Eglise anglaise, on l'a dit au début de ce chapitre. Je voudrais reprendre ici quatre étapes de la réflexion de Locke, parce que chacune va nous éclairer sur le statut *épistémologique* de la liberté.

Locke prend position dans la controverse des *adiaphora* : il ne suffit pas de poser la question de la liberté individuelle à partir d'une croyance en un second *covenant* qui illuminerait chaque individu et le rendrait immédiatement libre ; il ne suffit pas non plus de concéder au pouvoir politique dans l'intérêt de la paix un droit de décision en matière liturgique. Dès les *Tracts on Government*, les questions indifférentes ne peuvent être réglées que par référence à ce qui serait simultanément objectif et libre : plus objectif que la conscience, plus libre que le dogmatisme d'une église. Sous l'influence de facteurs que le biographe déterminera, parmi lesquels on trouvera certainement la pratique du pouvoir et de la médecine aux côtés de Shaftesbury, la solution s'inverse. Mais les déterminants demeurent d'ordre épistémologique : la réflexion sur l'ignorance, issue de la pratique scientifique, est utilisée en matières morales, selon un schéma de pensée maintenant familier, puisque nous l'avons perçu à l'œuvre dans la distinction entre substance et mode mixte.

Un important échange de lettres avec un correspondant rendu exagérément scrupuleux par les obligations religieuses, est évocateur, en ce qu'il fait passer son lecteur de la notion théologique hétéronome d'indifférence, source des scrupules, à la notion épistémologique et autonome d'ignorance. D'abord l'indifférence est source de liberté, c'est-à-dire d'autodétermination : l'homme n'est pas totalement lié par la loi ; et quand la Loi Divine se tait, la loi positive ne prend pas nécessairement le relais :

> En ce qui n'est pas absolument commandé ou interdit,... Dieu, dans sa miséricorde, a considéré notre ignorance et notre frêle constitution, et il ne nous a pas lié de façon catégorique à un point indivisible, à une voie si étroite qu'elle n'autorise aucune latitude. En ce qui est par soi indifférent, il y a liberté d'un choix large, de nombreuses possibilités, dans les limites de l'innocence[1].

1. *Correspondence*, lettre n° 328.

Puisque le concept d'ignorance remplace celui d'indifférence, la détermination vient de l'entendement et non plus d'une liste objective fournie par le religieux ou le politique. On perçoit soi-même ce que l'on connaît, et dans cette mesure on est déterminé, mais de façon autonome. Pour le reste, l'homme est dans une situation moyenne (*state of mediocrity*); il n'y est pas entièrement déterminé, car ce qu'il connaît est très réduit, mais il peut savoir par lui-même quelles sont les limites de son ignorance et celles de sa connaissance :

> Je reconnais que notre devoir est parfois tellement évident, que les règles et les circonstances déterminent à ce point l'acte à poser qu'il ne reste aucune latitude, et que rien d'autre ne doit se produire à sa place. Mais à mon sens, cela arrive rarement; pour le moins, cela n'arrive pas, je peux le dire en toute certitude, dans la plus grande partie des actions de notre vie pour lesquelles Dieu, à mon avis, considérant, dans son infinie bonté, notre ignorance et notre fragilité, nous a laissé une grande liberté [1].

Par la plan divin, liberté et ignorance sont liées, mais aussi ignorance, limites de l'entendement et formalisme de l'intention : la raison ne peut constamment peser le pour et le contre parmi les multiples biens qui se présentent à elle; et s'il fallait lors de chaque délibération découvrir l'acte parfait à accomplir, l'homme serait à la fois voué au péché et totalement déterminé; il suffit donc que l'intention soit droite, comme en témoigne la recherche de l'acte le meilleur :

> Je ne peux pas imaginer que Dieu, qui a de la compassion et sait comment nous sommes faits, ait soumis le pauvre homme, ou même le meilleur des hommes, ceux qui le cherchent avec sincérité et franchise, à la nécessité absolue de pécher constamment contre lui; cette conception découlerait nécessairement de ce qu'aucune latitude ne nous soit laissée dans les événements de la vie... Car, selon cette supposition, le meilleur reste toujours à faire, et comme il est unique, il est presque impossible de savoir quel il est [2].

Cette latitude accordée à l'homme n'est donc pas liée à la pureté subjective d'une conscience droite comme le croyaient les puritains, mais à la recherche objective de la vérité par l'entendement et à l'ignorance présupposée par cette recherche. Ensuite, à celui qui se sert de l'entendement, tout acte est compté comme juste; même si la source de la justice demeure *subjective*, la raison (éclairée) remplace la

1. *Correspondence*, lettre n° 374, au même Grenville, 13 Mars 1678.
2. *Correspondence*, lettre n° 374; il faudrait lire l'ensemble de cet échange, fort important pour découvrir la relation entre la théorie de la connaissance et la métaphysique lockienne.

conscience immédiate; la liberté formelle que développera la philosophie kantienne résulte ici manifestement de la transformation en raison de la conscience puritaine. Cette latitude, par ailleurs, n'est pas identique à la liberté engendrée par la loi que définit le second *Traité*; mais elle n'est pas non plus contradictoire avec elle : des deux côtés en effet, il revient à l'individu, par son entendement, de découvrir cette loi et de se l'approprier : il y a liberté parce qu'il y a entendement. Enfin l'appel à Dieu qui corrobore l'expérience humaine a pour fonction de remettre toute décision aux capacités de la raison; cet appel annule paradoxalement la nécessité de toute référence théologique : la bonté de Dieu sert à confirmer que l'expérience de la décision suffit à assurer la liberté. La liberté existe en fait, donc il y a des matières indifférentes dont la raison est seule juge. Il y a liberté en matières indifférentes, théologiquement et empiriquement attestée par l'ignorance où nous sommes, et non liberté d'indifférence. Cette liberté s'atteste dans l'expérience de la décision où l'entendement se ressent indemne de toute contrainte dans la détermination du choix.

Dans les *Tracts on Government* et la correspondance avec Grenville ont été mis en place les concepts fondamentaux d'ignorance et de *médiocrité* (au milieu de l'échelle des êtres) de la nature humaine; une troisième série de textes situe les rapports entre indifférence, ignorance, liberté et entendement. Une fois de plus, une question théologique est à l'origine de l'approfondissement. L'arminianisme atténuait le calvinisme sur le point essentiel de la prédestination. Or la solution de Locke ne rejoint pas la solution arminienne, bien que Locke ait travaillé de nombreuses fois avec des arminiens qui l'hébergeaient durant son exil hollandais. D'où un échange de lettres fort instructif.

Pour un arminien, il faut que l'homme soit, avant toute décision, en état d'indifférence, faute de quoi il est prédestiné. Ainsi Van Limborch affirme-t-il qu'«avant le décret de cette volonté, l'homme a toute liberté de se déterminer à tel ou tel parti»[1]; l'indifférence doit être *antécédente* à la volonté pour qu'il puisse y avoir liberté. Pour Locke au contraire, même si son latitudinarisme a des parentés avec l'arminianisme, la part à faire à l'entendement est inconciliable avec une telle conception de l'indifférence; ainsi, à l'affirmation de Van Limborch, Locke répond en parlant de tout autre chose : un jugement qui se détermine ne peut le faire dans l'obscurité. Alors que la réponse

1. *Correspondence*, lettre n° 2881, du 19 Mars 1701 : «ante illud voluntatis decretum homo libertatem habet se in hanc vel illam partem determinandi»; témoin de ces controverses, le texte le plus célèbre, la *Théodicée* de Leibniz.

de Van Limborch à la théorie de la prédestination se situe du point de vue divin, la réponse de Locke se situe dans l'analyse des capacités effectives de l'entendement, nouvelle marque du glissement de l'empiriste des fondements à l'origine :

> Placer la liberté dans une indifférence qui précède la pensée et le jugement de l'entendement, c'est, ce me semble, faire consister la liberté dans un état de ténèbres où nous ne pouvons ni voir ni dire ce que c'est : c'est du moins la placer dans un sujet incapable de liberté, nul agent n'étant jugé capable de liberté qu'en conséquence de la pensée et du jugement qu'on reconnaît en lui[1].

La liberté ne peut être celle d'un acte gratuit et insensé : elle est la liberté de suivre la dernière détermination de l'entendement, sans être contraint par un pouvoir externe (comme la liberté de bouger la main qui serait perdue dans une paralysie); et la dernière détermination de l'entendement est *éclairée* et non dans l'ombre de l'indifférence. La critique de la thèse théologique de la prédestination ne doit pas faire tomber dans l'erreur opposée d'un total indéterminisme, pas plus qu'elle ne doit, pour d'autres raisons, faire tomber dans le déisme[2]. L'entendement est une forme de détermination qui oriente le choix, non pas dans le vide, mais en fonction d'un ordre naturel institué par Dieu, dont cet entendement est le témoin. Jusqu'à ses dernières années, Locke demeure fidèle à la rationalité supposée de la Loi Naturelle que l'entendement a pour fonction de *symboliser*. La liberté n'est pas seulement exercice formel de l'entendement dans l'indifférence, elle doit être aussi obéissance à la loi de la raison.

Ainsi s'éclaire le principal et dernier texte, l'*Essai* lui-même. L'immédiateté d'une conscience ne rend pas plus libre que le dogmatisme d'une tradition ecclésiale. Même si l'individu possède la clé de la liberté et de la moralité, ce n'est pas comme le pensent les puritains, Quakers, et autres enthousiastes, par le sentiment; et même si l'universalité de la loi est fondamentale, elle ne peut être assurée comme le pensent les anglicans, les catholiques et autres dogmatiques, par un pouvoir politique ou ecclésial. Il faut d'abord s'intéresser à l'entendement individuel, source d'universalité et à ce qu'il lui est possible de connaître de la Loi Naturelle; il faut d'abord faire place à l'entendement, et ensuite seulement se prononcer sur la liberté individuelle et sur la tolérance.

1. *Correspondence*, lettre n° 2979, du 12 Août 1701, écrit en français dans l'original, repris en anglais en *E.* 2.21.71, après la cinquième édition.

2. *Reasonableness of Christianity*, § 1.

L'*Essai*, on le confirme ainsi, traite de l'entendement pour résoudre un problème à la fois politique, religieux et moral; inversant les positions les plus en vue, positions qu'il a lui même soutenues dans ses premiers *Tracts* (puisque c'est indifférent, il est de la responsabilité du pouvoir politique de légiférer en la matière, afin d'assurer la paix sociale), les œuvres de la maturité font des questions indifférentes un lieu où l'entendement individuel doit décider. L'*Essai* est l'élaboration d'une épistémologie adaptée à un monde de médiocrité[1] où ni le dogmatisme naturaliste n'est possible, ni nécessaire le désespoir fidéiste du calvinisme. La liberté demeure liée à l'entendement.

Si le ton a changé par rapport au *Traité*, c'est que Locke se situe dans cet ouvrage avant la connaissance de la Loi Naturelle, dans une mise en doute méthodique de toute loi; si le ton change, c'est aussi parce que désormais il s'intéresse plus à l'individu qu'aux pouvoirs. Alors que dans le *Traité*, la raison était condition de liberté parce qu'elle était par hypothèse l'expression d'une loi donnée d'emblée[2], dans l'*Essai*, l'entendement individuel fonctionne hors de la sphère de la Loi Naturelle, antérieurement à l'existence (subjective) de toute loi, là où il y a (théoriquement au moins) ignorance. Dans l'*Essai* la connaissance de la Loi Naturelle n'est plus ici donnée comme une évidence; on se situe au contraire avant la connaissance de toute loi, pour analyser les conditions de sa découverte; et dans ce processus, on avance sans distinguer d'abord ce qui est loi divine et ce qui est loi humaine : on acquiert des concepts moraux, et on ne les constitue en système moral, ou on ne les compare à telle loi préexistante, qu'ensuite – processus de composition dont on a déjà vu d'autres illustrations à propos des idées innées.

L'entendement est source de liberté : il intervient là où il n'y a pas encore de loi (positive), ou parce qu'il fait échapper à la loi (du désir). Au moment où l'individu ignore quel est le Bien véritable, l'entendement est source de détermination, et donc de loi. L'entendement est même ce qui permet la mise en doute des lois existantes; l'orgueil de celui qui se croit apte à tout connaître est la source de tous les asservissements[3] : l'entendement libère de ce qui a l'apparence de loi. Cette ignorance n'est donc que le revers du refus de l'immédiat; elle est liberté en matières indifférentes, mais non liberté d'indifférence.

1. Au sens de milieu de l'échelle des êtres, comme ci-dessus; affirmation plus explicite encore que dans la Correspondance avec Greenville : *E.* Epistle to the Reader; 1.1.1, 5, 6; 2. 21; cf.surtout 2.21.71.

2. Sauf dans les quelques textes *épistémologiques* dont j'ai déjà parlé.

3. *E.* 1.1.5.

Le refus de l'innéité et la démonstration qui en résulte, se prolongent donc en agnosticisme et en dépendance de la seule raison individuelle, dans les domaines indifférents, ceux qui sont recensés comme tels par la religion officielle, ceux qui sont tels parce qu'ils dépendent des circonstances, ceux qui sont tels parce que Dieu n'a pas décidé par avance de tout bien. Le refus des vérités éternelles encore une fois implique le refus parallèle d'un Bien-en-soi, mais ne nous fait pas tomber dans l'indifférence.

Dieu assure la liberté de l'homme de deux manières différentes où l'entendement intervient de façons contradictoires. La première, c'est la probabilité, qui caractérise les questions les plus importantes, celles que les théologiens proches de la *Royal Society* attribuent à la certitude morale. Délimiter la connaissance (*Knowledge*), reconnaître qu'elle se limite à des champs très restreints, reconnaître que nous n'atteignons que fort rarement le niveau de la science, c'est laisser place à d'autres formes de savoir, dont la probabilité. Mais ce qui est probable ne doit pas moins que le reste être jugé par la raison individuelle, nous le savons déjà[1]; et la raison individuelle s'oppose à la raison d'Etat, incarnée dans le pouvoir politique, religieux... : l'absence de connaissance (*Knowledge*) renvoie à la raison individuelle et laisse à l'individu toute liberté par rapport au pouvoir politique, qui ne peut imposer que ce qui est évident et nécessaire à la vie sociale; toute liberté aussi par rapport aux Eglises qui doivent limiter le dogme et la pratique (liturgique et morale) à ce minimum nécessaire que traque à longueur de pages *Reasonableness*.

L'autre moyen fourni par la bonté divine est cette « loi de la foi », que donne la révélation attestée par son caractère raisonnable, et qui assure que si la loi des œuvres est appliquée, la foi sauvera l'homme sincère. Ainsi le formalisme de l'intention est-il assuré par la foi raisonnable, et avec lui la liberté; mais toujours sous la responsabilité de l'entendement. Difficile équilibre entre l'ignorance et l'objectivité de la loi, entre le formalisme et la permanence de la raison; difficile équilibre qui témoigne d'une pensée respectueuse du mystère divin que Locke reconnaît ne pouvoir penser.

* * *

1. *E.* 4.3.29 ; 4.12.10.

4. *Relation de rectitude et motivation.*

L'entendement a une place fondamentale en morale; la thèse est commune à tous les textes; mais le mode d'intervention de l'entendement varie. Sur ce point, non seulement le *Traité* et l'*Essai* divergent, mais aussi les diverses rédactions de l'*Essai*. J'ai déjà dit quelle était l'évolution à travers les trois brouillons de l'*Essai*[1] en traitant de la question parallèle de la démonstration du contenu ou de la contrainte, et je me contenterai donc de reprendre brièvement ce qui nous concerne ici, avant de mettre en évidence la double présentation de l'*Essai* : selon la topique de la rectitude, et selon la topique de la motivation.

Dans le *Draft A* le jugement moral est un jugement de mise en relation, parallèle à la mise en relation des substances. Le niveau moral est atteint lorsque le fait est mis en relation avec un énoncé ayant la forme d'une règle définissant le Bien moral : la rectitude[2] est la conformité de l'action à la règle, et c'est sur la façon de constituer correctement un jugement de rectitude que porte l'essentiel du *Draft*. C'est seulement ensuite que vient la question de la bonne règle, avec la démonstration de l'existence du vrai législateur. L'intervention de l'entendement individuel est facile à déterminer : elle est dans la mise en relation de l'acte et de la loi.

Dans le *Draft B*, on le sait, débute le débordement du premier point de vue (le jugement de rectitude) par un autre : l'obligation issue de l'existence de Dieu. L'entendement n'est plus seulement au service d'un jugement de rectitude, il intervient également dans la constitution des relations que sont les termes moraux et la démonstration de l'obligation.

Cette évolution aboutit à la difficile interprétation de l'*Essai*, que Locke semble découvrir par les critiques qui lui sont faites; interprétation qu'il tente de préciser dans ses notes personnelles, trois ans après la publication de l'*Essai* :

> *Volonté*. Ce qui a fort trompé les gens à propos de la volonté et de sa détermination, c'est l'erreur sur la notion de rectitude morale et le fait de l'appeler le bon moral. Le plaisir pris à une action ou attendu comme conséquence, est un bon interne capable de mouvoir le volonté. La rectitude morale en elle-même n'est pas le bon ou le mauvais et ne meut pas la volonté, sauf quand le plaisir et la peine accompagnent l'action même ou en sont une conséquence

1. Le *Draft C*, qui date de 1685, ne comporte pas de différence notable avec la rédaction finale sur le point qui nous intéresse.
2. *Draft A* § 4.

estimée. Ce que les punitions et les récompenses que Dieu a annexées à la rectitude ou à la perversité morales, comme des mobiles adaptés à la volonté, rendent évident. Car punitions et récompenses seraient inutiles si la rectitude morale était en elle-même le bon et la perversité morale, le mauvais[1].

Ce que l'*Essai* n'énonçait qu'implicitement, et que cette note explicite, c'est la différence des deux niveaux que Locke a successivement abordés : un jugement de rectitude, d'abord, qui est d'emblée de niveau moral en ce qu'il est mise en relation de l'acte avec la loi morale – le jugement de rectitude idéal est celui qui évalue à partir de la vraie loi, la Loi naturelle, nous en avons parlé à propos de la démonstration comme mise en relation[2]. Ensuite un déterminisme, qui n'est pas moral mais peut, par la contrainte qu'il exerce, mener au niveau moral.

Insistons, pour souligner la spécificité du vocabulaire de Locke qui distingue vérité et affectivité, rectitude et motivation : en rigueur de termes, la *loi morale* n'est pas *bonne*, car le bon est ce qui plaît, et le plaisir n'est pas de soi moral. Le plaisir n'est moral que parce que Dieu a conventionnellement lié rectitude morale (ou Bien) et bon (ou plaisant); n'ayant pas de terme correspondant au français *Bien*, voulant surtout faire de la volonté un déterminisme, Locke réserve *bon* à ce qui détermine l'affectivité; du fait même, le Bien est réduit à la mise en relation vidée par essence de tout affect, mise en relation à laquelle peut être surajouté le plaisir.

Comment justifier alors l'empirisme moral? Comment justifier que l'observation du jeu des plaisirs permette de remonter inductivement à la Loi Naturelle? Par cette sur-addition divine du bon au Bien; malgré son amoralité intrinsèque, malgré aussi son besoin d'être *redressé* par la raison, le bon est accordé à la moralité; l'origine de la vie morale peut servir à dévoiler le fondement.

Ce qui vaut statistiquement dans le domaine social : « les gens dans leur façon de nommer leurs actions, ne varient pas énormément de la Loi Naturelle. »[3]; les coutumes humaines, et la pression de la réputation s'harmonisent la plupart du temps avec la Loi Naturelle (comme

1. *Ms Locke*, c 28, f°.114 verso, 1693, cité in Von Leyden, *op. cit.*, p. 72-73. Von Leyden souligne aussi que Locke critique ici la conception qu'il avait lui-même défendue au § 4 du *Draft A*...

2. *E.* 2.28.11, note (placée en introduction dans les éditions 2 à 4) en réponse aux critiques faites par ceux qui ne perçoivent pas le double sens de la première édition) : « Law of Nature, which is that standing and unalterable rule by which they ought to judge of the moral rectitude and pravity of their actions and accordingly denominate them Virtues or Vices. ».

3. *E.* 2.28.11.

chez Grotius, la Loi des Gens retrouvait la Loi naturelle). L'Etat, l'éducation et la vie sociale en général ont une place dans la formation morale, dans la découverte de la vraie morale.

Ce qui était vrai donc du déterminisme social, l'est aussi du déterminisme individuel : le plaisir et la douleur font accéder à la moralité effective et la démarche inductive des plaisirs sensibles aux plaisirs procurés par le vrai Bien, est par là justifiée. La sur-addition divine vient expliquer le lien entre les deux niveaux hétérogènes : rectitude et motivation. La cohérence de l'empirisme de Locke ne fait donc pas problème, à condition d'accepter cette référence au *Deus ex machina* : la mise en relation est rendue possible par l'empirisme de la recherche du meilleur.

La cohérence fait problème quand on s'arrête à la place de l'entendement dans l'acte moral : autant il est facile de dire en général que l'acte moral est libre, parce qu'il est œuvre de la raison qui met en relation loi et acte, autant il est malaisé de faire intervenir de façon particulière l'entendement dans telle détermination volontaire. Comment parler d'entendement et de liberté, quand on aborde la description de l'exercice de l'obligation morale ? C'est ce problème, parallèle à la démonstration de l'obligation dans le chapitre précédent, dont il faut traiter maintenant.

Il n'y a en effet d'acte moral que si l'entendement intervient, et il faut lui faire place dans le déterminisme de la motivation. Cette présence de l'entendement était assurée tant que la rectitude était, comme dans les *Essais sur la Loi de Nature* ou dans le *Draft A*, la question centrale de la morale : la découverte du Bien véritable était l'œuvre de la raison et suffisait apparemment à motiver (bien que la question ne fût pas posée comme telle). Mais, une fois établie sous l'influence de l'empirisme croissant la distinction entre rectitude et motivation, quelle est la place de l'entendement dans la moralité effective ? Telle est la question à laquelle Locke est confronté dans les éditions successives de l'*Essai*. Question qui n'est pas neuve dans l'histoire de la pensée. La difficulté et l'intérêt de la solution de Locke est qu'il tente de l'élaborer dans un contexte agnostique – nominaliste.

Pour évaluer la réponse de Locke, suivons l'évolution des textes à travers les diverses éditions de l'*Essai*. Dans la première édition, la relation de rectitude est située au chapitre 28 du livre II. Mais l'importance de la relation de rectitude est, par rapport aux rédactions des premiers *Drafts*, contestée par l'apparition d'un nouveau chapitre qui traite lui aussi de moralité, le chapitre 21 ; c'est dans l'importance relative de ces deux chapitres que se décide notre question.

Par sa place, le chapitre 28 conserve à la rectitude toute son importance; il termine le livre II qui traite des idées, et le chapitre 21 n'est présenté que comme un préliminaire à cette conclusion. Ainsi le mode mixte est-il moralement neutre; il n'acquiert de statut moral que par la mise en relation; c'est d'abord la règle (et donc la rectitude qui constitue la règle) qui fait la moralité de l'action :

> C'est la conformité ou le désaccord avec une règle qui rend [des actes] réguliers ou irréguliers, bons ou mauvais; et ceci pour autant qu'ils sont comparés à une règle et par là nommés, ils sont soumis à la relation[1].

C'est la mise en relation qui fait franchir le seuil de la moralité : il s'agit de la simple reprise de la position des *Drafts*; la moralité demeure une donnée objective, séparée de la constitution subjective des modes mixtes; l'entendement individuel fait seul le lien par le jugement de rectitude. Il n'est pas alors question de motivation comme voie d'accès à la moralité et l'entendement est la seule capacité qui fasse atteindre le niveau moral. La distance de ce champ moral par rapport à toute considération de plaisir, d'utilité, en général de motivation, est telle que les termes de bon et de mauvais peuvent servir de synonymes à juste (droit, régulier, selon la règle) et injuste, alors que dans le texte déjà lu, daté de 1693, les deux ordres étaient nettement tranchés.

Ce qui manifeste encore le dessein primitif, c'est que la réflexion sur la rectitude donne directement accès au problème du mot : la dénomination d'un acte est la suite de la comparaison et la façon dont il est nommé manifeste la relation. Afin de pourchasser les défauts du langage qui perturbent les jugements de rectitude, les désaccords sur les sens des termes, il faut s'attarder à ce qui constitue le mot. Le langage qui fonctionne sans référence à une règle n'est que construction intellectuelle, sans rapport à la réalité et vide de toute moralité. La confusion redoutée à cette étape de la pensée n'est pas encore la confusion entre rectitude morale et le bon-plaisant (ceci n'apparaît que plus tard), mais la confusion entre l'idée positive d'un acte, idée constituée subjectivement grâce à l'étiquette assembleuse d'un nom générique, et la règle morale; les deux portent le même nom et la confusion est celle engendrée par le nom :

> Et la confusion de ces deux points de vue distincts sous un seul terme fait que ceux qui se laissent prendre trop facilement à l'effet

1. *E.* 2.28.15. On remarquera qu'ici bon et mauvais sont utilisés dans leur sens moral et non leur sens affectif, comme c'était le cas dans le texte manuscrit de 1693 cité plus haut.

des sons, et aiment prendre les noms pour des choses, soient souvent égarés dans leurs jugements sur les actions[1].

La liaison est directement assurée dans cette rédaction primitive de l'*Essai*, entre la constitution des modes mixtes et l'étude du mot : le livre II s'ouvre sur le livre III.

Pourtant si l'on n'avait pas connaissance du *Draft A*, et de la perspective initiale de l'*Essai*, ces données ne seraient pas évidentes. Car dès la première édition de l'*Essai*, et y compris dans ce chapitre 28, un autre pôle d'intérêt se manifeste. A côté d'une définition isolée du Bien comme mise en relation avec l'interdiction divine[2], on voit apparaître la thèse selon laquelle le bien est défini par le plaisir qu'il procure : le bien, dit Locke en 2.28.5, est défini par le plaisir qu'il procure, immédiatement ou par un détour[3]. Lorsque le bien est non-moral, naturel, il suit immédiatement de l'acte : un acte est naturellement bon s'il a des conséquences agréables. En revanche, lorsqu'intervient le détour d'une décision artificielle, lorsqu'intervient le délai entre l'acte et sa sanction, le bien devient proprement moral. Est donc moral un bien résultant d'une décision artificielle, qui disjoint dans le temps acte et sanction. Définition nettement distincte de la précédente qui faisait place à l'entendement et à la règle explicitement posée. Le bien est ici défini à partir du plaisir subjectif, indépendamment de toute référence à l'entendement. Ce texte est dans la droite ligne de tout une série de textes manuscrits, écrits après le *Draft B* et analysant eux aussi le bien en termes *psychologiques*[4]; mais aucune harmonisation n'est tentée entre les deux positions.

L'innovation essentielle est donc l'introduction du chapitre 21 sur les pouvoirs. C'est, dans l'*Essai*, un chapitre qui tranche avec le contexte : il participe explicitement quoiqu'incomplètement au genre du *Traité des Passions*[5]. Descartes, Malebranche et surtout la Logique de Port-Royal incluaient dans leur *logique* une analyse des passions qui déforment la vérité. Mais il ne s'agit pas de cela chez Locke : ces descriptions là se trouvent aux livres I et IV, quand il s'agit de connaissance. Il ne s'agit pas plus, théoriquement au moins, de décrire dans ce livre II les passions elles-mêmes; il s'agit des *idées* des

1. *E.* 2.28.16.

2. *E.* 2.28.14

3. D'où les critiques maintes fois portées contre lui, et selon lesquelles sa pensée annulerait toute distinction entre mortalité et immoralité : cf. les remarques déjà citées de Lowde, et leur réponse en *E.* 2.28.11, note.

4. Notamment *Ms Locke* f 1, f°.325-326, (16 Juil. 76), transcrit in Von Leyden, p. 265.

5. *E.* 2.20.18.

passions : de la même manière que les idées des substances ne sont pas les substances, ou les modifications physiologiques ne sont pas les *passions*[1], les *idées* des passions sont des idées de réflexion, distinctes des *passions* mêmes. C'est au moins ainsi qu'il faudrait comprendre la progression de l'*Essai*, qui détaille la composition des idées morales, dans lesquelles entrent ces idées de passions; idées de passions, mais non passions. Et c'est dans cet esprit que Locke entame son chapitre 21.

Mais Locke passe brusquement de l'*idée* de passion à l'exercice effectif des passions. La question n'est plus alors : comment acquérons-nous l'idée de nos passions, mais quelles sont les passions qui agissent sur nos idées; ou plus exactement, on passe de la constitution du discours moral qui inclut les *powers* dans ses termes, à l'examen de la moralité effective. Locke reconnaît lui-même que le passage est indu[2], mais ne renonce pas pour autant à traiter une seconde fois du plaisir, de la peine et du désir. Et dans ce chapitre, il ne s'agit plus de progresser vers la comparaison de nos modes mixtes avec la loi la plus valable qui soit, mais de décrire comment un individu joue de la volonté et de l'entendement pour être libre dans le déterminisme des passions.

* * *

5. *Liberté et Volonté.*

Arrêtons-nous donc à ce chapitre 21, assez important pour que Locke cherche à le corriger à diverses reprises. Ce qui nous importe en ce chapitre, c'est la distinction qu'il opère entre liberté et volonté, distinction simple mais peu classique, et qu'il est nécessaire de bien saisir pour la suite, notamment pour définir dans le chapitre suivant la place de l'entendement dans le choix moral[3].

1. *Ms Locke*, f 1, f°. 326-327, *Pleasure and Pain*, transcrit par Von Leyden, p. 265. Ce texte est le premier indice net de la distinction entre la sémiotique et la physique : traiter de la physiologie des passions n'intéresse pas ici Locke qui ne veut traiter que des signes. C'est pourquoi l'étude de la *psychologie* du plaisir dans le chapitre 21, est en opposition avec l'étude du signe de l'idée de plaisir au chapitre 20.

2. *E.* 2.20.18; 2.21.46 (1e édition).

3. *Correspondence*, lettre n° 1655, p. 722, texte important qui donne un résumé de la position de Locke sur la liberté et la volonté à l'orée de la deuxième édition : « The result of our Judgment, upon examination, is what ultimately determines the man, who could not be free if his will were determin'd by anything but his own desire, guided by his own judgment. ».

La volonté est une capacité[1]; c'est même pour un *agnostique*, le modèle à partir duquel nous pensons les autres capacités actives, celles qui produisent les qualités secondes par exemple : sans connaître les relations de cause à effet, nous attribuons à cette capacité les effets qui lui paraissent liés; par exemple, c'est à la volonté que nous attribuons, à tort ou à raison, tous les changements dans la réalité qui sont liés à des changements conscients de nos idées, croyant à tort ou à raison que ces changements d'idées sont en notre pouvoir[2]; la volonté est le nom de cette puissance attribuée à l'esprit humain. La volonté est donc essentiellement une conscience de l'efficacité de l'esprit, une capacité que l'on s'attribue de produire telle idée, de préférer tel mouvement du corps à tel autre; elle est la «capacité de préférer ou de choisir»[3] – mais par *préférer ou choisir,* il faut entendre non pas l'acte d'élection, qui dépend de l'entendement, mais l'effectuation de ce qui a été préféré par l'entendement, la mise en route d'une action ou son arrêt, par la pensée[4].

Volonté n'est en outre qu'un nom, qui regroupe l'ensemble des volitions; et les volitions sont des actes de l'esprit, distincts des actes d'entendement en ce qu'ils sont des ordres, produits avec conscience de l'empire que l'on croit avoir sur soi-même[5]. L'entendement se contente de percevoir, la volonté d'ordonner ou de préférer activement.

1. Capacité traduit ici *power*. Je souhaite par cette traduction rendre le double sens du terme pour Locke : capacité des qualités premières d'un corps de provoquer en nous ou en d'autres corps des qualités secondes ou tierces en même temps que.capacité pour l'esprit de modifier des idées; Locke utilise d'ailleurs comme synonyme *ability* (2.21.17). Dans tous les cas, *power* n'est jamais observé en lui-même, mais seulement à travers les idées qu'il modifie : position nominaliste sur l'unité de l'esprit et l'ignorance des structures internes, que nous retrouverons d'ici peu (*E.* 2.21.1) *Aptitude* pourrait aussi être utilisé; par contre *pouvoir* n'a plus ce sens en français contemporain; et je ne peux utiliser le terme de *faculté* que Locke rejette vigoureusement en ce qu'il désigne le réalisme [qu'il attribue à la] scolastique (*E.* 2.21.16-17).

2. *Ms* Locke, f 1, f°. 317-318, Journal au 13 Juillet 1676 : « Willing-Voluntas is wherein the minde does after consideration or at least some thought begin, change or stop some action which it finds in its power soe to doe. Now all those actions that I imagin we have any notion of being either thought or motion and we finding that those be some both of those thoughts of our mindes as well as motion of our bodys (for all are not soe) that we have a power to begin, vary, continue, stop or suspend as we think fit, when any variation in any of those is made upon thinking we ascribe it to the will. ».

3. *E.* 2.21.17. Cette capacité permet des volitions qui sont des actes de l'esprit, c'est-à-dire des actes conscients.

4. *E.* 2.21.15 : «the power of the Mind to determine his thought, to the producing, continuing or stopping any Action, as far as it depends on us»; même définition in *Ms Locke*, f 1, f°. 317-318, 13 Juillet 1676, cité ci-dessus.

5. *E.* 2.21.5, 15, 28.

Enfin, ces distinctions entre entendement et volonté ne sont pas aussi nettes qu'il paraît, car c'est une même personne qui comprend et qui veut, non des capacités effectivement distinctes. Une grande part de la difficulté de ces passages de l'*Essai* tient à ces exigences contradictoires : éviter les instances mises en place par la scolastique, instances complexes et *ad hoc* – et résoudre les apories théologiques qui ont produit ces instances. Hume n'a pas tort d'affirmer (a propos d'un autre sujet, l'inné) que la scolastique conduit Locke à de longues dissections linguistiques, presque aussi complexes que celles qu'il veut remplacer[1].

Pour voir clair dans ces rapports difficiles de la liberté et de la volonté, examinons-les successivement sous trois points de vue différents. A un premier niveau, liberté et volonté doivent être fermement distinguées. C'est ce qui paraît à travers les critiques contre l'Ecole. Volonté et liberté ne sont pas des substances, mais de simples abstractions, des modes à des individus. Seule la personne est libre donc, et la volonté en elle-même ne peut pas être libre comme le prétend la scolastique, et diverses théologies avec elle[2]; la volonté ne peut pas plus être libre que le carré ne peut être vertueux[3]. A la suite de Boyle, Locke critique ainsi ce qui s'apparente aux *formes et qualités occultes* :

> Nous pouvons dire avec autant de pertinence que c'est la faculté chantante qui chante, la faculté dansante qui danse, et que la volonté choisit ou que l'entendement conçoit; ou, comme on le fait d'habitude, que la volonté dirige l'entendement, ou que l'entendement obéit ou n'obéit pas à la volonté : ce serait tout aussi pertinent et compréhensible de dire que la capacité de parler obéit ou désobéit à la capacité de chanter[4].

1. *Enquiry Concerning Human Understanding*, § 11 (note); même si ces dissections sont moins oiseuses que ne le prétend Hume.

2. Locke avait pourtant lui-même parlé de volonté libre : le *Traité* présente cette association comme évidente : *Treatise on Civil Government,* 2 § 60 : « The Freedom of the Will and the Liberty of acting... ».

3. Locke choisit mal sa comparaison, car *vertu* et *carré* sont deux prédicats qui ne peuvent être attribués à la même substance, alors que le sens de la critique est le suivant : on ne peut attribuer à un prédicat un autre prédicat qui qualifie la même substance : *carré* et *blanc* seraient des exemples mieux adaptés en ce qu'ils sont prédicats attribuables à la même figure et ne peuvent pourtant être prédiqués l'un de l'autre.

4. *E.* 2.21.17. Cf. l'objection, telle qu'elle était énoncée par.Hobbes (3es Objections aux *Méditations*) : « Si Mr. Descartes montre que celui qui entend et l'entendement font une même chose, nous tomberons dans cette façon de parler scolastique : l'entendement entend, la vue voit, la volonté veut et par une juste

Il est bon de remarquer avant de poursuivre, que cette critique vise l'Ecole du temps de Locke[1], mais que cette critique lui masque la position ancienne de la scolastique, qu'il va pourtant rejoindre par-delà son refus des êtres de raison. Thomas d'Aquin, par exemple, distinguait volonté et libre-arbitre comme deux actes distincts de la même capacité; cette séparation, entre de pures êtres de raison autorisait Thomas d'Aquin à faire de l'élection (telle volition particulière) ce qui vise tel bien particulier tout en restant en relation par la volonté avec la visée du Bien[2]. C'est cette distinction que reprend Malebranche, quoique dans un contexte différent : pour lui, la liberté est la force qu'a l'esprit de détourner l'impression naturelle de la volonté vers un objet particulier, alors que la volonté demeure orientée vers le Bien en général[3]; solution qui repose autant que celle de Thomas d'Aquin sur l'existence de distinctions de raison.

Locke refuse sans doute ces solutions parce qu'elles font appel à ces distinctions entre facultés. Il lui faut pourtant résoudre un problème analogue : unir, tout en les distinguant, la découverte cognitive du Bien inscrit dans tel bien concret, l'orientation générale au Bien – motrice de tout désir, et le désir spécifique de tel bien particulier[4]; il cherche, tout en évitant tout ce qui pourrait passer pour vision immédiate du Bien, ou pour distinction de raison, à concilier l'*appétition* et la cognition. En une sorte de chassé-croisé par rapport à la solution classique, le désir jouera le rôle d'orientation générale vers le Bien – mais dénuée de sa relation intrinsèque à l'entendement (ce en quoi Locke est moins nominaliste que la scolastique) – et la volonté aura en charge l'ordination à tel acte particulier, par suppression de la distinction entre volonté générale et volitions particulières.

Deuxième affirmation de Locke : bien que ces deux capacités, la volonté et l'entendement, soient distinctes, un lien existe néanmoins entre elles. Locke dit précisément :

analogie, la promenade se promènera. ». Parenté soulignée par Berkeley, *Common Place Book*, n° 796.

1. Elle pourrait autant viser Descartes, qui déclarait : « Je nomme généralement libre tout ce qui est volontaire. » Lettre à Mesland du 2 Mai 1644.

2. *Somme Théologique*, 1a, q.84, a 2.

3. *Recherche de la Vérité*, 1.1.11.

4. La conception était liée à l'orthodoxie de l'époque, comme d'ailleurs l'innéisme, avec lequel cette conception n'est pas sans liens, comme en témoigne la réaction de William King à l'*Essay* ; comme si la foi et les mœurs se jouaient sur cette question du rapport entre liberté et volonté.

> Il ne peut y avoir de liberté là où il n'y a pas de pensée, pas de volition, pas de volonté ; mais il peut y avoir pensée, il peut y avoir volonté, il peut y avoir volition là où il n'y a pas liberté... [1].

L'implication n'est pas réciproque, mais elle est simple : si la volonté est absente, il n'y a pas de liberté (un objet, sans pensée ni volonté, ne peut être dit libre) ; mais on ne peut en déduire que si la liberté est absente, il n'y pas de volonté : nécessité et volonté peuvent coexister ; la contraposée de l'énoncé est donnée : si la liberté est présente, il y a volonté ; il est possible de vouloir ce à quoi l'on est contraint par ailleurs, comme il est possible de vouloir autre chose que ce à quoi l'on est contraint. Mais en cas de nécessité, de contrainte, la volonté est possible mais non nécessaire, alors qu'en cas de liberté, la volonté est nécessairement présente.

Il en ressort que Locke appelle volonté ce que les scolastiques appelaient volition, l'ordination à tel acte particulier, et distinguaient de la capacité générale, appelée volonté. Locke écarte la volonté scolastique pour deux raisons. D'abord parce qu'il s'agit d'une capacité abstraite, et pour lui existent seuls des actes singuliers. Ensuite parce qu'il faut refuser dans le domaine de l'appétition le correspondant de ce qui a été refusé dans le domaine cognitif, les vérités éternelles. La volonté, réduite à la volition, ne dépasse plus le donné présent, alors que la volonté scolastique par son orientation universelle vers le Bien-en-soi, par sa dimension appétitive permanente au delà de chaque acte particulier de volition est lieu d'infini ; ici encore, Locke s'oppose à Descartes autant qu'à la tradition augustinienne du christianisme. La tendance générale au Bien, que la scolastique attribuait à la volonté proprement dite, reste donc sans titulaire, et ce vide explique la mise en mouvement des corrections à l'occasion des éditions ultérieures.

Il y a une troisième dimension : l'acte volontaire, la volition, est un acte qui n'est pas libre, de par la définition-même de la volonté. Si l'on peut dire que la liberté n'existe que là où il y *aura* volonté, on peut dire aussi (en interprétant le texte de Locke) qu'une fois la volition posée, il n'y a plus de liberté. La volonté n'est pas libre, à la fois parce que l'on ne peut s'empêcher de vouloir en général, et parce que l'on ne peut s'empêcher de vouloir ou de préférer[2] ceci ou cela : d'une part, vouloir est une constante humaine, donc non libre ; d'autre part, telle volition résulte d'un choix, mais ne s'identifie pas avec l'acte libre de choisir ; elle est préférence, dit Locke, mais la préférence ou la

1. *E.* 2.21.8 : « Liberty cannot be, where there is no thought, no Volition, no Will ; but there may be thought, there may be Will, there may be Volition, where there is no Liberty. ».

2. *E.* 2.21.25.

volition ne sont pas le choix ; elle résultent du choix. La volonté des scolastiques est orientée vers l'avenir, elle *tend vers...* ; la volonté de Locke est fruit du passé : elle est mise en œuvre d'une élection déjà faite. La volonté est en ce sens absolument nécessitée : « Vouloir, c'est-à-dire préférer l'un à l'autre... Et ce qui s'en suit, s'en suit par le choix et la détermination de l'esprit, c'est-à-dire par le fait que l'esprit le veuille »[1]. Comprenez : le choix de l'esprit, antérieur à l'acte de volonté, procède en volition, c'est-à-dire en détermination à l'action de l'esprit, ce qui est proprement la volition[2].

La volonté ainsi définie, Locke présente une argumentation séduisante : il faut refuser de fonder la volonté (volition) sur la liberté, car on ne ferait alors que reculer l'explication d'un échelon dans la succession des actes : il restera toujours à lier l'acte par un déterminisme ; expliquer une volition par une liberté antérieure, serait dire que l'on veut par une volonté antécédente vouloir ceci, et ainsi de suite à l'infini. La liberté ne peut intervenir dans l'ordre de la détermination : expliquer une volition par la liberté serait l'expliquer par ce qui a soi-même besoin d'une détermination : une volonté, une préférence[3].

Sur le Continent, Coste a bien conscience quand il traduit par le français *volonté*, de contrevenir au sens traditionnel du terme, et il éprouve le besoin de dire en note de sa traduction que le terme est propre à Locke. Collins[4] retiendra cette interprétation et la développera : l'action dépendant de la volition (de la *volonté* au sens que Locke et Collins donnent à ce terme) suit parfaitement de la détermination et de la préférence de (= opérée par) cette volition (selon l'expression même de Locke[5]). De façon plus conséquente que Locke, Collins ira jusqu'à nier la liberté même : y croire serait ignorer ce qui nous meut et refuser que toute action ait une cause ; ce

1. *Ibid.*

2. On pourrait objecter que dans le paragraphe suivant Locke distingue volonté et préférence, mais c'est mal comprendre un texte passablement ambigu : au paragraphe 27, ce qui est opposé, ce ne sont pas la volition et la préférence – ils sont au contraire synonymes – mais l'inaction et l'action ayant un contenu contraire ; l'exemple donné éclaire la complexité de la phrase.

3. Interprétation qui rend compte de la suppression de l'expression *volonté antécédente* dans les éditions ultérieures : l'expression fait référence au sens classique de la volonté (selon lequel la volonté serait libre), sens qu'il refuse ; et il ne peut employer dans la même phrase le terme de volonté en deux sens aussi opposés.

4. *Philosophical Enquiry Concerning Human Liberty*, Londres, 2e éd., 1717.

5. *E.* 2.21.23.

serait aussi nier la préscience divine, et rendre impossible la morale qui joue de la récompense et de la peine[1].

Si la volonté est à la fois déterminée et détermination de l'agir, la liberté n'est pas pour autant son opposé, l'indétermination. La liberté n'est pas dans le choix, mais dans l'absence d'obstacle extérieur. La liberté, c'est non l'indifférence, mais l'autonomie, comme je l'ai suggéré à partir de l'examen de l'ignorance. Et à ce niveau, où l'on pose la question de la liberté, la volonté ne peut entrer en compte : poser la question de l'autonomie, c'est se référer à la personne entière; poser la question de la volonté, c'est se référer au *mécanisme interne* qui constitue cette liberté possible, dans un cas particulier. On ne peut en même temps poser la question du mécanisme et celle de la liberté. Pour cette raison là aussi, *volonté libre* est un non sens.

Ainsi le sens attribué au terme de volonté implique la distinction nette de deux champs d'exercice, celui de la volonté et celui de la liberté. Son refus des distinctions de raison, son refus du parallèle affectif des vérités éternelles, l'entraîne à poser comme réellement distincts ce qui n'était qu'aspects différents de l'acte particulier. Mais dans la mesure où la liberté implique l'entendement, cette exclusion réciproque de la volonté et de la liberté devrait entraîner également l'exclusion mutuelle de la volonté et de l'entendement – ce qui exige que nous cernions de plus près notre question : celle de la place de l'entendement dans l'acte moral.

* * *

Ces quelques remarques ont cependant permis de préciser dans quelles conditions très particulières était abordée la réflexion sur la place de l'entendement dans la motivation morale. Entre la démonstration de la Loi Naturelle et l'induction remontant du plaisir à l'obligation, entre la constitution du jugement de rectitude et la recherche de la motivation, entre la composition du mode mixte à partir des idées des capacités et l'analyse du fonctionnement de ces capacités mêmes, il est fait une place au jeu de l'entendement entre la

1. *Philosophical Enquiry Concerning Human Liberty*, et réponse à Clarke (si elle est véritablement de Collins) : *A Dissertation upon Liberty and Necessity*, Londres, 1729; cf. O'Higgins, *Anthony Collins, the Man and his Work*, La Haye, Nijhoff, 1970. Comparer cette affirmation de Collins, avec l'affirmation agnostique de Locke selon laquelle il tient à la fois la préscience divine et la liberté humaine, bien qu'il ne sache comment les concilier (cf. lettre à Molyneux n° 1592, citée ci-dessus).

volonté et la liberté. De ces appartenances multiples, l'analyse conservera des traces. C'est à démêler cet écheveau que sera consacré l'ultime chapitre.

***

CHAPITRE 12

VOLONTÉ, DÉSIR, ENTENDEMENT

Alors que la liberté demeure pour l'essentiel définie en des termes semblables, la théorie de la volonté, moteur de l'acte moral, subit des modifications importantes au fil des définitions. Ces modifications portent en grande partie sur la place laissée à l'entendement, et de ce fait à la liberté, dans l'acte moral. Le chapitre 21 qui traite des capacités sera plusieurs fois remis sur le chantier lors des différentes ré-éditions de l'*Essai* : à chaque fois l'entendement y voit sa place modifiée, la modification la plus importante étant l'introduction du désir et du mésaise dans la psychologie du choix moral. Nous étudierons donc successivement les relations des diverses composantes selon leur ordre d'apparition : volonté et entendement, désir et volonté, mésaise et désir, suspens et entendement, pour conclure sur la difficulté de concevoir la place de l'entendement dans la psychologie de l'acte moral.

* * *

1. *Volonté et entendement.*

Si la liberté est liée à l'entendement, et si volonté et liberté sont d'ordres différents, le troisième rapport, celui de la volonté et de l'entendement devrait être de pure exclusion : pour qu'il y ait liberté, il faudrait qu'il y ait pensée, entendement, et l'on ne peut imaginer de place pour l'entendement dans le jeu du déterminisme volontaire.

Comme pour toute relation, la question peut être posée en deux sens : quelle est l'influence de la volonté sur l'entendement, et quelle est l'influence de l'entendement sur la volonté. Il est remarquable que Locke traite surtout de la première dans les écrits sur la tolérance, et de la seconde dans l'*Essai* et les textes qui l'entourent. Le premier aspect de la relation concerne en effet la contrainte : si l'on peut obliger à vouloir (ce qui est possible pour Locke, de par sa définition de la volonté), on ne peut obliger à croire, car la pensée est sans lien avec la volonté. L'autre partie de la relation concerne la connaissance : quelle part de connaissance y-a-t-il dans l'acte volontaire; il s'agit de distinguer l'objet cognitif par rapport à l'objet de l'appétition, et c'est la tâche de l'*Essai*[1].

La première édition de l'*Essai* laisse pourtant peu de place à l'entendement comme entité séparée, car plusieurs fonctions en sont exercées par la volonté même : la distinction des deux capacités n'est pas encore totale, et les éditions ultérieures corrigeront ce point. Ce qui fait la perfection intellectuelle de l'homme, dit alors Locke, c'est la détermination de la volonté par le plus grand Bien objectif; de soi, sans intervention de l'entendement. Ceci, bien que le choix entre les biens, qui permet de préférer le plus grand, soit d'ordre intellectuel et non volontaire. Locke explique en effet : comme dans l'intuition par l'entendement du vrai évident, il n'y a, dans cette détermination de la volonté par le plus grand bien, aucune indifférence[2]. Chacun peut *goûter* plus ou moins le bien, mais la capacité de ressentir le Bien le plus grand est « la perfection suprême des natures [êtres] intellectuelles »[3]. Certains peuvent avoir un sens faussé et appeler bien ce que d'autres appellent mal[4]; ceci n'empêche pas que le Bien le plus grand s'impose de lui-même par sa pré-éminence.

1. Un seul texte à ma connaissance unit explicitement les deux sens de la relation : en 1677 dans son journal, Locke pose la question de l'influence de la volonté sur la croyance (*Ms Locke*, f 2, f°.42, Lundi 8 Février 1677, transcrit in Aaron et Gibb, *op. cit.*, p. 84-90 : « quod volumus, facile credimus »). La réponse porte sur les limites de l'entendement, ce qui n'a apparemment rien à voir avec la question posée. Mais pour Locke, il s'agit de s'inscrire en faux contre l'infinité de la volonté, et de pousser plus loin que Descartes le respect des limites de l'entendement : l'entendement suffit à assurer les fins de l'homme aussi limité soit-il; à quoi bon dès lors espérer comme les théologiens dépasser par l'affectif ce que le cognitif ne peut décider ? On tomberait dans l'erreur commune qui consiste à penser que l'on connaît, alors que l'on a seulement envie de connaître. C'est exactement l'application que Locke fait dans l'*Essai* de la même citation latine : mêler la volonté (et avec elle les passions) à la connaissance, c'est tomber dans l'illusion (*E*. 4.20.12).

2. Cf. § 48, correspondant au § 30 de la première édition, mais sans les références au jugement dernier, ajoutées dans les éditions ultérieures.

3. *E*. (1e édition), 2.21.30 : « the highest perfection of the intellectual Natures ».

4. *Ibid.* § 35.

Ainsi la volonté n'est elle pas dans cette première topique une pure capacité d'exécution; elle exerce une préférence[1] – même si ce n'est pas un choix puisque cette préférence est déterminée; mais elle est déterminée à la façon dont l'intuition du vrai évident détermine l'entendement passif. La connivence entre la nature rationnelle de l'homme et ce Bien le plus grand fait que cette capacité de préférer n'est pas détruite, mais accomplie (thèse analogue à celle de la scolastique)[2]; la liberté n'est pas détruite mais accrue, de même que la détermination de l'entendement par le vrai ou la soumission de la liberté à la Loi Naturelle dans les *Treatises on Government* ne détruisent pas la liberté mais l'accroissent[3]: analogie de fonction entre l'entendement et la volonté, tous deux apparentés à l'ordre objectif de la raison; ce qui trahit le côté encore intellectualiste de la volonté de Locke à cette époque, malgré toutes ses préventions : l'agnosticisme n'a pas encore pénétré jusqu'aux derniers recoins de sa pensée.

Cette présentation rappelle évidemment la thèse traditionnelle, selon laquelle la volonté vise le Bien suprême; mais la définition lockienne de la volonté (comme volition et non plus comme appétit rationnel) change tout, et conduit à la contradiction qui va faire basculer cette conception. Alors que la thèse classique voyait dans la visée du Bien une tension vers ce Bien participé par tel bien concret, mais jamais atteint totalement, la thèse selon laquelle chaque volition vise le Bien suprême revient à supposer que ce Bien, parfaitement déterminé par la situation, y soit saisissable (fût-ce par tel ou tel de façon erronée). Chaque volonté se déterminerait pour le bien suprême. Or Locke a lui-même refusé cette possibilité de connaître dans chaque situation le Bien suprême.

1. *E.* (1e édition), 2.21.32.

2. *E.* (1e édition), 2.21.29-30 et 31 : « Good, the, the greater Good is that alone which determines the Will.[30] This is not an imperfection in Man, it is the highest perfection of Intellectual Natures : it is so far from being a restraint or diminution of Freedom, that it is the very improvement and benefit of it : 'tis not an Abridgment, 'tis the end and use of our Liberty… [31] If we look upon those superiour Beings above us, who enjoy perfect Happiness, we shall have reason to judge they are more steadily determined in their choice of Good than we, and yet we have no reason to think they are less happy, or less free, than we are. ». Cf. Henry More, *Enchiridion Ethicum*, 1.5 § 7 : la volonté ne peut viser que le Bien universel, perçu par cette faculté adéquate : « Quemadmodum igitur est aliquid sua natura et immutabiliter *verum*, est aliquid simpliciter et sua natura *bonum*; utque illius quod sua natura verum est veritas *Intellectu* percipitur, ita illius quod simpliciter bonum est grata suavitas et jucunditas *Boniformi* percipitur *facultate* ».

3. On aurait ici une trace de la parenté subsistant entre les deux livres, et que les rédactions ultérieures vont gommer.

En toute logique, cette thèse suppose aussi que soit effective l'une des deux possibilités suivantes. Ou bien la volonté peut se déprendre du plus profitable immédiatement (rappelons que bien et bon sont une seule et même chose) pour viser ce qui est le plus profitable à long terme, mais la volonté dans sa distinction d'avec la raison n'a pas à elle seule cette possibilité de calculer. Ou alors le plus profitable immédiatement peut être en même temps le plus grand Bien, ce qui est évidemment exclu par l'agnosticisme de Locke autant que par la réalité; sauf à situer ce bien le plus grand comme purement subjectif et instantané : la volonté veut le bien le plus grand pour moi sur le moment. Mais en ce cas, il n'y aurait plus aucune transition possible entre le naturel du désir et la moralité qui doit être redressement du naturel[1], et l'homme serait enfermé dans son Bien naturel le plus grand, ce qui conduit au relativisme total que Locke veut précisément éviter. Par ailleurs, que la volonté veuille un bien moral est en soi contradictoire : si la volonté vise un bien plutôt qu'un autre, elle choisit, elle est mêlée d'entendement, cette puissance qui juge. Or elle doit par principe en être fondamentalement distincte, et rien de ce qui est absent ne peut lui être présent sous la forme d'une idée, comme c'est le cas pour l'entendement. L'exclusion de l'entendement, conjuguée avec la réduction de la volonté aux volitions, aboutit donc à faire de chaque volition un acte déterminé par le Bien le plus grand qui serait perçu, ce qui est une contradiction.

En outre, on ne voit pas pourquoi Locke tient à l'idée de liberté[2], puisqu'aucune latitude de se tromper, de pécher, de choisir n'existe. Absence de liberté parente de l'absence de liberté du dogmatique qui croit connaître immédiatement le vrai.

De fait, tout ceci évoque dangereusement le sens moral dont Locke ne veut aucunement : la volonté, parce qu'elle est ici le décalque de l'entendement, est proche d'un sens qui saisit immédiatement comme la vision – c'est d'ailleurs ce que Locke affirme au moins pour le bien-bon le plus proche : il est désiré sans erreur, ce qui n'est pas gênant tant que ce bien n'a rien de moral, mais le devient quand ce bien est le plus grand. Lorsqu'on connaît la répulsion de Locke pour l'immédiateté en matière de morale, on comprend qu'il ait pris ses distances par rapport à cette première topique.

* * *

1. Voir ci-dessous.
2. *E.* (1e édition), 2.21.33.

Les éditions ultérieures vont en effet résoudre certaines de ces contradictions et proposer une autre topique, basée sur la distinction du désir et de la volonté. Cette distinction permettra d'inclure l'entendement comme pièce maîtresse de la morale, tout en réduisant plus nettement la volonté à sa fonction d'exécution. Cette solution n'est pas sans lien avec celle de la première édition, puisqu'elle est le développement d'une intuition qui s'y trouve, et la reprise d'une thèse fondamentale de la philosophie de Locke. J'examinerai donc d'abord ce qui dans la première édition sera repris dans les suivantes, avant de passer à l'examen de la distinction par la seconde édition, du désir et de la volonté.

Pour Locke, dès la première édition, le moral est opposé au naturel, si l'on entend par naturel l'instinctif considéré du point de vue humain[1]. Le moral est *la courbure et la restriction* apportées à cet instinctif. Cette opposition s'inscrit dans la distinction déjà évoquée entre le bien naturel et le bien immédiat : le bien naturel est une satisfaction immédiate[2] produite par l'acte lui-même ; ce bien naturel est le plaisir résultant de l'acte. Le bien moral, par contre, est une satisfaction différée, passant par une décision artificielle de l'autorité ; ce bien moral s'apparente donc à tout bien qui est différé, à tout ce qui procure à distance un plaisir ou une peine. Le moral s'oppose à l'instinctif non pas du fait d'un jugement de valeur, d'un sentiment moral qui « goûterait » le bien, mais du fait d'une distanciation de la sanction[3].

Le jugement et l'intervention de l'entendement deviennent possibles, du fait de cette distance : le calcul par l'entendement crée l'espace nécessaire à la morale, et devient de ce fait responsable de la moralité[4]. Ceci même si l'on ne comprend pas très bien comment peut s'introduire cette distance, alors que l'esprit demeure soumis à la détermination de la volonté par le bien le plus grand[5].

Dans cette première édition, le jugement par ailleurs est présenté comme le fruit nécessaire d'un désir de se libérer d'un malaise ou d'une satiété relative. Et ce n'est, ici, que très secondairement, à la toute fin de son analyse, que Locke met en relation ce jugement avec l'entendement, le dégageant ainsi partiellement de la nécessité du

1. Pour comprendre cette réserve, il faut se rappeler que l'instinctif, considéré du point de vue divin, est voie vers le moral.

2. On retrouve la thèse de Selden, déjà présentée.

3. Cf. *E.* 2.28.5 et ses références à 2.20.2, et surtout à 2.21.42, le chapitre qui nous concerne.

4. *E.* 2.21.62.

5. C'est tout l'homme qui est visé indistinctement en *E.* 2.21.63.

désir : « Pour freiner cette précipitation, l'entendement et la raison nous ont été donnés, si nous en usons correctement, pour chercher, voir, et juger »[1]. Cette allusion rapide tranche avec l'insistance des éditions suivantes (le long développement sur la place centrale de l'entendement et l'affirmation « Sans entendement, la liberté ne serait rien », ne seront insérés que dans la quatrième édition).

Même si définir l'entendement comme l'opposé de la précipitation demeure une définition élémentaire, la solution ultérieure est déjà en germe ici : l'entendement se manifeste dans le détour réflexif, dans la durée[2], et non dans l'immédiat. C'est dans la dimension temporelle que s'affirme de plus en plus la moralité ; à l'instant qui est le lieu de l'instinctif et de l'immédiat – et d'un certain naturel –, s'oppose la durée de l'entendement et du moral – et d'un autre naturel. La précipitation s'oppose à l'examen critique, à l'œuvre, au mérite. Mais ce qui est un avantage, est compensé par un inconvénient : les distinctions de raison entre les diverses capacités sont réalisées sous la forme d'actes successifs. La juxtaposition temporelle des capacités est une simplification qu'il nous faudra critiquer en son temps.

* * *

2. *Désir et Volonté.*

Cette extension du rôle de l'entendement ne peut se faire qu'aux dépens de la volonté. C'est pourquoi, au fil des rédactions ultérieures, la part de la volonté va diminuer : elle ne visera désormais le plus grand bien que dans le sens où il s'agit d'un bien naturel, et non d'un bien moral. Tout bien *naturel* sera le plus grand pour la volonté à ce moment, dans la mesure où elle ne peut choisir. Toute élection, toute distinction entre des biens, sont retirées à cette volonté aveugle. Ces fonctions reviennent désormais à l'entendement et dès lors, il faut repenser la coordination, ou plutôt la juxtaposition des capacités. Auparavant, la volonté était à la fois puissance de désir (appétition disaient les scolastiques), puissance d'élection (ce qui revient à l'entendement à cause de la part intellectuelle de cet acte) et puissance

1. *E.* 2.21.67 : « To check this Precipitancy, our Understanding and Reason was given us, if we will make a right use of it, to search, and see, and then judge there upon. ».

2. Même si cette affirmation s'oppose à l'instantané de l'intuition. On sait déjà que cette ambiguïté de l'entendement est essentielle : l'intuition instantanée est le passage à la limite de l'œuvre pénible de la déduction ou du jugement.

d'exécution (ce qu'elle conserve seul). Il faut maintenant distinguer nettement ces trois fonctions : une pure appétition sans élection, une élection purement intellectuelle, et une force d'exécution sans appétition ni élection qui succède aux deux premières. Telle est la structure qui commande les textes ultérieurs; et il est assez amusant de voir un nominaliste qui critique par ailleurs les distinguos subtils de la scolastique, se laisser lui-même entraîner sur ce terrain, au point de faire des distinctions dans ce qu'unissaient les scolastiques. Retenons pourtant le caractère principal de cette évolution : l'entendement calculateur devient de plus en plus nettement la capacité de la morale.

La deuxième édition corrige donc la théorie du choix moral et présente comme trois actes successifs ce qui était le fait de la seule appétition intellectuelle. La correction la plus manifeste porte sur la distinction entre désir et volonté. Locke énonce lui-même la modification[1] avec une humilité suffisante[2] : il ne redoute pas, dit-il, de modifier ses opinions quand la vérité l'y oblige. Mais cette modification en entraîne une autre qui porte sur le statut de l'entendement en morale, et les deux modifications sont liées : chez Locke, donner une plus grande part à l'entendement implique que la nature soit repensée et que soient mieux distinguées nature effective de l'être de passion et nature théorique de l'être de raison. Car l'entendement a pour fonction d'intervenir entre les deux, de les lier, et de manifester leur accord essentiel. La fonction de la raison, présence divine en nous, est de manifester ce qui était auparavant masqué par l'inadvertance, par l'erreur, par le défaut : l'accord des divers constituants naturels est le résultat d'un artifice divin que la raison a pour fonction de décrypter derrière ce qui, trop immédiatement, paraît simple.

* * *

D'abord donc la distinction la plus explicite : celle du désir et de la volonté. La confusion est souvent faite, dit Locke, entre ces deux capacités de l'esprit, et Coste précise dans sa traduction que la critique vise Malebranche; mais la critique semble d'autant plus virulente que Locke défendait dans sa première édition la même thèse que lui.

1. *E.* 2.21.39 et 72.

2. Suffisante, quand on la compare à son attitude arrogante dans les multiples controverses qu'il a menées avec plusieurs auteurs : voir notamment ci-dessous la controverse avec Van Limborch, en plus de celles avec Norris, Edward, Stillingfleet; cette modification était annoncée dans les lettres à Molyneux, lorsqu'il précise qu'il ne s'attendait pas à de telles conclusions en abordant la question de la volonté : cf. *Correspondence*, lettre n° 1592.

Malebranche visait aussi à établir les causes de l'erreur, et à en donner les remèdes : pour lui comme pour Locke, c'est la pression de l'immédiat qui fait que l'homme se trompe quant à son bien. Il s'agit pour les deux de desserrer cette contrainte de l'immédiat. Mais si Malebranche identifie volonté et désir, c'est en accord avec le reste de sa pensée : il y a en tout désirable une part de Bien, comme le pensait la tradition; et la volonté « toujours agitée de désirs, d'empressements et d'inquiétudes pour le bien qu'elle ne possède pas » pousse vers l'acquisition d'un bien, fût-il particulier[1]. La volonté et le désir vont de pair, dans la mesure où tout bien particulier participe du Bien universel.

Locke, en son agnosticisme, ne peut supposer connue cette participation, même si la bonté de Dieu permet d'y croire : pour la connaissance humaine, les biens particuliers ne peuvent avoir avec le Bien universel qu'une relation externe, instaurée artificiellement par une autorité – même si cette relation est, en outre, supposée rationnelle quand cette autorité est celle du Dieu créateur de la rationalité; et cette relation externe n'est pas connue d'emblée, mais doit être déduite. La distinction du désir et de la volonté découlera donc de la nécessaire distinction, pour l'homme, du bien particulier et du Bien universel en deux genres différents : le désir portera sur le particulier, et la volonté exécutera tout désir; l'entendement qui se chargera seul du calcul de l'universel. Désir et volonté évolueront dans l'ordre du déterminisme : déterminisme par le bon naturel pour l'un, déterminisme par le désir pour l'autre, et de l'entendement relèvera seul l'ordre de la liberté. Dès que Locke refuse que la volonté puisse connaître ce qu'elle vise – ou dès qu'elle ne vise plus rien –, c'est-à-dire dès qu'entendement et volonté sont totalement distincts, l'entendement ne peut plus intervenir que dans les intervalles du déterminisme. Alors qu'elle était, dans la théorie scolastique et la première topique de Locke[2], pénétrée de raison, la volonté perd dans la seconde édition toute relation avec l'entendement, puisqu'elle n'a même plus cette orientation au bien le plus grand.

A partir du moment où la volonté devient, du fait de l'intervention du désir, une puissance purement exécutive, toute moralité lui échappe, et se reporte sur l'entendement. La morale de Locke devient purement intellectualiste : nul n'est méchant volontairement, mais par

1. *Recherche de la Vérité*, 3.1.4.2. J'ai analysé l'étude des rapports entre Malebranche et Locke sur ce point dans 'Malebranche and Locke, The theory of Moral Choice…', *Nicolas Malebranche, his philosophical Critics and Successors* (S. Brown ed.), Van Gorcum, à paraître.

2. *Somme Théologique*, 1a. q.80. a.1, etc.

défaut d'entendement; et Molyneux, l'ami perspicace de Locke, ne manque pas de relever la difficulté :

> Tout péché semble donc venir pour vous de l'entendement, ou être contre la conscience, et absolument pas de la perversité de la volonté. Mais il me semble trop rude de dire qu'un homme sera damné parce qu'il ne comprend pas mieux qu'il ne comprend [1].

Cette critique porte, car elle va au centre du système moral de Locke. Puisque la volonté n'est qu'ordination des actes selon une décision qui lui échappe, toute la faute est reportée sur ce qui détermine la préférence, c'est-à-dire l'entendement [2]. Toute moralité réside en dernière instance dans la décision de l'entendement [3] ou dans le défaut d'examen : refus d'ouvrir les yeux, de regarder autour de soi, de calculer les conséquences, de considérer; tous défauts qui relèvent de l'entendement [4]. Et la solution est fort proche de l'élimination de toute culpabilité individuelle [5].

L'entendement ne conquiert de place que par la distinction du désir et de la volonté [6]. Le désir est le réceptacle de l'entendement, ou plus exactement de la représentation que produit l'entendement; il assume un rôle que la volonté, déterminée, ne peut assurer. Le défaut de la théorie de la première édition était, rappelons-le, de mêler entendement et volonté : la détermination par le plus grand bien trahissait encore une *vision* immédiate du bien par la volonté. Pour respecter la distinction des sphères, pour sauvegarder la tolérance, il faut faire de la volonté un pur passage de l'élection à sa mise en œuvre (Locke dirait de l'élaboration de la préférence à l'acte). Une volition (*volonté*, selon le vocabulaire de Locke) est « cette détermination particulière de l'esprit, simple acte de pensée, grâce auquel l'esprit s'efforce de susciter toute action qu'il estime de sa capacité » [7]. La

1. *Correspondence*, lettre n° 1579, du 22 décembre 1692. On pense bien sûr à la finitude de l'entendement et à la volonté infinie chez Descartes (*4ᵉ Méditation*). Voir aussi *Ms Locke* f 2, f°.42, 8 Fev. 77, auquel il a déjà été fait référence.

2. Cf. Descartes, *5e réponses aux Objections*.

3. *E*. 2.21.56.

4. *E*. 2.21.67. (ajout de la quatrième édition).

5. Locke est pourtant fort partagé sur ce point; la part attribuée à l'entendement ne peut être réduite puisque l'entendement est condition de liberté, et dans cette mesure la culpabilité religieuse est une doctrine inconvenante (Cf. le début de *Reasonableness*). En même temps, la peine et la rétribution ont une telle place dans sa pensée religieuse – et philosophique – qu'on ne peut se passer de cette notion de péché. On sait que de cette recherche sur le péché et la rédemption sortira trois ans plus tard *Reasonableness of Christianity*.

6. *E*. 2.21.30.

7. *E*. 2.21.30. La définition de la volonté par Locke est proche de celle de Hobbes : cf. *Leviathan*, chapitre 6 (traduction Tricaud, Paris, Sirey, p. 56).

volonté est un *acte* de la pensée, mais non une réflexion; et toute l'insistance de la deuxième édition est sur ce point : la volonté ne peut penser le plus grand bien moral : la volonté ne se termine pas à une fin extérieure, mais purement à l'activité propre du sujet; elle ne peut atteindre que «certaines actions en notre capacité; c'est là que la volonté tend (se termine), et ne va pas plus loin.»[1]. Le Bien moral le plus grand est donc extérieur à la volonté.

Trois éléments dans cette affirmation : d'abord le Bien moral n'est pas présent à la volonté : «seule l'[*uneasiness*] est présente, et il est contre la nature de ce qui est absent d'agir là où il n'est pas»; référence au problème classique en cette période de réflexion sur la gravitation newtonienne de l'action à distance, déjà utilisée pour l'idée. Et pourtant Locke enchaîne : l'idée certes en est présente, mais pas comme un bien; c'est donc qu'il doit y avoir présence du bien, comme de tout objet de pensée; mais cette présentation doit être dédoublée : la présence cognitive ne peut suffire à l'ordre pratique. Il doit donc y avoir une présence pratique, présence au désir, et non seulement à l'entendement. Cette affirmation était implicite dans la distinction entre entendement et volonté, mais Locke n'en avait pas encore tiré toutes les conséquences : conjuguée avec le caractère purement exécutif de la volonté, cette affirmation entraîne l'exigence d'une instance propre de la représentation pratique.

Deuxième élément : il y a une différence fondamentale entre la «pure spéculation inactive» et ce qui met en œuvre la volonté. Locke l'avait déjà mentionné dans sa critique de l'innéisme : le vrai et le bien sont d'ordres différents[2]. Nous avions vu également que principes spéculatifs et principes pratiques ne pouvaient se confondre. Le problème, constant chez Locke, du rapport entre agir et pensée, se manifeste à nouveau dans la question : comment associer ce que l'entendement voit et ce que la préférence élit? Locke utilise dans les deux cas (concernant l'entendement et concernant la pratique) le même terme de Bien, mais il y a équivoque : l'entendement vise le Bien au sens classique du mot (celui que l'on pense et représente avant de l'éprouver) alors que le bien visé dans l'agir est d'ordre purement pratique, éprouvé par le plaisir et défini par lui; qui dira le lien entre les deux?

1. *E.* 2.21.40 : «some Action in our Power; 'tis there the Will terminates, and reaches no farther.», cf. *Correspondence*, lettre n° 2979, (t. 7, p. 403).

2. *E.* 1.3.12 : un précepte «is not truth at all; it being a Command, and not a Proposition, and so not capable of Truth or Falsehood.».

Deuxièmement, l'argument que Locke utilise ici[1] pour prouver la différence entre l'ordre spéculatif et l'ordre pratique est circulaire en ce qu'il dépend directement de sa définition de la volonté : si nous étions toujours déterminés par le bien que nous voyons, dit-il, nous le ferions toujours; mais justement, cette affirmation implique une définition de la volonté telle que celle de Locke, c'est-à-dire où la volonté ne peut être qu'ordination sans faille à ce qui est par ailleurs préféré. La distinction entre le pratique et le spéculatif, qui est le deuxième élément de cette conception, est un présupposé que Locke utilise sans le démontrer véritablement.

Troisième élément de l'affirmation : le bien pratique n'est pas une idée, mais ce qui apporte le plaisir, et le plaisir ne peut être que ressenti. Il ne peut donc être plus grand ou plus petit qu'un autre dans l'instant où il est ressenti : on peut parler de bien plus grand ou plus petit dans un contexte de rectitude, c'est-à-dire de comparaison et de jugement par l'entendement. En termes de volonté, c'est-à-dire là où tout se situe dans l'instant de l'exécution, il ne peut y avoir de comparaison spéculative; seule presse la détermination immédiate, sans que l'une soit plus forte qu'une autre[2].

Il est utile de noter qu'à cette étape de la rédaction de l'*Essai*, Locke se prive d'une solution à laquelle il avait fait un moment appel : il aurait pu conserver la comparaison des biens en l'attribuant à une réflexion sur des biens passés : il est possible de comparer deux *passions* une fois leur action achevée; ou encore à l'imagination qui permet de transcender le temps : Locke avait, dans un brouillon du chapitre sur la morale, envisagé de faire de l'imagination un des lieux de la morale : nous n'avons d'idée claire et distincte du plaisir que par ce que nous ressentons, dit-il; et

> l'imagination de plaisirs plus complets ou plus grands n'existe que par ressemblance ou similitude avec ce que nous avons expérimenté, et donc est confuse et obscure, car nous ne sommes pas capables d'imaginer le plaisir que des objets inconnus peuvent produire en nous. ... Les plaisirs procurés par les objets spirituels sont certainement plus aptes à toucher, à émouvoir, l'esprit de joies agréables et enchanteresses puisqu'ils sont plus adaptées à la nature de l'esprit. Et pourtant, ils sont encore bien plus inconcevables [que les plaisirs procurés par des objets], pour nous qui sommes immergés dans un corps..., et qui avons très peu de sens ou de perception des choses spirituelles qui sont pour ainsi dire à distance

1. *E.* 2.21.38.
2. *E.* 2.21.38. 2°.

et ne nous affectent que rarement. C'est la raison pour laquelle je crois que notre idée du bonheur est très imparfaite en ce monde.[1]

En cette étude des passions, antérieure de quatorze ans à la publication de l'*Essai*, se dessinent à la fois la difficulté fondamentale et la solution qui lui sera donnée. La difficulté est évoquée ici par les termes de vision, de perception à distance, et par l'affirmation que des choses conçues peuvent nous affecter. La solution ébauchée consiste à faire reposer sur l'imagination le débordement du présent vers l'inconnu : de même que l'imagination permet la formulation des hypothèses, la formation d'analogies, de même la morale permettrait de passer de l'expérimenté à l'inexpérimenté, par ressemblances et comparaisons ; cette imagination donnerait un objet à l'amour, qui peut viser l'absent, alors que le désir ne peut viser que le présent, le possible, et le plus facile à atteindre[2]. L'imagination aurait permis de passer, comme chez Hume, de l'expérience passée du plaisir à l'expérience future, et d'intégrer dans la pratique un élément cognitif faisant le lien entre diverses expériences ; pourtant, dans l'*Essai*, Locke écartera de la vie réglée toute intervention de l'imagination : cette capacité est trop liée à toutes les déformations de la vie intellectuelle. Faute d'imagination, dès la première édition, Locke n'explique plus comment l'amour vise un bien absent. Et cette éviction de l'imagination libère une place pour l'entendement : il remplaçait déjà l'imagination dans les fonctions positives de la démonstration (la sagacité) ; il la remplace de même dans les fonctions positives de la délibération, en dominant le temps et en permettant une certaine présence de biens absents auprès du désir.

* * *

3. *Désir et* Uneasiness.

Pour le désir, l'idée de bien inatteignable, impossible, à distance, est un non sens : il n'y pas de désir de tels biens, mais de simples velléités[3]. Par contre un bien représenté est l'objet et le moteur du désir. Cette fonction de représentation (*désir de…*) semble tellement absorber le désir qu'une autre instance semble exigée, pour assurer la

1. *Ms Locke*, f 1, f°. 337-338 : *Pleasure and Pain*, 16 Juillet 1676, cité in Von Leyden, p. 269.
2. Cette distinction est reprise en *E.* 2.20.4-6.
3. *E.* 2.20.6 (ajout de la deuxième édition)

permanence de l'affectivité. De fait, dès la seconde édition[1], l'*uneasiness* est introduite aux côtés du désir, mais de façon tellement massive qu'on ne saisit pas de suite quelle est encore l'utilité du désir. Pour tenter d'y voir clair, disons que l'*uneasiness,* ou *mésaise*[2] prend en charge la dimension purement pratique, et que le désir proprement dit prend en charge la dimension représentative.

La confusion du désir et de l'*uneasiness* en de nombreux passages est en effet troublante[3] : à l'égard de la volonté, chacun des deux joue le même rôle, et l'on peut se demander ce qui les distingue. La réponse semble être la suivante : ce sont les deux faces d'une même passion : le désir est en effet un mode particulier du genre *uneasiness*[4]; l'*uneasi-*

1. Le terme apparaît avec la seconde édition dans le chapitre 21 (et avec la quatrième, dans le chapitre 20), bien qu'il soit déjà mentionné une fois, de façon moins technique dans le manuscrit de 1676, *Pleasure and Pain* (f°.339, Von Leyden, p. 269) avec comme équivalent *trouble, displeasure.* On trouve aussi le terme *easiness.* Sur cette question, cf. E. Naert, '*Uneasiness* et Inquiétude', *Les Etudes Philosophiques*, Janv-Mars 1971, p.67-76, qui compare la position de Locke avec celle de Leibniz, et insiste sur l'orientation de cette étude à l'affirmation de la liberté morale. La comparaison devrait surtout être faite avec Malebranche (cf. note suivante) et Berkeley reprendra le terme (*Commonplace Book,* cf. Index).

2. Coste disait déjà, en note de sa traduction, que ce terme était intraduisible, car « inquiétude n'exprime pas précisément la même idée... Par *uneasiness*, l'auteur entend l'état d'un homme qui n'est pas à son aise, le manque d'aise ou de tranquillité dans l'âme qui, à cet égard, est purement passive. ». Coste préfère écrire *inquiétude* en italiques; la difficulté vient entre autres de ce que le terme a des connotations malebranchistes, auxquelles fait référence Coste : pour Malebranche, l'inquiétude participe au vouloir divin qui s'exprime en notre affectivité, d'où cette activité et cette ordination au Bien le plus grand dont est dépourvu l'inquiétude de Malebranche. Cette passivité de l'âme dans l'*uneasiness* justifie la distinction d'avec le désir qui se porte activement vers un bien représenté. J'ai préféré, pour éviter les confusions, laisser le mot en anglais, ou utiliser le néologisme *mésaise*. Sur cette question, voir J. Deprun, *L'inquiétude*, et mon article 'Malebranche and Locke', *loc cit.*

3. *E.* 2.20.6; 2.21.31, 33, 35, 39, 56 ...

4. *E.* 2.21.32 : « That Desire is a state of uneasiness, every one who reflects on himself, will quickly find » et dans le manuscrit *Pleasure and Pain*, en un contexte plus intellectualiste : lorsque l'esprit contemple « the satisfaction which would arise to itself in the actual enjoyment or application of some one of those things it loves, and the possibility or feasibleness of the present enjoyment... observes in itself some uneasiness, or trouble or displeasure till it be done, and this is that we call desire, so that desire seems to me to be a pain the mind is in till some good, whether *jucundum* or *utile*, which it judges possible or seasonable, be obtained. ». A cette époque, la différence entre le bien moral et le bien utile est encore accessible au désir; on notera aussi l'importance, dès cette époque, du représenté dans ce qui fait la spécificité du désir par rapport au générique de l'*uneasiness*.

ness remplit la fonction de la présence[1], mais cette présence se fait sous le mode négatif du manque, comme si cette inversion permettait d'éviter le problème de la représentation du spéculatif. L'absence du bien (en ses deux acceptions, absence du Bien le plus grand et absence du bien proche conçu mais non vécu) est compensée par la présence d'une insatisfaction. Il ne faut donc pas se laisser prendre par la forme négative du terme : par l'*uneasiness*, le bien est présent sous la forme d'une appétition (mais sans représentation). Pour certifier ce caractère positif de l'*uneasiness*, il suffit de songer à la douleur qui la caractérise et à la composition du terme même : la douleur qui la caractérise n'est pas le mal fermé sur lui-même : elle est ouverture à autre chose par la fuite; et la forme négative du terme désigne son inverse : l'*uneasiness* est plus que la souffrance, il est intentionnel en ce qu'il désigne dans l'élément affectif une place qui rend *easy*.

Mais l'*uneasiness* ne représente pas ce qui lui manque; il est aveugle par sa présence massive dans l'affectivité, et il a besoin de son autre face, le désir, qui est la forme de l'*uneasiness* liée à l'absence de tel plaisir déterminé[2]; il ajoute la détermination qui manque à l'insatisfaction, car tout *uneasiness* meut la volonté[3], mais seul le désir, qui est «un *uneasiness* de l'esprit par besoin d'un bien absent»[4], peut être le lieu d'une détermination par l'entendement. Ainsi le désir réalise-t-il ce qui est impossible à l'*uneasiness* comme à la volonté : la représentation, la mise en présence de ce qui est absent[5]. Le bien que la volonté ne pouvait choisir, entre autres parce qu'il était absent, le désir

1. *E.* 2.21.37 : «The present Uneasiness that we are under does naturally determines the Will.».

2. *E.* 2.20.6.

3. *E.* 2.21.57 présente une typologie des diverses *uneasinesses* sources d'erreurs (douleurs dont nous ne sommes pas responsables, ou résultat d'erreurs de jugement dont nous sommes responsables). Une note manuscrite insiste plus sur les pressions variées de l'*uneasiness*, qui ne laissent pas toujours place au suspens (*Ms Locke*, c 28, f°.115 v, (1694?)), (en référence à la lettre à Le Clerc du 9 Octobre 1694) : «As to the determination of the will we may take it under 3 considerations : 1) the ordinary and successive uneasinesses which take their turns in the common course of our lives and these are what for the most part determine the will but with a power still of suspending. 2) Violent uneasinesses which the mind cannot resist nor away with they constantly determine the will without any manner of suspension where there is any view or possibility of their removal. 3) A great number of little and very indifferent actions... [qui occupent l'esprit, sans suspens possible].».

4. *E.* 2.21.31.

5. Ou selon la formule de E.Naert, (*loc. cit.*, p. 68), que j'appliquerais au désir plus qu'à l'inquiétude : «En chacune de ces inquiétudes est – comme dirait Hegel – ce mélange de représentations sensibles et de pensées qui dialectise la négativité du manque en positivité douloureuse.».

le rend présent sous forme de manque déterminé et vécu sous sa forme corrélative d'*uneasiness*.

Cette possibilité de représenter tient à la possibilité pour le désir d'être déterminé par l'entendement : c'est ce qui le distingue de l'amour qui est intraitable, alors que le désir (avec l'espérance) « peut être dominé par la raison et la considération, pour se fixer sur des choses pénibles et gênantes, quand c'est un moyen en vue d'un autre bien. »[1].

Par son lien double, avec l'*uneasiness* dont il est un mode d'une part, avec l'entendement qui a barre sur lui d'autre part, le désir est un pouvoir mixte. Il est l'analogue de ce que devait être la volonté dans la première édition : il est de même ordre que la volition[2], supérieur à la velléité et au simple souhait; d'ailleurs, *désir* remplace *volonté* dans les passages repris de la première édition, dès qu'il s'agit d'élection[3] : c'est désormais le désir qui peut être élevé au niveau du plus grand bien, et de ce fait engendrer une *uneasiness* proportionnée; le désir assume les anciennes prérogatives de la volonté dans sa relation avec l'entendement : l'entendement peut lui faire *goûter* tel bien (relation plus lâche que la détermination). Et du fait même la volonté se réduit à la pure mise à exécution d'un acte à la suite d'une pensée qui vient d'ailleurs. Le désir *goûte* la découverte de l'idée de certains biens qui pourraient procurer un plaisir (il est ainsi lieu de rencontre du théorique et du pratique, rencontre refusée à toute autre entité), et il engendre son autre face, l'*uneasiness,* dans la mesure où le bien est à portée de sa réalisation.

Il est vrai qu'en soi le désir, pas plus que la volonté, ne vise le plus grand bien qui soit : il ne vise que le bonheur[4]; bien et bonheur diffèrent donc encore ici. C'est justement la fonction de l'entendement de les lier par l'anticipation et le calcul qu'il est capable de réaliser. Le lieu de cette intervention est maintenant connu; il reste à en déterminer le mode.

* * *

1. *Ms Locke* f 1, *Pleasure and Pain, loc. cit.*, p. 266.
2. *E.* 2.20.6 (ajout de la 2e édition).
3. *E.* 2.21.51, par exemple.
4. *E.* 2.21.39 cf. aussi *Ms Locke, Ethica*, reproduit in *Locke Newsletter*, n° 5.

4. *Entendement et suspens.*

Avec la distinction du l'*uneasiness*, du désir et de la volonté, se crée véritablement un lieu pour ce qui motive cette recherche : l'entendement; quant à la forme de cette intervention, Locke l'imagine en transposant la forme qu'il avait dès la première édition utilisée pour la probabilité [1] – ce qui, involontairement apparente la pression (pratique) du désir à la pression (spéculative) de l'évidence. L'intervention de l'entendement comme puissance de *suspens* n'est certainement pas la partie la plus originale de la pensée de Locke : l'*εποχη*, thème sceptique, naît de l'opposition des opinions contraires et engendre la suspension du jugement et la quiétude [2]; la réflexion stoïcienne parle également de l'indifférence du sage qui introduit le liberté et le jugement dans le destin; et le courant épicurien, en ses manifestations les plus proches de Locke, reprend ce thème [3].

1. Le suspens y est ici pris principalement en mauvaise part : il s'agit en fait d'une explication de l'erreur, par la capacité de se soustraire activement à la contrainte de l'évidence qui rend l'esprit passif.*E.* 4.20.7 (référence explicite à l'*επεχειν* antique); cf.*E.* 4.20.12 : « Not but that it is the Nature of the Understanding constantly to close with the more probable side, but yet a Man hath a Power to suspend and restrain its Enquiries, and not to permit a full and satisfactory Examination, as far as the matter in Question is capable, and will bear it to be made » ; 4.20.15, seul cas positif; 4.20.16. L'application de ce suspens au désir suppose donc non seulement l'amalgame du désir et de l'évidence, mais aussi le retournement de la liberté négative devant l'évidence, en liberté positive devant le déterminisme aveugle : on retrouve une nouvelle fois l'ambiguïté des concepts de Locke.

2. Sextus Empiricus, *Hypotyposes Pyrrhoniennes*, I, 25-34, transcrit in J.P.Dumont, *Les Sceptiques Grecs*, P.U.F., Paris, 1966 (cf aussi *ibidem*,Vocabulaire, sub *εποχη*). Il faudrait plus que je ne le peux ici, comparer les conceptions antiques et celles de Locke sur les relations entre bonheur, opinions et suspens, et les liens avec la pratique médicale (cf, *Hypotyposes*, 1, p. 236-241, *Ibidem*, p. 34-36.). Locke mentionne explicitement cet usage : *Draft A* § 42 (p. 148, 153, 155).

3. François Bernier, *Abrégé de la philosophie de Gassendi*, 8. 3. 1, Lyon, 1678 (1684), VII, p. 624 : « Il est constant que dans cette hypothèse [gassendiste], l'on peut très bien sauver la liberté, en ce que, lorsque nous sommes sur le poinct et en estat d'agir, il est toujours en notre pouvoir de suspendre l'action et de nous arrester à considérer meurement les choses, en sorte que, distinguant les véritables biens des biens apparents, nous fassions changer les fausses connaissances et opinions qui pourraient estre dans l'entendement, et par là faire changer la pente que la volonté pourroit avoir à suivre les biens faux et trompeurs pour les véritables, le bien deshoneste pour l'honeste, le vice pour la vertu. » Cité par Gabriel BONNO, *Les relations intellectuelles de Locke avec la France*, Berkeley and Los Angeles, University of California Press, 1955, p. 242. Locke possédait l'édition de 1678, donnée par l'auteur, et l'on sait par ailleurs la place de la pensée de Gassendi pour Locke, même si aucun ouvrage de l'auteur n'est resté dans sa

Locke reprend donc un concept classique qui lui permet de résoudre (ou de commencer à résoudre) élégamment la difficulté des rapports entre pratique et cognitif. Le suspens s'accorde fort bien à la dissociation du pratique et du théorique, au refus de faire du Bien en soi un objet de l'affectivité, et aussi à la dimension temporelle de la psychologie de la morale. Alors que *uneasiness*, désir, volonté s'enchaînent dans l'immédiateté du présent, la capacité du désir de s'ouvrir à une dimension temporelle s'accorde avec la capacité de l'entendement d'ouvrir une brèche de durée dans l'instant du déterminisme. L'un sert de lieu d'insertion dans l'instant à la durée qui caractérise l'autre. L'homme manifeste sa capacité d'être intelligent, par sa capacité de suspendre et d'examiner le jeu du désir pendant ce *temps mort*[1], par l'introduction de la dimension du calcul et du jugement là où il n'y avait que déterminisme; au cours du suspens, prend place l'examen, c'est-à-dire la réflexion sur le meilleur :

> Etre mû par un instinct aveugle de l'intérieur ou de l'extérieur, est un peu anormal. La première et grande utilité de la liberté est d'empêcher la précipitation aveugle. L'exercice principal de la liberté est d'être debout, d'ouvrir les yeux et de regarder[2].

La durée et le refus de la précipitation sont en effet essentiels à la morale. Le bien naturel, je l'ai déjà dit, a sa sanction immédiate, alors que ce qui définit le bien moral, c'est d'avoir une satisfaction différée et dépendant artificiellement d'une autorité. Faire atteindre le niveau moral, c'est donc faire vivre dans la durée et non dans l'instant – ce à quoi le désir est justement ouvert (la dichotomie présent-absent souligne cette dimension temporelle[3]). Cette ouverture du désir à une autre dimension que l'instant est encore marquée par une phrase elliptique, non comprise par Coste lors de sa traduction[4] : «Le moment présent n'est pas pour nous l'éternité; quelle que soit notre

bibliothèque et si ses notes manuscrites concernent les questions physiques plus que les questions logiques ou morales. On trouve pourtant des citations presque explicites du *Syntagma Philosophiæ Epicuri* de Gassendi. Sur cette question, on peut voir W.F. Kroll, 'The question of Locke's Relation to Gassendi', *Journal of the History of Ideas*, 45, 3, 1984, p. 339-359.

1. *E*. 2.21.52; cf. 44, 47, 52, 56, 66, 71.
2. *E*. 2.21.67.
3. *E*. 2.21.59, etc.
4. *E*. 2.21.39. Coste traduit en effet : «notre éternité ne dépend pas du moment présent», quand Locke écrit : «The present moment not being our Eternity, whatever our enjoyment may be, we look beyond the present, and Desire goes with our Foresight, and that still carries the Will with it.». Ce qui tendrait à prouver, une fois de plus, que Locke n'a pu revoir la traduction de Coste dans le moindre détail.

jouissance, nous regardons au-delà du présent, et le désir va de pair avec la prévision, et cela entraîne en outre la volonté.». Ce que Coste n'a pas saisi, c'est le plus important : la distinction de l'instant et de l'éternité, et l'introduction de la durée par le biais de cette différence (car pour Locke, l'éternité est plus apparentée à la mise en perspective de l'existence, qu'à l'instant de la jouissance)[1]. Le désir n'est pas prisonnier de la jouissance instantanée, il est fonction des possibles, suit la prévision, et la volonté qui est déterminée par le désir, bénéficie de ce dépassement, pour faire exécuter l'acte possible.

Dans la mesure où il y a prévision, on devrait pouvoir dire qu'il y a intervention de l'imagination. On sait qu'il n'en est rien. C'est l'entendement qui seul domine le temps, qui se sert de l'ouverture pratique du désir : il profite de ce *strabisme* du désir pour comparer présent et futur[2], il suscite ainsi un désir plus fort de l'absent que le contentement du présent. Le bien qui assure le bonheur peut ainsi être le bien le plus durable, de préférence au bien le plus intense, et l'entendement qui est seul à pouvoir dominer le temps fait bénéficier le désir de ses capacités : sous son influence, le désir peut prendre en compte le bien le moins immédiat, qui est le bien le plus moral; sous son influence, le désir fait entrer en jeu la simple possibilité de la sanction éternelle. La sanction éternelle devient elle-même bien suprême; elle n'est plus usage de la force que rejettent les *Letters concerning Toleration*, mais promesse de bonheur durable, ou de malheur durable, qui entrent dans un calcul libre de l'entendement, donc dans un choix libre.

Mais avec la durée s'introduit l'erreur. De même qu'il n'y a de connaissance que par l'idée complexe avec laquelle s'immisce l'erreur, de même la morale naît avec la durée qui est aussi source d'erreur alors que l'idée simple est toujours vraie, et le plaisir naturel instantané ne trompe pas[3]. L'entendement est à la fois source de liberté et source

1. Une autre preuve de ce lien entre le suspens et la perspective de l'éternité : dans une note manuscrite, de 1694 probablement (*Ms Locke*, c 28, f°.116), Locke prépare une correction à *E.* 2.21.54, qui traite des erreurs morales; d'après le texte original, l'erreur était due au fait que l'on a des goûts différents; la correction propose une autre explication : trois catégories de gens ne peuvent suspendre leur désir, et chaque fois par refus de l'éternité : 1) ceux dont l'éducation fait du monde futur un objet de moquerie, même dans un pays où l'on prêche constamment sur ce sujet; 2) les déistes, intelligents, mais qui mettent en doute ce qui est selon eux une invention des prêtres; 3) les gens de mauvaise vie. Mais Locke achève : « This addition to this chapter may be spared. ».

2. *E.* 2.21.63.

3. *E.* 2.21.63 : « as to present Pleasure and Pain, the Mind…never mistakes that which is really good or evil. That which is the greater Pleasure, or the greater Pain, is really just as it appears. ». On notera la différence entre le plus grand plaisir

d'erreur, et c'est sur lui à nouveau, sur ce qu'il fait du suspens, que repose toute la responsabilité[1]. Nulle question de volonté en cette activité de l'entendement, qui doit suspendre l'accomplissement du désir tant qu'il n'a pas examiné avec assez de précision le bien et le mal qui sont dans l'acte[2]. Dans le domaine de la volonté, tout est « en une chaîne de conséquences, liées les unes aux autres et dépendant toutes de la dernière détermination du jugement » : l'entendement est donc seul responsable de l'éventuelle précipitation[3]. Rien n'a donc changé sur ce point par rapport à la première rédaction, et les critiques de Molyneux ont eu pour seule conséquence que Locke reconnaisse ouvertement le caractère intellectualiste de sa morale, avec l'attribution exclusive à l'entendement de ce qui produit la faute : le manque de considération.

On peut aussi présenter l'aspect positif de ce resserrement de la moralité autour de l'entendement. La garantie divine est accordée à cette capacité qui est le propre de l'homme. Grâce à elle, le simple jugement calculateur des plaisirs et des peines permet d'atteindre le salut (et non plus seulement comme dans le chapitre précédent de découvrir la Loi Naturelle)[4]. Autant que le jugement de rectitude, le calcul des plaisirs permet, par garantie divine, de découvrir le bonheur. Et du même coup la tâche de l'homme est précisée : libérer de toute emprise des passions, de l'affectivité, le moment de l'élection. L'acte de l'examen est l'acte humain, donc moral, par excellence. Si l'entendement est le lieu de la faute, c'est aussi par ce qu'il est œuvre à accomplir. Ce qui n'est au fond rien d'autre que dire que la morale est naturelle, ou que la nature humaine est un donné à accomplir.

Peut-on aller plus loin dans le formalisme ? Par deux fois, Locke parle comme si l'acte de suspens, séparé de toute découverte de contenu ou de sanction, pouvait constituer toute la moralité de l'acte[5]; ce qui est utiliser la bienveillance divine pour garantir la pure forme de l'exercice de l'entendement : si l'homme examine, il a rempli l'essentiel de sa tâche pour laquelle Dieu lui avait confié la raison et la

de la deuxième édition, qui détermine toujours le désir, et qui est *subjectivement* tel qu'il *apparaît*, et le plus grand bien de la première édition, qui déterminait la volonté, et était toujours *objectivement* le plus grand.

1. On retrouve ici le côté négatif du suspens qui avait prévalu pour la probabilité.

2. *E*. 2.21.52.

3. *E*. 2.21.57. et 56 : « If the neglect or abuse of the Liberty he had, to examine what would really and truely make for his Happiness, misleads him, the miscarriages that follow on it must be imputed to his own election. ».

4. *E*. 2 20.56.

5. *E*. 2.20.47 et 53.

liberté[1]. Cette thèse rejoint certaines présentations de la Loi Naturelle : de même que la Loi se réduirait à l'exercice de la raison, de même l'homme serait sauvé par le pur fait d'examiner[2]. Cette thèse est corroborée par les divers écrits sur la tolérance qui refusent au magistrat le pouvoir d'obliger à examiner :

> La raison et le jugement sain sont eux-mêmes les élixirs, le remède universel [qui guérissent de l'erreur], et il y autant de raison de les punir pour leur faire découvrir la pierre philosophale, qu'il n'y en a de les punir pour les faire agir selon la raison et le jugement sain[3].

Dans ces textes polémiques qui veulent préserver les droits du for interne plus encore que dans l'*Essai*, la moralité est présente dès l'acte de l'entendement. Celui qui se tromperait quant à la sanction, qui calculerait mal les plaisirs, et ne découvrirait pas la loi divine comme la plus grande loi, aurait néanmoins rempli sa tâche. La tolérance est en son principe la simple application de la distinction classique entre la fin de l'acte et l'intention qui la dirige, visible de Dieu seul, distinction qui est elle-même la transposition chrétienne de la distinction stoïcienne entre le *τελος* de l'acte et la cible (*σκοπος*) immédiatement visée. L'identité de la liberté, de l'entendement et de la moralité repose chez Locke sur la croyance en la bonté divine, plus que sur une élaboration philosophique poussée. Cet appel à Dieu n'est pourtant pas dans sa pensée pur fidéisme : il est pensé sous la forme d'un recentrement de la moralité entière sur l'entendement, il est lié à la conception de la raison comme tâche à accomplir, et donc au statut accordé à l'homme par Création ; et cette thèse n'est pas locale, mais elle domine l'ensemble de la pensée de Locke. Tout le naturel est le fruit d'un artifice divin.

* * *

1. *E.* 4.17.24.

2. *MS Locke*, film 77, Pierpoint Morgan Library, p. 320-321, *Error* : « He that examines, and upon a fair examination mistakes an error for a truth, has done his duty more than he who embraces the profession … of the truth without having examined whether it be true or noe. And he that has done his duty according to the best of his ability is certainly more in the way of heaven than he that has done nothing of it. For it is our duty to search after truth he certainly that has searchd after it though has not found it in some points has paid a more acceptable obedience to the will of his maker than he that has not searchd at all but professes to have found it when he has neither searchd nor found it. ».

3. *2d Letter concerning Toleration*, Works,1759, t. 2, p. 290-291.

A l'issue de la seconde édition, un nouvel équilibre semble trouvé : *uneasiness*, désir, volonté forment la chaîne des déterminismes ; et l'entendement le rompt de sa liberté. La possibilité qu'il intervienne à tout moment de l'agir en ce que le désir est constant, suffit à assurer l'aspect rationnel et humain. Tout repose en fait sur la juxtaposition dans le temps de ce qui est selon d'autres pensées distinctions de raisons articulées dans la réalité en un seul acte.

* * *

5. *L'impossible localisation de l'entendement.*

Les difficultés de cette simple juxtaposition de la volonté et de l'entendement ne manquent pas. L'illustration la plus simple en est que le formalisme de l'acte raisonnable est contesté de l'intérieur par une autre typologie. L'entendement n'introduit pas uniquement la liberté par l'acte formel du suspens du déterminisme : il doit aussi faire goûter au désir le choix qu'il a privilégié[1]. Pour permettre à la volonté de suivre le dernier jugement de l'entendement, il est nécessaire que celui-ci suscite l'intérêt du désir, comme on pourrait le faire pour un plat. Or il est facile de montrer le caractère paradoxal de cette relation de l'entendement au désir : comment s'y prendrait une capacité cognitive pour influencer une capacité appétitive dont elle est scrupuleusement distinguée ? La métaphore du goût, comme celle de la vision, couvre un ensemble d'apories. Ainsi le désir a remplacé la volonté pour éviter que la volonté ne soit marquée d'entendement ; il se voit reconnaître une fonction d'intermédiaire ; mais rien n'est dit d'autre que métaphorique sur la façon dont il réussit la synthèse du cognitif et du pratique, où ont échoué les analyses antérieures.

La théorie de Locke est maintenue en échec sur le point précis qu'elle souhaitait résoudre : la relation du spéculatif et du pratique, de l'entendement et de l'action.

* * *

Il ne s'agit là que d'une objection extérieure au texte de Locke. Les contradictions internes de sa conception de l'acte moral vont apparaître plus explicitement à l'occasion de la correspondance avec Van Limborch. Cet échange de lettres est intéressant à plusieurs titres ; d'abord en ce qu'il permet de préciser les positions de Locke

1. *E*. 2.21.46, 69.

concernant volonté et désir, liberté et entendement dans la deuxième édition de l'*Essai*[1]. Cette correspondance est intéressante également parce que Van Limborch amène Locke à des concessions essentielles, en soulignant les apories de sa doctrine morale. Van Limborch presse Locke de questions issues de la théologie classique ; et sous cette pression qui l'amène dans le champ des distinctions de raison, Locke est amené à reconnaître, tantôt explicitement, tantôt implicitement, que toute sa typologie doit être dédoublée : volonté, raison, liberté sont parfois pris dans un sens objectif, téléologique, parfois du point de vue subjectif et empiriste. Cette discussion marque ainsi le point où Locke est mené le plus loin dans la reconnaissance de l'ambiguïté de sa pensée. Il doit reconnaître aussi les difficultés engendrées par sa distinction des capacités. Deux aspects donc dans cet échange de lettres : la dualité interne à chaque capacité, et les relations entre elles.

Le problème essentiel demeure celui de la liberté ; et, lié à lui, celui de la définition de la volonté comme pure faculté d'exécution. Par la finesse de ses arguties théologiques, Van Limborch parvient à avoir raison de la distinction lockienne de l'entendement et de la volonté ; malgré les rebuffades de Locke qui le traite de penseur imprécis, de sectaire, Van Limborch persévère[2] et reçoit enfin une réponse, après un long délai qui a permis à Locke de *digérer* la critique et de modifier sa position. En théologien classique et en arminien opposé à la prédestination calviniste, le premier défendait l'indifférence antécédente de la volonté[3], et donc de la liberté, car pour lui volonté et liberté demeurent quasiment synonymes ; si la liberté consiste à faire et à ne pas faire, la volonté peut être libre[4] ; elle possède une indifférence active, indifférence proche de ce que Locke appelle de son côté suspens. Que la volonté comme capacité ne soit pas mêlée à une autre capacité n'empêche pas que les actes concrets relèvent de plusieurs capacités et notamment que l'acte humain de volition soit libre : tout une partie de la controverse tient en fait à ce que Van Limborch distingue volonté et actes particuliers de volition, ce que Locke refuse de faire, on le sait, sans jamais l'avouer.

1. Seule la traduction de Coste permettra à Van Limborch de prendre une connaissance précise de la pensée de son ami. C'est pourquoi les corrections de Locke (sur l'indifférence) qui résultent de cet échange de lettres ne seront insérées que dans la dernière édition faite du vivant de Locke (cf. lettre n° 3297).

2. *Correspondence*, lettre n° 3055 du 23 Décembre 1701.

3. Cf. § 3 ci-dessus.

4. *Correspondence*, lettres n° 3010, du 3 Octobre 1701, et 3055, du 23 Décembre.

Locke concédera à la fin[1] que la volonté peut être dite libre, en tant qu'acte particulier (et il admet donc, au moins pour la suite de la discussion, la distinction entre la capacité et ses actes), mais il est des cas, ajoute-t-il, où l'on ne peut s'abstenir de vouloir – et Locke pense manifestement à la détermination par le désir le plus puissant : concession toute relative donc, mais concession suffisante puisqu'elle admet le *mélange* refusé dans un premier temps. On a ainsi deux sortes de volonté ; l'une est capacité (volonté au sens classique), l'autre est volition ; et parmi ses actes, il faut distinguer deux types : les uns indifférents, les autres déterminés par le plus grand bien actuel défini par le désir ; la volonté qui n'est pas libre, c'est celle qui subit l'illumination irrésistible du bien. Il faut faire cette concession, malgré les exigences de la lutte contre l'enthousiasme qui risque de profiter de cet avantage.

Pour l'entendement, il en va de même : il est des cas où l'entendement est indifférent (plus exactement des actes de l'entendement sont indifférents – car pour Locke, ici aussi, actes et faculté se confondent), et d'autres, où il ne peut qu'être contraint par le vrai qui s'impose à lui[2] ; l'un s'apparente à l'attention mentale, l'autre seul, à la soumission au vrai. La dissociation, et la confusion de ces deux actes différents se fait, dans le texte de Locke, sous couvert de l'analogie de la vision ; cette analogie permet de faire appel tantôt à l'indétermination du premier, tantôt à la détermination du second. Cette dissociation, on la connaît déjà : on a vu qu'elle était le résultat de la méditation qui avait mené à l'*Essai*, et qui s'épanouira dans les derniers ajouts sur l'enthousiasme. La raison est à la fois cette capacité idéale qui intuitionne le rapport de façon passive, et le labeur attentif et pénible de la démonstration.

Du fait de cette dissociation, on est amené à distinguer également dans le troisième terme, *liberté*, deux sens qui étaient confondus dans l'*Essai* : la liberté que l'entendement engendre par le suspens est liberté d'indifférence, liberté d'attention et d'examen. Bien que Locke ne le dise pas, cette liberté est d'un autre ordre que celle dont il est question aussi bien dans les *Treatises on Government que* dans les paragraphes 51 à 53 de ce chapitre 21 de l'*Essai*, liberté qui s'accomplit dans la totale détermination par le bien. Cette distinction entre les deux formes de liberté, l'une due au fait que dans l'effectivité

1. *Correspondence*, lettre n° 3192 du 28 Septembre 1702.

2. *Ibid.* : « Quoad actus intelligendi in ista voce intelligendi suspicor latere amphiboliam nam significare potest actionem cogitandi de aliquo subjecto et in isto sensu homo plerumque liber est in istius modi actionibus intellectus... Vel actus intelligendi potest sumi pro ea actione [qua] percipio aliquid esse verum ».

nous sommes ignorants, l'autre due à la nature «théorique» de l'homme qui se réalise dans le Bien et dans le Vrai, aurait dû apparaître à Locke l'agnostique.

Ainsi volonté, liberté et entendement se dédoublent. D'un côté le vrai et le plus grand bien déterminent ces capacités, qui sont saisies immédiates de leur objet, et sont passives par rapport à lui. De l'autre, l'activité humaine, parce qu'activité rationnelle, se marque dans le suspens; et par conséquent la liberté est ouverture; la volonté, pour pouvoir être humaine doit être indifférente. Pour Locke, cette indifférence est un défaut, comparé à la détermination par le vrai Bien, mais ce défaut doit être accepté pour faire place au suspens qu'introduit la liberté d'examen et d'attention; même si l'homme, considéré du point de vue de la Raison, et du point de vue de Dieu, n'est libre que lorsqu'il est déterminé par le Bien, c'est-à-dire par la raison qui voit immédiatement, il faut faire place à l'entendement actif dans cette topique; et l'entendement introduit dans cette filière déterministe un élément d'indifférence, une démarche hésitante qui, aussi méprisées soient-elles, sont indispensables.

Dès lors, dire, comme Locke le fait, que la raison est source de liberté et passer de là à l'affirmation que l'entendement (sous-entendu, identique à la raison), est source de liberté, c'est supposer résolu l'essentiel. Réduire tout entendement à la raison, toute liberté à autre chose que la liberté d'indifférence, c'est adopter la même attitude empiriste que celle qui suppose résolue toute antinomie entre *nature animale* et *nature humaine*, c'est se placer au point de vue divin (téléologique) qui est d'emblée certain de l'accord de l'entendement et de la raison, de l'efficacité du suspens et de la moralité de la liberté. Il serait nécessaire de fonder la continuité qui permet de passer d'une nature à l'autre, et ce faisant, il deviendrait nécessaire d'expliquer l'erreur, la fragilité humaine, la finitude par la distinction des deux.

Locke n'a nulle part distingué totalement la dualité de sens des termes fondamentaux qu'il emploie : *nature, raison, liberté, volonté.* Même s'il a fait lui-même la distinction entre la *droite raison* qui est intuition du vrai et l'entendement humain qui chemine dans l'erreur à sa recherche, il n'a jamais réfléchi à sa réintroduction subreptice d'une autre forme de raison à travers la certitude du succès de l'entendement; il lui aurait fallu justifier le lien entre l'observation et l'ordre, entre le naturel animal de l'homme et son naturel humain, entre le sensible, l'expérience et la raison. La distinction nette entre raison et entendement est aussi nécessaire et impossible à justifier qu'est nécessaire et impossible à justifier la distinction entre la liberté d'attention, capable d'indifférence, et la liberté morale, déterminée par le bien le plus grand, ou la nature théorique comme raison et la nature effective comme mixte de raison et de passion. L'imprécision même de la distinction est condition de la visée téléologique qui est le présupposé de l'empirisme.

* * *

La discussion avec Limborch a mis en relief la dichotomie interne de chacune de ces trois *capacités*; elle met aussi en relief, et explicitement cette fois-ci, la distinction externe de chaque capacité d'avec les autres.

Volonté et entendement sont toujours distincts, mais Locke est obligé d'expliciter leur lien. Son refus fondamental de faire de la volition un acte pénétré d'entendement lui interdit de conclure de la liberté de la volition à son caractère intellectuel; et, inversement, lui interdit de conclure de l'acte intellectuel d'attention à son caractère volontaire : ce serait, fondamentalement, changer d'épistémologie. Un théologien comme Van Limborch (ou un philosophe moins opposé à la scolastique comme Leibniz) rompu aux distinctions de raison, peut mêler en une même entité ce qui n'est distingué que logiquement[1]. Locke, dans son nominalisme, est amené à juxtaposer dans le temps l'intervention d'entités que l'esprit distingue, car une existence de raison ne peut avoir sens pour lui. Les pouvoirs sont séparés dès qu'ils existent et ne peuvent, tels des liquides, se mélanger comme le croient les aristotéliciens : la volonté ne peut être l'attention, et l'entendement ne peut être volontaire, comme le croit Van Limborch :

> Donc le jugement sera pour moi une action mixte, partiellement de comprendre, partiellement de vouloir; dans la mesure où c'est une action de comprendre, ou de voir quelque chose, elle est nécessaire; mais tout ce qui est libre dans le jugement procède de la volition, dans la mesure où je veux acquiescer aux raisons apportées pour porter un jugement[2].

1. *Correspondence*, lettre n° 3200.

2. *Ibid.* (p. 693) : « Judicium hoc meum erit actio mixta, partim intelligendi, partim volendi : quatenus intelligendi est actio, seu rem percipit, est necessaria : verum quicquid in judicio liberum est procedit ab actione volendi quatenus scilicet ego rationibus allatis acquiescere volo ut judicium feram. » *intelligendi* pourrait être traduit en anglais par *understanding*, mais puisqu'il est préféré à *intellectus*, il faut le rendre en français par le verbe actif; cf. le texte parallèle de Descartes : lettre à Regius, Mai 1641: « nous ne voulons jamais rien que nous ne le comprenions en même temps, et nous ne comprenons presque jamais rien sans vouloir aussi quelque chose... ». Locke avait eu des phrases apparemment semblables quand il

Faire de la volonté la source du vrai, c'est aussi aller à l'encontre de la théorie lockienne de la connaissance : l'acte de foi, par exemple, ne peut être un acte de volonté, faute de quoi, on l'a vu, il serait soumis aux passions et à l'intolérance, au lieu d'être libéré par l'examen; la foi doit demeurer un pur acte intellectuel – ce qui va à l'encontre de toute la tradition théologique et ce que Van Limborch ne peut accepter[1]. Il en va de même pour l'acte d'attention qui devrait selon Van Limborch dépendre de la volonté, au moins autant que de l'entendement, et que Locke réserve à l'entendement. L'intransigeance de Locke sur ce point s'explique par les origines de sa recherche; elle n'en demeure pas moins difficilement conciliable avec la nature de la morale, sauf à la ramener, une fois encore, à une réalité intellectuelle – ce que Locke refuse aussi en distinguant dès l'origine vrai et bien, proposition et précepte, fait et devoir. Une distinction de principe, qui n'est pas mise en cohérence avec la psychologie morale qu'il développe.

Cette contradiction entre d'une part la distinction entendement-volonté, et d'autre part la nécessité de rendre compte de la décision morale en faisant appel à l'entendement se manifeste en d'autres occasions, effleurées par cette même correspondance. Ainsi en premier lieu : le désir n'est mû que par un bien réalisable. L'entendement, qui est comparaison de biens particuliers, ne peut que produire un jugement prudentiel sur ce qu'il est le meilleur de faire en ce cas précis : «l'homme juge *pro hic et nunc*»[2]. Mais de ce fait l'entendement ne peut qu'être lié au désir qui lui spécifie le moment et ce qui est à juger entre les désirables. Inversement, l'entendement lève dans le suspens la pression du désir; il doit pourtant conserver sous le mode cognitif quelque chose de ce à quoi tend le désir pour remplacer un *goût* par un autre; incompétent pour voir le Bien suprême, et écarté de toute appétition, il ne pourrait recevoir que du désir des informations sur ce qu'est un bien, et ce qu'il doit comparer. Enfin, la volonté, aux dires de Locke, suit toujours la détermination du *dernier* jugement de l'entendement. C'est donc que dans la délibération, il y a plusieurs jugements possibles sur ce qu'il est bon de faire à l'instant donné, et c'est l'entendement qui décide que tel jugement sera le dernier, parce

disait que dans l'éducation, c'est celui qui veut pour l'enfant qui doit comprendre pour lui (cf. supra), mais il n'allait pas jusqu'à associer immédiatement la volonté à l'intellection. Il associait par contre la foi à l'intellection, manifestant par là le côté à ses yeux intellectuel et non volontaire de la foi.

1. *Correspondence*, lettre n° 3200 : «Qualem actionem mixtam ego etiam credo fidem nostram esse».

2. *Correspondence*, Lettre n° 2979, p. 411 : «Homo judicat pro hic et nunc»; cf. aussi *E.* 2.21.47-48.

que le meilleur ; c'est donc lui qui détermine la volonté en cessant le suspens ; nouvelle forme de relation entre l'ordre de la compréhension et l'ordre du désir. La détermination du καιρος, dans sa dimension affective d'une part, dans sa dimension cognitive d'autre part, implique une collaboration étroite des deux ordres de capacité, difficilement conciliable avec leur totale séparation.

Reste, enfin la question de l'erreur. Si la volonté suit la dernière détermination de l'entendement, le bien choisi pourrait ne pas être le meilleur : il y a hésitation et on n'atteint jamais l'absolu du bien qui serait choisi *maturo et recto judicio*[1]. On parvient à un bien relatif et contingent : rien là que de très consonnant avec l'indifférence et les limites qui marquent la condition humaine. Mais l'erreur est à nouveau rejetée entièrement sur l'entendement qui entame et achève le suspens, qui juge, et fait goûter le bien. Et l'entendement de ce fait, comme le souligne Locke dans sa réponse à Van Limborch, est alors distinct de la raison : il peut se tromper et ne pas rejoindre la raison. Il reste alors à savoir si la liberté, qui dépend de la raison, peut être réalisée par cet entendement soumis à l'erreur[2]. Mais, dans le mesure où la cohérence de la philosophie de Locke repose sur l'identification, à la limite, de l'entendement et de la raison, dans la mesure où sa morale n'est jamais totalement formelle, et où la réflexion est en fait condition nécessaire mais non suffisante, on peut se demander si toute sa pensée ne repose pas sur le sable : dans le jugement prudentiel, quand et comment peut-on être assuré que l'entendement rejoint effectivement *la* raison, ou, pour le dire autrement, que le raisonnement aboutit à une intuition authentique ? Quelle garantie y-a-t-il pour assurer à l'entendement que l'examen qu'il introduit permet une véritable réalisation du bien, tel que la raison l'aurait décidée ?

La question du lien entre le bien subjectif et le bien objectif reste posée par la distance maintenue et reconnue entre volonté et entendement. On dira peut-être que cette difficulté n'a rien de spécifique à Locke, et que le grief qui lui est fait, de ne pas expliquer le mal, est un reproche qui peut être fait à toute pensée. Sans doute, mais puisque l'appel à l'entendement devait permettre une solution moins mauvaise que la reconnaissance du péché d'ordre volontaire, il est salutaire de remarquer que la solution ne fait que déplacer le

1. *Ibid.* : « Loquor ego de eo judicio quod in omni volitione immediate præcedit Volitionem, quod revera est ultimum judicium sive bene expensum sit et matura deliberatione recoctum, sive extemporaneum et subito impetu enatum, et æque voluntatem determinat, sive sit sive non sit rationi consentaneum. »

2. *Ibid.*, p. 410 : « Quia ut dixi, libertas supponit cogitatione. Ubi enim nulla est cogitatio nulla esse potest libertas ».

problème, et l'inscrit au centre de la pensée de Locke. L'unité de l'entendement subjectif et de la raison objective était condition de tout empirisme. La remontée depuis les plaisirs subjectifs jusqu'à l'ordre moral objectif reposait sur la capacité mixte de l'entendement, sur sa participation à la lumière divine. Rien dans l'analyse du choix ne vient confirmer cette transcendance potentielle de l'entendement. Locke fait de l'entendement la condition du salut, mais ne traite nullement de l'erreur morale de l'entendement.

* * *

L'analyse de l'acte moral, aboutit, comme la démonstration de la Loi Naturelle dans le chapitre précédent, à une impasse. On pouvait considérer l'impasse de la démonstration comme un fait négatif ou comme un fait positif : échec d'une morale démontrée sans l'aide de la religion, ou prise en compte positive de la réalité par une raison définie de façon cohérente. Il est possible de regarder aussi de deux façons cette analyse inachevée de l'acte moral individuel.

On peut considérer négativement l'impossibilité à laquelle aboutit Locke d'énoncer clairement la place de l'entendement dans l'acte moral. Car comment concevoir véritablement la place de l'intellect en morale, comment intégrer la liberté dans le déterminisme, si aucun des éléments ne peut être considéré comme un mode de l'autre, mais doit être dans le temps une entité juxtaposée à l'autre ? Comment penser leur articulation, si ce n'est sous la forme de l'intersection de deux plans distincts, ou pour parler en termes temporels, de la durée faisant parenthèse ou suspens dans la succession des instants ? Et comment peut-il y avoir rapport véritable entre la parenthèse et son contexte ? Comment penser à la fois la vision d'un vrai et son insertion dans la recherche de biens déterminés par le plaisir ressenti ? Comment penser le rapport entre le jugement qui ne peut porter que sur le *hic et nunc*, et le travail d'un entendement qui doit ouvrir à une dimension d'éternité, ne serait-ce que par l'intermédiaire d'une sanction plus grande, qu'elle doit faire *goûter* ? Comment justifier alors que ce soit dans la nature concrète, proche de l'animale, que puisse se découvrir la nature théorique de l'homme ? L'échec de Locke n'est pas étonnant, car il met en jeu les questions fondamentales du comportement moral, celles que reprendront, en partie du fait même de son échec, Hume et Kant.

Ainsi est-il possible de considérer aussi positivement cette aporie. Elle est la marque de l'ouverture de la pensée de Locke et de sa tolérance. Les capacités en jeu dans l'acte moral sont doubles, mais portent le même nom ; chacune doit être séparée de son double, mais l'acte moral n'est possible que par leur coopération. Distinguer les deux aspects d'une même capacité, c'est empêcher l'immédiateté et l'enthousiasme; mais à trop les séparer on rendrait impossible l'empirisme. La liberté, par exemple, est à la fois indétermination et détermination par la raison; unir les deux, serait admettre que l'homme trouve sa liberté en suivant une conduite qu'il connaît en toute certitude; séparer totalement les deux et ne pas conserver implicitement un lien, serait rendre impossible à l'homme de se libérer effectivement dans des situations d'incertitude. De même, la raison est à la fois entendement et intuition, activité et passivité; on ne peut ni comme l'enthousiaste croire que tout est intuition, ni comme le sceptique penser qu'aucun lien n'existe entre le vrai et la démarche tâtonnante de la démonstration ou du jugement. Et si chaque capacité est ainsi divisée pour que l'on puisse l'unir, il en va de même des différentes capacités entre elles : la volonté doit être distinguée de l'entendement, l'appétition de l'intellection, et pourtant elles doivent coopérer : la confusion du vrai et du bien, du contenu et de l'obligation a été la source de tous les dogmatismes et de toutes les tyrannies; de tous les dogmatismes : je rappelle que, dans ses manuscrits, lorsque Locke pose la question de la relation entre entendement et volonté, c'est comme critique de l'affirmation «ce que nous voulons, nous le croyons facilement»[1]; de toutes les tyrannies aussi : Locke met autant d'ardeur dans cette distinction qu'il n'en mettra dans les écrits sur la tolérance à distinguer les différentes sociétés; les ordres pensés doivent rester distincts, et pourtant ils ont vocation à s'unir, comme ici le désir et l'entendement dans la production de l'acte volontaire. Locke fait d'ailleurs explicitement le lien : croire ne dépend pas de la volonté, répète-t-il dans la première des *Letters concerning Toleration*, et donc il ne sert à rien de forcer à vouloir un acte précis : la foi qui est de l'ordre de la lumière n'est en rien modifiée[2].

Et si les deux *royaumes* sont à la fois distincts et unis, il est possible de raisonner a priori, ou a posteriori, ce qui s'entend selon le sens de l'époque, de raisonner à partir des causes ou à partir des effets. Le point de vue des causes, c'est le point de vue divin, qui considère le

1. *Ms Locke*, f 2, f°.42, 8 fev. 1677, cité in Aaron et Gibb, p. 84 : «Quod volumus facile credimus. Q[uery] how far and by what means the will works upon the understanding and assent.». La suite répond à la question posée et constitue l'un des grands textes préparatoires au livre IV : il analyse les limites de la connaissance; j'ai déjà signalé l'intérêt et le paradoxe de cette réponse.

2. *1st Letter concerning Toleration*, *Works*, t. 2, p. 258 et 244. Pour comprendre ce point, il est nécessaire de donner à *volonté* son sens spécifique : détermination sans pensée (même si elle fait suite à une pensée) à produire un acte.

naturel comme déjà rationnel. Le point de vue des effets, c'est la considération du donné empirique, pour monter de là à la supputation d'un ordre de l'univers. Mais des deux côtés, il s'agit de (re-)faire la synthèse du monde dans lequel nous vivons. L'entendement est censé être apte à découvrir en toute situation le symbole qui y est inscrit, indiquant en quoi la situation participe de la signification idéale. « Ce n'est pas étonnant que l'estime et le discrédit, la vertu et le vice correspondent dans une grande mesure et partout à la règle inaltérable du juste et de l'injuste que la Loi de Dieu a établie. ». De même que Grotius mettait en parallèle Loi Naturelle et Loi des Nations, de même Locke reconnaît dans l'histoire humaine (dans la nature effective) des traces du naturel théorique : « Même dans la corruption des manières, les véritables limites de la Loi Naturelle ont été très bien préservées. » [1]. Tout est symbole à qui ignore la réalité des choses, mais sait aussi qu'un Dieu garantit le lien entre les indices qu'il possède et l'ordre des choses. L'empirisme est à ce prix.

* * *

1. Les deux textes : *E*. 2.28.12.

CONCLUSION

Trop occupé du plus manifeste, l'expérience et l'analyse des conditions du savoir scientifique, on a négligé les deux aspects complémentaires de l'*Essai*, la raison (ou l'entendement) et la question morale ; c'est pourtant sur cette paire, plus que sur la première, que porte la plus grande part de l'effort intellectuel de Locke, tel qu'il est apparu à notre lecture attentive du texte ; sa genèse d'abord, avec les œuvres inédites de jeunesse, les brouillons de l'*Essai*, puis ses éditions successives, les réponses aux objections, et enfin les amendements introduits dans *Reasonableness of Christianity* ; le passage de l'idée de relation à l'idée de mode mixte sous le couvert d'une constante préoccupation pour l'exactitude géométrique, ou le remplacement de la volonté par le désir sont deux cas significatifs de l'évolution de Locke et qui témoignent de la place croissante accordée au labeur de la raison. La structure de l'*Essai*, ensuite, dégagée par la confrontation avec des œuvres contemporaines, mais aussi la confrontation entre les divers chapitres, entre les divers livres du même ouvrage ; ainsi la structure en diptyque de l'*Essai*, trop peu soulignée par les interprètes : depuis le livre I qui oppose principes spéculatifs innés et maximes pratiques innées, jusqu'au livre IV qui conclut sur l'opposition de la physique et de la morale tout en gardant vraisemblablement, pour caractériser le genre de l'*Essai*, la fonction sémiotique, en passant par l'opposition des substances et des modes mixtes dans les livres II et III, l'*Essai* met en parallèle spéculation et pratique.

L'étude de la genèse et de la structure de l'*Essai* nous a conduits à regarder cette œuvre comme l'analyse des conditions de validité de tout savoir, mais particulièrement d'une pensée morale appuyée sur la Loi Naturelle. L'œuvre principale de ce philosophe que l'on dit empiriste est donc une œuvre critique, qui ne prétend pas proposer une morale nouvelle, qui prétend encore moins formuler une science inédite, mais qui énonce les conditions d'une pensée juste de la nature et de la vie morale ; critique élaborée par confrontation des deux formes de savoir, et où la positivité et les limites du savoir physique aident à décider des bornes de la pensée morale.

Dans cette critique, la raison joue un rôle essentiel. Mais il a fallu pour le découvrir se ré-acclimater à un sens du terme *raison* que les pensées de la fin du dix-huitième et du dix-neuvième siècles nous ont occulté. Elles ont occulté cette définition de la raison comme pure activité de calcul et de ratiocination qui avait cours au moyen-âge et tout autant au dix-septième siècle, et elles ont privilégié le sens néo-stoïcien réactivé à la Renaissance, et que Locke rejette avec obstination.

La raison selon Locke ne s'oppose pas à l'entendement comme la faculté de la spéculation à la faculté de la science, comme la faculté qui divise à celle qui perçoit l'unité dialectique du réel. Au contraire, Locke conçoit la raison comme une simple capacité de l'entendement; encore faut-il comprendre *capacité* dans le sens que lui donne Locke avec le courant nominaliste : la distinction des capacités (*faculties* ou *powers*) n'est que de raison, et nullement réelle; individu, esprit, entendement, raison, désir, volonté ne font pas nombre, même si chaque terme désigne un aspect différent d'une seule et même réalité. La raison, comme la volonté, le pouvoir de comparer et d'abstraire mais aussi la simple perception, est une capacité; elle est ce que Locke préfère appeler *power*, pour éviter la confusion substantialiste engendrée par le terme *faculty*[1]. De la simple perception à la raison, donc, il y a une continuité qu'ont brisé dès la Renaissance certaines philosophies; contre ceux qui font de la raison une faculté autre que la perception et l'entendement, une capacité dotée d'un objet spécifique, une faculté intuitive saisissant des vérités premières, par définition distinctes des perceptions, il faut revenir à l'unité de l'individu humain. La raison n'existe que dans l'acte du raisonnement; elle est l'entendement suivant une démarche à la fois convenue, efficace et garantie par Dieu. Et réciproquement, Locke ne refuse pas que l'on appelle raison l'activité de l'entendement, avant même que celui-ci ne raisonne[2].

1 *E*. 2.21.5-6.

2. *Lettre à Stillingfleet, loc.cit.*, p. 379 : « Mere Ideas are the objects of the Understanding, and reason is one of the faculty of the understanding, employed about them and that the Understanding or Reason, as your Lordship pleases to call it, makes or forms, out of simple ones… by abstracting, comparing. I never denied that Reason was employed about our particular simple Ideas to make them general Ideas ». Il est fréquent pour Locke dans ses discussions avec Stillingfleet d'accepter comme ici un sens plus large et plus traditionnel des termes, à condition que ce sens ne contrevienne pas aux principes fondamentaux de sa position et demeure dans

S'il y a continuité d'un même entendement, de la saisie perceptive au raisonnement en passant par l'intuition, la conception de l'idée et de l'expérience en tire les bénéfices. L'acte constitutif de l'idée s'appelle perception, mais aussi *understanding* : plus qu'à une substance, ce gérondif renvoie à un infinitif dont il est la déclinaison : *le comprendre*; et si *le comprendre* est tout aussi bien sensibilité, activité de constitution, intuition que mise en arguments dans le raisonnement, l'idée qui est le corrélat du premier de ces actes, conserve la même unité dans les autres modes du même *comprendre*. Indépendamment de la solution apportée à la difficile question du statut ontologique de l'idée dans la pensée de Locke, il est indéniable qu'elle est le corrélat de l'acte intellectuel, et que l'unité de l'acte intellectuel d'un terme à l'autre de l'acquisition du savoir universel fait l'unité de son corrélat idéel. Considérer que raison et expérience sont ainsi liées comme les deux pôles d'un même acte qui se prolonge, dessine une solution possible, dans la question de savoir qui, de la raison ou de l'expérience, détermine le contenu de la connaissance. Locke qui présente les deux éléments comme nécessaires ne répond pas à une question kantienne qui distingue plus qu'il ne le fait lui-même deux pôles dans l'activité de connaissance. Le même esprit agit d'un bout à l'autre du processus, et son corrélat objectif demeure, sans que l'on ait à s'interroger sur ce qui relève à chaque étape de l'une ou l'autre de ces capacités.

Il suffit à Locke de montrer qu'il ne peut y avoir de connaissance qui ne soit produite sans expérience et qu'il ne peut, pas plus, y avoir de connaissance sans raison. La tradition a retenu surtout la première affirmation, faussant totalement le sens de la tentative lockienne. Car ce que Locke veut manifester, c'est l'activité de l'entendement, non son absence. Sa référence à l'expérience est essentiellement critique : si tout a son origine dans l'expérience, l'universel et la nécessité des prétendues vérités éternelles ne peut en venir et ne peut être justifié si ce n'est par appel à l'entendement qui universalise. L'universel et le nécessaire qui doivent servir de base à la science morale (science qui demeure à élaborer) sont le fait de l'entendement, et non celui de l'expérience ou de l'intuition intellectuelle; en découlent les limites de ce genre de propositions, notamment leur caractère hypothético-déductif, leur relativité, leur dépendance envers le langage. Les pages qui précèdent aboutissent à la thèse, qui ne devrait plus paraître paradoxale : l'appel à l'expérience a pour fonction de manifester

l'esprit de sa thèse; Locke agit de même pour son propre compte : dans les œuvres moins techniques, comme les *Traités sur le Gouvernement*, la raison est à la fois ce qui fait la liberté de l'homme, ce qui le distingue de l'animal et ce qui lui permet de calculer que son avantage est dans la société plutôt qu'en dehors.

l'importance de l'entendement dans l'accès à l'universel. Il y a pour Locke une œuvre de la raison, que le succès même de la critique lockienne et que le développement de l'empirisme en sensualisme, ont fait oublier.

Et cette œuvre se joue d'abord dans le champ moral. On aurait pu développer les arguments historiques qui manifestent que l'*Essai* est une épistémologie au service de la tolérance[1]; on a préféré le montrer ici de l'intérieur de l'ouvrage même. Sa constance à remettre sur le métier les divers aspects de la question malgré les apories auxquelles il aboutit témoignent de l'importance qu'a pour Locke la question. L'application de la méthode mathématique à toute connaissance est un idéal aussi ancien que la pensée grecque; mais la parenté dans l'aprioricité de la pensée morale et de la mathématique, soulignée par Grotius entre autres, semble avoir ouvert à la pensée de Locke des perspectives fécondes : la vie sociale, religieuse et politique de son temps pouvaient gagner aux réflexions d'un laïc formé comme professeur de philosophie morale, frotté de pratique scientifique, et chargé de tâches politiques. Les exigences du réel semblent avoir constamment remis en cause l'aspect trop théorique des solutions qu'il élaborait. L'harmonie du monde est insuffisamment évidente pour servir de base à la preuve de l'obligation morale; la preuve de l'existence de Dieu à partir de diverses données empiriques la remplace; mais l'urgence de l'obligation risque de pâtir de ce détour théorique, et mène Locke à la considération première de cette obligation. Parce qu'il ne peut avoir part au monde de l'affectivité qui lui est étranger, l'entendement manifeste alors sa figure la plus pure : instrument neutre mettant en relation extérieure le donné empirique. La théorie classique de l'unité des transcendantaux a eu des conséquences sociales trop graves, lorsqu'elle a conduit à imaginer que l'on puisse d'abord faire désirer le vrai par la peur de la sanction, et ensuite partir de ce désir contraint du vrai pour mener à la croyance supposée vraie; pour échapper à cette intolérance, il faut tenir désormais fermement dissociés entendement et désir, raison et expérience affective.

1. Je l'ai fait dans l'article qui porte ce titre dans *Tolérance et Intolérances dans le monde anglo-américain*, Publications de l'Université de Nantes, 1981, p. 23-41. Parmi les œuvres qui insistent sur l'importance morale de l'*Essai*, je citerai surtout R. Aschcraft, 'Faith and Knowledge in Locke's Philosophy', in *John Locke, Problems and Perspectives*, ed. J. Yolton, Cambridge U.P., p.194-223.

Mais le principe même de la recherche de Locke est alors remis en cause : comment prouver encore la validité d'une pensée de la morale si entendement et affectivité doivent être rigoureusement séparés? L'entendement peut-il vraiment se cantonner dans le suspens du désir, c'est-à-dire lui demeurer totalement extérieur, se cantonner dans la pure mise en forme d'une matière qui lui est étrangère? Ce serait faire de l'entendement une pure forme et de la morale un formalisme; même si plusieurs textes vont en ce sens, Locke ne peut tenir jusqu'au bout cette thèse qui contrevient à la parenté de l'expérience et de la raison, du plaisir et du Bien suprême, à l'unité de l'homme pensant aussi bien dans l'acte de percevoir, dans le sentiment de plaisir que dans l'acte de raisonner. Il n'est pas possible en ces conditions de démontrer à la fois la cohérence d'une morale rationnellement établie et l'obligation qui lui est attachée.

L'entendement et son raisonnement sont pourtant conditions de liberté et d'humanité. Comment concilier alors l'extériorité de l'entendement et de la morale avec leur nécessaire compénétration dans un acte qui se veut à la fois obligatoire et humain? Déjà la part de la raison et celle de l'expérience dans l'établissement de relations purement cognitives était insuffisamment déterminées; la même question resurgit, au premier plan cette fois, quand il faut concilier le fait empirique du plaisir et l'exigence de l'entendement; si bien que la problématique morale permet, exige, de préciser les rapports de l'expérience et de la raison, plus que ne l'avait fait la théorie de la connaissance. Autant la question pouvait être évitée dans le domaine purement cognitif grâce à une référence au statut mixte de l'idée, à la fois effet de la nature et acte de l'entendement, autant l'hétérogénéité de principe de l'expérience affective et de l'acte intellectuel rend difficile toute solution en ce domaine; comme si la tolérance, qui exige la dissociation du vrai et du bien, rendait à la limite impossible une pensée déductive de la morale, et favorisait ainsi le retour de l'intolérance. L'aporie sur laquelle butte Locke est autant l'aporie de la morale elle-même que l'aporie d'une pensée du rapport de la raison et de l'expérience : comment l'entendement peut-il jouer sur le désir qui lui est étranger et comment l'expérience sensible peut-elle à la fois être fondement de la connaissance et manquer à ce point de *forme* qu'elle ait à faire appel à l'entendement.

La solution élaborée dans *Reasonableness of Christianity*, la référence à la révélation chrétienne, permet de concilier la raison et le désir. Le désir est pris, avant toute réflexion, dans la religion, ses promesses et ses craintes; et la raison exerce sur cette religion et sa morale une fonction critique seconde. On aurait tort de ne voir là qu'un appel dérisoire au *Deus ex machina* destiné à compenser l'échec de la démonstration. La décomposition du raisonnement en diverses étapes à laquelle avait procédé l'*Essai* permettait cette interprétation : la révélation recevait simplement en partage l'invention des intermédiaires qui revient ailleurs à la sagacité; l'imagination et la révélation sont de même ordre, précieux mais à soumettre à la règle de la démonstration. Et cette solution éclaire la conception parallèle de la foi et de l'expérience dans le champ cognitif : l'entendement exerce d'abord une fonction critique sur un réel complexe qui fait problème; cette critique est résolution et composition; la synthèse qu'opère l'entendement n'est pas improvisation : elle est re-composition et justification du réel qui avait été analysé. Dans cette optique, l'idée s'est déjà développée dans la pensée, avec la collaboration non réflexive de l'entendement, avant que la critique ne s'exerce par ce même entendement, de façon réflexive cette fois. Certaines difficultés de la lecture de Locke tiennent à l'oubli de ce caractère méthodique de la démarche de l'*Essai,* démarche qui donne une teinte spécifique à cet *empirisme*; *empirisme* qui réfléchit au statut et à la place de l'entendement plus encore qu'à l'expérience dont rien ne peut être dit si ce n'est qu'elle existe. Il faudrait prêter plus attention au titre de l'ouvrage; et garder présent à l'esprit que l'*Essai* n'est pas la *philosophie* de Locke, mais le moment critique qui précède nécessairement toute philosophie. Si Locke avait rédigé sa philosophie (morale), la face de l'empirisme en aurait été changée.

*
* *

BIBLIOGRAPHIE

0. *Ouvrages de bibliographie.*

H. O. CHRISTOPHERSON, 1930, *A Bibliographical Introduction to the study of John Locke*, Oslo.

R. HALL et R. WOOLHOUSE, 1983, *80 Years of Locke Scholarship*, Edinburgh, Edinburgh U. P.

— 1970-..., *Locke Newsletter*. (mise à jour régulière des bibliographies précédentes).

P. LONG, 1959, *A Summary Catalogue of the Lovelace Collection of the Papers of John Locke in the Bodleian Library*, Oxford, For the Library, University Press.

H. A. S. SCHANKULA, 1973, 'A Summary Catalogue of the Philosophical Manuscript Papers of John Locke', *Bodleian Library Record*, 9, 24-35 et 81-82.

J. HARRISON and P. LASLETT, 1965, *The Library of John Locke*, Oxford, Clarendon Press, (1971).

1. *Textes.*

11. Œuvres de Locke.

111. Publiées de son vivant :

1686 'Méthode Nouvelle de dresser des recueils', *Bibliothèque Universelle et Historique de l'année...*, II, Amsterdam.

1688 'Extrait d'un livre anglais qui n'est pas encore publié, intitulé ESSAI PHILOSOPHIQUE concernant l'ENTENDEMENT, ...communiqué par Monsieur Locke', *Bibliothèque Universelle et Historique de l'année...*, VIII, Amsterdam, p. 49-142.

1688 *Abrégé d'un ouvrage intitulé Essai Philosophique touchant l'Entendement*, Amsterdam. (Tiré-à-part du précédent).

1689 *Epistola de Tolerentia*, Gouda (sans nom d'auteur),*M. MONTUORI ed., La Haye, Nijhoff, 1963.

* = édition moderne disponible.

1689 *A Letter Concerning Toleration*, London. (sans nom d'auteur « published without my privity » : traduite et préfacée par W. POPPLE).

1689/90 *Two Treatises of Government*, London (sans nom d'auteur) ; *a critical edition with introduction and notes by Peter LASLETT, Cambridge U. P., 1967 (1980).

1689/90 *An Essay Concerning Humane Understanding, In Four Books*, London ; *P. H. NIDDITCH ed., Oxford, Clarendon Press, (The Clarendon Edition of the Works of John Locke), 1975.

1690 *A Letter concerning Toleration*, London (2ᵉ édition).

1690 *A second Letter concerning Toleration*, London.

1692 *Some considerations of the consequences of the Lowering of Interest & raiseing the value of money*, London.

1692 *A third Letter concerning Toleration*, London.

1693 *Some Thoughts Concerning Education*, London ; *J. W and J. S. YOLTON ed., Oxford, Clarendon Press, (The Clarendon Edition of the Works of John Locke), 1989.

1694 *An Essay Concerning Humane Understanding, In Four Books*, London (2ᵉ édition).

1694 *Two Treatises of Government*, London (2ᵉ édition, sans nom d'auteur).

1695 *An Essay Concerning Humane Understanding, In Four Books*, London (3ᵉ édition).

1695 *Some Thoughts Concerning Education*, London (3ᵉ édition).

1695 *Short Observations on a printed paper intituled For encourageing the coyning of Silver money*, London.

1695 *Further considerations concerning raiseing the value of Money. Wherein Mr Lowndes's arguments for it are particularly examined*, London.

1695 *The Reasonablenesse of Christianity as deliverd in the Scriptures* (sans nom d'auteur), London.

1695 *A Vindication of the Reasonablenesse of Christianity... from Mr Edward's reflections*, London (sans nom d'auteur).

1696 *The Reasonablenesse of Christianity as deliverd in the Scriptures* (sans nom d'auteur), London (2ᵉ édition).

1697 *A Letter to the Bishop of Worcester concerning some passages relateing to Mr Locke's Essay of humane understanding*, London.

1697 *Mr Locke's Reply to... the Lord Bishop of Worcester's Answer to his Letter*, London.

1697 *A second Vindication of the Reasonablenesse of Christianity*, London.

1698 *Two Treatises of Government*, London (3ᵉ édition) (sans nom d'auteur).

1699 *Mr Locke's reply to... the Lord Bishop of Worcester's Answer to his second Letter*, London.

1699 *Some Thoughts Concerning Education*, London (4ᵉ édition).

1700 *An Essay Concerning Humane Understanding, In Four Books*, London (4ᵉ édition).

112. Œuvres Posthumes (par dates probables de rédaction) :
1660 *Two tracts on Government,* ed. Philip ABRAMS, Cambridge U. P., 1967.
1663?-1664 *Essays on the Law of Nature,* W. Von Leyden ed., Oxford, Clarendon Press, 1954 (1970).
1671 *Draft A,* in *Drafts for the Essay concerning Human Understanding and other Philosophical Writings,* P. H. NIDDITCH and G. A. J. ROGERS ed., Oxford, Clarendon Press, (The Clarendon Edition of the Works of John Locke), 1990, vol 1. (Ouvrage paru trop tard pour être utilisé ici. Les notes renvoient à l'édition préparatoire à compte d'auteur : P. H. NIDDITCH ed., dpt of Philosophy, University of Sheffield, 1980).
1671 *Draft B, ibid.,* et édition préparatoire, Nidditch ed.,1982.
1685 *Draft C,* inédit (Pierpoint Morgan Library, New York) à paraître in *ibid,* vol. 2.
1693 *Remarks upon some of Mr Norris's Books wherein he asserts F. Malebranche's opinion of our seing all things in God.*
1693 *Examination of P. Malebranche's opinion of our 'seing all things in God'.*
1697 ? *On the Conduct of the Understanding.*
1701 ? *A Discourse of Miracles.*
1702 *A Paraphrase and Notes on the Epistles of St Paul*; *A.W. WAINWRIGHT ed., Oxford, Clarendon Press, (The Clarendon Edition of the Works of John Locke), 1989.
1704 *The fourth Letter concerning Toleration.*
? *Elements of Natural Philosophy.*
1705 (date de publication) *An Essay Concerning Humane Understanding, In Four Books,* London (5ᵉ édition).

Citations faites d'après *The Works of John Locke, esq.,* 6ᵉ édition, London, 1759, 3 vol., sauf pour *Essay, Two Treatises, Thoughts on Education, Drafts,* pour lesquels l'édition Clarendon est utilisée.

113. Manuscrits : sauf indication contraire, conservés à la Locke Room, Bodleian Library, Oxford; cités *Ms Locke,* suivi d'une lettre puis du n° du manuscrit et du n° du folio. D'autres manuscrits sont accessibles à la British Library, London, et à la Morgan Pierpoint Library, New York (accessibles en microfilms à Oxford).
E. de BEER, 1976-1989, *The Correspondence of John Locke,* Oxford, Clarendon Press, (The Clarendon Edition of the Works of John Locke),8 vol. + index à paraître.

1131. Transcriptions de certains manuscrits dans des ouvrages contemporains :
AAROON et GIBB, 1936, *An early Draft of Locke's Essay,* Oxford, U. P.

J. L. AXTELL, 1968, *The Educational Writings of John Locke, A Critical Edition with Introduction and Notes,* Cambridge, at the University Press.

J. C. BIDDLE, 1977, 'John Locke's Essay on Infaillibility : Introduction, Text and Translation', *Journal of Church and State*, 19, 2, p. 301-327.

G. BONNO, 1955, *Les Relations Intellectuelles de Locke avec la France,* Berkeley, University of California Press.

H. R. Fox BOURNE, 1876, *The Life of John Locke*, London, 2 vol.

J. COLMAN, 1983, *John Locke's Moral Philosophy*, Edinburgh U. P.

M. CRANSTON, 1957, *John Locke*, Oxford U. P. (1985).

K. DEWHURST, 1963, *John Locke Physician and Philosopher, A medical Biography, with an edition of the medical Notes in his Journals,* London, The Wellcome Historical Medical Library.

Lord KING, 1829,*The Life and Letters of John Locke*, London.

J. LOUGH, 1953, *Locke's Travels in France 1675-1679*, Cambridge,U. P.

M. SINA, 1972, 'Testi Teologico-filosofici Lockiani dal Ms Locke C 27 della Lovelace Collection', *Rivista di Filosofia Neoscolastica,* 1972, 64, 1 et 2, p. 54-75 et 400-427.

C. VIANO, 1961, *John Locke, Scritti editi e inediti sulla Toleranza*, Turin.

W. Von LEYDEN, 1954, *Essays on the Law of Nature*, Oxford, at the Clarendon Press, 1954 (1970).

J. YOLTON, 1951, 'Locke's Unpublished Replies to John Sergeant', *Journal of the History of Ideas,* 12, 4, p. 528-559.

Locke Newsletter n° 2, 5, etc...

114. Traductions françaises les plus récentes :

1660 *Le Magistrat Civil*, texte établi et traduit par R. FREREUX, Centre de philosophie politique et juridique de l'Université de Caen, 1984.

1663 *Essais sur la Loi de Nature*, présentation et traduction par H. GUINERET, Centre de philosophie politique et juridique de l'Université de Caen, 1986.

1671 *Draft A*, trad., introd. notes par M. DELBOURG-DELPHIS, Paris, Vrin, 1974.

1689 *Lettre sur la Tolérance*; texte latin et traduction française, édition critique et préface par R. KLIBANSKY, traduction et introduction par R. POLIN, Paris, P. U. F., 1965.

1690 *Essai philosophique concernant l'entendement humain*, reprint : traduction COSTE, introduction E. NAERT, Paris, Vrin, 1972.

1690 *Traité du Gouvernement Civil*, Traduction MAZEL (1691), Introduction, notes par S. GOYARD-FABRE, Paris, Garnier-Flammarion, 1984; ou *Deuxième Traité du Gouvernement Civil – Constitutions fondamentales de la Caroline,* introd., trad. et notes par B. GILSON, Paris, Vrin (avec éléments du premier *Traité*), 1967.

1692 *Pièces diverses de M. John Locke*, introduction, traduction d'extraits des textes économiques, P. TAIEB, Paris, chez le Mauss, 1983.

1693 *Examen de la* Vision en Dieu *de Malebranche*, introduction, traduction, notes de J. PUCELLE, Paris, Vrin, 1978.

1693 *Quelques Pensées sur l'éducation,* traduction de G. COMPAYRE, introduction, notes de J. CHATEAU, Paris, Vrin, coll. l'enfant, n°7, 1966.

1697 *De la conduite de l'entendement*, introduction, traduction, notes par Y. MICHAUD, Paris, Vrin, 1975.

.... *Morale et Loi Naturelle, Textes sur la Loi de Nature, la Morale et la Religion*, présentation, traduction et notes de J. F. SPITZ, Paris, Vrin, 1990 (extraits divers des manuscrits, de *Reasonableness* et des *lettres à Stillingfleet*).

12. Œuvres des 17e et 18e siècles.

(Editées à London, quand le lieu d'édition n'est pas mentionné).

[Anonyme], 1779, *Dialogues concerning Innate Principles, containing an examination of Mr Locke's Principles.*

F. BACON, 1620, *Novum Organum,* *Paris, P. U. F, 1986.

G. BERKELEY,*Works*, *London-Edimbourg, Nelson, 1948-1957.

R. BOYLE, *Works*, 6 vol.; T. BIRCH ed., 1772; *reprint Hildesheim, Olms, 1965.

P. BROWNE, 1728, *The Procedure, extent and limits of Human Understanding.*

T. BURNET, 1697-1699, *Remarks upon an Essay concerning Human Understanding* (3 Séries).

R. BURTHOGGE, 1678, *Organum Vetus et Novum, or a discourse of Reason and Truth*; **The Philosophical Writings of R. B.* (extraits), Chicago, London, The Open Court Publishing Company, 1921.

— 1694, *An Essay upon Reason and the nature of Spirits, Ibid.*

W. CARROL, 1706, *A Dissertation upon the 10th Chapter of the 4th Book of Locke's Essay concerning Human Understanding.*

E. CHERBURY (HERBERT of), 1624, *De Veritate, Prout distinguitur a Revelatione, a Verisimili, a Possibili et a Falso,* Paris; *reprint Stuttgart-Bad Canstadt, Fromann Verlag, 1967.

— 1645, *De Religione Laïci*, *reprint *Ibid.* *Traduction J. LAGRÉE, *La religion du Laïc*, Vrin, 1989.

W. CHILLINGWORTH, 1638, *The Religion of Protestants, a Safe Way of Salvation,* Oxford.

S. CLARKE, 1705, A *Demonstration of the Being and Attributes of God.*

— 1706, *A Discourse concerning the Unchangeable Obligations of Natural Religion, and the truth and certainty of the Christian Revelation*; *reprint (avec le précédent) Stuttgart-Bad Canstatt, Fromann Verlag, 1964.

— 1715-1716, *Correspondance Leibniz-Clarke*, Paris, P. U. F., 1957.

C. COCKBURN, 1702, *A Defence of the Essay.*

A. COLLINS, 1709, *An Essay Concerning the Use of Reason in propositions the evidence thereof depends upon Human Testimony.*

— 1713, *A Discourse of Free-Thinking*; *reprint, Stuttgart-Bad Canstadt, Fromann Verlag, 1967.

— 1717, *Philosophical Enquiry Concerning Human Liberty*, 2e édition.
— 1729, *A Dissertation upon Liberty and Necessity*.
E. de CONDILLAC, 1746, *Essai sur l'origine des Connaissances Humaines*, *Auvers-sur Oise, Galilée,1973.
R. CUDWORTH, 1647, *Sermon Before the House of Commons*, in **The Cambridge Platonists*, Edward Arnold, 1969
— 1678, *The True Intellectual System of the Universe*; *reprint Hildesheim, Olms, 1964.
— 1731, *A treatise concerning Eternal and Immutable Morality*, (posthume). *reprint Hildesheim, Olms.
N. CULVERWELL, 1652, *An Elegant and Learned Discourse of the Light of Nature* ; * University of Toronto Press, 1971.
R. CUMBERLAND, 1672, *De Legibus Naturae Disquisitio Philosophica* .
— 1744, *Traité Philosophique des Lois Naturelles*, Traduction Barbeyrac, Amsterdam.
J. GLANVILL, 1661, *The Vanity of Dogmatizing, or Confidence in Opinions ; manifested in a Discourse of the Uncertainty of our Knowledge and its Causes*; *reprint Harvester Press, Hove, 1970 (ou Hildesheim, Olms, 1970).
— 1665, *Scepsis Scientifica ;* * reprint *Ibidem*. .
H. GROTIUS, 1625, *De Jure Bellis ac Pacis*, Paris; *reprint Oxford, Clarendon Press, 1913.
— 1627, *De Veritate Religionis Christianæ*, (1755).
T. HOBBES, *Opera latina*, et *English Works*, W. MOLESWORTH ed., 1839-1845.
— 1650, *Les éléments du droit naturel et politique*, *Lyon, l'Hermès (1977).
— 1651, *Léviathan*, *Paris, Sirey (1971).
D. HUME, 1738, *A Treatise of Human Nature*, *London, Dent & sons, 1962.
— 1748, *An Enquiry concerning Human Understanding*
— 1752, *An Enquiry concerning the Principles of Morals*, *(avec le précédent) SELBY-BIGGE, P. H. NIDDITCH ed., Oxford U. P., (1975).
F. HUTCHESON, 1725, *Inquiry into the Origin of our Ideas of Beauty and Virtue*; *reprint : *Collected Works*, Hildesheim, Olms, 1971, t. 1.
— 1730, *De Naturali Hominum Socialitate*; *reprint *Ibid.*, t. 7.
W. KING, 1702, *De Origine Mali*; traduction : 1731, *An Essay on the Origin of Evil* ; *reprint Hildesheim, Olms.
W. LAW, 1731,*The Case of Reason.*
H. LEE, 1702, *Anti-Scepticism, or notes upon each Chapter of Mr Lock's Essay Concerning Human Understanding*; *reprint Hildesheim, Olms.
G. W. LEIBNIZ, 1765, *Nouveaux Essais sur l'entendement Humain ;* *Paris, Garnier-Flammarion, 1966.
J. LOWDE, 1684, *The Reasonableness of the Christian Religion.*
— 1699, *Moral Essays, wherein some of M. Locke's opinions are briefly examined*, York.
N. MALEBRANCHE, *Œuvres Complètes*, *Paris, Vrin-CNRS, 1958-1966.
H. MORE, 1652, *Antidote against Atheism.*

— 1656, *Enthusiasmus Triumphatus.*
— 1667, *Enchiridium Ethicum.*
— 1674-1679, *Opera Omnia*; *reprint Hildesheim, Olms, 3 vol., 1966.
I. NEWTON, 1686, *Philosophiæ Naturalis Principia Mathematica* ; *Cambridge, (Mass.), Cambridge U.P.,1972.
— 1704, *Opticks*, *New York, Dover Publications, 1979.
J. NORRIS, 1690, *Cursory Reflexions upon a Book called Essay concerning Human Understanding* .
— 1697, *An Account of Reason and Faith.*
S. PUFENDORF, 1660, *Elementorum Jurisprudentiæ Universalis Libri duo.*
— 1673, *De Officio Hominis et Civis juxta Legem Naturalem Libri Duo*, Lund, *reprint New York, Oxford University Press, 1927; *reprint *Les devoirs de l'homme et du citoyen*, traduction Barbeyrac, 1741, Caen, Centre de Philosophie politique et juridique de l'Université de Caen, 1984.
J. SERGEANT, 1697, *Solid Philosophy asserted, against the Fancies of Ideist. Or the Method to Science farther illustrated with Reflexions on Mr Locke's Essay concerning Human Understanding.*
A. SHAFTESBURY, 1714, *Characteristicks or Men, Manners, Opinions, Times,* (3 vol.) ; *reprint Farnborough, Gregg International, (1968).
E. STILLINGFLEET, 1697, *An Answer to Mr Locke's Letter, concerning some Passages relating to his Essay...*
— 1698, *An Answer to Mr Locke's Second Letter ; Wherein His notion of IDEAS is prov'd to be inconsistent with itself, and with the ARTICLES of the CHRISTIAN FAITH.*
F. SUAREZ, 1597, *Disputationes Metaphysicæ*; *Madrid, ed. Gredos, 1960.
— 1612, *Tractatus de Legibus, ac Deo Legislatore*; *Madrid, Consejo Superior de Investigaciones Cientificas, 3 vol., 1972.
— 1612, *De Fide.*
T. SYDENHAM, 1741, *Observationes Medicæ,* Præfatio, in *Opera Universa,* Lugduni Batavorum.
J. TILLOTSON, 1666, *The Rule of Faith, An Answer to the Treatise of Mr J. S. entitled Sure-Footing, etc.*, (in *Works*, 1676).
J. TYRRELL, 1690, *Ms* : Notes manuscrites en marge de son édition de l'*Essay* in British Library (côte c 122f 14).
— 1692, *A Brief Disquisition of the Law of Nature according to the Principles and Method laid down in the Reverend Dr Cumberland's Latin Treatise.*
P. van LIMBORCH, 1686, *Theologia Christiana*, Amsterdam.
T. WHITE, 1659, *Controversy Logicke, or the methode to come to truth in debates of religion.* (sans lieu).
— 1660, *Religion and Reason,* Paris.
J. WILKINS, 1668, *Essay Toward a Real Character*; *reprint : Microfiche English Linguistics, Scholar Press.
— 1675, *Of the Principles and Duties of Natural Religion*, (posthume, édité par Tillotson).

2. *Commentaires*

21. Locke. ouvrages généraux

R. I. AARON, 1937, *John Locke,* Oxford, Clarendon Press, (*1965).

G. BONNO, 1955, *Les Relations Intellectuelles de Locke avec la France,* Berkeley Los Angeles, University of California Press.

H. R. Fox BOURNE, 1876, *The Life of John Locke,* London.

G. BUCHDAL, 1961, *The Image of Newton and Locke in the Age of Reason,* London.

M. CRANSTON, 1957, *John Locke, A Biography,* Oxford U. P., (*1985).

J. DUNN, 1984, *Locke,* Oxford U. P.

J. LOUGH, 1953, *Locke's Travel In France,* Cambridge U. P., 1953.

Y. MICHAUD, 1986, *John Locke,* Paris, Bordas.

E. NAERT, 1973, *Locke, ou la raisonnabilité,* Paris, Seghers.

J. SPELLMAN, 1988, *John Locke and the problem of depravity,* Oxford, Clarendon Press.

J. YOLTON,1956, *John Locke and the way of Ideas,* Oxford, Clarendon Press, (*1968).

— 1985, *Locke, an Introduction,* Oxford, Basil Blackwell.

211. Recueil d'articles.

R. ASHCRAFT, 1991, *John Locke, Critical Assessments,* London, Routledge (4 vol.). Les articles ci-dessous repris dans ce recueil sont signalés par le symbole (Å).

R. BRANDT, 1981, *John Locke, Symposium Wolfenbüttel 1979,* Berlin, de Gruyter.

C. B. MARTIN, D. M. ARMSTRONG, s. d. (1968 ?), *Locke and Berkeley, A collection of Critical Essays,* London, MacMillan.

G. J. SCHOCHET, 1971, *Life, Liberty and Property : Essays on Locke's Political Ideas,* Belmont.

I. C. TIPTON, 1977, *Locke on Human Understanding, Selected Essays,* Oxford U. P.

J. YOLTON, 1969, *John Locke, Problems and Perspectives, a collection of new Essays,* Cambridge U. P.

22. Autres auteurs.

R. ACWORTH, 1979, *La Philosophie de John Norris,* thèse (Sorbonne); *traduction : *The Philosophy of John Norris of Bemerton (1657-1712),* Hildesheim, Olms,1979.

A. BARNES, 1938, *Jean Leclerc et la République des Lettres,* Paris, Droz.

G. BRYKMAN, 1984, *Philosophie et Apologétique chez Berkeley,* Paris, Vrin.

R. T. CARROLL, 1975, *The Common-Sense Philosophy of Religion of Bishop Edward Stillingfleet, 1635-1699,* La Haye, Nijhoff.

E. CASSIRER, 1932, *The Platonic Renaissance in England,* Edinburgh, Nelson, (*1953).

— 1932, *La Philosophie des Lumières,* Paris, Fayard (*1966).

R. L. COLIE, 1957, *Light and Enlightenment, A study of the Cambridge Platonists and Dutch Arminians,* Cambridge U. P.

M. S. FISHER, 1945, *Robert Boyle, devout naturalist, a study in Science and Religion in the 17th Century*, Philadelphia. U. P.
S. GREAN, 1967, *Shaftesbury's Philosophy of Religion and Ethics, A study in Enthusiasm,* Athens, Ohio U. P.
L. GYSI, 1962, *Platonism and Cartesianism in the Philosophy of Ralph Cudworth,* Herbert Lang, Berne.
J. R. JACOB, 1977, *Robert Boyle and the English Revolution, A study in social and intellectual Change,* New York, Burt Franklin and Co.
P. LAURENT, 1982, *Pufendorf et la Loi Naturelle*, Paris, Vrin.
A. LICHTENSTEIN, 1962, *Henry More, The Rational Theology of a Cambridge Platonist,* Cambridge (Mass.), Harvard U. P.
M. MALHERBE, 1976, *La Philosophie Empiriste de David Hume,* Paris, Vrin.
— 1980, *Kant ou Hume, La Raison ou le Sensible,* Paris, Vrin.
— 1984, *Thomas Hobbes*, Paris, Vrin.
C. J. McCRACKEN, 1984, *Malebranche and British Philosophy*, Oxford, Clarendon Press.
J. O'HIGGINS, 1970, *Anthony Collins, the Man and his Work*, La Haye, Nijhoff.
R. R. ORR, 1967, *Reason and Authority : the Thought of William Chillingworth,* Oxford U. P.
R. POLIN, 1953, *Politique et Philosophie chez Thomas Hobbes*, Paris, P.U.F.
J. D. ROBERTS, 1968, *From Puritanism to Platonism in Seventeenth Century England*, La Haye, Nijhoff.
— 1983, *XVIIe siècle*, Actualité de Grotius, n° spécial.
Y. C. ZARKA, 1987, *La Décision Métaphysique de Hobbes*, Paris, Vrin.

23. Ouvrages thématiques
Sur la Loi Naturelle, le Droit Naturel, la morale, les principes de la politique.

H. AARSLEEF, 1969, 'The State of Nature and the Nature of Man in Locke', in J. YOLTON, 1969, *op.cit.*, p. 99-136.
R. E. ASCHCRAFT, 1968, 'Locke's State of Nature : Historical Fact or Moral Fiction ?' *American Political Science Review,* t. 62, p. 898-915.(Å).
— 1986, *Revolutionary Politics and Locke's Two Treatises of Government*, Princeton, N. J., Princeton University Press.
— 1987, *Locke's Two Treatises of Government*, London, Allen & Unwin.
J. COLMAN, 1983, *John Locke's Moral Philosophy*, Edinburgh U. P.
J. DUNN, 1967, 'Consent in the Political Theory of John Locke', *Historical Journal,* X, p. 153 à 182, repris in G. J. SCHOCHET, 1971, *op. cit.* (Å).
— 1968, 'Justice and the Interpretation of Locke's Political Theory', *Political Studies*, 16, 1, p. 68-87.(Å).

— 1969, *The Political Thought of John Locke, an Historical Account of the Argument of the two Treatises of Government*, Cambridge U. P., (*1982).

O. GIERKE, *1958, *Natural Law and The Theory of Society* , Cambridge U. P., traduction de E. BARKER.

S. GOYARD-FABRE, 1986, *John Locke et la raison raisonnable*, Paris, Vrin.

P. KRAUS, 1984, 'Locke's negative Hedonism', *Locke Newsletter*, 15, p. 43-63.

R. MATTERN, 1980, 'Moral Science and the concept of Persons in Locke', *Philosophical Review,* 89, p. 24-45.

J. T. MOORE, 1980, 'Locke on the moral need for Christianity', *South–Western Journal of Philosophy*, 11, p. 61-68.

E. NAERT, 1971, '*Uneasiness* et Inquiétude', *Les Etudes Philosophiques*, Janvier–Mars, p. 67-76.

F. OAKLEY & E. W. URDANG, 1966, 'Locke, Natural Law and God', *Natural Law Forum,* 11, p. 92-109.

J. PASSMORE, 1980, 'Locke and the Ethics of Belief', *Proceedings of the British Academy, London,* Oxford, University Press.

R. POLIN, 1960, *La Politique Morale de John Locke*, Paris, P.U.F.

G. A. J. ROGERS, 1981, 'Locke, Law, and the Laws of Nature', in R. BRANDT, 1981, *op. cit.*, p. 146-162.

S. RAGHUVEER, 1961, 'John Locke and the Theory of Natural Law', *Political Studies*, 9, 2, p. 105-108.

M. SELIGER, 1963, 'Locke's Natural Law and the Foundations of Politics', *Journal of the History of Ideas*, 24, 3, p. 337-354.

J. F. SPITZ, 1990, 'Présentation', John LOCKE, *Textes sur la Loi de Nature, la Morale et la Religion*, Paris, Vrin.

L. STRAUSS, 1953, *Natural Right and History,* The University of Chicago Press, *traduction *Droit naturel et Histoire*, Paris, Plon, 1954.

J. TULLY, 1980, *A Discourse on Property, John Locke and his adversaries*, Cambridge U. P.

J. M. VIENNE, 1981, 'L'*Essay* de Locke : une épistémologie au service ce la Tolérance', *Tolérance et Intolérances dans le monde anglo-Américain aux XVII*[e] *et XVIII*[e] *siècles*, Université de Nantes.

W. von LEYDEN, 1956, 'John Locke anf Natural Law', *Philosophy*, 31, p. 23-35, repris in G. J. SCHOCHET, 1971, *op. cit.* (Å).

— 1981, *Hobbes and Locke ; The Politics of Freedom and Obligation*, London, MacMillan Press Ltd.

J. YOLTON, 1960, 'Locke on the Law of Nature', *Philosophical Review*, 67, p. 477-498.(Å).

Sur le langage

H. AARSLEEF, 1964, 'Leibniz on Locke on Language', *American Philosophical Quarterly*, 1, 3, p. 165-188.

— 1982, *From Locke to Saussure,* Minneapolis, Athlone Press.

P. ALEXANDER, 1985, 'Language and Meaning', *Ideas, Qualities and Corpuscules*, Cambridge U. P, ch. 12.

E. J. ASHWORTH, 1980, 'The Scholastic Background to Locke's theory of Language', in *Progress in Linguitic Historiography*, KOERNER ed., Amsterdam.
S. AUROUX, 1988, 'Le paradigme lockien et la philosopohie du langage', *Revue Internationale de Philosophie*, 42, 165, p. 133-149.
D. BERMAN, 1984, 'Particles and Ideas in Locke's theory of Meaning', *Locke Newsletter*, 15, p. 15-24.
J. KELEMEN, 1976, 'Locke's Theory of Language and Semiotics', *Language Sciences*, 40, p. 16-24.
N. KRETZMANN, 1968, 'The main Thesis of Locke's Semantic Theory', in I. C. TIPTON, 1977, *op.cit.*, p. 123-140.
C. LANDESMAN, 1976, 'Locke's Theory of Meaning', *Journal of the History of Philosophy*, 14, p. 23-35. (Å).
D. ODEGARD, 1970, 'Locke and the signification of Words', *Locke Newsletter*, 1, p. 11-17.
L. J. RUSSELL, 1939, 'Note on the term sêmeiôtikê in Locke', *Mind*, Juillet.
J. TROYER, 1975, 'Locke on the Names of Substances', *Locke Newsletter*, 6, p. 27-39.

Sur la méthode et la théorie de la connaissance.

P. ALEXANDER, 1985, *Ideas, Qualities and Corpuscules, Locke and Boyle on the external World*, Cambridge U. P.
M. R. ANNAND, 1930, 'A Critical Examination of Locke's Theory of Relations', *Calcutta Review*, 3, 37, Nov.-Dec. 1930, p. 209-229. (Å).
R. ASCHCRAFT, 1969, 'Faith and Knowledge in Locke's Philosophy', in J. Yolton, 1969, *op. cit.*, p. 194-223.
M. ATHERTON, 1984, 'The inessentiality of Locke's essences', *Canadian Journal of Philosophy*, 14, p. 277-293. (Å).
M. R. AYERS, 1975, 'The Ideas of Power and Substance in Locke's Philosophy', *Philosophical Quarterly*, p. 1-27, repris avec corrections in I. C. TIPTON, 1977, *op. cit.*, p. 77-104. (Å).
— 1981, 'Mechanism, Superaddition, and the Proof of God's Existence in Locke's Essay', *Philosophical Review*, 90, 2.
— 1981, 'Locke versus Aristotle on natural Kinds', *The Journal of Philosophy*, 78, 5.
— 1981, 'Locke's Logical Atomism', *Proceedings of the British Academy*, London, 67, (1983), Oxford U. P. (Å)
— 1981, 'Locke's Doctrine of Abstraction : Some Aspects of its Historical and Philosophical Significance', in R. BRANDT, 1981, *op. cit.*, p. 5-24.
— 1986, 'Are Locke's 'Ideas' images, intentional objects, or natural signs', *Locke Newsletter*, 17, p. 3-36.
J. C. BIDDLE, 1976, 'Locke's Critique of Innate Principles and Toland's Deism', *Journal of the History of Ideas*, 37, 3, p. 411-422.
M. BOLTON, 1976, 'Substances, Substrata, and names of Substances in Locke's Essay', *The Philosophical Review*, 85, 4, p. 488-513. (Å)

— 1988, 'Locke on substance Ideas and the determination of kinds : a reply to Mattern', *Locke Newsletter*, 19, p. 17-45.
R. BRANDT, 1981, 'Observations on the first Draft of the Essay Concerning Human Understanding', in R. BRANDT, 1981, *op. cit.*, p. 25-42.
E. de DOMINICIS, 1977-78, 'Rapporto tra ragione e fede in John Locke', *Bolletino dell'Instituto di Filosofia dell Universita di Macerata*, Rome, p. 205-242.
F. DUCHESNEAU, 1965, 'La méthode cartésienne et l'interprétation de P. A. Schouls', *Canadian Journal of Philosophy*, IV, 4, Juin, p. 603-609.
— 1970, 'La Philosophie Médicale de Sydenham', *Dialogue*, 9, p. 54 - 68.
— 1972, 'Locke et le Savoir de Probabilité', *Dialogue*, 11, 2, p. 185-203.
— 1973, *L'empirisme de Locke*, La Haye, Nijhoff.
— 1975, 'La Méthode Cartésienne et l'Interprétation de P. A. Schouls', *Canadian Journal of Philosophy*, IV, 4.
— 1976, 'Sémiotique et Abstraction : de Locke à Condillac', *Philosophiques*, t. 3, p. 147-166.
— 1977, 'L'analyse d'idées selon Locke', *Les Etudes Philosophiques*, 1, p. 67-94.
— 1988, 'Locke et les constructions théoriques en science', *Revue Internationale de Philosophie*, 42, 165, p. 173-191.
J. GIBSON, 1917, *Locke's Theory of Knowledge and its Historical relation*, Cambridge U. P., (*1931)
D. GRENLEE, 1977, 'Locke's Idea of an Idea', repris I. C. TIPTON, 1977, *op. cit.*p. 41-54.
R. HALL, 1987, 'Locke and sensory experience – another look at simple ideas of sensation', *Locke Newsletter*, 18, p. 11-31.
P. HELM, 1973, 'Locke on Faith and Knowledge', *The Philosophical Quarterly*, 23, 90, p. 52-66.
T. HEYD, 1989, 'Locke's simple Ideas...' *Locke Newsletter*, 20, 1989, p. 17-33.
N. JOLLEY, 1984, *Leibniz and Locke, A Study of the* New Essays on Human Understanding, Oxford, Clarendon Press.
R. W. F. KROLL, 1984, 'The Question of Locke's relation to Gasssendi', *Journal of the History of Ideas*, 45, 3, p. 339-359. (Å).
J. L. KRAUS, 1968, *John Locke, Empiricist, Atomist, Conceptualist and Agnostic*, New York.
L. KRUGER, 1973, *Der Begriff des Empirismus. Erkenntnistheoretische Studien am Beispiel John Lockes*, Berlin, De Gruyter.
— 1981, 'The Concept of Experience in John Locke', in R. BRANDT, 1981, *op. cit.*, p. 74-89.
L. LAUDAN, 1967, 'The Nature and Sources of Locke's views on Hypotheses', *Journal of the History of Ideas*, Avril-Juin, p. 211-223.
M. LOSONSKY, 1989, 'Locke on the Making of Complex Ideas', *Locke Newsletter*, 20, p. 35-46.
J. L. MACKIE, 1976, *Problems from Locke*, Oxford, Clarendon Press.

R. MATTERN, 1978, 'Locke : Our Knowledge which all consists in Propositions', *Canadian Journal of Philosophy*, 7, 4, p. 677-695.
— 1986, 'Locke on natural Kinds as the Workmanship of the Understanding', *Locke Newsletter*, 17, p. 45-92.
J. R. MILTON, 1981, 'John Locke and the Nominalist Tradition', in R. BRANDT, 1981, *op. cit.*, p. 128-145.
D. ODEGARD, 1980, 'Locke on Certainty and Probability', *Locke Newsletter*, 11, p. 77-99.
D. OWEN, 1990, 'Locke on Reason, Probable Reasoning, and Opinion', *Locke Clarendon Conference*, à paraître.
G. RODIS-LEWIS, 'L'influence de Descartes dans l'évolution de l'empirisme de Hobbes à Locke', reprint in *Idées et vérités éternelles chez Descartes et ses successeurs*, Paris, Vrin, 1985, p. 39-50.
G. A. J. ROGERS, 1966, 'Boyle, Locke and Reason', *Journal of the History of Ideas*, 27, p. 205-216. (Å).
— 1978, 'Locke's Essay and Newton's Principia', *Jounal of the History of Ideas*, 39, p. 217-232.
— 1979, 'Locke, Newton and the Cambridge Platonists on Innate Ideas', *Ibidem*, 40, 191-205.
P. ROMANELL, 1983, 'The Scientific and Medical Genealogy of Locke's *Historical and Plain Method*'. (Å).
H. A. S. SCHANKULA, 1980, 'Locke, Descartes and the Science of Nature', *Journal of the History of Ideas*, 41, p. 459-477. (Å).
— 1981, 'Locke, Descartes and the Science of Nature', in R. BRANDT, 1981, *op. cit.*, p. 163-180.
P. A. SCHOULS, 1965, 'The Cartesian Method of Locke's *Essay concerning Human Understanding*', *Canadian Journal of Philosophy*, IV, 4, Juin, p. 579-601.
— 'Comments on Professors Yolton and Duchesneau', *Ibid.*, p. 617-621.
— 1980, *The Imposition of Method, A Study of Descartes and Locke*, Oxford, Clarendon Press.
— 1988, 'Locke and the dogma of Infailible Reason', *Revue Internationale de Philosophie*, 42, 165, p. 115-132.
M. SINA, 1976, *L'avvento delle ragione : 'Reason' e 'above Reason' dal razionalisme teologico inglese al deismo*, Milan.
D. E. SOLES, 1988, 'Locke on ideas, words and knowledge', *Revue Internationale de Philosophie*, 42, 165, p. 150-172.
R. SPECHT, 1971, 'Les idées innées chez Locke', *Archives de Philosophie*, 34, p. 245-264.
M. A. STEWART, 1979, 'Locke's Mental Atomism and the Classification of Ideas', *Locke Newsletter*, 10 et 11.
C. A. VIANO, 1960, *John Locke, Dal Razionalismo all'illuminismo*, Turin.
J. M. VIENNE, 1981, 'Locke et le déisme anglais', *Mélanges de Sciences Religieuses*, XXXVIII, 4, p. 207-226.
— 1991, 'Malebranche and Locke, The Theory of Moral Choice…', *Nicolas Malebranche, his philosophical Critics and Successors*, S. BROWN ed., Van Gorcum, à paraître.

— 1991, 'Real Essence and Internal Constitution', *Clarendon Locke Conference*, à paraître.

G. WALL, 1977, 'Locke's Attack on Innate Knowledge', in I. C. TIPTON, 1977, *op. cit.*, p. 19-24.

R. S. WOOLHOUSE, 1971, *Locke's Philosophy of Science and Knowledge, A consideration of some aspects of an Essay concerning Human Understanding*, New York, Barnes & Noble.

— 1981, 'Locke, Leibniz, and the reality of Ideas', in R. BRANDT, 1981, *op. cit.*, p. 193-207.

J. YOLTON, 1955, 'Locke and the 17th Century Logic of Ideas, *Journal of the History of Ideas,* 16, 4, Octobre p. 431-452.

— 1963, 'Locke's Concept of Experience', *Journal of the History of Philosophy*, 1. Repris dinans Martin and Armstrong, *op. cit.*, p. 40-52.

— 1965, 'Comments on Professor Schouls' Paper, [cf. Schouls, 1965 ci–dessus], *Canadian Journal of Philosophy*, IV, 4, Juin, p. 611-615.

— 1984, *Perceptual Acquaintance from Descartes to Reid*, Oxford, Basil Blackwell.

— 1988, 'Locke and Materialism, the french connection', *Revue Internationale de Philosophie*, 42, 65, p. 229-253.

M. D. WILSON, 1979, 'Superadded Properties : the limits of mechanism in Locke', *American Philosophical Quarterly,* 16, 2, p. 143-150.

— 1982, 'Superadded Properties : A reply to M. R. Ayers', *The Philosophical Review*, Avril, p. 247-252.

R. M. YOST, 1951, 'Locke's Rejection of Hypotheses about Sub–microscopic Events', *Journal of the History of Ideas*, 12, p. 111-130.

* * *

INDEX

TABLE DES MATIÈRES

Imprimerie de la Manutention à Mayenne — mars 1991 — N° 120-91